Kurt Bayertz (Hg.)

Praktische Philosophie

Grundorientierungen angewandter Ethik

rowohlts enzyklopädie

rowohlts enzyklopädie
Herausgegeben von Burghard König

Originalausgabe
Veröffentlicht im Rowohlt Taschenbuch Verlag GmbH,
Reinbek bei Hamburg, Juli 1991
Copyright © 1991 by Rowohlt Taschenbuch Verlag GmbH,
Reinbek bei Hamburg
Umschlaggestaltung Jens Kreitmeyer
Satz Aldus und Optima auf der Linotronic 500
Gesamtherstellung Clausen & Bosse, Leck
Printed in Germany
2480-ISBN 3 499 55522 0

Inhalt

Kurt Bayertz

Praktische Philosophie als angewandte Ethik

«Man trifft neuerdings allenthalben populäre und akademische Autoren, die von einer gerade angebrochenen glücklichen Zeit sprechen, in der Philosophen tatsächlich etwas zu sagen versuchen, das für praktische Probleme relevant ist. Dieses gönnerhafte Schulterklopfen ist nicht als ein Kompliment für unsere Profession gemeint, sondern eher als ein Tadel gegenüber denen, die in der jüngeren Vergangenheit angeblich *nichts* praktisch Relevantes gesagt haben.» Mit diesen bissigen Worten hat Richard M. Hare (1986, 225) das vor allem in den angelsächsischen Ländern geradezu explosionsartig gewachsene Interesse an *angewandter Ethik* kommentiert. Seine ironische Distanzierung richtet sich nicht gegen das Bemühen, die ethische Reflexion über die «klassischen» Fragen der Theoriebildung und Begründung hinaus auch auf praktische Probleme zu richten. Er selbst gehört seit langem zu jenen Philosophen, die sich intensiv mit solchen Problemen befaßt haben: mit den Problemen der Abtreibung, der Embryonenforschung oder der Sklaverei. Sie richtet sich vielmehr gegen den modischen Appeal, in dem die «praktische Relevanz» plötzlich glänzt und gegen den Anspruch, damit philosophisches Neuland zu betreten.

Wie so oft erweist sich das vorgebliche Neuland auch hier als durchaus nicht so unerschlossen, wie es prima vista erscheinen mag. Richtig ist zwar, daß anwendungsbezogene Überlegungen, von Ausnahmen abgesehen, in der Moralphilosophie des 19. und 20. Jahrhunderts ein abnehmendes Interesse gefunden haben. Unter dem Einfluß des Kantianismus im deutschsprachigen Raum und der Metaethik in den angelsächsischen Ländern hat sich die akademische Philosophie vor allem auf «Grundsatzfragen» konzentriert. Dessenungeachtet hat die «angewandte Ethik» aber eine Tradition, die bis in die griechische und römische Antike zurückreicht, die während des Mittelalters fortdauerte und auch danach niemals gänzlich verschwunden ist. Von «Neuland» kann somit keine Rede sein, wohl aber von der *Wiederbelebung* eines vernachlässigten und in den Hintergrund gedrängten Typus ethischer Reflexion.

Doch ist die Unterscheidung zwischen einer «angewandten» und einer «theoretischen» Ethik überhaupt sinnvoll? Zum einen ist ja die «angewandte» Ethik niemals theorielos; was sollte sie auch anwenden, wenn nicht eine Theorie oder Teile solcher Theorien? Auf der anderen Seite ist auch die «theoretische» Ethik in gewissem Sinne immer «angewandt»: Es dürfte schwerfallen, einen klassischen Text der Moralphilosophie zu nennen, in dem die jeweils entfaltete Theorie nicht auf spezielle Beispiele bezogen und damit «angewandt» würde. Ob wir die «Nikomachische Ethik» des Aristoteles aufschlagen, die «Summa Theologiae» des Thomas von Aquin oder Humes «Inquiry Concerning the Principals of Morals», stets findet sich neben theoretischen Überlegungen auch die Diskussion praktischer Fälle. Selbst Immanuel Kant – vielleicht *der* Repräsentant der «theoretischen» Ethik – kann in seiner «Grundlegung zur Metaphysik der Sitten» (421 ff) nicht der Versuchung widerstehen, den kategorischen Imperativ an vier verschiedenen Beispielen zu erproben; und in der «Metaphysik der Sitten» (422 ff) diskutiert er eine Reihe weiterer Anwendungsfälle seiner Theorie – darunter den Selbstmord, die Masturbation und Suchtprobleme – und schließt seine Überlegungen mit jeweils einer Reihe von «casuistischen Fragen» ab.

In dem vorliegenden Beitrag möchte ich zum einen plausibel machen, daß es wenig sinnvoll ist, ethische Grundlagenforschung und angewandte Ethik als zwei eindeutig getrennte Unternehmungen anzusehen, die jeweils verschiedene Kontinente erforschen. Eher handelt es sich um Expeditionen, die denselben Kontinent aus verschiedenen Richtungen zu erkunden suchen und deren Befunde gleichermaßen notwendig sind, um ihn zu kartographieren. Dies schließt freilich nicht aus, daß die Reisewege der beiden Expeditionen verschieden sind und daß sie topographisch unterscheidbare Regionen desselben Kontinents erforschen. Das zweite Ziel wird daher sein, die Unterschiedlichkeit der Akzentuierung und Fokussierung des philosophischen Interesses näher zu bestimmen.

1 Zwischen Prinzip und Klugheit

Einer gängigen Definition zufolge ist «angewandte Ethik» die Anwendung allgemeiner ethischer Prinzipien auf konkrete Fälle. Während die ethische Grundlagenforschung beispielsweise danach fragt, was unter «Gerechtigkeit» zu verstehen ist und wie das Prinzip der Gerechtigkeit begründet werden kann, setzt die angewandte Ethik den Inhalt und die Geltung dieses Prinzips voraus und wendet es auf einen bestimmten Fall an: ebenso wie ein Richter die Geltung des Gesetzes voraussetzt, das er auf konkrete Fälle anwendet. Ein solches Verfahren hat den Vorteil, daß es von einem bestehenden Konsens ausgehen kann. Daß die Prinzipien der Gerechtigkeit, der Nichtschädigung oder der Menschenwürde gültige und verbindliche moralische Normen sind und daß bestimmte Handlungen oder Institutionen (z. B. Rassendiskriminierung) ungerecht sind oder gegen die Menschenwürde verstoßen, ist weitgehend unbestritten. Anders sieht es demgegenüber im Hinblick auf die philosophische Interpretation und Begründung dieser Prinzipien aus. Eine Übereinstimmung zwischen den Vertretern der verschiedenen philosophischen Schulen oder weltanschaulichen Gruppierungen besteht nicht, und da man mit der Lösung der praktischen Probleme unserer Gesellschaft nicht warten kann, bis sich die divergierenden philosophischen Schulen und weltanschaulichen Gruppierungen auf ein einheitliches Verständnis von «Gerechtigkeit» oder «Menschenwürde» geeinigt haben, liegt es für die angewandte Ethik nahe, vom Unstrittigen auszugehen und mit ihm die drängenden moralischen Probleme der Gegenwart zu erfassen.

Obgleich ich diese Definition von angewandter Ethik als einer *bloßen* Anwendung (im Gegensatz zur Begründung) moralischer Prinzipien als verkürzt zurückweisen werde, bildet sie einen guten Ausgangspunkt für die folgenden Überlegungen. Ich werde in diesem ersten Abschnitt zeigen, daß diese Definition sowohl voraussetzungs- als auch konsequenzenreicher ist, als es zunächst scheinen mag: voraussetzungsreicher, weil sie mit einem bestimmten Begriff von Moral und mit einem bestimmten Rationalitätsverständnis verbunden ist; konsequenzenreicher, weil sie – gemeinsam mit diesem Moralbegriff und Rationalitätsverständnis – ein wichtiger Grund für die relative Geringschätzung der angewandten Ethik in der akademischen Moralphilosophie der jüngeren Geschichte ist.

1.1 Prinzip und Rationalität

Seit ihren Sokratischen Anfängen ist die Ethik der Versuch, systematische Rechenschaft über das moralische Empfinden und Urteilen abzulegen. Sie hat daher von Beginn an nach den *Gründen* moralischer Urteile und nach den *Kriterien* für die Richtigkeit solcher Urteile gefragt. Mit dem Übergang zur Neuzeit wurden die an solche Rechenschaftslegung gestellten Anforderungen verschärft: Es kam zu einer «Radikalisierung des Begründungsgedankens» (Tugendhat 1984, 41), die ihren deutlichsten Ausdruck in der Koppelung der Idee der rationalen Begründung an die deduktive Systematisierung und hierarchische Strukturierung der Moral findet. Ein deduktiv-hierarchischer Aufbau gewährleistet die Ableitbarkeit jedes normativen Urteils aus den jeweiligen Obersätzen und damit die Durchsichtigkeit, Nachvollziehbarkeit und Überprüfbarkeit des gesamten Systems. Die Ethik folgt damit einem generellen Charakteristikum der neuzeitlichen Denkweise und ihrem verschärften Wahrheits- und Geltungsanspruch; im Unterschied zum antiken Denken geht das neuzeitliche – wie bereits Gian Battista Vico (1963, 20/21) formulierte – stets von einem *primum verum* aus, dessen Gewißheit es unterstellt und aus dem es dann ebenso gewisse Schlußfolgerungen zu deduzieren sucht.

Die Bezugnahme auf allgemeine Prinzipien und Regeln sowie die Orientierung an einem deduktiven Modell der Rechtfertigung sind somit Ausdruck eines bestimmten Konzepts von Rationalität, aus dem sich die wesentlichen Ziele der Ethik ergeben. Zum einen gilt es, das moralische Denken in der Form eines deduktiv-hierarchisch gegliederten Systems von Argumenten zu rekonstruieren. Allein die deduktive Struktur des moralischen Argumentierens sichert die Übertragung der Gültigkeit der moralischen Prinzipien (oder eines moralischen Prinzips) auf die daraus abgeleiteten Regeln und Urteile. Auf diese Weise «wird mit einem adäquaten, kohärenten und konsistenten Gefüge moralischer Prinzipien zugleich die rationale Grundlage der Moral hergestellt» (Singer 1975, 29). Wichtiger noch als diese Systematisierungsaufgabe ist die zweite Funktion der Ethik: die Begründung des «primum verum», d. h. der moralischen Prinzipien (oder des Moralprinzips). Gestellt wurde diese Aufgabe auf unterschiedliche Art und Weise: Die Berufung auf moralische Gefühle konkurriert mit dem Verweis auf apriorische Einsichten, der Gedanke der Nutzenmaximierung mit der Idee eines Vertrags zwischen autonomen Individuen. Die Debatten über die adäquaten Wege der Moralbegründung sind bis heute nicht abgeschlossen; auf sie kann an dieser Stelle nicht näher eingegangen werden.

Die Bezugnahme auf allgemeine Regeln und Prinzipien ist nicht auf die *Philosophie* der Moral beschränkt geblieben; sie kann als ein grundlegendes Charakteristikum des moralischen Denkens der Neuzeit angesehen werden. Wir sind in unserem täglichen Leben ständig mit moralischen Fragen konfrontiert. Wir müssen uns entscheiden, ob wir um eines Vorteils oder einer Bequemlichkeit willen unsere Frau oder unseren Mann, unsere Kollegen oder Vorgesetzten anlügen sollen; und wir können nicht umhin, das Verhalten anderer – etwa ein riskantes Überholmanöver auf der Autobahn – moralisch zu bewerten. In den meisten Fällen beantworten wir solche moralischen Alltagsfragen spontan: Wir entscheiden uns (nicht) zu lügen und bewerten das fragliche Fahrverhalten ohne umständlichen Reflexionsprozeß und ohne auf die ethische Fachliteratur zurückzugreifen. Wenn wir uns selbst jedoch fragen oder von anderen gefragt werden, warum wir uns so (und nicht anders) entschieden haben und warum wir das fragliche Überholmanöver für unmoralisch halten, dann werden wir uns wahrscheinlich auf allgemeine moralische *Regeln* beziehen, etwa auf die Regel «Du sollst nicht lügen!» oder auf die Regel «Man soll andere Verkehrsteilnehmer nicht gefährden!» Solche Regeln sind in unserer moralischen Kultur allgemein anerkannt; ihre Geltung wird als «evident» angesehen, und wenn wir eine moralische Entscheidung oder Bewertung begründen wollen, genügt es in den meisten Fällen, diese Entscheidung oder Bewertung als einen Anwendungsfall einer solchen Regel plausibel zu machen.

Natürlich kann man in bestimmten Fällen und Kontexten auch nach einer Begründung für solche Regeln fragen. Wenn etwa die Frage gestellt wird «Warum soll man andere Verkehrsteilnehmer nicht gefährden?», so kann die Geltung dieser Regel durch den Verweis auf andere, noch allgemeinere Regeln gerechtfertigt werden, beispielsweise durch die goldene Regel «Was du nicht willst, das man dir tu, das füg auch keinem andern zu!» Solche übergreifenden Regeln, die einen hohen Allgemeinheitsgrad und daher einen großen Anwendungsbereich haben, werden meist als moralische *Prinzipien* bezeichnet. Diese Prinzipien tragen eine hohe Beweislast: Alle moralischen Urteile gehen letztlich auf sie zurück, und daher hängt ihre Geltung davon ab, daß die Geltung der obersten Prinzipien – oder eines obersten Prinzips – als gesichert unterstellt werden kann. Doch wie kann eine solche Unterstellung ihrerseits begründet werden, wenn die Prinzipien auf der höchsten Ebene angesiedelt sind und daher per definitionem nicht aus übergeordneten Regeln abgeleitet werden können? Möglich ist dies nur durch irgendeine Form theoretischer Argumentation, die die Geltung der obersten Prinzipien beweist oder zumindest plausibel macht. Es entsteht auf diese Weise eine hierarchische Gliederung der moralischen Argumentation, in der – idealtypisch – vier Ebenen unterschieden werden können:

1. Auf der untersten Ebene befinden sich die singulären moralischen *Urteile* (Beispiel: «Dieses bestimmte Überholmanöver ist unmoralisch!»).

2. Auf der zweiten Ebene haben wir es mit allgemeinen *Regeln* von beschränkter Reichweite zu tun (Beispiel: «Es ist unmoralisch, andere Verkehrsteilnehmer zu gefährden!»).

3. Auf der dritten Ebene befinden sich die grundlegenden und übergreifenden moralischen *Prinzipien* (Beispiel: «Was du nicht willst, das man dir tu, das füg auch keinem andern zu!»).

4. Auf der vierten Ebene schließlich finden wir ethische *Theorien*, durch die die moralischen Prinzipien (oder das Moralprinzip) – und damit letzten Endes das jeweilige moralische System insgesamt – gerechtfertigt wird.

Es liegt auf der Hand, daß diese hierarchische Rekonstruktion eine strenge Ordnung in das Phänomen der Moral bringt. Die deduktive Transparenz impliziert zugleich aber ein drastisches Relevanzgefälle: Wenn Ethik auf die rationale Begründung von Moral zielt und wenn das Phänomen der Moral deduktiv gegliedert ist, dann stellen sich die philosophisch interessanten und entscheidenden Fragen nahezu ausnahmslos auf den Ebenen (3) und vor allem (4) des Modells. Die rationale Berechtigung jedes einzelnen moralischen Urteils hängt ja – vermittelt über die Ebenen (2) und (3) und über die Regeln des logischen Schließens – in letzter Konsequenz von der Rationalität der ethischen Theorie ab. Umgekehrt sichert die Konstruktion einer rational begründeten ethischen Theorie die Rationalität der gesamten Moral bis hin zum einzelnen moralischen Urteil. Wenn wir es auf den Ebenen (1) und (2) lediglich mit logischen Schlußfolgerungen aus den übergreifenden Prinzipien und generellen Theorien zu tun haben, so ergeben sich daraus zwei Konsequenzen. Zum einen können und müssen Fragen der Begründung von Fragen der Anwendung nicht nur unterschieden, sondern separiert werden. Zum zweiten ist die Anwendung von Regeln oder Prinzipien auf einen einzelnen Fall nicht mehr als die Subsumtion des Besonderen unter das Allgemeine. Kant definiert daher die (bestimmende) Urteilskraft als «das Vermögen, das Besondere als enthalten unter dem Allgemeinen zu denken» (KU, 179) und stuft die Anwendung damit auf ein nicht bloß nachgeordnetes, sondern auch nach*rangiges* Geschäft zurück.

In diesem Sinn führt die neuzeitliche Prinzipienethik und das mit ihr verbundene deduktive Modell von Moral zu einer Abwertung des Anwendungsproblems. Abgesehen von möglichen soziologischen Erklärungen, die auf die Abschottung der akademischen Philosophie vom «wirklichen Leben» verweisen könnten, liegt hier der wohl zentrale *theoretische* Grund für die relative Geringschätzung der angewandten Ethik in der neueren Moralphilosophie.

1.2 Klugheit als Gegenmodell

Das Modell einer Regel- und Prinzipienethik ist mit zwei grundlegenden Schwierigkeiten konfrontiert, deren erste *theoretischer* Natur ist: Sie betrifft die konzeptionelle Grundlage des Modells und das mit ihm verbundene Begründungsprogramm der neuzeitlichen Ethik. Moralische Prinzipien sollen nicht nur die Präferenzen einzelner Individuen oder die Intuitionen einer bestimmten Kultur zum Ausdruck bringen, sondern *universelle Gültigkeit* besitzen. «Jedermann muß eingestehen, daß ein Gesetz, wenn es moralisch, d. i. als Grund einer Verbindlichkeit, gelten soll, absolute Notwendigkeit bei sich führen müsse...» (Kant GMS, 389). Dieser Anspruch auf eine von Raum und Zeit unabhängige Gültigkeit ist allerdings immer wieder in Frage gestellt worden. So hat G. E. M. Anscombe in einem provokativen Aufsatz aus dem Jahre 1958 die Prinzipien- oder Gesetzeskonzeption der Ethik auf den christlichen Glauben an die göttliche Herkunft der Moral zurückgeführt. Nachdem nun die Idee, daß Gott der Gesetzgeber der moralischen Gesetze sei, im Zuge der Aufklärung fallengelassen wurde, existierten die Begriffe der Verpflichtung und des durch ein Gesetz Gebundenseins aufgrund ihrer Verankerung im moralischen Bewußtsein weiter fort, obwohl sie ihre Basis verloren hatten. «Wenn ich recht sehe, war dies die interessante Situation, daß ein Begriff außerhalb des Gedankengebäudes weiterbestand, das ihn allein wirklich verständlich machte» (1974, 224). Ohne die Idee eines göttlichen Gesetzgebers aber sei die Gesetzeskonzeption der Ethik und der mit ihr zusammenhängende Begriff der moralischen Verpflichtung nicht aufrechtzuerhalten und alle diesbezüglichen Versuche – etwa die Kantische Idee einer Gesetzgebung für einen selbst, die Suche nach Gesetzen in der Natur oder die Idee eines Vertrages – daher zum Scheitern verurteilt (233 ff). Diesen Ansatz einer Fundamentalkritik der modernen Moralphilosophie fortsetzend, hat Alasdair MacIntyre das neuzeitliche Projekt einer rationalen Rechtfertigung der Moral rundheraus für gescheitert erklärt. Das moralische Leben der modernen Gesellschaft befinde sich in einem Zustand der Verwahrlosung, dem durch philosophische Reflexion nicht beizukommen sei. «Das erstaunlichste an moralischen Äußerungen heute ist, daß sie oft dazu benutzt werden, Meinungsunterschiede auszudrücken; und das erstaunlichste an den Debatten, bei denen diese unterschiedlichen Auffassungen zum Ausdruck kommen, ist, daß sie endlos sind. Ich meine damit nicht nur, daß diese Debatten dauern und dauern – das tun sie auch –, sondern daß sie offenbar zu keinem Endergebnis kommen können. In unserer Kultur scheint es keinen vernünftigen Weg zu geben, eine moralische Übereinstimmung zu erzielen» (1987, 19). Als eines der deutlichsten Beispiele für die Endlosigkeit moralischer Debatten und die Aussichtslosigkeit eines Konsenses verweist MacIntyre auf die anhaltende Diskussion über die Abtreibung – eines der Schlüsselprobleme der angewandten Ethik also.

Damit ist die zweite Schwierigkeit der Prinzipienethik angesprochen: die *praktische* Schwierigkeit, durch Bezugnahme auf allgemeine Regeln und Prinzipien konkrete moralische Probleme zu lösen und einen Konsens über die Triftigkeit dieser Lösung zu erzielen. Bereits Vico hatte die Befürchtung geäußert, daß mit dem Vordringen der prinzipienorientierten Wissenschaft der *sensus communis* als «Norm aller praktischen Klugheit» (1963, 27) verlorengehen könnte. In neuester Zeit sind ähnliche Einwände vor allem von seiten der hermeneutischen Philosophie erhoben worden. Die einseitige Konzentration auf Prinzipienfragen kritisierend, hat Hans-Georg Gadamer hervorgehoben, daß die Applikation für ihn «die zentrale Problemdimension der Hermeneutik» (1975, 298) ist. Die Anwendung einer Norm könne nicht auf eine subsumtionslogische Leistung reduziert werden, sondern enthalte stets ein produktives

Element. «Der Einzelfall, an dem die Urteilskraft tätig wird, ist nie ein bloßer Fall; er erschöpft sich nicht darin, die Besonderung eines allgemeinen Gesetzes oder Begriffes zu sein... Jedes Urteil über ein in seiner konkreten Individualität Gemeintes, wie es die uns begegnenden Situationen des Handelns von uns verlangen, ist streng genommen ein Urteil über einen Sonderfall. Das besagt nichts anderes, als daß die Beurteilung des Falles den Maßstab des Allgemeinen, nach dem sie geschieht, nicht einfach anwendet, sondern selbst mitbestimmt, ergänzt und berichtigt» (36). Einen Schritt weiter gehen andere Autoren, die einen direkten Zusammenhang zwischen dem Universalismus der modernen Prinzipienethik und der offensichtlichen Aussichtslosigkeit der Beilegung moralischer Dissense herstellen. So führen Jonson und Toulmin die von MacIntyre angeprangerte «Verwahrlosung des moralischen Denkens und Handelns» direkt auf das vorherrschende moralphilosophische Paradigma zurück. Zielpunkt ihrer Kritik ist weniger der Geltungsanspruch der moralischen Prinzipien als ihre Abstraktheit und Unfruchtbarkeit. Generelle Prinzipien seien grundsätzlich ungeeignet und hinderlich, wenn man zu befriedigenden Lösungen in Einzelfällen kommen wolle. Auch sie beziehen sich auf die von MacIntyre angesprochene Abtreibungsdebatte. In früheren Zeiten sei diese Frage mit Maß und Einsicht diskutiert worden: unter Berücksichtigung der Tatsache, daß in der Abtreibungsfrage – wie in anderen quälenden menschlichen Situationen – konfligierende Überlegungen im Spiel sind und daß ein gerechtes, wenn auch manchmal schmerzliches Gleichgewicht zwischen den verschiedenen Rechten und Ansprüchen, Interessen und Verantwortlichkeiten erzielt werden muß. In den letzten Jahren jedoch habe sich die öffentliche Rhetorik in der Abtreibungskontroverse von dieser Tradition entfernt und sich «Prinzipienfragen» zugewendet. Je mehr dies geschah, desto weniger maßvoll und einsichtig und, vor allem, desto weniger lösbar sei die Debatte geworden. Das unbestimmte und unbedingte «Recht auf Leben» des Embryos werde dem unbestimmten und unbedingten «Recht auf Selbstbestimmung» der Frau gegenübergestellt. Wer die Abtreibungsfrage auf der Ebene von abstrakten Theorien und allgemeinen Prinzipien diskutieren wolle, garantiere damit, daß diese Diskussion auf der praktischen Ebene in die Sackgasse gerate (Jonson/Toulmin 1988, 4).

Von unterschiedlichen philosophischen Voraussetzungen herkommend, konvergieren Autoren wie Gadamer, MacIntyre und Jonson/Toulmin in ihrer Kritik am neuzeitlichen Ideal einer prinzipiengestützten und regelorientierten Rationalität einerseits, andererseits in ihrem

Plädoyer für eine Wiederbelebung des situationsspezifisch-lokalen Rationalitätstypus, den sie in der Aristotelischen Lehre von der *phronesis* modellhaft vorgebildet sehen. Solche phronesis, praktische Klugheit, besitzt nach Aristoteles, wer «fähig ist, Wert oder Nutzen für seine Person richtig abzuwägen, und zwar nicht im speziellen Sinn, z. B. Mittel und Wege zu Gesundheit oder zu Kraft, sondern in dem umfassenden Sinn: Mittel und Wege zum guten und glücklichen Leben» (Eth. Nic. 1140 a 25). Im Hinblick auf das schon mehrfach erwähnte Problem der Abtreibung wären Klugheitserwägungen dort angebracht, wo es um die Frage geht, ob eine bestimmte Frau in einer bestimmten Lebenssituation und unter bestimmten äußeren Umständen eine bestehende Schwangerschaft abbrechen lassen sollte. Sie hätte dabei eine Reihe teils faktischer, teils normativer Gesichtspunkte zu berücksichtigen und schließlich eine umsichtige, ihrer spezifischen Lebenssituation angemessene Entscheidung zu treffen. Ähnlich hätte ein unbeteiligter Beobachter das Handeln der Frau zu bewerten: Statt vom hohen Roß universeller Prinzipien herabzublicken, hätte er sich mit den äußeren Lebensumständen der Frau und ihren inneren Überzeugungen auseinanderzusetzen und dann nach sorgfältiger Abwägung aller relevanten Faktoren ein auf diesen individuellen Fall bezogenes Urteil zu formulieren.

Auf der Basis dieses Modells der praktischen Klugheit bestehen – nach Jonson/Toulmin – gute Aussichten, zu einer Übereinstimmung zwischen Akteur und Beobachter bzw. zwischen verschiedenen Beobachtern zu kommen. Sie setzten sich in diesem Zusammenhang für eine Renaissance der an Aristoteles anknüpfenden Tradition des *kasuistischen Denkens* ein, dessen besondere Leistung sie in der spezifischen Sensitivität für den jeweils einzelnen Fall und in der auf den Kontext des Falls bezogenen moralischen Klugheit des Abwägens zwischen seinen verschiedenen Aspekten und Dimensionen sehen. Sind diese Voraussetzungen gegeben, so eröffne die Diskussion konkreter Fälle bei weitem größere Aussichten auf einen moralischen Konsens als die Debatte über abstrakte Prinzipien. Bestätigt sehen Jonson/Toulmin (1988, 18 ff) ihre Einschätzung durch Erfahrungen, die sie in gemeinsamer Arbeit in einer Ethikkommission sammeln konnten. In den Diskussionen dieser heterogen zusammengesetzten Kommission ergaben sich Konvergenzen zwischen den verschiedenen Auffassungen immer dann, wenn einzelne Fälle zur Debatte standen; sobald jedoch die *Gründe* zur Sprache kamen, die die einzelnen Mitglieder zu ihren – insgesamt konsentierten – Bewertungen bewogen hatten, brach der Dissens auf: Die verschiedenen Mitglieder gaben verschiedene Gründe für das gemeinsame Urteil an und bezogen sich dabei entweder auf unterschiedliche allgemeine Prinzipien, oder sie deuteten dieselben Prinzipien in unterschiedlicher Weise.

1.3 Abschied vom Prinzipiellen?

Die Attraktivität dieser Idee einer einzelfallbezogenen und kontextsensitiven moralischen Klugheit liegt auf der Hand. Dies gilt in besonderem Maß für jene Bereiche der angewandten Ethik, die es mit individuellen «Fällen» zu tun haben. Hier ist vor allem die medizinische Ethik zu nennen, die den einzelnen Patienten und sein konkretes Schicksal in den Mittelpunkt stellen muß (vgl. den Beitrag von Sass in diesem Band). Stephen Toulmin hat in diesem Zusammenhang von einer «Rettung der Ethik durch die Medizin» gesprochen und vier Punkte hervorgehoben, die die allgemeine Ethik von der Medizinethik lernen kann und sollte: (1) die Konzentration auf Situationen, Bedürfnisse und Interessen anstelle von Haltungen, Gefühlen und Wünschen; (2) die detaillierte Analyse einzelner Fälle und Arten von Fällen anstelle der Diskussion genereller Prinzipien; (3) die Orientierung auf die Analyse professioneller Unternehmungen, in deren Rahmen die verschiedenen Ziele und Verpflichtungen auftreten; und (4) die Rückwendung zu den Ideen der «Billigkeit», «Vernünftigkeit» und «menschlichen Beziehung», die eine zentrale Rolle in der Aristotelischen Ethik spielten und später aus dem Blickfeld gerieten (1986, 266f). Die einzelfallbezogene Medizinethik ist für Toulmin die traditionsreichste und erfolgreichste Verkörperung der Klugheitsethik und gilt ihm als *Modell* für alle Bereiche der angewandten Ethik und mehr noch: für die konzeptionelle Grundlegung der Ethik überhaupt. Die kasuistische Ethik impliziert eine starke Aufwertung der Anwendungsdimension und hebt Elemente der moralischen Urteilsbildung in Einzelfällen hervor, die von der Regel- und Prinzipienethik oft unterschlagen oder vernachlässigt worden sind. Die praktische Klugheit ist ein in der neuzeitlichen Ethik unterschätztes, aber unersetzliches Moment des moralischen Lebens, das von der hermeneutisch und kasuistisch orientierten Philosophie rehabilitiert wird. Vor allem wirkt sie dem Bild einer deduktiven Einbahnstraße von oben nach unten entgegen und hebt das produktive Element hervor, das jeder Anwendung innewohnt.

Das Plädoyer für eine Rehabilitation der Klugheitsmoral konvergiert mit einem in der gegenwärtigen Philosophie weit verbreiteten Unbehagen an philosophischer Prinzipienreiterei: «Das Prinzipielle ist lang, das Leben kurz; wir können mit dem Leben nicht warten auf die prinzipielle Erlaubnis, es nunmehr anfangen und leben zu dürfen; denn unser Tod ist schneller als das Prinzipielle: das eben erzwingt den Abschied vom Prinzipiellen» (Marquard 1981, 18). Ob ein solcher Abschied die notwendige Voraussetzung dafür ist, mit dem Leben anfangen zu dürfen, kann hier nicht «prinzipiell» diskutiert werden; im Hinblick auf die (angewandte) Ethik ist jedoch deutlich zu machen, daß das aristotelische Modell der Klugheitsethik zwar in mancher Hinsicht eine notwendige Ergänzung der universalistischen Prinzipienethik darstellt, diese aber keinesfalls ersetzen kann. Dies hat zwei Gründe: Zum einen kann angewandte Ethik nicht auf Kasuistik reduziert werden; sie schließt zwar die Analyse und Bewertung einzelner Fälle ein, geht aber darüber hinaus (vgl. den zweiten Teil dieses Beitrags); zum zweiten ist darauf aufmerksam zu machen, daß auch die moralische Betrachtung einzelner Fälle stets schon Elemente des Allgemeinen impliziert und voraussetzt; kontextsensitive Kasuistik kann daher nicht als Alternative zu Prinzipienentscheidungen betrachtet werden.

Dies wird bereits deutlich, wenn wir die Frage stellen, wodurch einzelfallbezogene Klugheitserwägungen überhaupt in Gang gesetzt werden. Damit eine bestimmte Handlung oder Situation zum Gegenstand ethischer Reflexion, d. h. zum moralischen Problem werden kann, sind bereits allgemeine moralische Überzeugungen vorausgesetzt. Die Frage, ob es richtig ist, in dieser spezifischen und einmaligen Situation zu lügen, kann nur vor dem Hintergrund des allgemeinen Verbots der Lüge gestellt werden. Moralische Problematizität haftet den Handlungen oder Situationen nicht «an sich» an, sondern wird ihnen erst im Lichte allgemeiner Regeln zuteil. Dies wird schon daran deutlich, daß Handlungen ihre moralische Problematizität bisweilen verlieren. Vor noch nicht allzu langer Zeit galt vorehelicher Geschlechtsverkehr als unmoralisch, heute wird er meist als moralisch ebenso neutral wie vorehelicher Kinobesuch angesehen. Andere Handlungen wiederum, die früher als durchaus ehrenhaft oder sogar wohltätig galten, werden heute als moralisch problematisch eingestuft: die Züchtigung von Kindern beispielsweise. Hintergrund dieses moralischen Wandels sind Verschiebungen in den generellen moralischen Überzeugungen, die als Geltungsverlust oder Neuinterpretation von moralischen Prinzipien rekonstruiert werden können.

Doch nicht nur die Konstitution moralischer Probleme geht über das bloß Singuläre hinaus, sondern auch ihre Lösung. Das fallbezogene Abwägen des Pro und Contra einer Abtreibung setzt – auch wenn es sich auf einen bestimmten Fall bezieht und unter bestimmten Randbedingungen erfolgt – eine Grundsatzentscheidung bereits voraus. Die Frage, ob die Schwangerschaft abgebrochen werden soll oder nicht, unterstellt ja bereits, daß ein solcher Eingriff «prinzipiell» legitim ist. Eben dies steht aber zur Debatte und wird von Abtreibungsgegnern «prinzipiell» bestritten. Der Versuch, der Prinzipienfrage durch die Betrachtung von Einzelfällen auszuweichen, mißlingt daher: Die (scheinbar) unmittelbare Hinwendung zum Einzelfall enthält eine mittelbare Antwort auf die Prinzipienfrage. Die kasuistische Ablehnung aller «abstrakten» Grundsatzpositionen und die Forderung nach einer «prinzipienlosen» Einzelfallbetrachtung erweisen sich als illusionär. Wenn kontextbezogene Klugheitsentscheidungen keine Dezisionen sein sollen, sondern rational nachvollziehbare Entscheidungen auf der Basis von Gründen, dann liegen ihnen unvermeidlicherweise generelle Gesichtspunkte oder Regeln zugrunde; und diese können durch eine Analyse der Entscheidung und durch eine Rekonstruktion der Entscheidungsgründe offengelegt werden. «Alle Entscheidungen, allenfalls mit Ausnahme der völlig willkürlichen, sind bis zu einem gewisse Grade Prinzipienentscheidungen» (Hare 1972, 91). Diese Tatsache kann freilich dadurch verdeckt werden, daß die entsprechenden Grundsätze als selbstverständlich vorausgesetzt werden. So bewegte sich die Aristotelische Ethik im Horizont eines durch die Polis gegebenen Ethos; und die Kasuistik des Mittelalters unterstellte die Verbindlichkeit der christlichen Moral. In modernen, reflexiven Gesellschaften können stillschweigende Voraussetzungen jederzeit explizit gemacht und «Üblichkeiten» (Marquard 1981, 17) als Prinzipien rekonstruiert werden.

Gegen die «neoaristotelische» (Schnädelbach 1986) Verabschiedung sämtlicher Prinzipien ist daher an der Unverzichtbarkeit von moralischen Grundsätzen festzuhalten. In einer ersten und vorläufigen Bestimmung kann und muß daher auch die angewandte Ethik als die Anwendung ethischer Prinzipien auf konkrete Probleme definiert werden. Dies heißt freilich nicht, daß die strenge Separierung der Begründungs- von der Anwendungsdimension und das Subsumtionsmodell der Anwendung akzeptiert werden müssen. Die kasuistische Betonung der situationsbezogenen Klugheit und die Einsicht der hermeneutischen Philosophie in die Produktivität jeder Anwendung sollten in einer Theorie der angewandten Ethik aufgenommen und fruchtbar gemacht werden. Eine solche Theorie setzt vielmehr voraus, daß die Frontstellung zwischen einer Ari-

stotelischen Klugheits- und einer Kantischen Prinzipienethik aufgeho-
ben werden kann. Es ist davon auszugehen, «daß die charakteristischen
Schwierigkeiten der heutigen Lebenswelt nur dann von der Philosophie
sachgerecht diagnostiziert werden, wenn man die schlichte Alternative
‹Aristoteles oder Kant› überwindet» (Höffe 1990, 538).

2 Angewandte Ethik als problemorientierte Moralphilosophie

Wenn angewandte Ethik als ein philosophisches Unternehmen bestimmt
wird, das nicht primär auf die Begründung, sondern auf die Anwendung
moralischer Prinzipien zielt, dann stellt sich die Frage, worauf die Prinzipien angewandt werden. Die gewöhnliche Antwort besagt, daß sie auf
«Fälle» angewandt werden, d. h. auf Handlungen in jeweils spezifischen
Kontexten. Damit wird der Anwendungsbegriff von vornherein auf kasuistische Anwendungen eingegrenzt; diese Eingrenzung verfehlt aber
nicht nur den größten Teil dessen, womit sich die angewandte Ethik in
den vergangenen zwei Jahrzehnten befaßt hat, sondern vor allem auch
ihr *proprium*, ihre inhaltliche Spezifik. Es scheint daher angemessener,
von einer Anwendung der moralischen Prinzipien auf «moralische Probleme» zu sprechen und angewandte Ethik als problemorientierte Ethik
zu definieren. Diese Bestimmung wird freilich erst dann aussagekräftig,
wenn der für das proprium der angewandten Ethik konstitutive Typus
von Problemen näher charakterisiert wird.

2.1 Der Problemtypus der angewandten Ethik

Aus der Vielzahl von Themen, mit denen sich die angewandte Ethik befaßt, können verschiedene Problemkomplexe hervorgehoben werden.
An erster Stelle ist hier der thematische Komplex *Politik* zu nennen.
Probleme der Politik waren in der (angewandten) Ethik immer aktuell,
und die Beschäftigung mit ihnen reicht bis in die Antike zurück. Manches
in den klassischen Texten von Aristoteles, Platon, Hobbes oder Rousseau
wird heute wohl nur deshalb nicht als «angewandte Ethik» klassifiziert,
weil es längst einen kanonischen Stellenwert erlangt hat, der eine solche
Einordnung als despektierlich erscheinen läßt. In jedem Fall haben politische Probleme bei der Wiederbelebung der angewandten Ethik eine pro-

minente Rolle gespielt. So hat vor allem die Civil-rights-Bewegung der
60er Jahre in den USA zahlreiche Anstöße zur politisch-ethischen Reflektion gegeben: nicht nur im Hinblick auf die Frage nach den moralischen Grundlagen der Bürgerrechte allgemein, sondern auch im Hinblick
auf die zum Teil sehr schwierigen Fragen der politischen Umsetzung des
«Civil Rights Act» von 1964 (vgl. Fullinwider/Mills 1986). Dazu gehört
vor allem die Frage, ob es moralisch erlaubt – oder vielleicht sogar geboten – ist, zur Realisierung der Chancengleichheit die Angehörigen rassi-
scher Minderheiten bei der Zulassung zu Hochschulen oder bei der Stel-
lenbesetzung höher qualifizierten Weißen vorzuziehen (Nagel 1984b,
107–21; Dworkin 1990, 364–89). Ähnliche Fragen stellen sich gegenwärtig in Deutschland im Zusammenhang mit der «Quotierung» zugunsten von Frauen.

Ein zweiter Problemkomplex, von dem wichtige Anstöße für die angewandte Ethik ausgingen (und noch ausgehen), ist das Verhältnis von
Mensch und Natur. Nachdem die Debatte über die «Grenzen des Wachs-
tums» zu Beginn der 70er Jahre deutlich gemacht hatte, daß die menschlichen Eingriffe in die Natur zu einer Gefährdung der Lebensgrundlagen
der Menschheit geführt hatten und die Selbstvernichtung der Menschheit zu einer realen Gefahr geworden war, setzte eine grandiose Karriere
des Naturbegriffs im ethischen Diskurs ein. Es entstand die «ökologische
Ethik» als eine relativ eigenständige Subdisziplin der (angewandten)
Ethik (vgl. den Beitrag von Birnbacher in diesem Band). Möglich wurde
die ökologische Krise erst im Zusammenhang mit der modernen Technik,
durch die das menschliche Handeln eine globale Reichweite erlangt hat.

Damit ist ein dritter thematischer Komplex angesprochen, der eine
prominente Rolle in der angewandten Ethik spielt: der *wissenschaftlich-
technische Fortschritt.* Durch ihn können neue moralische Probleme
entstehen oder alte Probleme neue Dimensionen annehmen. Die Möglichkeit einer atomaren Selbstvernichtung der Menschheit ist das vielleicht dramatischste Beispiel dafür. Unter den Bedingungen des mehrfachen «overkills» stellt sich die klassische Problematik des gerechten
Krieges völlig neu; in den 80er Jahren setzte daher eine intensive philosophische Reflexion der Politik der nuklearen Abschreckung ein (vgl. den
Beitrag von Lehming in diesem Band). Auch in anderen Bereichen hat
der wissenschaftlich-technische Fortschritt ethische Debatten ausgelöst;
erwähnt seien nur die Frage der zivilen Nutzung der Kernenergie und die
Probleme technischer Eingriffe in die menschliche Fortpflanzung (Bayertz 1987).

Bei der Betrachtung dieser Problemkomplexe fallen zwei gemeinsame Charakteristika ins Auge. Zum einen handelt es sich um reale Probleme, die «vom Leben selbst» gestellt werden. Damit sollen diese Probleme nicht zu ontologisch vorfindlichen Entitäten hypostasiert werden; gemeint ist vielmehr die einfache Tatsache, daß sie nicht zu philosophischen Zwecken ersonnen werden. Dies unterscheidet sie von den hypothetischen Beispielen der theorieorientierten Moralphilosophie, die meist (implizit) die Form haben: «Gesetzt den Fall, daß... – wie wäre dann zu entscheiden?» So konstruiert Aristoteles, wenn er über verschiedene Arten moralischer Verpflichtungen reflektiert, folgenden Fall: «Zum Beispiel: ein Mann ist durch ein Lösegeld aus Räuberhand befreit worden: müßte er nun seinerseits seinen Befreier loskaufen, ganz gleich, wer es gewesen sei, oder müßte er ihm das Lösegeld zurückzahlen, auch wenn dieser nicht in Räuberhand gefallen ist, aber die Summe zurückhaben möchte – oder müßte er eher seinen Vater loskaufen? Hier gilt doch, daß er seinen Vater loszukaufen hätte, sogar eher als sich selbst» (Eth. Nic., 1165 a). Diese Schilderung ist auf eine charakteristische Weise abstrakt. Wir erfahren nichts über die näheren Umstände der skizzierten Situation – und brauchen es auch nicht zu erfahren, denn es handelt sich nicht um die Lösung eines ethischen Problems, sondern um die Illustration eines ethischen Gedankens oder Prinzips. In dieser illustrativen Funktion sind hypothetische Beispiele immer Beispiele für etwas, das in der jeweiligen ethischen Theorie vorgegeben ist, und nur in der Bezogenheit auf dieses Element der Theorie sind sie von Interesse. Das berühmte Depositum-Beispiel bei Kant (KpV, 27) zeigt dies sehr deutlich: «Ich habe z. B. es mir zur Maxime gemacht, mein Vermögen durch alle sichere Mittel zu vergrößern. Jetzt ist ein *Depositum* in meinen Händen, dessen Eigenthümer verstorben ist und keine Handschrift darüber zurückgelassen hat. Natürlicherweise ist dies der Fall meiner Maxime. Jetzt will ich nur wissen, ob jene Maxime auch als allgemeines praktisches Gesetz gelten könne. Ich wende jene also auf gegenwärtigen Fall an und frage, ob sie wohl die Form eines Gesetzes annehmen, mithin ich wohl durch meine Maxime zugleich ein solches Gesetz geben könnte: daß jedermann ein Depositum ableugnen dürfe, dessen Niederlegung ihm niemand beweisen kann. Ich werde sofort gewahr, daß ein solches Princip, als Gesetz, sich selbst vernichten würde, weil es machen würde, daß es gar kein Depositum gäbe.»

Das zweite Charakteristikum besteht darin, daß die genannten drei Problemkomplexe nicht als kasuistische «Fälle», als individuelle Handlungen in spezifischen Situationen aufgefaßt werden können. Es handelt

sich vielmehr um generelle Handlungsweisen und -optionen, genauer
noch: um politische, institutionalisierte, öffentliche Handlungsweisen.
Wenn im Rahmen der angewandten Ethik etwa das Problem der Abtreibung diskutiert wird, so geht es nicht um die von Jonson und Toulmin in
den Vordergrund gerückte Frage, ob es für diese bestimmte Frau in dieser
bestimmten Lebenssituation gut oder «klug» ist, einen Schwanger-
schaftsabbruch vornehmen zu lassen, sondern um die Frage, ob die Abtreibung in unserer Gesellschaft als eine legitime Handlungsoption zugelassen werden sollte. Es geht um die Abtreibung als eine gesellschaftliche
Institution: Soll der § 218 abgeschafft und durch eine Fristenlösung ersetzt oder soll er – im Gegenteil – durch eine strengere Fassung der Indi-
kation und durch eine Beratungspflicht verschärft werden? Dies ist einer
der Gründe dafür, weshalb die Aristotelische phronesis und die mittel-
alterliche Kasuistik zur konzeptionellen Grundlegung der angewandten
Ethik nicht ausreichen. Während diese sich ausschließlich auf Fälle individuellen Handelns beziehen, befaßt sich die angewandte Ethik in der
Regel mit *öffentlichen Institutionen* und *politischen Handlungsoptionen*. Sie kann sich nicht auf den «Einzelfall» kaprizieren, sondern muß
den «Regelfall» zum Gegenstand ihrer Reflexion machen. Dabei kommt
sie mit kontextsensitiven Klugheitserwägungen nicht aus: Sie muß entscheiden, ob eine Handlungsweise im Prinzip zulässig oder unzulässig
ist. Selbst in der medizinischen Ethik, die als das Paradefeld der kasuistischen Analyse angesehen werden kann, sind «prinzipielle» Reflektionen
daher unvermeidlich: Wenn im Parlament darüber debattiert wird, ob
das Klonieren von Menschen zugelassen werden sollte oder ob die Kosten
für eine In-vitro-Befruchtung von den Krankenkassen übernommen
werden sollen, dann sind dies öffentliche Entscheidungen, die nicht durch
Einzelfallbetrachtungen begründet werden können.

«Angewandte Ethik» kann somit in einer zweiten Bestimmung als
problembezogene Ethik definiert werden. Sie konstruiert keine hypothetischen Beispiele zur Illustration einer ethischen Theorie, sondern greift
öffentliche Probleme der gegenwärtigen Gesellschaft auf, die auch aus
außertheoretischen Gründen «interessant» und wichtig sind. Ihr Ziel ist
es, die moralischen Aspekte dieser Probleme zu analysieren und das begriffliche und theoretische Instrumentarium der Moralphilosophie für
ihre Lösung fruchtbar zu machen.

2.2 Kommt es auf Moral überhaupt an?

Der Moral haftet bisweilen der Ruf einer gewissen «alteuropäischen» Betulichkeit an, und man kann fragen, ob es im Zeitalter der Mikroelektronik, des Satellitenfernsehens und der Gentechnologie auf sie überhaupt noch ankommt und – wenn es tatsächlich auf sie ankommen sollte – welche Funktion die (angewandte) *Moralphilosophie* beanspruchen und welches Mandat ihre Befunde legitimieren kann. Diese Fragen drängen sich vor allem angesichts der Befunde neuerer sozialwissenschaftlicher Theorien auf. Diese besagen, daß moderne Gesellschaften «funktional ausdifferenziert» sind: Ihre verschiedenen Funktionsbereiche (Wirtschaft, Politik, Wissenschaft etc.) haben sich in hohem Maße verselbständigt und zu autonomen Subsystemen der Gesellschaft entwickelt. In demselben Maße, in dem sie ihren jeweils eigenen Gesetzen gehorchen, werden diese Funktionsbereiche einer externen Steuerung – etwa durch moralische Normen – unzugänglich.

Das vielleicht beste Beispiel dafür ist die Wirtschaft. Unterstanden Güterproduktion und Handel in der Antike und während des Mittelalters einer externen normativen Bewertung, so werden sie in der Neuzeit «entmoralisiert»; es gilt nun nicht länger mehr als verwerflich, über den Bedarf hinaus zu produzieren oder Zinsen zu nehmen (vgl. den Beitrag von Meran in diesem Band). Jeder Versuch, normative Kriterien im Wirtschaftsleben zur Geltung zu bringen, ist unter diesen Bedingungen aussichtslos. Die zunehmende funktionale Ausdifferenzierung moderner Gesellschaften führt zu einer Reduktion der gesellschaftlichen Relevanz von Moral. «Natürlich verzichtet keine Gesellschaft auf Moral... Aber die Koordination der Einzelbeiträge zu den großen Funktionsbereichen kann nicht mehr über Moral erreicht werden. Moral wird zum Störfaktor, jedenfalls zu einer Attitüde, die nicht ohne Mißtrauen beobachtet und in Schranken gehalten werden sollte» (Luhmann 1987, 325). Anders ausgedrückt: Die Moral mag ihre Bedeutung für die Zuweisung von Achtung und Mißachtung im interpersonalen Alltagsleben behalten; in allen öffentlichen Angelegenheiten jedoch – also gerade denen, die im Mittelpunkt der angewandten Ethik stehen – ist die Moral fehl am Platz und eher gefährlich. Soweit der Ethik überhaupt noch eine Aufgabe zukommt, ist es unter diesen Bedingungen die, «vor Moral zu warnen». Im Hinblick auf die ökologische Ethik hat Luhmann diesen Gedanken umfänglich ausgearbeitet und in den Satz münden lassen (1986, 265): «Wenn im Kontext ökologischer Kommunikation der Umweltethik eine spezifische Funktion zugedacht werden könnte, dann dürfte es die sein: zur Vorsicht im Umgang mit Moral anzuhalten.»

Dieser Diagnose können drei Argumente entgegengehalten werden.

1. Zunächst unterschlägt sie die begriffliche Unterscheidung zwischen der normativen Geltung der Moral und ihrer empirischen Wirksamkeit. Ihrer sozialen Funktion nach kann die Moral als eine Instanz zur Lösung von Konflikten unter dem Gesichtspunkt der normativen Richtigkeit betrachtet werden; sie stellt Bewertungskriterien für menschliche Handlungen zur Verfügung, deren Gültigkeit unabhängig von ihrer realen Befolgung ist. Solange wir die Frage stellen können, ob eine bestimmte Handlung oder Konfliktlösung in diesem Sinne «richtig» ist, so lange bleibt Moral im Spiel, auch wenn ihre faktische Wirksamkeit nicht weit reicht.

2. Wenden wir uns von der begrifflichen zur empirischen Ebene, so zeigt sich, daß die Frage nach der normativen Richtigkeit de facto nicht nur im Hinblick auf das unmittelbare interpersonale Verhalten gestellt wird, sondern auch im Hinblick auf öffentliche Angelegenheiten. Aller funktionalen Ausdifferenzierung zum Trotz sind weder die Wirtschaft noch die Politik jeglicher moralischen Bewertung entzogen; die Kritik an Waffengeschäften mit Entwicklungsländern oder an Investitionen in rassistischen Regimen und die Empörung über militärische Aktionen oder lügnerische Ehrenworte von Politikern zeugen davon. In diesem Sinn ist die Moral eine soziale Tatsache, auch wenn die Waffengeschäfte weitergehen und es um die Ehrlichkeit von Politikern weiterhin nicht zum besten bestellt ist. Nichts zeigt die faktische Geltung und Anerkennung der Moral deutlicher, als daß selbst noch die zweifelhaftesten Praktiken mit moralischen Vorwänden bemäntelt werden.

3. Schließlich darf nicht übersehen werden, daß es in modernen Gesellschaften neben der von Luhmann hervorgehobenen Entmoralisierungstendenz einen gegenläufigen Trend zur Verstärkung der moralischen Reflexion gibt. Dies hängt damit zusammen, daß die Ausdifferenzierung der sozialen Funktionsbereiche zu einer fortschreitenden «Veröffentlichung» vormals privater Tätigkeiten führt und gleichzeitig mit der Entstehung neuer Handlungsmöglichkeiten verbunden ist. Beide Aspekte sind eng miteinander verbunden, und beide verstärken das Bedürfnis nach moralischer Reflexion. Ein Beispiel dafür ist die Pflege Sterbender. Früher war sowohl das Sterben selbst wie auch die Pflege sterbender Personen ein vorwiegend privater Prozeß, der sich innerhalb der Familie vollzog. Mit der Entstehung des modernen Systems der me-

dizinischen Versorgung ändern sich die Rahmenbedingungen des Sterbens grundlegend: Das Sterben wird in die entsprechenden Institutionen (Krankenhäuser und Pflegeheime) verlagert und damit zu einem institutionellen, «öffentlichen» Vorgang. Parallel dazu entstehen im Zusammenhang mit dem wissenschaftlich-technischen Fortschritt zahlreiche neue Möglichkeiten zur Intervention in den Prozeß des Sterbens. Auf die damit auftretenden Fragen – Ist die Verzögerung des Sterbens unter allen Umständen eine sinnvolle Maßnahme? Ist das Abstellen des Beatmungsgeräts bei einem hirntoten Patienten erlaubt oder gar geboten? Ist es erlaubt, solchen Patienten Organe zu entnehmen und diese anderen Kranken zu transplantieren? – gibt die traditionelle Moral keine eindeutige Antwort. Das Problem der apparativen Lebensverlängerung berührt nicht nur den individuellen Patienten, sondern auch die Medizin als gesellschaftliche Institution; es wird damit zu einem öffentlichen moralischen Problem, das öffentliche moralische Reflexion und Diskussion verlangt. In einer demokratischen Gesellschaft können die Antworten auf solche Fragen nicht einfach von einer wissenschaftlich-technischen Elite entschieden werden; sie sind Gegenstand eines öffentlichen moralischen Diskurses. Die angewandte Ethik kann als ein bestimmter professionalisierter Zweig dieses moralischen Diskurses angesehen werden. Ihre Aufgabe kann nicht darin bestehen, fertige «Lösungen» für solche moralischen Probleme bereitzustellen; sie kann aber Beiträge dazu liefern, indem sie ihre spezifisch philosophische Kompetenz in dem öffentlichen Prozeß der Problemlösung zur Geltung bringt.

Wenn die These einer strukturellen Entmoralisierung des sozialen Systems ein allzu stromlinienförmiges Bild der modernen Gesellschaft zeichnet, dann erweist sich die Renaissance der angewandten Ethik als keineswegs zufällig und überraschend. Sie kann als Ausdruck einer wachsenden Reflexivität aufgefaßt werden, die sich gerade im Zusammenhang mit der funktionalen Ausdifferenzierung durchsetzt und die nicht zuletzt durch das sich ständig beschleunigende Tempo der wissenschaftlich-technischen Innovation gefördert wird. Sicher resultiert daraus noch nicht automatisch das Bedürfnis nach moralischer Orientierung über die Kriterien der normativen Richtigkeit solcher Entscheidungen. Erst aus der Perspektive einer bestimmten Wahrnehmung, d. h. im Zusammenwirken mit «subjektiven» Voraussetzungen, werden «objektive» soziale Entwicklungen zum moralischen Problem und erzeugen ein Bedürfnis nach moralischer Orientierung. Die Bedeutung der politischen, geistigen und kulturellen Wende am Ende der 6oer Jahre kann als

Voraussetzung für die moralische «Problematisierung» bestimmter Themen kaum unterschätzt werden. In den USA haben, neben der bereits erwähnten Civil-rights-Bewegung, die öffentlichen Auseinandersetzungen um den Krieg in Vietnam eine bedeutende Rolle in diesem Problematisierungsprozeß und damit auch für die Entstehung der angewandten Ethik gespielt. Auf die unmittelbare Bedeutung der damaligen politischen Situation für sein philosophisches Denken hat beispielsweise Thomas Nagel im Vorwort zu seiner viel beachteten Aufsatzsammlung «Mortal Questions» (1984a, 12) hingewiesen: «Einige dieser Essays wurden in einer Zeit geschrieben, in der die Vereinigten Staaten an einem kriminellen Krieg beteiligt waren, den sie auf kriminelle Weise führten. Das hat meine Sensibilität für die Absurdität meiner Beschäftigung mit theoretischen Fragen gesteigert. Die Staatsbürgerschaft erweist sich als eine überraschend starke Bindung, selbst für diejenigen von uns, deren patriotische Gefühle nur sehr schwach ausgeprägt sind. Voll Entsetzen und Wut lasen wir tagtäglich die Zeitung, und das waren andere Empfindungen als diejenigen, die aufkommen, wenn man von den Verbrechen eines fremden Landes liest. Diese Betroffenheit war es auch, die dazu führte, daß sich in den späten 60er Jahren immer mehr Philosophen mit professionellem Ernst öffentlichen Fragen zuwandten.»

2.3 Drei Arten moralischer Probleme

Ohne den Anspruch auf eine vollständige Klassifikation zu erheben, unterscheide ich im folgenden drei Arten von moralischen Problemen, die charakteristisch für die angewandte Ethik sind. Dabei ist hervorzuheben, daß diese nicht immer streng voneinander getrennt werden können; es gibt Übergänge, Grenzfälle und Überschneidungen zwischen den verschiedenen Arten. Gleichwohl ist die Unterscheidung nützlich, weil sie nicht nur eine gewisse Ordnung in die Fragen bringt, die die angewandte Ethik zu beantworten sucht, sondern auch einen Hinweis auf die verschiedenen Arten von Reflektion und Argumentation gibt, die in der angewandten Ethik eine Rolle spielen.

1. Eine erste Gruppe von Problemen ergibt sich aus dem Konflikt zwischen dem moralisch Gebotenen auf der einen und den außermoralischen Handlungsantrieben auf der anderen Seite. Es ist ein wohlbekanntes Charakteristikum der Moral, daß ihre Gebote und Verbote unseren (unmittelbaren) Wünschen und (kurzfristigen) Interessen oft

widersprechen. Der Seufzer «Alles, was ich liebe, ist entweder illegal, unmoralisch oder dickmachend» (Gert 1983, 106) zeugt davon. Paradigmatisch dafür ist der Konflikt zwischen dem Anspruch der künftigen Generation auf die Nutzung natürlicher Ressourcen und dem Interesse der heute Lebenden an einen möglichst hohen Lebensstandard (der mit dem Verbrauch solcher Ressourcen verbunden ist). In einer puristischen Perspektive mag es naheliegen, solche Konflikte nicht als «moralische Probleme», sondern als «Probleme mit der Moral» zu klassifizieren. Das moralisch Gebotene (oder Verbotene) scheint klar zu sein: Wenn es unmoralisch ist, nichterneuerbare Rohstoffe extensiv zu verbrauchen, dann müssen wir darauf verzichten. So gesehen scheint es sich nur um ein Realisierungsproblem zu handeln, für das weniger die Philosophie als Pädagogik und Politik zuständig sind: Wie kann das moralisch Richtige «umgesetzt» werden.

Eine solche Sichtweise des Problems greift aber zu kurz. Zum einen ist das moralisch Richtige in der Regel nur auf einer sehr abstrakten Ebene «klar». Mit dem allgemeinen Satz, daß wir uns nicht über die Interessen der künftigen Generationen hinwegsetzen dürfen, ist es nicht getan. Nicht nur die künftigen Generationen haben einen berechtigten Anspruch auf die Nutzung von Naturressourcen, sondern auch wir. Die moralisch richtige Handlungsweise ist hier (wie in ähnlichen Fällen) weniger eine Frage von «entweder – oder» als eine Frage des Abwägens und Ausgleichens divergierender Interessen. Zu den Aufgaben der angewandten Ethik gehört es daher nicht nur, die Rechte künftiger Generationen zu begründen, sondern auch, nähere Kriterien für einen gerechten Interessenausgleich zwischen den verschiedenen Generationen zu erarbeiten. Zum zweiten darf nicht übersehen werden, daß die «Umsetzung» des moralisch Gebotenen selbst eine moralische Dimension hat: Bekanntlich heiligt der Zweck nicht die Mittel. Der Versuch etwa, die Interessen der künftigen Generationen durch eine «Moralpolizei» oder eine «Öko-Diktatur» zu garantieren, die Tag und Nacht das Handeln aller Individuen überwacht, wäre ein drastisches Beispiel dafür. Zu den Aufgaben der angewandten Ethik gehört es daher, nach Wegen zur Realisierung der Moral zu suchen, die faktisch wirksam und moralisch akzeptabel sind.

2. Eine zweite Art von Problemen entsteht aus Unklarheiten über die für eine moralische Bewertung relevanten empirischen Fakten. Viele der für die angewandte Ethik charakteristischen Probleme resultieren aus der Komplexität der involvierten empirischen Fragen. Schon in singulären Fällen ist es oft sehr schwierig, die für ihre moralische Beurtei-

lung relevanten Fakten zu bestimmen. Nach Marcus George Singer besteht die Hauptursache für moralische Streitigkeiten in der Schwierigkeit, «präzise und mit Sicherheit die Fakten eines Falles zu bestimmen – was tatsächlich passierte, wie die Umstände sind und welches vermutlich die Folgen sein werden. Da das alles empirische Fragen sind, könnte man meinen, das ließe sich leicht feststellen und man könnte Übereinstimmung darüber erzielen. Das stimmt nicht, und es ist nicht weise, das anzunehmen... Im wirklichen Leben sind es... gerade die Tatsachen, die am schwierigsten zu sichern sind, und es ist vergleichsweise einfach, hypothetische Urteile zu fällen, der Art: ‹Wenn die Fakten so und so sind, dann sollte dieses und jenes getan werden›» (1975, 387). Um so schwieriger ist natürlich die Bestimmung der moralisch relevanten Fakten im Hinblick auf generelle Handlungsoptionen oder soziale Institutionen in komplexen Gesellschaften. Für die moralische Bewertung der Politik der nuklearen Abschreckung beispielsweise ist die Bestimmung des tatsächlichen Abschreckungserfolges fundamental: Wäre eindeutig feststellbar, daß die Drohung mit dem Einsatz atomarer Massenvernichtungswaffen dauerhaft kriegsverhindernd wirkt, und könnten unbeabsichtigte Kriegsauslösungen mit Sicherheit ausgeschlossen werden, dann liefen alle Einwände gegen diese Politik ins Leere. Ähnliches gilt für die moralische Bewertung der Kernkraft oder der pränatalen Diagnostik. Die Schwierigkeiten resultieren hier auch daraus, daß einige der für die Bewertung zentralen Fakten in der Zukunft liegen. Könnten wir die Risiken eines Kraftwerkunfalls genau bestimmen und genau voraussagen, ob sich die Lage der Behinderten durch die Fortschritte der pränatalen Diagnostik verschlechtert, so würde sich ein moralisches Urteil zwar noch nicht von selbst ergeben, wäre aber sicher leichter und mit größerem Konsens zu finden.

Ein durchgängiges Charakteristikum der angewandten Ethik leuchtet vor diesem Hintergrund unmittelbar ein: Sie muß sich tief auf empirische Fragen einlassen. Die Lösung ethischer Probleme in den verschiedenen Bereichen der Politik, Wirtschaft, Medizin, Ökologie, Technik etc. ist mit philosophischer Kompetenz allein nicht möglich. Es ist zwar richtig, daß sich die spezifische Kompetenz der Ethik als einer philosophischen Disziplin ausschließlich auf die normative Seite der entsprechenden Probleme bezieht; zugleich aber ist hervorzuheben, daß eine Beschränkung auf diese Seite jegliche Problemlösung unmöglich machen würde. Aus Normen allein lassen sich nämlich keine Bewertungen konkreter Handlungen oder Handlungsoptionen deduzieren. Höffe (1981, 16) spricht in diesem Zusammenhang von einem *normativistischen Fehlschluß* und definiert diesen als «die dem naturalistischen Fehlschluß entgegengesetzte Vorstellung, allein aus normativen Überlegungen ließen sich spezifische oder gar konkrete Verbindlichkeiten ableiten. Tatsächlich ergeben normative Überlegungen nur einen allgemeinen Beurteilungsmaßstab, der noch mit spezifischen Sachgesetzlichkeiten und darüber hinaus mit den konkreten Bedingungen der jeweiligen Lebenswelt und Handlungssituation vermittelt werden muß.» Die angewandte Ethik hat daher nur dann eine Chance, zu befriedigenden Problemlösungen zu kommen, wenn ihre Reflexion auf Fachkenntnissen über den jeweiligen Problembereich beruht. Die von akademischen Philosophen bisweilen abschätzig betrachteten Bindestrich-Ethiken (Bio-ethik, Wirtschafts-ethik, Computer-ethik etc.) sind daher keine bloße Modeerscheinung, sondern Ausdruck einer von der Komplexität der Aufgabe erzwungenen Spezialisierung. Die Einheit von Ethik und Expertise ist für den individuellen Philosophen heute nicht mehr auf allen Gebieten gleichzeitig zu realisieren. Sie ist in vielen Fällen nur durch interdisziplinäre Kooperation möglich.

3. Die dritte Art von Problemen ergibt sich aus Wertkonflikten oder Prinzipienkollisionen: In ein und derselben Situation (oder Situationstypus) sind mehrere Werte tangiert oder gelten mehrere Prinzipien, die jeweils unterschiedliche Handlungen gebieten. Folgt man dem einen Prinzip, verstößt man gegen das andere, ebenso gültige Prinzip. Im Extremfall können solche Konflikte die Dimension des Tragischen annehmen: Was immer getan wird, ist moralisch falsch und macht den Handelnden schuldig. Auch wenn die Konflikte gewöhnlich nicht derart unversöhnlich sind, führen sie doch in Situationen, die schwierige Entscheidungen verlangen. In der Medizin beispielsweise ist der Konflikt zwischen dem Prinzip der Autonomie des Patienten und dem Prinzip der Schadensvermeidung oft diskutiert worden: Ein Arzt, der einen psychisch labilen Patienten über die Unheilbarkeit seiner Krankheit informiert, kommt damit zwar seiner Pflicht zur Aufklärung des Patienten nach, kann diesem damit zugleich aber einen Schaden zufügen; umgekehrt verstößt er gegen seine Aufklärungspflicht, wenn er dem Patienten wichtige Informationen bewußt vorenthält (Beauchamp/Childress 1983, 224 ff). Auf der politischen Ebene spielt der Konflikt zwischen dem Freiheits- und dem Gleichheitsprinzip in der tagespolitischen Diskussion wie in der

ethischen Debatte eine Schlüsselrolle (vgl. den Beitrag von Steinvorth in diesem Band); es geht dabei um das Spannungsverhältnis von Rechts- und Sozialstaat; um die Frage also, ob – und, wenn ja, in welchem Maße – der Staat berechtigt ist, die Lebensverhältnisse und Lebenschancen unterprivilegierter Gruppen und Schichten durch Zwangsmaßnahmen zu verbessern.

Die Existenz solcher Wertkonflikte und Prinzipienkollisionen ist in der Literatur kontrovers. «Ein *Widerstreit der Pflichten* (collisio officiorum s. obligationum) würde das Verhältniß derselben sein, durch welches eine derselben die andere (ganz oder zum Theil) aufhöbe. – Da aber Pflicht und Verbindlichkeit überhaupt Begriffe sind, welche die objective praktische Nothwendigkeit gewisser Handlungen ausdrücken, und zwei einander entgegengesetzte Regeln nicht zugleich nothwendig sein können, sondern wenn nach einer derselben zu handeln es Pflicht ist, so ist nach der entgegengesetzten zu handeln nicht allein keine Pflicht, sondern sogar pflichtwidrig: so ist eine *Collision* von Pflichten und Verbindlichkeiten gar nicht denkbar (obligationes non colliduntur)» (Kant MS, 224). Andere Theoretiker versuchen das Problem durch die Konstruktion von Wert-, Regel- und Prinzipienhierarchien zu entschärfen. Aus einer solchen eindeutigen Rangordnung werden dann Vorzugsregeln abgeleitet wie «Im Zweifel für die Freiheit!» Wieder andere führen alle moralischen Regeln und Prinzipien auf ein Superprinzip zurück; alle Konflikte und Kollisionen stellen sich dann als bloße Oberflächenphänomene dar, die durch eine gründliche Analyse beseitigt werden können. So können aus utilitaristischer Sicht alle solchen Konflikte auf ein quantitatives Problem reduziert werden: auf die Bestimmung des maximalen Nutzens, den die verschiedenen Handlungsoptionen ermöglichen (Mill 1976, 44). Erfolgversprechend sind diese Strategien nicht. Die These, daß Prinzipienkollisionen «gar nicht denkbar» seien, folgt offenbar dem bekannten Motto, daß nicht sein kann, was nicht sein darf, und läuft darauf hinaus, die Augen vor einem der fundamentalsten – und beunruhigendsten – Phänomene unseres moralischen Lebens zu verschließen. Die Konstruktion von Rangordnungen und Vorzugsregeln führt zu künstlichen und oft unakzeptablen Resultaten: Es ist höchst unplausibel, daß die Vorzugsregel «Im Zweifel für die Freiheit!» in allen denkbaren Situationen und unter allen denkbaren Umständen die richtige Orientierung gibt. Ähnliches gilt für Theorien, die alle Werte aus einem Superwert oder alle Prinzipien aus einem Superprinzip ableiten. Das Phänomen des Moralischen ist zu komplex, als daß es in eine starre Hierarchie von Regeln und Prinzipien gepreßt werden könnte, die für alle Anwendungsfälle zu eindeutigen Entscheidungen führt; es ist auch zu komplex, um auf einen Superwert oder ein Superprinzip reduziert werden zu können. Diese Komplexität ist ein Ausdruck der Tatsache, daß Menschen komplexe Wesen sind, die viele verschiedene Interessen haben und viele verschiedene Perspektiven einnehmen können (Nagel 1984c, 146–61). Das eigentliche Problem besteht daher nicht in der Frage, ob es solche Dilemmata gibt, sondern ob und wie sie zu lösen sind.

Im Hinblick auf Wertkonflikte und Prinzipienkollisionen hat die (angewandte) Ethik zunächst eine *analytische* Aufgabe. Nicht immer steht von vornherein fest, daß einer moralischen Problemsituation tatsächlich eine Prinzipienkollision zugrunde liegt. Was prima vista als eine solche Kollision erscheint, kann sich bei näherer Betrachtung als Resultat einer falschen Einschätzung der jeweils involvierten empirischen und/oder normativen Aspekte erweisen. Die Konstatierung eines Dilemmas ist daher ein Ergebnis ethischer Reflexion, das einen – keineswegs nur theoretischen – Wert hat. Erst die Konstatierung einer echten Prinzipienkollision ermöglicht es, sich mit klarem Bewußtsein für eines der konfligierenden Prinzipien zu entscheiden und auf der Basis dieser Entscheidung zu handeln. Ein solches Ergebnis gibt auch Klarheit darüber, gegen welches Prinzip man sich entscheidet, d. h., welche «moralischen Kosten» in Kauf genommen werden. So hat Max Weber die Leistung der ethischen Analyse darin gesehen, eine bewußte Wahl überhaupt erst treffen zu können: «Es handelt sich nämlich zwischen den Werten letztlich überall und immer wieder nicht nur um Alternativen, sondern um unüberbrückbar tödlichen Kampf, so wie zwischen ‹Gott› und ‹Teufel›… Die aller menschlichen Bequemlichkeit unwillkommene, aber unvermeidliche Frucht vom Baum der Erkenntnis ist gar keine andere als eben die: um jene Gegensätze wissen und also sehen zu müssen, daß jede einzelne wichtige Handlung und daß vollends das Leben als Ganzes, wenn es nicht wie ein Naturereignis dahingleiten, sondern bewußt geführt werden soll, eine Kette letzter Entscheidungen bedeutet, durch welche die Seele, wie bei Platon, ihr eigenes Schicksal: – den Sinn ihres Tuns und Seins heißt das – *wählt*» (Weber 1988, 507f). Freilich tobt der «unüberbrückbar tödliche Kampf» zwischen den divergierenden Prinzipien nur auf der Ebene «letzter» Entscheidungen. Das existentialistische Pathos der «Wahl» darf nicht darüber hinwegtäuschen, daß die von Weber zugestandenen «Relativierungen und Kompromisse» eine unausweichliche Notwendigkeit des praktischen Lebens sind, denen nichts Anstößiges anhaftet. Unbestreitbar ist: Wenn es sich um echte Prinzipienkollisionen handelt, sind glatte Lösungen per definitionem unmöglich. «Moralische Konflikte lassen sich weder systematisch vermeiden, noch kann man sie restlos lösen» (Williams 1978, 285). Ohne Entscheidung kann es daher keinen Weg aus dem Konflikt geben. Die Frage ist allerdings, ob diese Entscheidung notwendigerweise einer Wahl zwischen «Gott» und «Teufel» gleichkommt, ob es jenseits der «restlosen» Lösungen nicht auch angenäherte Lösungen gibt und ob es nicht möglich ist, den «Rest» zu minimieren. Genau darin besteht die zweite Aufgabe der angewandten Ethik: Sie soll zeigen, welche der zur Verfügung stehenden Handlungsoptionen – unter Abwägung aller involvierten faktischen und normativen Aspekte – die bestmögliche ist. Auch ohne eine «restlose» Auflösung des Dilemmas zu bieten, eröffnet die sorgfältige Güterabwägung den Weg, auf dem begründete Entscheidungen getroffen werden können.

3 Reflexion und Innovation

Die Bestimmung von «angewandter Ethik» als einer bloßen Subsumtion einzelner Fälle unter moralische Prinzipien greift vor allem deshalb zu kurz, weil sie das *produktive* Element unterschlägt, das der Anwendung innewohnt. Dies ist ein Haupteinwand der hermeneutischen Philosophie gegen die Prinzipienethik. So hat Gadamer hervorgehoben, «daß die Beurteilung des Falles den Maßstab des Allgemeinen, nach dem sie geschieht, nicht einfach anwendet, sondern selbst mitbestimmt, ergänzt und berichtigt» (1975, 298). Ich möchte diesen Gedanken aufgreifen und im Hinblick auf die angewandte Ethik radikalisieren. Ein großer Teil der Anstöße für die neuere problemorientierte ethische Reflexion kommt aus neuen Handlungsmöglichkeiten, die die Frucht wissenschaftlich-technischer Innovationen sind. Die Subsumierbarkeit solcher Handlungsoptionen unter die traditionellen moralischen Prinzipien ist unter diesen Umständen nicht ohne weiteres gegeben; sie muß durch Präzisierungen und Weiterentwicklungen der Prinzipien erst hergestellt werden. Zwischen Fragen der Anwendung und Fragen der Begründung kommt es damit zu einer Wechselwirkung: Die Anwendung der Prinzipien auf neue Problemlagen wirkt auf deren Inhalt und Begründungszusammenhang zurück. Eine strikte Trennung zwischen «angewandter» und «theoretischer» Ethik kann unter diesen Bedingungen nicht aufrechterhalten werden.

3.1 Normbildende Anwendung

Ein instruktives Beispiel für das Ungenügen der historisch gewachsenen Moral angesichts neuer technischer Handlungsmöglichkeiten bieten die Schwierigkeiten, das Prinzip der Nichtschädigung auf die Gen- und Reproduktionstechnologie anzuwenden. Die Geltung und die Bedeutung dieses Prinzips steht außer Frage; es spielt in seiner klassischen Formulierung als *primum nil nocere* seit jeher eine tragende Rolle in der medizinischen Ethik (Beauchamp/Childress 1983, 106–147), und es ist darüber hinaus von einigen Autoren als das grundlegende substantielle Prinzip, als der Kern der Moral überhaupt angesehen worden (Gert 1983). Im Hinblick auf die moderne Reproduktionstechnologie hätten wir im Lichte dieses Prinzips etwa die Frage zu stellen, ob jemandem ein Schaden zugefügt wird, wenn seine Zeugung außerhalb des mütterlichen Körpers in einer Petri-Schale künstlich herbeigeführt wird und seine frühe Entwicklung – während der ersten 24 bis 72 Stunden – in einem Brutschrank abläuft um erst dann mit Hilfe eines dünnen Plastikkatheters in den Uterus der Mutter transferiert zu werden. Es liegt auf der Hand, daß diese Frage mit «ja» beantwortet werden muß, wenn diese Art künstlicher Zeugung zu körperlichen Mißbildungen oder geistigen Schädigungen führt oder wenn sie mit einem erhöhten Risiko auf solche Behinderungen verbunden ist. Nach den bisherigen Erfahrungen mit immerhin einigen zehntausend «Retortenbabies» scheint dies aber nicht der Fall zu sein. Neben solchen medizinisch definierten Schädigungen ist ein zweiter Typ von «ideellen» oder besser: moralischen Schäden zu berücksichtigen. Wir sehen in einem Menschen nicht nur einen Organismus mit einem Satz physischer und psychischer Eigenschaften, sondern ein Wesen, das über eine spezifische Würde verfügt und spezifische (moralische) Rechte besitzt. Wir halten etwa den Kauf und Verkauf von Kindern für unmoralisch, auch wenn ihnen dadurch keine Nachteile, sondern vielleicht sogar Vorteile entstehen sollten. Kinder gehören eben nicht zu der Gruppe von «Objekten», die verkauft werden dürfen, weil ein solches Verfahren in jedem Fall einen «ideellen», eben moralischen Schaden einschließt.

Wie der Handel mit Kindern einen Verstoß gegen moralische Rechte

darstellt, so können auch bestimmte Eingriffe in die menschliche Fortpflanzung als eine Verletzung der Menschenwürde angesehen werden.
Dies ist besonders der Fall, wenn futuristische Techniken wie die Klonierung von Menschen oder die Erzeugung von Mensch-Tier-Hybriden zur
Debatte stehen. So hat eine von der Bundesregierung eingesetzte Exper-
tenkommission bereits 1985 ein strafrechtliches Verbot solcher Techniken gefordert, weil sie «in besonders schwerwiegender Weise gegen die
Menschenwürde verstoßen» (Bericht 1985, 60). Mit den einschlägigen
Bestimmungen des Embryonenschutzgesetzes (§§ 6, 7) vom 24. Oktober
1990 ist dieses Verbot inzwischen zu geltendem Recht geworden. Entscheidend für den vorliegenden Zusammenhang ist aber, daß der Begriff
der Menschenwürde mit einer solchen Forderung nicht bloß auf die Techniken der Klonierung und der Hybridbildung «angewandt», sondern zugleich auch interpretiert wird. Eine solche Forderung sucht festzulegen,
was unter den Bedingungen der gegenwärtigen technischen Revolutionierung der menschlichen Fortpflanzung und im Hinblick auf die durch
sie eröffneten Handlungsoptionen unter «Menschenwürde» verstanden
werden soll. Sie ist folglich ebensosehr Definition des Menschenwürde-
begriffs, wie sie seine Anwendung ist.

Allgemeiner formuliert: Jedes moralische Prinzip enthält Schlüssel-
begriffe, von denen sein Inhalt abhängt. So hängt die Bedeutung des
Prinzips «Du sollst deinen Mitmenschen keinen Schaden zufügen!» tri-
vialerweise davon ab, was als ein Schaden gilt. In der Regel bedarf dies
keiner näheren Erläuterung: Niemand möchte betrogen, bestohlen, verletzt, um Lebenschancen gebracht oder gar getötet werden; daher versteht
sich von selbst, daß wir jemandem einen Schaden zufügen, wenn wir ihn
betrügen, bestehlen, verletzen, um Lebenschancen bringen oder gar töten.
Unter bestimmten Umständen aber kann die Bestimmung dessen, was als
ein «Schaden» angesehen werden muß oder sollte, zum Problem werden.
Dies ist vor allem dann der Fall, wenn neue Handlungsmöglichkeiten
entstehen und / oder wenn sich die Rahmenbedingungen bekannter Handlungsmöglichkeiten durch sozialen Wandel verändern. Der angewandten
Ethik wächst unter diesen Bedingungen die Aufgabe zu, nicht nur zu
diskutieren, ob eine bestimmte Handlung einen Schaden verursacht,
sondern was ein «Schaden» überhaupt ist. Eine solche gezielte Interpretation und Weiterentwicklung moralischer Prinzipien sprengt den Rahmen des Subsumtionsmodells der Anwendung – und geht zugleich über
das hermeneutische Konzept der Applikation hinaus. Ähnlich wie die
Kasuistik kennt auch die hermeneutische Philosophie nur Einzelfälle, aus

deren kluger Lösung sich implizite Rückwirkungen auf die allgemeinen Prinzipien ergeben. Ohne die Relevanz dieser Art von Anwendung schmälern zu wollen, besagt die von mir vertretene These, daß es die angewandte Ethik charakteristischerweise mit öffentlichen Handlungsoptionen zu tun hat, die eine gezielte Präzisierung und Weiterentwicklung der moralischen Prinzipien erfordern. Insofern sie an einer solchen inhaltlichen Fortschreibung moralischer Prinzipien arbeitet, kann sich die angewandte Ethik nicht auf Klugheit und Urteilskraft beschränken, wie sie für die Kasuistik charakteristisch sind: Sie muß sich prinzipieller Argumente bedienen und auf Prinzipiendiskussionen einlassen.

Der Begriff der «Anwendung» und der «angewandten Ethik» kann somit zwei verschiedene Bedeutungen haben. Er kann sich auf die Beurteilung eines singulären Falls im Lichte einer gegebenen generellen Norm beziehen; wir haben es dann mit einer *kasuistischen* Anwendung zu tun. Er kann aber auch die inhaltliche Fortschreibung genereller Normen im Hinblick auf die Bewertung ganzer Klassen von Handlungen bezeichnen; wir haben es dann mit einer *normbildenden* Anwendung zu tun. Obgleich die Struktur des Rechtssystems sicher nicht ohne weiteres auf die Ethik übertragbar ist, kann ein Vergleich mit ihm den Unterschied verdeutlichen. In modernen Rechtssystemen wird zwischen den Verfahren Generierung von Recht und den Verfahren der Durchsetzung des geltenden Rechts streng unterschieden. Dieser Unterschied ist institutionalisiert: Die Generierung von Recht obliegt dem Gesetzgeber, die Anwendung von Recht ist Aufgabe der Rechtsprechung. Auch wenn die richterliche Rechtsanwendung stets produktive Elemente und damit ein gewisses Maß an Rechtsfortbildung enthält (Gadamer 1975, 154, 350ff), wird damit die Differenz zwischen Gesetzgebung und Gesetzesauslegung keineswegs hinfällig. Der Gesetzgeber «allein ist in der Lage, allgemeine Normen zu erlassen, deren Befolgung fortan jedermann zur Pflicht gemacht wird. Die Rechtsprechung kann nur im nachhinein geschehene Vorfälle beurteilen und allenfalls erwarten, daß die von ihr dabei entwickelten Entscheidungsmaximen das künftige Verhalten beeinflussen werden. Die im Rechtsstaat angelegte Gewaltenteilung verlangt von der Rechtsprechung, daß sie den Normsetzungsprimat des Gesetzgebers respektiert» (Larenz 1975, 361). Dem ist hinzuzufügen, daß dieser Normsetzungsprimat des Gesetzgebers seinerseits dem Primat der Verfassung unterworfen ist. Auch darin bewährt sich die Analogie zwischen Ethik und Recht: Wie sich die Gesetzgebung und die Gesetzesauslegung in dem durch die Prinzipien der Verfassung definierten Rahmen zu bewe-

gen und diesen Rahmen, wenn nötig, auch an neue Bedingungen anzu-
passen haben, so versucht auch die angewandte Ethik, die moralischen
Prinzipien für die Lösung konkreter moralischer Probleme fruchtbar zu
machen, sie aber zugleich im Hinblick auf neue Problemlagen weiterzuentwickeln.

3.2 Revision der Ethik

Wie weit die Rückwirkungen von Anwendungsfragen auf philosophische
Grundprobleme reichen, zeigt sich besonders deutlich an der in den letzten Jahren zu einem Zentralproblem der ethischen Diskussion gewordenen Frage nach dem «Objekt» der Moral. In der neueren Ethik galt diese
Frage (von Ausnahmen abgesehen) als beantwortet: Nach Kant etwa
«hat der Mensch sonst keine Pflicht, als blos gegen den Menschen» (MS,
442). Die Beschränkung der moralischen Gemeinschaft auf Menschen
kann entweder durch den Verweis auf ihre natürlichen Eigenschaften
begründet werden, vor allem durch ihre annähernde physische Gleichheit und Verletzlichkeit (Hume 1972, 27f). Sie kann auch durch jene
Eigenschaften begründet werden, die sie zu moralischem Handeln befä-
higen (Vernunft, Freiheit, Autonomie), da als «Objekt» der Moral nur
anerkannt werden kann, wer auch «Subjekt» der Moral ist. Beiden Begründungen ist gemeinsam, daß moralische Beziehungen als ihrem Wesen nach wechselseitige und symmetrische Beziehungen aufgefaßt werden. Die neuzeitliche Ethik ist daher «anthropozentrisch»: Sie bezieht
sich allein auf Menschen und schließt leblose Gegenstände, Pflanzen und
Tiere aus der Moral aus. Eine moralische Verpflichtung gegenüber einer
Sache kann es für sie nicht geben, es sei denn, es handelt sich um eine
indirekte Pflicht gegenüber einer Person; zum schonenden Umgang mit
einer Sache sind wir nur dann verpflichtet, wenn diese das Eigentum
eines anderen Menschen ist und wir durch eine Beschädigung daher ihn
in seinem Eigentumsrecht verletzen würden.

Diese weithin als selbstverständlich geltende Deutung der moralischen
Gemeinschaft als einer Gemeinschaft Gleicher wurde in der jüngeren
Vergangenheit von verschiedenen Seiten aus in Frage gestellt (Tugendhat
1990). Das grundsätzliche Problem dieser Deutung besteht nämlich
darin, daß sie die Zugehörigkeit zur moralischen Gemeinschaft zu eng
faßt. Auf der einen Seite erfüllen Embryonen, Kleinkinder und geistig
Schwerbehinderte weder die Bedingungen physischer Gleichheit mit ge-

sunden Erwachsenen, noch sind sie rational und autonom; auch die Angehörigen künftiger Generationen befinden sich nicht in einer symmetrischen und reziproken Beziehung zu den heute Lebenden (vgl. den Beitrag von Leist in diesem Band). Die gängige Bestimmung der moralischen Gemeinschaft schließt damit genau jene Mitglieder unserer Gattung aus, die des Schutzes der Moral am dringendsten bedürfen. Darüber hinaus widerspricht es unseren moralischen Intuitionen, daß den Tieren prinzipiell kein «moralischer Status» zugebilligt wird (vgl. Wolf 1990). Wenn zumindest höhere Tiere gewöhnlich nicht als wertneutrales «Material» angesehen werden, mit dem beliebig verfahren werden darf, dann können die Grenzen der moralischen Gemeinschaft nicht ohne weiteres mit den Grenzen der Gattung Mensch zusammenfallen. Vor dem Hintergrund der weltweiten ökologischen Krise und im Zusammenhang der durch sie in Gang gekommenen Debatte um eine «ökologische Ethik» wurde dieser Gedanke weitergetrieben und zu der Forderung radikalisiert, daß über Menschen und Tiere hinaus die Natur insgesamt in die moralische Gemeinschaft einbezogen werden müsse.

Einer der ersten und sicherlich einflußreichsten Autoren, die die Frage nach dem «Objekt» der Moral in den Mittelpunkt der ethischen Reflexion gerückt haben, ist Hans Jonas. Die nachhaltigen Störungen des ökologischen Gleichgewichts auf unserem Planeten und die daraus resultierende Gefahr einer Selbstvernichtung der Menschheit sind für ihn Indizien dafür, daß die heutige Ethik mit Fragen und Problemen konfrontiert ist, auf die keine bisherige Ethik zu antworten hatte. Die moderne Technik hat «Handlungen von so ungeheurer Größenordnung, mit so neuartigen Objekten und so neuartigen Folgen eingeführt, daß der Rahmen früherer Ethik sie nicht mehr fassen kann... Gewiß, die alten Vorschriften der ‹Nächsten›-Ethik – die Vorschriften der Gerechtigkeit, Barmherzigkeit, Ehrlichkeit, usw. – gelten immer noch, in ihrer intimen Unmittelbarkeit, für die nächste, tägliche Sphäre menschlicher Wechselwirkung. Aber diese Sphäre ist überschattet von einem wachsenden Bereich kollektiven Tuns, in dem Täter, Tat und Wirkung nicht mehr dieselben sind wie in der Nahsphäre, und der durch die Enormität seiner Kräfte der Ethik eine neue, nie zuvor erträumte Dimension der Verantwortung aufzwingt» (1979, 26). Die Expansion menschlicher Macht, insbesondere die Unumkehrbarkeit und Kumulativität der Wirkungen menschlichen Handelns, hat nicht nur dessen faktische Reichweite erweitert, sondern auch die mit ihr verbundene *Verantwortung*. Entscheidend dabei ist für Jonas, daß die menschliche Verantwortung nicht nur quantitativ wächst, sondern sich auch qualitativ wandelt. «Es ist zumindest nicht mehr sinnlos, zu fragen, ob der Zustand der außermenschlichen Natur, die Biosphäre als Ganzes und in ihren Teilen, die jetzt unserer Macht unterworfen ist, eben damit ein menschliches Treugut geworden ist und so etwas wie einen moralischen Anspruch an uns hat – nicht nur um unsretwillen, sondern auch um ihrer selbst willen, und aus eigenem Recht. Wenn solches der Fall wäre, so würde es kein geringes Umdenken in den Grundlagen der Ethik erfordern. Es würde bedeuten, nicht nur das menschliche Gut, sondern auch das Gut außermenschlicher Dinge zu suchen, das heißt die Anerkennung von ‹Zwecken an sich selbst› über die Sphäre des Menschen hinaus auszudehnen und die Sorge dafür in den Begriff des menschlichen Guts einzubeziehen» (29). Mit dieser vorsichtigen Formulierung nimmt Jonas das oben angesprochene «anthropozentrische» Axiom der neuzeitlichen Moralphilosophie unter Beschuß. Es liegt auf der Hand, daß die Anerkennung eines solchen Eigenrechtes von Naturdingen – seien es Tiere, Pflanzen, Landschaften oder die irdische Biosphäre als ganze – eine Revision einer Grundannahme der neuzeitlichen Ethik bedeuten und damit, wie er richtig hervorhebt, «kein geringes Umdenken in den Grundlagen der Ethik erfordern» würde.

Entscheidend für den vorliegenden Zusammenhang ist, daß diese Revision nicht primär aus theoretischen, sondern aus praktischen Gründen gefordert wird. Dem liegt der diagnostische Befund zugrunde, daß die Beschränkung der neuzeitlichen Ethik auf zwischenmenschliche Beziehungen einer der Gründe für die ungehemmte Naturausbeutung ist, die heute die Existenz des Menschen bedroht. Die Natur wird dadurch zum moralfreien Raum, und die Konsequenz ist, daß die Zerstörung von Natur keine vorwerfbare Handlung mehr darstellt. Ungeachtet ihrer sonstigen Differenzen sind sich daher viele Autoren darin einig, daß eine Abkehr von dem verhängnisvollen Weg der Naturbeherrschung und -zerstörung nur möglich ist, wenn der anthropozentrische Standpunkt der Ethik aufgegeben wird. Wie die traditionelle Ethik das Verhalten des Menschen zu seinen Mitmenschen regulieren und die rücksichtslose Durchsetzung egoistischer Interessen verhindern wollte, so geht es nun um eine analoge Regulierung des menschlichen Verhaltens gegenüber der Natur: um eine Überwindung des menschlichen Kollektiv-Egoismus, der sich in der Ethik darin niederschlägt, daß diese sich auf die Wahrung menschlicher Interessen konzentriert und Interessen der Natur nicht anerkannt habe. «Der Mensch zerstört, wenn er die Natur zerstört, seine eigene Existenzgrundlage. Insofern geht es, wenn es um die Natur geht, stets um den Menschen. Dennoch, oder besser eben deshalb, ist es notwendig, die anthropozentrische Perspektive heute zu verlassen. Denn solange der Mensch die Natur ausschließlich funktional auf seine eigenen Bedürfnisse hin interpretiert, und seinen Schutz der Natur an diesem Gesichtspunkt ausrichtet, wird er sukzessive in der Zerstörung fortfahren. Er wird das Problem ständig als ein Problem der Güterabwägung behandeln und jeweils von der Natur nur das übrig lassen, was bei einer solchen Abwägung im Augenblick noch ungeschoren davonkommt» (Spaemann 1980, 197). Hier wird die legitimierende Kraft menschlicher Interessen und Bedürfnisse für unser Verhalten gegenüber der Natur in Frage gestellt; die Aufgabe des anthropozentrischen Standpunktes wird gefordert, um solche Interessen und Bedürfnisse selbst als legitimationsbedürftig erscheinen zu lassen.

Unabhängig von aller inhaltlichen Auseinandersetzung mit diesem Programm einer nicht-anthropozentrischen Ethik bleibt festzuhalten, daß die Frage nach dem Adressaten der Moral, konsequent genug gestellt und durchdacht, eine Reihe fundamentaler ethischer Probleme mit weitreichenden Konsequenzen für die Struktur der neuzeitlichen Ethik aufwirft. Den Anstoß dazu gaben, wie wir am Beispiel der ökologischen Ethik gesehen haben, Fragestellungen der angewandten Ethik. Damit wird die Unterscheidung zwischen der Anwendung moralischer Prinzipien und ihrer Begründung zwar nicht hinfällig; sie wird aber insofern relativiert, als sich zeigt, daß Anwendungsprobleme massive Begründungsfragen aufwerfen können. Die «Anwendung» beispielsweise des Prinzips der Nichtschädigung auch auf Naturgegenstände verändert den Inhalt des Prinzips und erfordert eine neue Begründung. Einige der stärksten und einflußreichsten Ansätze zur Revision der neuzeitlichen Ethik und ihrer Begründungsstrategien haben ihre Wurzel nicht in der theorieorientierten ethischen Grundlagenforschung, sondern in der problembezogenen, «angewandten» ethischen Reflexion.

3.3 Reform der Moral auf schiefer Ebene

Der wissenschaftlich-technische Fortschritt produziert kontinuierlich neue Handlungsmöglichkeiten: Immer mehr wird entscheidungsfähig und damit auch entscheidungsbedürftig. Parallel dazu wachsen die Handlungsfolgen, so daß die Tragweite der Entscheidungen zunimmt. Die Reaktionen auf diese Entwicklung divergieren in zwei Extreme. Auf der einen Seite wird die Hilflosigkeit aller Moral angesichts der ehernen Logik der Verhältnisse und der Sachgesetzlichkeit ihrer Evolution konstatiert und hervorgehoben, «daß die stets mitlaufende kritische Selbstbeobachtung und Selbstbeschreibung des Gesellschaftssystems auf ein moralisches Urteil verzichten muß bzw. mit solchen Urteilen ins sektenhafte Abseits gerät» (Luhmann 1986, 214). Es fällt schwer, die Berechtigung dieser Warnung vor der Moral zu bestreiten, wenn man die Positionen am anderen Ende des Reaktionsspektrums betrachtet. Hier finden sich nämlich jene «fundamentalistischen» Strategien, die das bestehende Orientierungsdefizit durch eine Rückbesinnung auf ein normatives Fundament überwinden wollen, von dem aus sich eine allgemeinverbindliche substantielle Sittlichkeit wiedergewinnen und jede moralische Frage eindeutig beantworten läßt; der Fundamentalismus will den Prozeß der Erweiterung von Handlungsspielräumen wieder rückgängig machen (Vollrath 1986). Die angewandte Ethik kann als der Versuch angesehen werden, auf die Orientierungsprobleme der modernen Gesellschaft zu reagieren, ohne in eine dieser beiden Extrempositionen zu verfallen. Sie beruht auf der Annahme, daß es nach wie vor auf Moral ankommt und daß die von Luhmann empfohlene Moralaskese daher weder nötig noch wünschenswert ist. Sie grenzt sich vom Fundamentalismus dadurch ab, daß sie die Idee eines archimedischen Punktes, von dem aus sich die «Verwerfungen» der modernen Gesellschaft in einem Streich glattbügeln lassen, für illusionär hält. Sie nimmt den wachsenden Entscheidungszwang als eine irreversible Tatsache hin und versucht, durch problembezogene ethische Reflexion Kriterien der moralischen Richtigkeit solcher Entscheidungen zu entwickeln.

Angewandte Ethik kann somit als der Versuch verstanden werden, auf die moralischen Probleme des öffentlichen Lebens bewußt zu reagieren und auf der Basis rationaler Argumentation intersubjektiv nachvollziehbare und öffentlich vertretbare Maßstäbe unseres Handelns zu formulieren. Sie ist der Versuch, die traditionelle Moral auf die Bedingungen der modernen Gesellschaft einzurichten. Zwar haben die Menschen ihre Moral schon immer an veränderte Bedingungen angepaßt, doch geschah dies in der Vergangenheit meist unbemerkt hinter ihrem Rücken. Heute erzwingen der rasche soziale Wandel und die sich ständig beschleunigende wissenschaftlich-technische Innovation eine kurzfristige und vor allem gezielte und reflektierte Anpassung der Moral an die jeweils neue Situation. Überraschend ist diese Entwicklung nicht. Die menschliche Geschichte kann als ein ständiges Wachstum an Reflexivität beschrieben werden. In modernen Gesellschaften kann daher prinzipiell alles zum Gegenstand bewußter Betrachtung, wissenschaftlicher Analyse und kontroverser Diskussion werden. Nichts wird mehr ohne weiteres als selbstverständlich hingenommen und von der Reflexion ausgenommen; die Moral macht dabei keine Ausnahme. Daraus ergeben sich weitreichende Konsequenzen für den Status von Moral und die Quellen ihrer Geltung. Eine von Menschen reflektierte und bewußt konstruierte Moral verliert die für die traditionelle Moral chrakteristische Absolutheit. Sie muß ihre Geltung aus anderen Quellen beziehen: aus einem Konsens der Individuen oder aus ihrer Vernunft. Doch die Verläßlichkeit dieser Quellen ist nicht sicher; aus nachvollziehbaren Gründen stehen sie in dem Verdacht, nicht immer vollkommen rein zu sein. Die Befürchtung geht um, daß eine an keine vorgegebene, unbezweifelbare Instanz mehr gebundene Reflexion vor nichts zurückschreckt und daß einer somit entfesselten Rationalität nichts mehr «heilig» sein wird. Wenn die Menschen ihre Moral selber «machen», dann scheint alles möglich und «alles erlaubt».

Ein eindrucksvolles Beispiel für solche beunruhigenden Konsequenzen der «Machbarkeit» von Moral bietet die Hirntoddefinition. Die Fortschritte der modernen Intensivmedizin ermöglichen es, Patienten mit schweren und irreversiblen Schädigungen des Gehirns über nahezu unbegrenzte Zeit in einem vegetativen Zustand zu erhalten. Ende der 6oer Jahre begann daher eine Diskussion in der Medizin, solche Patienten, die künstlich beatmet oder ernährt werden müssen und keine Chance haben, jemals aus ihrem komatösen Zustand zu erwachen, für «hirntot» zu erklären. Damit sollte die Voraussetzung geschaffen werden, um die Geräte abstellen und den betreffenden Individuen Organe entnehmen zu können, die für andere Schwerkranke nützlich oder gar lebensnotwendig sind. Es wurden in einem langen Prozeß Kriterien für die einwandfreie Feststellung des Hirntodes erarbeitet, die inzwischen nahezu weltweit akzeptiert sind. Damit wurde eine Handlung (das Abstellen des Beatmungsgeräts und die Entnahme und Wiederverwertung von Organen), die zuvor als Vivisektion eines Menschen hätte gelten müssen, durch eine Definition für legitim erklärt.

Die moralische Zulässigkeit einer Handlung hängt also nur von einer Definition ab; und da wir es sind, die solche Definitionen «machen», liegt die Befürchtung nahe, daß auf diese Weise die Schleusen für eine Entwicklung geöffnet werden können, die am Ende jegliche Moral hinwegspült. Die heftigen Auseinandersetzungen um die Euthanasie-Problematik (vgl. den Beitrag von Wolf in diesem Band) zeigen, wie präsent diese Befürchtung ist. Die Tatsache, daß einige Moralphilosophen die Tötung Neugeborener für – unter bestimmten Voraussetzungen – moralisch zulässig erklären, erscheint dann als ein Indiz dafür, daß die Maßstäbe des moralisch Richtigen zur Disposition gestellt sind und daß wir mit der rationalen Reflexion der Moral Gefahr laufen, auf eine schiefe Bahn zu geraten, an deren Ende alles erlaubt ist. Ohne weiteres von der Hand zu weisen sind solche Befürchtungen nicht; das Slippery-slope-Argument macht auf eine reale Gefahr aufmerksam (Lamb 1988). Die Probleme unserer wissenschaftlich-technischen Zivilisation erzwingen eine «Reform» der traditionellen Moral, und niemand vermag eine Garantie dafür zu geben, daß eine solche Reform keine «unmoralische Moral» hervorbringen wird. Mit der Reflexion auf die normativen Orientierungen unseres Handelns und den Bemühungen um eine gezielte Anpassung der traditionellen Moral an die heutige Problemlage übernehmen wir eine neue Verantwortung: eine Verantwortung nicht mehr nur für die Konsequenzen unseres Handelns, sondern für die Moral selbst (Bayertz 1987, 172 ff). Diese moralische Metaverantwortung ist irreversibel und kann weder durch eine Verweigerung der rationalen Reflektion noch durch den Rückzug auf metaphysische Fundamente der Moral abgeworfen werden.

Dabei ist hervorzuheben, daß eine solche Metaverantwortung nicht von der angewandten Ethik allein getragen werden kann. Die Philosophie hat kein Monopol auf die Reflexion der öffentlichen Probleme moderner Gesellschaften; noch weniger hat sie ein Monopol auf «Lösungen» für diese Probleme. Keines der Probleme, mit denen die angewandte Ethik konfrontiert ist, kann durch Philosophie allein gelöst werden: Zum einen, weil alle diese Probleme komplex sind und interdisziplinärer Anstrengungen bedürfen; zum anderen, weil sie ihrem Wesen nach politische Probleme sind und daher nur in einem demokratischen, öffentlichen Diskurs entschieden werden können. Ein solcher Diskurs bietet im übrigen wenn schon keine Garantie, so doch die bestmöglichen Voraussetzungen dafür, daß die gezielte «Reform» der Moral nicht zu ihrer schrittweisen Aushöhlung führt. Die Philosophen sind Teilnehmer dieses Diskurses; ihre Kompetenz ist für die adäquate Lösung der Probleme notwendig, aber nicht hinreichend. Die Frage, worin diese spezifisch philosophische Kompetenz besteht und welche spezifische Aufgabe der angewandten Ethik zufällt, wird – natürlich – kontrovers beantwortet (vgl. Caplan 1982). In jedem Fall aber verdient die analytische Kompetenz der Philosophie und ihre Aufklärungsleistung hervorgehoben zu werden, die

sich vor allem in drei Aufgaben niederschlägt. Zunächst sollte angewandte Ethik – entgegen einem bisweilen leichtfertig erhobenen Anspruch – nicht primär auf die «Lösung», sondern auf die *Erzeugung* von
moralischen Problemen zielen, also die Problematizität bestimmter
Handlungsweisen und Institutionen herausarbeiten und die moralische
Dimension dieser Probleme identifizieren. Dies gilt insbesondere für
neue oder künftige Handlungsoptionen. Eine weitere wichtige Aufgabe
besteht in der Analyse von Schlüsselbegriffen, die in moralischen Diskursen eine «strategische» Rolle spielen, etwa der Begriff des «menschlichen Lebens» im Kontext der Abtreibungsdiskussion. Um eine spezifisch philosophische Aufgabe handelt es sich dabei insofern, als diese
Begriffe neben ihren deskriptiven Elementen eine *normative* Komponente haben, die sie der rein fachwissenschaftlichen Diskussion entzieht.
Eine spezifisch philosophische Kompetenz besteht schließlich in der Of-
fenlegung unausgesprochener oder unbewußter Voraussetzungen und
Konsequenzen moralischer Argumentationen sowie der Prüfung ihrer
Konsistenz und Nachvollziehbarkeit. Der (angewandten) Ethik kommt
damit eine *kritische* Funktion zu: die Prüfung der Rationalitätsansprüche
gängiger Positionen und Argumente.

Heutige Philosophen befinden sich damit in einer schwierigeren Situation als ihre antiken Kollegen, die nach einer eindrucksvollen Bemerkung
Voltaires Vorbilder an Tugend und Lehrer der Moral gewesen sind: «In
Fragen der Naturwissenschaft haben sie alle geirrt; aber die Naturwissenschaft ist für die Lebensführung so bedeutungslos, daß die Philosophen ihrer gar nicht bedurften. Um einige Naturgesetze zu finden,
brauchte man Jahrhunderte. Ein Tag genügt dem Weisen, um die Pflichten des Menschen zu erkennen» (1879, 195 f). Doch die Zeiten, in denen
feststand und auf der Hand lag, was das moralisch Richtige ist, sind unwiederbringlich dahin. In demselben Maße, in dem die Zeiträume zusammengeschmolzen sind, die benötigt werden, um «einige Naturgesetze zu finden» und praktisch verwertbar zu machen, haben sich die
Zeitspanne verlängert und die Schwierigkeiten vergrößert, «um die
Pflichten des Menschen zu erkennen». Vielleicht zeigt sich die epochale
Differenz, die unsere Zeit von der Voltaires und von der Antike unterscheidet, darin besonders deutlich: daß die Moral heute nicht mehr einfach und auch nicht mehr sicher ist.

Literatur

Anscombe, G. E. M.: «Moderne Moralphilosophie». In: Günther Grewendorf/Georg Meggle (Hrsg.), Seminar: Sprache und Ethik. Zur Entwicklung der Metaethik. Frankfurt/M. 1974, 217–43.

Aristoteles: Nikomachische Ethik. Übersetzt und kommentiert von Franz Dirlmeier. Berlin 1983.

Bayertz, Kurt: GenEthik. Probleme der Technisierung menschlicher Fortpflanzung. Reinbek 1987.

Beauchamp, Tom L./Childress, James F.: Principles of Biomedical Ethics. 2. Aufl. New York/Oxford 1983.

Bericht der Arbeitsgruppe In-vitro-Fertilisation, Genomanalyse und Gentherapie. Als Manuskript gedruckt. Bonn 1985.

Caplan, Arthur L.: «Mechanics on Duty: The Limitations of a Technical Definition of Moral Expertise for Work in Applied Ethics». In: Kai Nielsen/Stephen C. Patten (eds.), New Essays in Ethics and Public Policy. Guelph 1982, 1–18.

Dworkin, Ronald: «Umgekehrte Diskriminierung». In: Bürgerrechte ernst genommen. Frankfurt/M. 1990, 364–89.

Fullinwider, Robert K./Mills, Claudia (eds.): The Moral Foundations of Civil Rights. Totowa 1986.

Gadamer, Hans-Georg: Wahrheit und Methode. Grundzüge einer philosophischen Hermeneutik. 4. Aufl. Tübingen 1975.

Gert, Bernard: Die moralischen Regeln. Eine neue rationale Begründung der Moral. Frankfurt/M. 1983.

Hare, Richard M.: Die Sprache der Moral. Frankfurt/M. 1972.

Ders.: «Why do Applied Ethics?» In: Joseph P. DeMarco/Richard M. Fox (eds.), New Directions in Ethics. The Challenge of Applied Ethics. New York/London 1986, 225–237.

Höffe, Otfried: Sittlich-politische Diskurse. Philosophische Grundlagen. Politische Ethik. Biomedizinische Ethik. Frankfurt/M. 1981.

Ders.: «Universalistische Ethik und Urteilskraft: ein aristotelischer Blick auf Kant». In: Zeitschrift für philosophische Forschung 44 (1990), 547–63.

Hume, David: Eine Untersuchung über die Prinzipien der Moral. Übers. von Carl Winckler. Hamburg 1972.

Jonas, Hans: Das Prinzip Verantwortung. Versuch einer Ethik für die technologische Zivilisation. Frankfurt/M. 1979.

Jonson, Albert R./Toulmin, Stephen: The Abuse of Casuistry. A History of Moral Reasoning. Berkeley etc. 1988.

Kant, Immanuel: Grundlegung zur Metaphysik der Sitten (GMS). In: Kants Werke (Akademie Textausgabe) Bd. IV. Berlin 1968.

Ders.: Kritik der praktischen Vernunft (KpV). In: Kants Werke (Akademie Textausgabe) Bd. V. Berlin 1968.

Ders.: Kritik der Urtheilskraft (KU). In: Kants Werke (Akademie Textausgabe) Bd. V. Berlin 1968.

Ders.: Metaphysik der Sitten (MS). In: Kants Werke (Akademie Textausgabe) Bd. VI. Berlin 1968.

Lamb, David: Down the Slippery Slope. Arguing in Applied Ethics. London/New York/Sydney 1988.

Larenz, Karl: Methodenlehre der Rechtswissenschaft. 3. Aufl. Berlin etc. 1975.

Luhmann, Niklas: Ökologische Kommunikation. Kann die moderne Gesellschaft sich auf ökologische Gefährdungen einstellen? Opladen 1986.

Ders.: Soziale Systeme. Grundriß einer allgemeinen Theorie. Frankfurt/M. 1987.

MacIntyre, Alasdair: Der Verlust der Tugend. Zur moralischen Krise der Gegenwart. Frankfurt/New York 1987.

Marquard, Odo: Abschied vom Prinzipiellen. Philosophische Studien. Stuttgart 1981.

Mill, John Stuart: Der Utilitarismus. Übers. von Dieter Birnbacher. Stuttgart 1976.

Nagel, Thomas: «Vorwort». In: Über das Leben, die Seele und den Tod. Meisenheim 1984a, 9–13.

Ders.: «Bevorzugung gegen Benachteiligung?» In: Über das Leben, die Seele und den Tod. Meisenheim 1984b, 107–21.

Ders.: «Die Verschiedenheit der Werte». In: Über das Leben, die Seele und den Tod. Meisenheim 1984c, 146–61.

Schnädelbach, Herbert: «Was ist Neoaristotelismus?» In: Wolfgang Kuhlmann (Hrsg.), Moralität und Sittlichkeit. Das Problem Hegels und die Diskursethik. Frankfurt/M. 1986, 38–63.

Singer, Marcus George: Verallgemeinerung in der Ethik. Zur Logik moralischen Argumentierens. Frankfurt/M. 1975.

Spaemann, Robert: «Technische Eingriffe in die Natur als Problem der politischen Ethik». In: Dieter Birnbacher (Hrsg.), Ökologie und Ethik. Stuttgart 1980, 180–206.

Toulmin, Stephen: «How Medicine Saved the Life of Ethics». In: Joseph P. DeMarco/Richard M. Fox (eds.), New Directions in Ethics. The Challenge of Applied Ethics. New York/London 1986, 265–81.

Tugendhat, Ernst: «Antike und moderne Ethik». In: Probleme der Ethik. Stuttgart 1984, 33–56.

Ders.: «Die Hilflosigkeit der Philosophie angesichts der moralischen Herausforderungen unserer Zeit». In: Information Philosophie 2 (1990), 5–15.

Vico, Gian Battista: De nostri temporis studiorum ratione. Vom Wesen und Weg der geistigen Bildung. Lateinisch-deutsche Ausgabe. Darmstadt 1963.

Vollrath, Ernst: «Die fundamentalistische Versuchung». In: Archiv für Rechts- und Sozialphilosophie LXXII (1986), 443–54.

Voltaire: «Dictionnaire Philosophique IV». In: Œuvres complètes de Voltaire. Vol. 20. Nouvelle Edition. Paris 1879.

Weber, Max: «Der Sinn der ‹Wertfreiheit› der soziologischen und ökonomischen Wissenschaften». In: Gesammelte Aufsätze zur Wissenschaftslehre. 7. Aufl. Tübingen 1988, 489–540.

Williams, Bernard: «Widerspruchsfreiheit in der Ethik». In: Probleme des Selbst. Stuttgart 1978, 263–96.

Wolf, Ursula: Das Tier in der Moral. Frankfurt/M. 1990.

Ulrich Steinvorth

Staat und Legitimität *
Zur Verträglichkeit von Rechts- und Sozialstaat

1 Ist das Gewaltmonopol legitim?

1.1 Was Staaten sind

Staaten gehören zu den vertrautesten, meistgehaßten und meistverherr-lichten Institutionen der Gegenwart und der letzten drei Jahrhunderte. Aber die längste Zeit ihrer Geschichte lebten die Menschen ohne Staat. Doch deswegen nicht ohne Herrschaft und Zwang. Was staatenlose Gesellschaften von modernen unterscheidet, ist, daß die Mittel, jeman-den zu zwingen, insbesondere die Waffen, sich in den Händen vieler be-finden und ihre Kontrolle auf zahlreiche Instanzen, vor allem die Sippen-ältesten, zerstreut ist. Moderne Gesellschaften haben dagegen, wie die beiden Klassiker der Sozialwissenschaften übereinstimmend lehren (Durkheim 1893; Weber 1920, 541 f), die notwendigen Funktionen jeder

* Für Kritik und Kommentar an einer früheren Fassung dieses Beitrags danke ich Wolfgang Bartuschat, Malte Lehming, Christel Oldenburg und Reinold Schmücker.

Gesellschaft, die früher insgesamt zwar zahlreiche, aber in sich gleiche Leitungsinstanzen (die Sippenhäupter) vollzogen, ausdifferenziert zu relativ selbständigen Subsystemen, von denen der kapitalistische Markt mit seiner Funktion der Produktion und Verteilung und der Staat mit seiner Funktion der notfalls erzwungenen Durchsetzung einer politischen Ordnung die auffälligsten sind. Dessen Funktionäre setzten den Anspruch durch, allein über die Legitimität von Zwang – in dessen zwei Formen von Gewalt und Betrug – zu entscheiden und jeden Gebrauch von Gewalt zu kontrollieren. Dieser erfolgreich durchgesetzte Anspruch, das *Gewaltmonopol*, ist die wesentliche Eigenschaft des Staats (vgl. Weber 1980, 29).

Daß sich das Gewaltmonopol und sein Legitimitätsanspruch durchsetzen konnten, ist aus doppeltem Grund erstaunlich. Historisch, denn wie war es möglich, daß die vielen auf eigenen und selbständigen Gebrauch von Gewalt verzichteten? Philosophisch, denn wie kann Zwang, insbesondere Gewalt, überhaupt legitim sein? Und wenn die Funktion des Staats die notfalls erzwungene Durchsetzung einer politischen Ordnung ist, wie kann eine erzwingbare Ordnung legitim sein?

Wir finden in der jüngeren politischen Philosophie drei Ansätze, die philosophischen Fragen zu beantworten:

1. Der *utilitaristische* Ansatz: Politische Ordnung und Gewaltmonopol sind legitim, sofern sie das Glück der größten Menge besser befördern als eine alternative Ordnung. Die wichtigsten Vertreter sind Hume (1739 book 3, part 2), Bentham (1789) und J. St. Mill (1861).

2. Der *konsenstheoretische* Ansatz: Politische Ordnung und Gewaltmonopol sind legitim, sofern sie die Zustimmung aller Betroffenen haben können, wenn diese gut informiert und rational sind. Die wichtigsten Vertreter sind Hobbes (1651) und Locke (1689); heute Rawls (1972) und Habermas (1983).

3. Der *rechtstheoretische* Ansatz: Eine politische Ordnung ist legitim, sofern sie den Prinzipien des vorpositiven Rechts entspricht; das Gewaltmonopol ist legitim, sofern es das geeignete Mittel zur Durchsetzung einer Rechtsordnung ist. Die wichtigsten Vertreter sind Kant (1797), Hegel (1821) und Schopenhauer (1840); heute Isaiah Berlin (1958), Nozick (1974) und Hayek (1973–79).

Eine Gemeinsamkeit dieser Ansätze ist zu beachten. Sie rechtfertigen politische Ordnung und Gewaltmonopol nur *bedingt*. Nach der noch zu Lockes Zeit vorherrschenden Staatsphilosophie sind Staaten von Gott gewollt und den Fürsten zu ihrer Verfügung gegeben (Filmer 1680); sie sind demnach bedingungslos legitim. Nach den drei Ansätzen dagegen, die zusammen die moderne politische Philosophie ausmachen, sind sie legitim nur, sofern sie die genannten Bedingungen erfüllen. Ob sie sie erfüllen, das zu entscheiden hat der Philosoph keine bessere Kompetenz als der gewöhnliche Bürger; klugerweise überläßt er das Urteil daher ihm. Zwar hielten viele moderne politische Philosophen es für mehr oder minder selbstverständlich, daß ihre Staaten ihre jeweiligen Legitimitäts-bedingungen erfüllten. Hobbes insbesondere hält es für seine Aufgabe zu zeigen, daß auch der schlechteste Staat konsensfähig ist; für ähnlich selbstverständlich hielten es Kant und Hegel, daß nur der Staat das Recht durchsetzen kann. Diese historisch wichtigen Tatsachen sind vom theo-retischen Ansatz zu unterscheiden, der dem Staat Legitimitätsbedingun-gen setzt und zu begründen sucht und das Urteil, ob sie erfüllt sind, von ihrer Begründung unabhängig macht. Diese Unabhängigkeit hat leicht erkennbare Folgen für die Einschätzung des Anarchismus.

1.2 Stellung des Anarchismus

Der Anarchismus ist die Auffassung, daß Staaten illegitim sind. Es ent-spricht aber dem Sprachgebrauch, ihn vom Pazifismus zu unterscheiden, der (als unbedingter Pazifismus jedenfalls) jede Form von Gewalt, auch den Gebrauch des Gewaltmonopols und damit den Staat, für unrecht-mäßig hält. In Unterscheidung vom Pazifismus sollten wir daher als An-archismus die Auffassung bestimmen, daß jeder Staat, aber nicht jede Form von Gewalt illegitim ist.

Der Anarchismus steht im Unterschied zum unbedingten Pazifismus nicht notwendig im Widerspruch zu den drei genannten politischen Phi-losophien. Doch er kann dieselben Legitimitätsbedingungen anerkennen wie sie, aber sie unter den gegebenen und heute möglichen Umständen für unerfüllt halten. Und tatsächlich haben sich die Anarchisten zur Be-gründung ihrer Auffassung auf dieselben Legitimitätsbedingungen be-rufen, mit denen Nicht-Anarchisten Staaten zu rechtfertigen suchten.

Zwar finden wir auch eine «absolut» anarchistische Position, die den Staat ebenso für gottwidrig erklärt, wie die Theorien vom Gottesgnaden-tum der Könige den Staat für gottgewollt erklärten. So scheint Gerrard Winstanley (1652) alle staatliche Autorität ebenso wie die Institutionen des Privateigentums für eine direkte Verletzung der christlichen «uni-versal liberty» gehalten zu haben. Aber mit der Verdrängung der religiösen Rechtfertigung weicht auch die religiöse Verwerfung der Staaten, und es bleibt der Verwerfung wie der Rechtfertigung nur der argumentative Weg, der in der Anführung von Legitimitätsbedingungen besteht und die Entscheidung zwischen Rechtfertigung und Verwerfung dem nicht-philosophischen, empirischen Urteil überlassen muß. So finden wir bei den Anarchisten die drei genannten Ansätze wieder, wenn auch durchsetzt mit Rückgriffen auf absolute religiöse Verwerfungen. Godwin (1793) hält wie Bentham die Maximierung des Glücks für eine unbedingte Aufgabe, sieht aber die Staaten als Institutionen, die diese Aufgabe nur verderben können. Die meisten Anarchisten des 19. Jahrhunderts halten nur konsensfähige Gesellschaften für legitim, schließen aber die Konsensfähigkeit eines Gewaltmonopols aus. Die heutigen Anarchokapitalisten halten wie Kant und Hegel die Verwirklichung des vorpositiven Rechts für eine unbedingte Aufgabe, betrachten aber das Gewaltmonopol als unverträglich mit der Respektierung der Rechte der Individuen (Rothbard 1973 und 1982).

So ist nicht verwunderlich, daß auch die jüngsten philosophischen Versuche, den Anarchismus zu widerlegen, nicht überzeugen. Nozick argumentiert zwar überzeugend, daß ein Staat, der in einem Prozeß, der niemandes Rechte verletzt, entstanden ist und sich nach seiner Entstehung auf die Durchsetzung der natürlichen Rechte der Individuen beschränkt, nicht illegitim ist (1974, part I). Aber er sagt nichts, und er kann als Philosoph nichts sagen gegen die Annahme, die doch den Anarchismus erst attraktiv macht, nämlich daß das Gewaltmonopol eine Machtkonzentration ist, von der nach unserer historischen Erfahrung unwahrscheinlich ist, daß sie zu mehr Gutem als Üblem gebraucht werden könnte: «too great a temptation to human frailty apt to grasp at Power», wie der weise Locke sagte (1689, § 143). Höffe hält den Anarchismus für widerlegbar durch den Nachweis, daß «es überhaupt einen sozialen Zwang geben darf». Der Anarchismus sei «systematisch gezwungen, seine Rechts- und Staatskritik zu einer Ablehnung von sozialem Zwang überhaupt zu verschärfen» (1987, 192). Aber der Anarchismus lehnt nicht jede Form sozialen Zwangs ab, sondern nur die des Gewaltmonopols, und zu deren Ablehnung wäre auch jede der drei wichtigen politischen Philosophien der Moderne «systematisch gezwungen», wenn sich die jeweils behaupteten Legitimitätsbedingungen dem empirischen Urteil unter den gegebenen und voraussehbaren historischen Bedingungen als unerfüllt erweisen.

Der Anarchist kann mit Hobbes behaupten, daß das Gewaltmonopol weder teil- noch kontrollierbar ist (1651, 227), und mit Locke, daß jedes ungeteilte Gewaltmonopol illegitim ist (1689, §§ 93 und 143). Um ihn zu widerlegen, muß man zeigen, daß ein Staat unter den historisch gegebenen Bedingungen existiert oder ohne große Schwierigkeiten einrichtbar ist, dessen Gewaltmonopol so geteilt und kontrolliert wird, daß er die Legitimitätsbedingung eines der drei Ansätze erfüllt. Genauer heißt das, man muß, je nachdem, welchem der Ansätze man folgt, zeigen, daß unter einem Staat mehr Glück, konsenswürdigere Verhältnisse oder weniger Rechtsverletzungen bestehen als ohne ihn. Obgleich dem Philosophen die zu diesem Nachweis nötigen empirischen Kenntnisse fehlen, sollte er doch auf dessen Schwierigkeiten hinweisen. Der Nachweis kann nicht in einem historischen Vergleich der Vor- und Nachteile, die die Staaten den Menschen brachten, mit denen bestehen, die die Menschen ohne Einrichtung der Staaten erfahren hätten. Wäre es so, dann hätten die Verteidiger des Staats wenig Aussicht, den Anarchismus zu widerlegen. Denn ohne das Gewaltmonopol des Staats hätte es vielleicht mehr Mord und Totschlag zwischen den Individuen gegeben, mehr Raub und Diebstahl, aber auch keine Kriege zwischen Nationen, keine mit Staatsgewalt durchgesetzten Ausbeutungen, Vertreibungen, Enteignungen, Völkermorde, Konzentrationslager; kein Auschwitz, Gulag, Hiroshima, Tschernobyl.

Nachdem die Menschen einmal über ein Gewaltpotential verfügen, das zwar ohne Staaten nicht entstanden wäre, aber auch nach Abschaffung der Staaten nicht verschwände, muß eine Widerlegung des Anarchismus staatlich kontrollierte soziale Verhältnisse, die das gewöhnliche (enorme) Gewaltpotential der Gegenwart enthalten, mit ebensolchen Verhältnissen vergleichen, die nicht von einem Staat kontrolliert werden. Solche Verhältnisse sind erstens die zwischen den Staaten, zweitens solche innerhalb von Staaten, in denen der Justizapparat unwirksam ist, wie in manchen Vierteln amerikanischer Großstädte. Obgleich bei einem solchen Vergleich der Anarchist weniger Trümpfe ausspielen kann als bei einem historischen Vergleich, sieht auch hier sein Blatt nicht schlecht aus. Die abschreckenden Verhältnisse in manchen staatsfreien Großstadtvierteln könnte er als Folge des staatlich geschützten Unrechts in andern Bereichen der Gesellschaft behaupten, und den abschreckenden kriegerischen Verhältnissen zwischen den Staaten könnte er die noch abschreckenderen Verhältnisse entgegenhalten, die zu erwarten wären, wenn Konkurrenz und Aggressionen zwischen den Staaten der Friedhofsruhe unter dem universalen Gewaltmonopol einer Weltregierung gewichen wären.

1.3 Utilitaristischer und konsenstheoretischer Ansatz

In der Anerkennung der Glücksmaximierung oder Konsensfähigkeit als Legitimitätsbedingung des Staats sahen Utilitaristen und Konsenstheoretiker insbesondere des 19. Jahrhunderts die Garantie dafür, daß der Staat aus einem Mittel der Unterdrückung und Willkür zu einer Quelle des Glücks und der Freiheit werde. Ein zweiter Grund der Attraktivität dieser beiden Ansätze ist spekulativ. Glück und Konsens schienen ihren Verfechtern die Grundbegriffe zum Verständnis von Recht und Moral zu liefern: Handlung, Charakter, Institution sind demnach genau dann und in dem Maß gut oder gerecht, wenn und wie sie das Glück der größten Menge fördern oder mit dem aufgeklärten Konsens der Betroffenen rechnen können. Die Konsenstheoretiker waren und sind dabei allerdings vorsichtiger als die Utilitaristen im Anspruch, nicht nur den Begriff der Gerechtigkeit und des Rechts, sondern auch den der Moralität und des Guten zu explizieren. Beide Ansätze aber versuchten, Kategorien der Verbindlichkeit oder Pflicht auf Kategorien des Interesses zu reduzieren und die moralische oder rechtliche Verbindlichkeit durch das faktische Wollen zu erklären. Das schien attraktiv, einmal, weil es einfache Formeln zur Lösung moralischer und rechtlicher Probleme lieferte: Man braucht eine Entscheidung nur aus einem Utilitätskalkül der gegebenen Handlungsmöglichkeit oder aus einer Überlegung abzuleiten, ob ihr jeder Betroffene in voller Kenntnis der relevanten Umstände und im Vollbesitz seiner Urteilsfähigkeit zustimmen würde. Zwar zeigten sich Schwierigkeiten bei der Aufstellung eines angemessenen Utilitätskalküls und beim Urteil über die fragliche Zustimmung der Betroffenen. Aber sie schienen gering, verglichen mit dem zweiten Grund, aus dem der Reduktionismus der beiden Ansätze faszinierte. Er versprach ein Verstehen dessen, was Recht und (aufgeklärte) Moral, Pflicht und Sollen eigentlich sind: die Folge bestimmter menschlicher Interessenkonstellationen oder Zustimmungsverhältnisse.

Die überzeugendste Kritik an beiden Ansätzen ist nicht von Philosophen, sondern von Schriftstellern gegeben worden. Huxley (1932) und Orwell (1949) beschreiben schwarze Utopien, Gesellschaften mit einem Gewaltmonopol, das der utilitaristischen Legitimitätsbedingung nicht nur genügt, sondern von vornherein zur Unglücksminimierung und Glücksmaximierung eingerichtet wird. Erstaunlich ist, wie Putnam bemerkt (1987, 57), daß die philosophische Relevanz erst heute von den Philosophen bemerkt wird. Daß es so spät geschieht, ist allerdings nicht verwunderlich. Die technischen Mittel, eine vollkommene utilitaristische Gesellschaft zu schaffen, sind heute nah genug gerückt, manche heute alltäglichen Vergnügungsmöglichkeiten den utilitaristisch idealen Euphoriepillen und Lustmaschinen ähnlich genug, um Glücksmaximierung ebenso wie – trotz Popper (1962, 345 f) – Unglücksminimierung für ein abschreckendes Staatsziel und für eine untaugliche Legitimitätsbedingung zu halten, zumindest wenn sie die einzige und wichtigste sein sollte. Unglück minimieren und Glück maximieren darf der Staat offensichtlich nur, wenn er den Individuen die Freiheit läßt, selbst über ihr Leben zu entscheiden; läßt er ihnen aber die Freiheit, dann bleibt dem Staat wenig Spielraum für utilitaristische Ziele.

Diese Konsequenz macht nicht nur die utilitaristische Staatsphilosophie, sondern auch seine Reduktion der Kategorien des Rechts und der Moral auf die des Glücks unglaubwürdig. Der Utilitarist Jonathan Glover will deshalb die «eindimensionale» Orientierung des traditionellen Utilitarismus am Glück durch einen «komplexen» Utilitarismus ersetzen, der auch Selbsttätigkeit, Selbstentfaltung, Wirklichkeitskontakt als Werte anerkennt (1984, 154–57). Dieser Versuch erinnert an J. St. Mills Versuch, das Leben eines unglücklichen Sokrates als höherwertig anzuerkennen als das Leben eines glücklichen Schweins (1861, 258 ff). Beide reformieren damit nicht den Utilitarismus, sondern verabschieden ihn. Sie halten bestimmte Ziele nicht mehr deshalb für gut, weil sie begehrt werden, sondern sie fordern, daß sie begehrt werden, weil sie sie für gut halten. Von dieser Art sind aber gerade die moralischen Forderungen, die der Utilitarismus hoffte auflösen zu können.

Für den konsenstheoretischen Ansatz sind die Utopien Huxleys und Orwells kaum weniger vernichtend als für den utilitaristischen. Statt mit Glücksmaximierung könnte man Huxleys Schöne Neue Welt und ihr Gewaltmonopol mit ihrer Konsenswürdigkeit rechtfertigen. Die meisten Konsenstheoretiker werden eine solche Rechtfertigung deshalb für unmöglich halten, weil sie glauben, daß nicht jeder Betroffene bei voller Kenntnis der Entscheidungsfolgen und voller Urteilsfähigkeit eine Schöne Neue Welt bejahen könnte. Aber vielleicht übersehen sie die rationalen Argumente, die die Verfechter einer Schönen Neuen Welt aufbieten können: Durch ein Mindestmaß an Zwang werden die Schrecken der Kriege, der Krankheit und Arbeitslosigkeit verhindert und das höchstmögliche Ausmaß an Interessenbefriedigung gesichert. Was daran ist konsensunwürdig? Daß die Menschen nicht mehr im Vollbesitz ihrer Urteilsfähigkeiten sind? Aber warum soll man nicht im Vollbesitz der

Urteilsfähigkeiten ihrer Einschränkung zustimmen, wenn dadurch die Schrecken der heutigen Gesellschaften vermieden werden können? Wenn die Bürger der Schönen Neuen Welt im Vollbesitz ihrer Vernunft (wiederhergestellt durch die entwickelte Technik) zurückblicken könnten in «our present democratic society with its stresses and strains, its emotional conflicts, its political conflicts and so on, the premiss of the novel is that the great majority of them would want to flee back to their infantile pleasures (and to their drug ‹soma›)» (Putnam 1987, 58). Wer garantiert, daß nicht jeder Betroffene die Schöne Neue Welt der heutigen vorzieht? Nach der Konsenstheorie müßte sie dann legitim sein. Aber wäre sie es?

Um nicht die Legitimität einer Schönen Neuen Welt behaupten zu müssen, könnte sich der Konsenstheoretiker darauf berufen, daß Staat und Gewaltmonopol (und jede andere Institution) illegitim sind, wenn sie die Urteilsfähigkeiten der Menschen verringern. Mit dieser Berufung aber gäbe er die Konsenstheorie auf. Nach ihr ist alles und nur das legitim, was die vernünftige Zustimmung jedes Betroffenen bekommen kann; wenn jeder bei voller Urteilskraft und Kenntnis der Entscheidungsfolgen eine Schöne Neue Welt der schlechten alten vorzieht, dann wäre sie legitim. Das Verbot der Verringerung der Urteilsfähigkeiten dürfte dagegen nicht mehr konsenstheoretisch gerechtfertigt werden; es könnte ja sein, daß ihm nicht jeder zustimmen kann.

Die Unfähigkeit des Konsenstheoretikers, eine Schöne Neue Welt für illegitim zu erklären, wird in einer andern Überlegung vielleicht deutlicher. Der Verfechter einer Schönen Neuen Welt könnte behaupten, daß die vernünftige Zustimmung eines jeden zu den Prinzipien der Schönen Neuen Welt und der Verringerung der Urteilsfähigkeiten nicht nur einmal und dann endgültig und unrevidierbar zu geben ist, sondern etwa, nach dem Vorbild parlamentarischer Wahlen, alle vier Jahre oder auch, nach dem Vorbild des Diskurses, in den man jederzeit treten kann, wenn ein Geltungsanspruch angefochten wird, jederzeit, wenn ein vorher zu bestimmender Anlaß auftaucht. Mit den Mitteln der fortgeschrittenen Technik, befreit von allen Behinderungen der Urteilsfähigkeiten, würden dann alle über die Prinzipien der Schönen Neuen Welt abstimmen. Was kann auf der Grundlage der Konsenstheorie ausschließen, daß jeder die Prinzipien der Schönen Neuen Welt für konsenswürdig befindet? Wenn der Konsenstheoretiker sie dennoch für illegitim hält, dann geht es ihm mit seinen theoretischen Ansprüchen wie dem Utilitaristen mit den seinen: Er hält die Verhältnisse nicht mehr deshalb für illegitim, weil sie nicht den vernünftigen Konsens bekommen können, sondern er fordert, daß sie den Konsens nicht bekommen, weil er sie für illegitim hält. Beide Ansätze scheinen deshalb ungeeignet, Legitimitätsbedingungen des Staats zu begründen.

1.4 Der rechtstheoretische Ansatz und die Unterscheidung von Recht und Moralität

Der dritte Ansatz macht die Verwirklichung des Rechts zur Legitimitätsbedingung des Staats und behauptet zugleich die Unreduzierbarkeit des Rechts auf Kategorien des Interesses und Wollens. Diese zweite Behauptung unterscheidet den dritten Ansatz von den beiden ersten, die nicht leugnen, daß der Staat das Recht zu verwirklichen habe, aber diese Bedingung glauben genauer und eindeutiger durch die Bedingung der Glücksmaximierung oder der Konsensfähigkeit bestimmen zu können. Seine Unreduzierbarkeitsthese setzt dagegen den rechtstheoretischen Ansatz dem Vorwurf mangelnder Begründungsstrenge und metaphysischer Dogmatik aus.

Ein zweiter Grund seiner Unpopularität war, daß er dem Staat nicht die Souveränität der Zielsetzung zugestand, die Utilitarismus und Konsenstheorie ihm einräumen. Denn sobald für ein Ziel das Allgemeininteresse oder der Allgemeinwille behauptet und durch Berufung auf Glücksmaximierung oder Konsenswürdigkeit begründet werden kann, darf der Staat nach diesen beiden Ansätzen das Gewaltmonopol für das Ziel einsetzen. Der rechtstheoretische Ansatz schränkt den Staat stärker ein durch die Bedingung, daß, was immer er tut, er niemandes Rechte verletzen darf. Was aber sind die hier angenommenen unverletzlichen oder, wie sie auch genannt werden, natürlichen Rechte der Individuen?

Es sind die Rechte jedes Individuums, nicht in seinen Urteilen und Entscheidungen und ihren praktischen Ausführungen behindert zu werden. Sie lassen sich zusammenfassen als sein Recht, nicht gezwungen zu werden, solange er nicht selbst jemanden zwingt. Daß sie *Rechte* sind und nicht nur moralische Verbindlichkeiten, heißt, daß derjenige *gezwungen* werden darf, der jemanden in der Ausübung seiner Rechte behindert oder hindern will. Ihre Anerkennung impliziert daher die Unterscheidung zwischen *primärem* oder unprovoziertem Zwang, der illegitim oder widerrechtlich ist, und *sekundärem* Zwang, der der Verhinderung oder Verringerung primären Zwangs dient und legitim sein kann.

Wie kann man die Annahme solcher Rechte begründen? In einem ersten Schritt aus der spezifisch moralischen Achtbarkeit jedes Wesens, das urteilen, das heißt zwischen wahr und falsch, gut und böse unterscheiden kann. Diese Qualität verlangt, respektiert und geschützt zu werden, wird aber durch jeden Zwang, sowohl in der Form der Gewalt wie in der Form des Betrugs, verletzt. Oberstes Rechtsprinzip ist deshalb das Verbot von Zwang, solange er nicht selbst zur Verhinderung von Zwang gebraucht wird: das Verbot primären Zwangs. Gebrauchen wir für primären Zwang den halbjuristischen Begriff der Verletzung, so können wir das oberste Rechtsprinzip *Verletzungsverbot* nennen. Daß es ein Rechtsprinzip ist, heißt, daß seine Befolgung erzwungen werden darf.

Läßt sich aber auch weiter begründen, erstens, warum man Wesen mit dem Vermögen zu urteilen nicht zwingen darf, zweitens, warum gegen die Verletzung des Verletzungsverbots Zwang gebraucht werden darf? Die erste Frage ist eher von spekulativem als praktischem Interesse, da das Verletzungsverbot allgemein anerkannt ist, solange es noch nicht als *Rechts*prinzip oder erzwingbar bestimmt ist; ich lasse sie deshalb hier außer acht. Eine Antwort auf die zweite Frage impliziert dagegen eine Kritik am unbedingten Pazifismus, der die Legitimität jeder Gewalt bestreitet, auch der sekundären. Auf sie komme ich im folgenden Abschnitt zurück. (Zur Begründung des Verletzungsverbots vgl. Steinvorth 1990, 156–168).

Folgen wir zuerst einer wichtigen Implikation der Annahme unverletzlicher Rechte. Ihnen entspricht auf seiten der Adressaten der Rechte eine *Rechtspflicht*, niemanden zu zwingen. Konkreter sind es die Rechtspflichten, niemanden zu betrügen, niemandem Gewalt anzutun oder in einer andern Form sein Urteil und dessen Ausführung zu behindern. Die Nichterfüllung einer Rechtspflicht darf, weil sie eine Verletzung des Rechts eines andern ist, notfalls mit Zwang verhindert werden; Rechtspflichten sind ebenso wie Rechtsprinzipien legitim *erzwingbar*. Das unterscheidet sie in praktisch äußerst folgenreicher Weise von *Tugend*pflichten und Prinzipien der *Moralität*, die zwar auch moralisch geboten, aber nicht erzwingbar sind. Nach dem rechtstheoretischen Ansatz muß man innerhalb der Moral oder der Sphäre der moralischen Verbindlichkeit sorgfältig zwischen Recht und Moralität unterscheiden, zwischen Rechts- oder unbedingten und Tugend- oder vollkommenen Pflichten, zwischen Gerechtigkeit und moralischer Auszeichnung. Denn nur die erste Hälfte ist legitim erzwingbar und möglicher Gegenstand eines legitimen Gewaltmonopols; die zweite Hälfte verlangt dagegen innere Zustimmung und Gesinnung und fällt wie alles Private außerhalb des legitimen Aufgabenbereichs des Staats.

Die Unterscheidung von Recht und Moralität impliziert keine Herabsetzung der Moralität, auch nicht die Annahme, daß der Inhalt der Moralität nicht verbindlich beschrieben und begründet werden könnte. Am einfachsten hat Schopenhauer das Verhältnis von Recht und Moralität gemäß dem rechtstheoretischen Ansatz bestimmt, als er den Inhalt der Moral insgesamt formulierte. In ihm seien sich «alle Ethiker einig..., in so verschiedene Formen sie ihn auch kleiden»: «Neminem laede; imo omnes, quantum potes, juva» – Verletze niemanden, vielmehr hilf, soviel du kannst, allen (1840, 34 f).

Mit der ersten Hälfte der Formel, dem *Verletzungsverbot*, beschreibt er den Inhalt des Rechts, mit der zweiten Hälfte, dem *Hilfegebot*, den Inhalt der Moralität. Dies verlangt im Unterschied zum Verletzungsverbot nicht nur, nichts Böses zu tun, sondern mehr: positiv Gutes zu tun. Das Recht verbietet nur, urteilsfähige Wesen im Gebrauch ihrer Fähigkeiten zu behindern; die Moralität gebietet dagegen, sie zu fördern und ihnen zu helfen. Die Verbote des Rechts dürfen erzwungen werden, weil ihre Nichtbefolgung selbst primären Zwang, ein Angriff auf ein durch Urteilsvermögen ausgezeichnetes Wesen ist. Die Nichtbeachtung der Gebote der Moralität besteht dagegen nicht in solcher Schädigung oder Zerstörung, sondern in der Verweigerung positiver Förderung und Hilfeleistung. Wollte man dazu jemanden zwingen, so würde man selbst den menschlichen Willen behindern und die Art von Destruktivität ausüben, die das Recht verbietet. Gemäß dieser Unterscheidung sagt Kant vom Recht, es sei «mit der Befugnis zu zwingen verbunden», und weist der Moralität Pflichten zu, deren Triebfeder «Selbstzwang», damit aber innere Zustimmung und Gesinnung ist (1797, Einleitung Rechtslehre §D und Einleitung zur Tugendlehre I).

Wie sehr die Unterscheidung von Recht und Moralität die Souveränität des Staats einschränkt, macht ein Vergleich mit der Konsenstheorie klar. Nach dieser ist legitim, was die vernünftige Zustimmung jedes Betroffenen erhalten kann, etwa die Regel, daß jeder Bürger mit einem Einkommen von bestimmter Höhe einen Teil davon einem andern mit entsprechend niederem Einkommen gibt, und als legitime Regel darf sie auch vom Staat notfalls mit Gewalt durchgesetzt werden. Nach dem rechtstheoretischen Ansatz braucht man nicht zu leugnen, muß im Gegenteil zustimmen, daß eine solche Regel, wie jede Regel der Moralität, konsenswürdig ist. Aber die Anerkennung der Konsenswürdigkeit impliziert nicht ihre Legitimität oder *Rechts*verbindlichkeit, sondern nur die nichterzwingbare Verbindlichkeit der Moralität. Das Recht schützt nach dem rechtstheoretischen Ansatz jeden, der nicht selbst Zwang gebraucht, auch den Unmoralischen, solange er kein Rechtsbrecher ist.

Offensichtlich entspricht der rechtstheoretische Ansatz der von Locke geprägten liberalen Tradition, die den Staat nie als Vertreter aller Belange von öffentlichem und moralischem Interesse anerkannte, sondern ihn auf die Vertretung eines aus vielen öffentlichen Belangen einschränken wollte, eben auf die Vertretung des Rechts. Im Unterschied zu den angelsächsischen Ländern hat die liberale Tradition in Deutschland auch in der Theorie eine schwache Rolle gespielt. Aber sie hat doch ihre Vertreter gehabt; nicht nur den vorsichtigen Kant, sondern auch den polemischen Schopenhauer: «Philosophaster dieses feinen Zeitalters möchten (den Staat) verdrehn zu einer Moralitäts-, Erziehung- und Erbauungs-Anstalt: wobei im Hintergrunde der Jesuitische Zweck lauert, die persönliche Freiheit und individuelle Entwicklung des Einzelnen aufzuheben, um ihn zum bloßen Rade einer Chinesischen Staats- und Religions-Maschine zu machen» (1840, 115).

Schopenhauers Stellungnahme verweist aber auch schon auf das zentrale Problem des rechtstheoretischen Ansatzes. Er scheint jeden Staat für illegitim erklären zu müssen, der über die Durchsetzung des Rechts oder Verletzungsverbots hinaus soziale oder Wohlfahrtsziele verfolgt und darin das Hilfegebot, ein nicht erzwingbares Prinzip der Moralität, durchsetzen will. Genau diese Konsequenz hat Nozick gezogen und mit einleuchtenden Argumenten bekräftigt (1974). Kann aber heute ein Staat noch legitim sein, der nicht auch Sozialstaat ist? Diese Frage wird uns im folgenden beschäftigen. Zuvor aber noch ein Blick auf den unbedingten Pazifismus, der jede Art von Gewalt, auch die sekundäre, und daher auch das Gewaltmonopol wie den Staat für illegitim erklärt und die bedingten Staatsrechtfertigungen aller drei Ansätze verwirft.

1.5 Unbedingter Pazifismus

Kann die Auffassung gerechtfertigt werden, jede Art von Gewalt sei illegitim? In einem Sinn ist es nicht ohne Widerspruch möglich, nämlich dann, wenn man «a ist illegitim» versteht als «gegen a darf man Zwang gebrauchen». Eine kritische Frage an den unbedingten Pazifismus ist daher die, in welchem Sinn er Gewalt für illegitim hält.

Eine mögliche Antwort, vielleicht die, die ihm am ehesten gerecht wird, ist die, daß er «illegitim» versteht als «unbedingt zu vermeiden». Die Antworten auf die weitere Frage, warum man Gewalt, insbesondere sekundäre, unbedingt vermeiden müsse, lassen sich in zwei Richtungen unterscheiden. Nach der einen ist Gewalt etwas Unreines; sie befleckt ihren Anwender, wofür immer er sie gebraucht. Diese rituell-religiöse Begründung ist kaum angreifbar; sie läßt sich nur kritisieren über eine Kritik des religiös-rituellen Lebens insgesamt. Eine solche Kritik deutet Max Weber an. Weber hat den rituell-religiösen oder, in seiner Terminologie, den außerweltlichen Pazifismus vor Augen, wenn er den Pazifismus mit erheblichen Sympathien, wenn auch schließlich negativ charakterisiert als eine «Ethik der Würdelosigkeit», die zwar «religiöse Würde ... bringt», aber die «Manneswürde» verletze, «die etwas ganz anderes predigt: ‹Widerstehe dem Übel – sonst bist du für seine Übergewalt mit verantwortlich›» (1973, 329; vgl. 173 f). Wem die religiöse Würde oder rituelle Reinheit wichtiger ist als der Zustand der Welt, erhebt sich auf einen außerweltlichen Standpunkt, von dem aus er alles, was in der Welt geschieht, auch das Böse darin, für unwichtig hält. Eine solche Entwertung der Welt läßt sich zwar nicht «wissenschaftlich widerlegen», wie Weber feststellt (1973, 329); aber die Wahl zwischen dem außerweltlichen und dem innerweltlichen Standpunkt ist deswegen noch keine pure Dezision. Solange die Existenz eines Jenseits, das das Diesseits entwerten könnte, zwar möglich, aber unbeweisbar, diese Welt aber schlicht gegeben ist, ist die Vernachlässigung dieser Welt zugunsten einer nur möglichen unvernünftig. Darüber hinaus entwertet sie mit der Welt insgesamt auch das pazifistische Gebot, Gewalt zu vermeiden. Tatsächlich läßt sich beobachten, daß radikale außerweltliche Gewaltverbote umschlagen können in extreme Freiheit nach der Regel ‹Dem Reinen ist nichts unrein› (vgl. Weber 1920, 553 f).

Der zweiten Richtung in den Begründungen für den unbedingten Pazifismus ist nur gemeinsam, daß sie ohne rituelle oder außerweltliche Ideen auszukommen versucht. Ein Argument unter ihnen formuliert wieder Max Weber, wenn er es als eine «ganz universelle Erfahrung» behauptet, «daß Gewalt stets Gewalt aus sich gebiert ..., daß die Gewaltsamkeit gegen das Unrecht im Endergebnis zum Sieg nicht des größeren Rechts, sondern der größeren Macht oder Klugheit führt» (1980, 357; vgl. 1920, 547). Dies Argument scheint sogar die einzig mögliche nichtreligiöse Begründung des unbedingten Pazifismus. Denn wenn sekundäre Gewalt Unrecht vermindern könnte, scheint es nur noch religiöse

Gründe für das Festhalten am unbedingten Vermeidungsgebot geben zu können. Aber das Argument hat nicht nur die Schwäche, an ein empirisches Urteil zu appellieren, das schon wegen seiner Unbestimmtheit schwer zu überprüfen ist, nämlich daß historisch sekundäre Gewalt das Unrecht «im Endergebnis» nicht vermindert habe. Es impliziert vielmehr, ebenso wie jede religiöse Begründung, die Annahme, daß es weder vorpositive noch positive Rechte geben könne. Denn: «A right just *is* a status justifying preventing action (by force, if necessary). To say that you have a right to x but that no one has any justification whatever for preventing people from depriving you of it is self-contradictory» (Narveson 1965, 266. Die von mir hinzugefügte erläuternde Klammer folgt dem Text S. 268).

Erkennt man das unbedingte pazifistische Gewaltvermeidungsgebot an, so darf auch niemand Gewalt zur Verteidigung von etwas gebrauchen, was eben dann, wenn es sekundäre Gewalt zu seiner Verteidigung legitimiert, ein Recht ist. Am unbedingten Pazifismus läßt sich deshalb nur bei Leugnung von Rechten festhalten. Dieser Preis scheint mir zu hoch.

2 Ist der Sozialstaat legitim?

2.1 Zur Selbstverständlichkeit des Sozialstaats

Die Philosophen galten von Anfang an als Sonderlinge, die das Selbstverständliche nicht verstehen. So sollte sich auch niemand wundern, wenn er hier in Frage gestellt sieht, was heute zu den Selbstverständlichkeiten im Staatsverständnis zählt, nämlich daß der Staat nur legitim sein kann, wenn er Rechts- *und* Sozialstaat ist. Inwieweit er Sozialstaat sein kann, ist umstritten (s. Koslowski 1983); daß er es sein muß, ist Konsens – wenn man von Nozick (1974) und den Anarchokapitalisten wie Rothbard absieht.

Wenn aber die *Moralität* eines Prinzips nicht ausreicht, es legitim erzwingbar oder zu einem *Rechts*prinzip zu machen, kann der Sozialstaat nicht selbstverständlich legitim sein. Zur zentralen Frage politischer Theorie muß deshalb werden, ob die Unterscheidung der liberalen Tradition zwischen Recht und Moralität auch heute noch aufrechterhalten werden kann; ob, konkreter, die Hilfe für Bedürftige, die unbestritten die Moralität verlangt, erzwingbar und vom Staat durch Umverteilungsmaßnahmen, vor allem durch progressive Besteuerung, auch gegen die Zustimmung der betroffenen Wohlhabenden durchgesetzt werden darf.

In dieser innerhalb der Kategorien der Moral geführten Diskussion erwachen die früheren Berufungen auf Glück und Konsens und irreduzibles Recht zu neuem Leben. Denn nachdem sie mit moralischen Erwartungen in Übereinstimmung gebracht ist, erlaubt die Berufung auf Glück oder Konsens eine moralische Begründung dafür, die liberale Unterscheidung zwischen Recht und Moralität fallenzulassen. Wir müssen nun zusehen, wie überzeugend die Gründe für die eine oder andere Seite sind. Es gibt mehrere Ansätze zur Kritik der Unterscheidung; diese wird dagegen immer in gleicher Weise verteidigt, nämlich mit Gründen und Erläuterungen der Unverzichtbarkeit des Verbots, den Willen eines Menschen zu zwingen, solange er nicht selbst Zwang ausüben will. Daher scheint es mir angebracht, die Ansätze zur Kritik an der Unterscheidung nacheinander zu betrachten und dabei jeweils die Verteidigungen anzuhören. Ich sollte betonen, daß das, was ich nun als Ansätze zur Kritik der Unterscheidung von Recht und Moralität vorführe, zwar Argumente für den Sozialstaat sind, aber von ihren Befürwortern gewöhnlich nicht als Kritik an der liberalen Unterscheidung von Recht und Moralität vorgetragen werden. Die Kritik wird aber von ihren Argumenten impliziert. Weil die Unterscheidung von Recht und Moralität zum Angelpunkt der Diskussion des Sozialstaats geworden ist, liegt es im Interesse eines Überblicks, der ein eigenes Urteil ermöglichen soll, die Argumente für den Sozialstaat als Argumente für das Fallenlassen der liberalen Unterscheidung darzustellen.

Die Ansätze zu einer Kritik an der Unterscheidung entnehme ich nicht nur philosophischen Texten, sondern auch Argumenten, die in politischen Diskussionen geäußert werden und nicht bestimmten Autoren zugeschrieben werden können. Sie hängen zwar eng miteinander zusammen, lassen sich aber nach der Art ihrer Ausgangspunkte unterscheiden. Sie gehen aus von

a) einer soziologisch-historischen Betrachtung der Rolle von Rechts- und Tugendpflichten,

b) einer Neubestimmung der Menschenrechte,

c) einer Idee sozialer Gerechtigkeit,

d) einem Ideal der Gleichheit, das abgeleitet wird entweder

   (i) aus der Willensfreiheit der Menschen oder

   (ii) aus pragmatischen Gesichtspunkten.

Wenn sich aber nach Betrachtung dieser Ansätze die liberale Unterscheidung von Recht und Moralität behaupten kann, ist der Sozialstaat noch nicht als illegitim erwiesen. Denn er könnte sich auch auf der Grundlage dieser Unterscheidung als legitim, sogar als rechtlich geboten erweisen. Obgleich die heutigen Verfechter der liberalen Unterscheidung eine solche Möglichkeit ausschließen, will ich ihr im folgenden nachgehen.

2.2 Inwiefern Sozial- und Rechtsstaat unverträglich sind

Von der Familie zum Staat?

Einer soziologischen und historischen Betrachtung moderner Gesellschaften muß der Funktionswandel der Familie auffallen, den Hegel so beschreibt:

«Die Familie hat allerdings für das Brot der Einzelnen zu sorgen, aber sie ist in der bürgerlichen Gesellschaft ein Untergeordnetes und legt nur den Grund; sie ist nicht mehr von so umfassender Wichtigkeit. Die bürgerliche Gesellschaft ist vielmehr die ungeheure Macht, die den Menschen an sich reißt, von ihm fordert, daß er für sie arbeite und daß er alles durch sie sei und vermittels ihrer tue. Soll der Mensch so ein Glied der bürgerlichen Gesellschaft sein, so hat er ebenso Rechte und Ansprüche an sie, wie er sie in der Familie hatte. Die bürgerliche Gesellschaft muß ihr Mitglied schützen, seine Rechte verteidigen, so wie der Einzelne den Rechten der bürgerlichen Gesellschaft verpflichtet ist» (1821 § 238 Zus.).

Hegel unterscheidet zwischen Staat und bürgerlicher Gesellschaft als Sphären des öffentlichen und des Privatrechts (§ 261); während der Staat eine «*äußerliche* Notwendigkeit» sei (§ 261), ist das Prinzip der bürgerlichen Gesellschaft Freiwilligkeit und Eigeninteresse (§§ 184–187). In diesen Bestimmungen knüpft er an die liberale Tradition an, die den Staat als die Institution des Gewaltmonopols von der Gesellschaft unterscheidet, die ihre Verhältnisse unter dem Schutz des Gewaltmonopols durch Vertrag und Freiwilligkeit regelt. Hegel wollte den sozialen Schutz der Individuen offenbar den Korporationen und Verbänden als freiwilligen Zusammenschlüssen innerhalb der bürgerlichen Gesellschaft zuweisen (§§ 252–255). Da ihnen diese Rolle nicht zufiel, liegt ihre Zuweisung an den Staat nahe. Tatsächlich legt Hegel selbst diese Lösung nahe, denn er sagt: «Die allgemeine Macht übernimmt die Stellung der Familie bei den *Armen*» (§ 241; vgl. § 184). Andererseits wendet er sich ausdrücklich

dagegen, «der reicheren Klasse die direkte Last» sozialer Fürsorge aufzuerlegen; das verstoße «gegen das Prinzip der bürgerlichen Gesellschaft»
(§ 245). Denn es «würde die Subsistenz der Bedürftigen gesichert, ohne
durch die Arbeit vermittelt zu sein» (§ 245), was «im Pöbel das Böse»
wecke, «daß er die Ehre nicht hat, seine Subsistenz durch seine Arbeit zu
finden, und doch seine Subsistenz zu finden als sein Recht anspricht»
(§ 244 Zus.). Würde wiederum die Subsistenz der Bedürftigen doch
«durch Arbeit (durch Gelegenheit dazu) vermittelt, so würde die Menge
der Produktion vermehrt, in deren Überfluß und dem Mangel der verhält-
nismäßigen selbst produktiven Konsumenten gerade das Übel besteht, das
auf beide Weisen sich nur vergrößert» (§ 245). Diese Argumentation unterstützt nun, wie immer Hegel zu verstehen ist, die Forderung nach
staatlicher Sozialfürsorge. Denn sie impliziert nur, wie Hegel selbst hervorhebt, «daß die bürgerliche Gesellschaft an dem ihr eigentümlichen
Vermögen nicht genug besitzt, dem Übermaße der Armut und der Erzeugung des Pöbels zu steuern» (§ 245). Sie impliziert nicht, daß der *Staat*
dazu nicht das Vermögen besitzt oder die Prinzipien der bürgerlichen
Gesellschaft nicht einschränken dürfte.

Wenn nun aber der Mensch «ebenso Rechte und Ansprüche» wie früher
in der Familie nun gegenüber der «ungeheuren Macht» hat, die ihn «an
sich reißt», diese Macht aber nur im Staat belangbar wird, muß dann nicht
der Staat die Fürsorgepflichten der Familie übernehmen? Diese aber waren nicht erzwingbare Rechts-, sondern Tugendpflichten, zu deren Erfüllung die Familien mit familienspezifischen Sanktionen antreiben konnten, ohne offen Zwang zu brauchen. Da die «allgemeine Macht» über
solche Sanktionen nicht verfügt, ist sie auf offenen Zwang in der Durchsetzung der Fürsorgepflichten angewiesen; müssen also nicht die Tugendpflichten der Sozialfürsorge nun erzwingbare Rechtspflichten werden?
Muß dann nicht in den modernen Gesellschaften die liberale Unterscheidung und Grenzziehung zwischen Recht und Moralität, zwischen Verletzungsverbot und Hilfegebot, neu gezogen werden, so, daß auch ein großer
Teil an moralisch gebotener Hilfeleistung erzwingbar wird?

Viele Theoretiker nach Hegel, ob von ihm inspiriert oder nicht, sind
auf den Gleisen einer solchen Überlegung zu einer Rechtfertigung des
Sozialstaats gekommen. Die entscheidende Annahme in dieser Überlegung ist die, daß der Mensch, wie Hegel sagt, an jene «ungeheure» oder
«allgemeine» Macht der modernen Gesellschaften «Rechte und Ansprüche» auf Schutz nicht nur vor primärem Zwang oder Unrecht hat, sondern auch vor sozialer Not. Auch dann, wenn diese Not nicht Folge eines

Unrechts ist, das ein Mensch dem Notleidenden angetan hat, sondern Folge natürlicher Ursachen wie Krankheit, auch dann hat nach dieser Überlegung das Individuum ein *Recht* auf Hilfe von seiten der Reichen, das der Staat als Schützer des Rechts und der Rechte durchzusetzen hat. «Gegen die Natur kann kein Mensch ein Recht behaupten», erkannte zwar Hegel in Orientierung an der liberalen Unterscheidung von Recht und Moralität an, nur um hinzuzufügen: «aber im Zustande der Gesellschaft gewinnt der Mangel sogleich die Form eines Unrechts, was dieser oder jener Klasse angetan wird» (§ 244 Zus.) – und sicher oft auch nach Hegel die Form eines Unrechts, das einem «Einzelnen» angetan wird.

Aber ist wirklich jeder soziale Mangel ein Unrecht? Oder wenn wir schwer umhinkönnen, etwas Wahres an dieser Aussage zu finden: Wie und warum kann ein natürliches Unglück «im Zustande der Gesellschaft» ein Unrecht werden? Es mag oft übertrieben sein, wenn Philosophen keine Behauptung annehmen, deren Gründe sie nicht kennen, seien sie selbst noch so überzeugt von ihr. Aber hier ist die philosophische Zweifelsucht angebracht. Was ist an Gesellschaften, daß sie ein Unglück, an dem niemand schuld ist, in ein Unrecht verwandeln? Wir finden bei Hegel auf diese Frage keine Auskunft. Aber seine These von den Rechten und Ansprüchen der Individuen auf Schutz vor sozialer Not hat im neueren Verständnis der Menschenrechte eine weltweite Bestätigung gefunden, von der wir uns eine Antwort auf die Frage erhoffen können.

Menschenrechte

In der Allgemeinen Erklärung der Menschenrechte der Vereinten Nationen von 1948 werden nicht nur die traditionellen Menschen- und Bürgerrechte der amerikanischen und französischen Revolution des 18. Jahrhunderts verkündet; nicht nur die Rechte auf Rechtssicherheit, auf Meinungs-, Presse-, Versammlungs-, Koalitions-, Religionsfreiheit, auf Eigentum und das passive und aktive Wahlrecht; sondern auch die Rechte eines jeden auf Arbeit, Gesundheitsfürsorge, Ausbildung, soziale Sicherheit und sogar einen «standard of living adequate for the health and wellbeing of himself and his family, including food, clothing, housing» (Art. 25). Diese Menschenrechte unterscheiden sich von den im 18. Jahrhundert verkündeten wie die *Anspruchsrechte* (claim-rights oder einfach rights) von den *Freiheitsrechten* (privileges oder liberties), die der amerikanische Rechtstheoretiker Hohfeld unterschied (1919; vgl. Becker 1977, 11 und 119). An Hand dieser Unterscheidung läßt sich der Wandel in der

Auffassung der Menschenrechte verfolgen, verständlich machen und auf seine Gründe beurteilen.

Nur beim Anspruchsrecht steht der Adressat, etwa der Staat, unter der Pflicht, den Rechtsinhalt zu verwirklichen, etwa beim Recht auf Arbeit dem Rechtsinhaber eine Arbeitsstelle zu verschaffen. Beim Freiheitsrecht steht der Adressat dagegen nur unter der Pflicht, den Rechtsinhaber nicht daran zu hindern, den Rechtsinhalt zu verwirklichen, etwa zu arbeiten. (Im Fall des Rechtsinhalts zu arbeiten ist das Recht auf Arbeit ein Anspruchsrecht, das Recht zu arbeiten ein Freiheitsrecht.)

Die Menschenrechte des 18. Jahrhunderts stellten ihre Adressaten, den Staat, aber auch andere potentielle Rechtsverletzer, Individuen, Kirchen und andere Verbände nur unter die Pflicht, keinen Menschen an der Verwirklichung seiner Rechte zu *hindern*. Sie waren Freiheitsrechte. Allerdings war der Staat als Gewaltmonopolist erster und wichtigster Adressat der Menschenrechte. Das Recht auf Unversehrtheit von Leib und Leben verpflichtet zwar jeden Menschen und jede Institution, niemanden daran zu hindern, für sein Leben zu sorgen. Aber unter einem Gewaltmonopol muß es zugleich den Staat dazu verpflichten, jeden potentiellen Rechtsbrecher davon abzuhalten, das Recht auf Unversehrtheit zu verletzen. Dem Staat mußte so die Pflicht zufallen, nicht nur selbst niemanden an der Sorge für sein Leib und Leben und an der Verwirklichung aller übrigen Rechte zu hindern; vielmehr auch die Pflicht, *positiv* für die Bedingungen zu sorgen, in denen niemand die Rechte der Individuen verletzen kann. Die Menschenrechte wurden dadurch noch nicht zu Anspruchsrechten; denn der Staat stand noch nicht unter der Pflicht, den Individuen die Mittel zu verschaffen, für ihre Gesundheit zu sorgen oder die Zeitungen bereitzustellen, in denen sie ihr Recht auf Pressefreiheit verwirklichen könnten. Aber seine Pflicht konnte nicht einfach die negative sein, niemanden an der Verwirklichung seiner Rechte zu hindern; einem Gewaltmonopolisten gegenüber mußten die Menschenrechte von Anfang an den Keim eines Rechts enthalten, das vom Staat eine positive Leistung verlangt.

Der Schritt zu Anspruchsrechten war daher naheliegend. Offensichtlich kann niemand sein Recht auf Gesundheitsvorsorge oder Meinungsäußerung vollständig verwirklichen, der nicht die Mittel zum Kauf der notwendigen Medizin oder eines Verlagshauses hat. Die Freiheit, die ihm die Menschenrechte sichern sollen, bleibt ohne solche Mittel «formell», wie Marx sagt, sie wird nicht «real» (1858, 368 und 505). *Muß der Staat also nicht die positiven Bedingungen der «realen» Erfüllung der Men-*

schenrechte für jeden schaffen, etwa in der Form der kostenlosen Gesundheitsfürsorge für alle, einer Medienpolitik, die jedem Meinungsäußerung erlaubt, eines öffentlichen Schulwesens? Die Vereinten Nationen haben diese Frage durch ihre Erklärung der Menschenrechte bejaht. Ihr Menschenrechtskatalog wird durch die Aufnahme der Sozialrechte nicht einfach erweitert; er wird neu konzipiert. Der Staat wird unter die Pflicht gestellt, seinen Bürgern das zu besorgen, was sich selbst zu besorgen der Staat sie nach früherem Verständnis nicht hindern durfte.

Ist der Schritt vom alten zum neuen Menschenrechtsverständnis zwingend? Ist in ihm ein Rechtfertigungsgrund dafür zu erkennen, jede soziale Not als ein Unrecht zu verstehen, oder zumindest dafür, daß ein legitimer Staat Sozialstaat sein muß? Zwei Bedenken sprechen dagegen. Eine staatlich befürsorgte Gesellschaft bietet wenig Aussicht auf Eigeninitiative und Selbsttätigkeit der Individuen, um so mehr auf Bürokratisierung und die Anfänge einer Schönen Neuen Welt. Kann ein Menschenrechtsverständnis, das solche Aussichten bietet, richtig sein? Dies Bedenken ist allerdings zu unbestimmt, um zur Verwerfung des neueren Menschenrechtsverständnisses zu berechtigen. Immerhin gehört zu ihm ja auch die Anerkennung der traditionellen Menschenrechte, die die Individuen vor den Machtgelüsten des Staats sichern sollen. Warum also so skeptisch sein?

Das zweite Bedenken betrifft die materiellen Voraussetzungen der Verwirklichung der Sozialrechte. Der Staat kann seine Sozialfürsorgepflichten nur erfüllen, wenn er die finanziellen Mittel von den Wohlhabenden auch gegen deren Willen nimmt. Welches Recht hat er dazu? Angenommen, die Wohlhabenden hätten ihren Wohlstand durch Raub oder Betrug erworben, so wäre der Staat offensichtlich berechtigt, ihnen das illegitim Erworbene abzunehmen und denen zurückzugeben, die durch den illegitimen Erwerb die Ärmeren wurden. Aber so populär diese Annahme ist, so wenig läßt sie sich halten. Der amerikanische Philosoph Thomas Nagel, selbst ein Verfechter des Sozialstaats, hat das Problem klar beschrieben:

«The problem is that inequalities which seem wrong can arise from causes which don't involve people doing anything wrong... such inequalities exist because some people have been more successful than others at earning money and have tried to help their children as much as possible; and because people tend to marry members of their own economic and social class, wealth and position accumulate and are passed on from generation to generation. The actions which combine to form these causes – employment, decisions, purchases, marriages, bequests, and the efforts to provide for and educate children, don't seem wrong in themselves. What's wrong, if anything, is the result: that some people start life with undeserved disadvantages» (1987, 80f).

Wenn aber die Besitzenden zumindest manchmal ihren Besitz legitim, ohne einem andern Unrecht zu tun, erworben haben, wie kann es da legitim sein, ihnen gegen ihren Willen einen Teil davon zugunsten der Armen zu nehmen? Offensichtlich nur, wenn man aus der Tugendpflicht der Barmherzigkeit eine Rechtspflicht zum Zahlen progressiver Steuern macht; wenn man, allgemeiner gesagt, die liberale Unterscheidung von Recht und Moralität aufgibt. Aber was dazu berechtigen sollte, ist nicht zu erkennen.

An einem drastischen Beispiel läßt sich das Bedenken gegen, aber auch ein Argument für den Verzicht auf die liberale Unterscheidung neu artikulieren. Ein Mädchen erkrankt an einem tödlichen Fieber, von dem sie nur gerettet werden kann, wenn Henry Fonda ihr seine kühle Hand auf die Stirn legt (Thomson 1974, 11). Nach dem neueren Menschenrechtsverständnis hat jeder Mensch ein erzwingbares Recht auf die Lebensnotwendigkeiten, gewiß also auch auf Leben. Demnach dürfte Fonda gezwungen werden, dem Mädchen die Hand auf die Stirn zu legen. Diese Handlung könnten wir uns als eine Tat vorstellen, die sehr viel weniger kostet als die Steuer, die ein Wohlhabender für die staatliche Sozialfürsorge zu zahlen hat. Trotzdem wird man, wenn man nicht gerade ein Anhänger der Schönen Neuen Welt ist, davor zurückschrecken, Fonda unter einer Rechtspflicht zu sehen, dem Mädchen zu helfen. Wie kann man da eine Rechtspflicht behaupten, daß der Reiche zugunsten des Armen eine höhere Steuer zahlen muß?

Das Beispiel wäre weniger überzeugend, wenn das Mädchen an Kinderlähmung erkrankte und nicht Henry Fondas persönlicher Einsatz, sondern eine bestimmte Geldsumme, die den Eltern fehlt, zur Rettung nötig wäre. Ist es nicht dann eine Rechtspflicht für jeden Wohlhabenden, dem Bedürftigen zu helfen, wenn er seine Hilfe in unpersönlicher Form, durch ein so unpersönliches Mittel wie Geld geben kann?

Aber warum sollte eine Handlung zur Rechtspflicht werden, wenn sie keinen persönlichen Einsatz verlangt? Zwei Antworten scheinen möglich. Erstens könnte man sagen, daß sie keine Mühe kostet und wie eine *zumutbare Hilfeleistung* verstanden werden muß, deren Unterlassung auch in den meisten europäischen Staaten strafrechtlich verfolgt werden kann. Wir betrachten die Unterlassung einer zumutbaren Hilfeleistung wie eine aktive Hinzufügung des Übels, vor dem die zumutbare Hilfe bewahren könnte. Können wir also nicht auch die Weigerung des Reichen, progressive Steuern zugunsten des Armen zu zahlen, als Unterlassung einer zumutbaren Hilfeleistung betrachten, gegen die Zwang legitim ist?

Eine solche Deutung scheint allzu willkürlich. Wenn die Steuerzahlungen den Wert von Almosen hätten, so könnte man sie als zumutbare Hilfeleistungen betrachten. Aber auch wenn der Reiche durch seine Steuerzahlung nicht an einem Leben im Luxus gehindert wird, haben sie oft auch im Vergleich zu dem, was ihm bleibt, nicht den Wert eines Almosens. Thomas Nagel weist ferner zu Recht darauf hin, daß die «inequalities which seem wrong», aber doch «arise from causes which don't involve people doing anything wrong», auf internationaler Ebene sehr viel größer sind als auf nationaler, daß aber die von ihm angenommene Rechtspflicht zur Hilfe auch ihnen gegenüber besteht (1987, 86). Die Hilfeleistungen, zu denen hier die wohlhabenden Nationen ebenso wie die wohlhabenden Individuen verpflichtet wären, könnten gewiß nicht die Geringfügigkeit haben, die zumutbare Hilfeleistung heißen dürfte.

In der unpersönlichen Hilfeleistung könnte man zweitens deshalb eine Rechtspflicht sehen, weil man in der Existenz des Geldes, das sie ermöglicht, ein Indiz für die Gesellschaftlichkeit des Eigentums an allen unpersönlichen Gütern und Leistungen sehen könnte. Nach dieser Annahme kann der Reiche sein Eigentum zwar legitim erworben haben; aber auch legitime Erwerbung gäbe ihm nur eine bedingte Verfügung über es, eine Verfügung unter dem Vorbehalt, daß die Not Bedürftiger zu stillen ist, bevor er Luxus genießt. Diese vage Annahme finden wir oft mit der Berufung auf die ebenso vage Idee der sozialen Gerechtigkeit verbunden. Um über ihren Inhalt und ihre Berechtigung urteilen zu können, müssen wir uns einige Beispiele ansehen.

Soziale Gerechtigkeit

Ein Beispiel für die Berufung auf soziale Gerechtigkeit gibt der englische Philosoph Stanley I. Benn. Er sagt vom Begriff der Menschenrechte:

«The concept presupposes a standard below which it is intolerable that a human being should fall ... It is on the face of it unjust that some men enjoy luxuries while others are short of necessities, and to call some interests luxuries and others necessities is implicitly to place them in an order of priorities as claims. Upsetting that order then demands to be justified. Human rights are the corollary, then, of the equally modern notion of social justice» (1967, 199).

Benn führt keine Gründe für seine Annahme an, daß der Genuß von Luxus, wenn andere Not leiden, eine Verletzung sozialer Gerechtigkeit ist, zu deren Verhinderung Zwang legitim ist. Aber er impliziert, daß jemand über die Güter, die er im Luxus verbraucht, keine legitime Verfügung hat, wenn andere darben. Dieselbe Implikation finden wir bei Adorno, wenn wir nur seinen Begriff der Produktionsverhältnisse als den von Verfügungs- oder Eigentumsverhältnissen verstehen:

«Wird... in einer Gesellschaft, in der Hunger angesichts vorhandener und offensichtlich möglicher Güterfülle jetzt und hier vermeidbar wäre, gleichwohl gehungert, so verlangt das Abschaffung des Hungers durch Eingriff in die Produktionsverhältnisse. Dies Verlangen springt aus der Situation, ihrer Analyse nach allen Dimensionen heraus» (1976, 74).

Brian Barry expliziert die Implikation, wenn er festhält: «justice is concerned with the way in which benefits and burdens are distributed». Gerechtigkeit fällt nach ihm zusammen mit dem, was Benn soziale Gerechtigkeit nennt und traditionell Verteilungsgerechtigkeit hieß. Denn die Ressourcen, mit deren Verteilung die Verteilungsgerechtigkeit zu tun hat, sind in einem «weiten Sinn» zu verstehen. Es ist alles, «about whose distribution a potential for conflict of interests arises» (1989, 292). Vom Standpunkt der Gerechtigkeit kann demnach nichts, über dessen Aneignung man streiten könnte, in jemandes unwiderruflicher Verfügung stehen. Nach Barry ist es nicht nur der Bedingung unterworfen, daß es dem Bedürftigen gegeben wird, ehe es dem Luxus dient; es muß vielmehr nach einem Konsensprinzip verteilt werden, das auch von denen, «who do badly under it», vernünftigerweise nicht verworfen werden könnte (1989, 292).

Zweifellos muß man nicht diese Theorie im Sinn haben, wenn man sich auf soziale Gerechtigkeit beruft. Aber es ist schwer, eine Grenze zu ziehen zwischen dem Anspruch, daß Sicherung der Lebensnotwendigkeiten Vorrang haben müsse vor Luxus, und dem Anspruch, daß alle Ressourcen, über deren Verteilung ein Interessenkonfliktpotential besteht, nach einer konsensfähigen Regel zu verteilen sind. In jedem Fall kann man zu Hilfeleistungen gezwungen werden, ohne für die Notlage verantwortlich zu sein, die die Hilfe beheben soll. In jedem Fall entscheidet man, auch wenn die Abgabe durch das *Geld*, das man durch seine Arbeit erworben hat, keinen persönlichen Einsatz à la Fonda nötig macht, doch über den Einsatz seiner *Arbeit* nicht allein; denn wird mir nicht mit dem Geld auch ein Teil meiner Arbeit weggenommen? Barry scheint nur konsequent, wenn er, statt offenzulassen, aufgrund welcher Prinzipien Ressourcen statt für den Luxus für die Not verwendet werden dürfen, alles, worüber es einen Interessenkonflikt geben könnte, für verteilbar nach einem Konsensprinzip erklärt und darin die Gerechtigkeit überhaupt sieht.

Wenn aber anderseits alles, worauf jemand einen Verfügungsanspruch erheben könnte, niemandem unwiderruflich gehören kann, wie läßt sich dann garantieren, daß Fonda allein darüber entscheiden darf, ob er seine Hand dem Mädchen auf die Stirn legt? Warum müssen dann nicht auch meine gut arbeitenden Nieren zur Verteilung an Nierenkranke bereitstehen? Denn diese «do badly» unter dem traditionellen Prinzip, daß meine Organe mein absolutes Eigentum sind, und es wäre wohl nicht unvernünftig, wenn sie ein krankenfreundlicheres Prinzip wählten (vgl. Nozick 1974, 206). Diese Konsequenz wird kaum jemand in Kauf nehmen wollen, der sich auf soziale Gerechtigkeit beruft.

Aus den Unklarheiten der Berufung auf soziale Gerechtigkeit scheinen nur zwei Wege zu führen. Entweder man weist nach, daß die Menschen nicht nur moralisch, sondern rechtlich verpflichtet sind, einander als Gleiche in der Verteilung der Ressourcen zu behandeln. Oder man zeigt, daß zwar bestimmte die Sozialfürsorge deckende Ressourcen das Eigentum aller Menschen sind, die menschliche Arbeitskraft aber und andere Güter, die persönlichen Einsatz verlangen oder zum menschlichen Organismus gehören, absolutes Privateigentum. Auf diesem zweiten Weg könnte man an der liberalen Unterscheidung von Recht und Moralität festhalten. Verfolgen wir zunächst den erstgenannten Weg.

Materiale Gleichheit als Folge der Willensfreiheit

Daß ihre ausgezeichneten Fähigkeiten der Vernunft und Freiheit die Menschen verpflichten, einander als Gleiche zu behandeln nicht nur im Recht oder dem Anspruch, vor Zwang geschützt zu werden, sondern auch im Konsum oder dem Anspruch, über alle vorfindlichen Ressourcen als Gleiche zu verfügen, diesen Gedanken finden wir bei Rousseau wirksam. Der Mensch wird erst dann «aus einem blöden und beschränkten Tier zu einem intelligenten Wesen und Menschen» (1762, I, 8), wenn er sein Vermögen der Verneinung jeder Neigung oder natürlicher Kausaldetermination im Akt des Gesellschaftsvertrags eines jeden mit jedem betätigt. In diesem Akt verzichtet er auf alle zufälligen («kontingenten») Vorteile seiner Geburt und Sozialisation und ersetzt sie durch das Gesetz der Freiheit: Er sorgt nun für jeden andern ebenso wie für sich selbst und hebt seinen individuellen Willen zum Allgemeinwillen auf (I,6). Das Vermögen der Negation der Naturkontingenz, das zugleich ein Vermögen der absoluten Spontaneität ist, eine neue Kette von Ereignissen zu initiieren, macht den Akt des Gesellschaftsvertrags nicht nur möglich, sondern auch zu einer Pflicht, sogar zu einer Rechtspflicht, zu der man jeden zwingen darf: «was nur heißt, daß man ihn zwingen wird, frei zu sein» (I,7).

Kant hat diesen Gedanken aufgenommen, aber liberal gemacht. Auch nach ihm verpflichtet die absolute Spontaneität den Menschen dazu, sich von jeder Neigung und Naturkontingenz zu befreien und nur nach Maximen zu handeln, die Gesetz einer Gesellschaft von Freien und Gleichen sein könnten. Aber die Betätigung der Willensfreiheit in der Wahl solcher Maximen ist für Kant kein Akt, der eine historische Gesellschaft hervorbringt. Er ist vielmehr eine individuelle Entscheidung. Sie hat nicht wie Rousseaus Akt der Freiheit zur Bedingung, daß auch alle andern Menschen die Naturkontingenz durch den Allgemeinwillen ersetzen, sondern ist unbedingt und vom eigenen Urteil gefordert. Daher kann er gar nicht erzwungen werden. Kant befreit Rousseaus Berufung auf die Willensfreiheit von der Ungereimtheit eines Zwangs zur Freiheit und der illiberalen Konsequenz der Aufhebung der Unterscheidung von Recht und Moralität. Die Moralität verlangt zwar, daß jeder den andern in seinem Anspruch auf Ressourcen als Gleichen anerkenne; das Recht aber verbietet, jemanden zum Teilen seines Besitzes zu zwingen, wenn er diesen erworben hat, ohne Zwang gegen jemanden gebraucht zu haben.

In der Gegenwart hat John Rawls Rousseaus Gedanken aufgenommen. Er entwickelt Prinzipien der Gerechtigkeit als die Normen, die Individuen dann wollen, wenn sie nicht die Naturkontingenz kennen, die sie zu Individuen mit ihren Stärken und Schwächen im Gütererwerb machen. Er inszeniert die Bedingung des «Schleiers der Unwissenheit» als die Ursituation («original position»), deren Teilnehmer einander als moralische Personen im Sinn von Rousseau und Kant behandeln: als Wesen, für die nur ihre Fähigkeit zählt, alle Naturkontingenz zu verneinen und in absoluter Spontaneität sich als Freie und darin Gleiche Gesetze ihres Zusammenlebens geben zu können:

«The description of the original position interprets the point of view of noumenal selves, of what it means to be a free and equal rational being. Our nature as such beings is displayed when we act from the principles we would choose when this nature is reflected in the conditions determining the choice. Thus men exhibit their freedom, their independence from the contingencies of nature and society, by acting in ways they would acknowledge in the original position» (1972, 255 f; vgl. 136 ff).

Wenn Menschen die «natürliche Lotterie» (1972, 74) ihrer Anlagen außer Kraft setzen und Gerechtigkeitsprinzipien mit dem Blick nicht auf das wählen, was ihren kontingenten Fähigkeiten zugute kommt, sondern auf das, was ihnen als gleichen Trägern der Willensfreiheit angemessen ist, dann werden sie alles, was teilbar ist, als Gleiche aufteilen. Von der absoluten materialen Gleichheit werden sie dann nur so weit abweichen, wie *jeder* sich davon einen Vorteil versprechen kann. Mit dieser Überlegung begründet Rawls als Prinzip der Verteilungsgerechtigkeit das «Differenzprinzip», das materiale Ungleichheit nur so weit erlaubt, wie sie den Fähigeren Anreize zu größerer Produktivität gibt, von der auch die weniger Produktiven profitieren. Das Differenzprinzip modifiziert die absolute materiale Gleichheit nach derselben Logik, wie das System der materiellen Anreize der früheren Sowjetgesellschaft Musterarbeitern wie Stachanow zum erhofften Vorteil aller Extralöhne erlaubte.

Rawls hat Rousseaus Gedanken überzeugend und anwendungsfähig expliziert. Auf die Frage: Warum soll ich für jemanden sorgen, für dessen Not ich keine Verantwortung trage? gibt er die klare Antwort: Weil dein Wohlstand und seine Not nur Folgen kontingenter Unterschiede sind, die nicht zum eigentlichen Kern dessen gehören, was ihr selbst seid – absolut freie Wesen, die sich selbst das Gesetz ihres Zusammenlebens geben können. Als solche seid ihr gleich und dürft die kontingenten Ungleichheiten nicht dulden.

Aber gegen diese Begründung erheben sich zwei Einwände. Ist es erstens wahr, daß *alle* materiellen Verhältnisse von Wohlstand und Not nicht zum Kern dessen gehören, was jemand selbst ist? Ist es möglich, daß wir unser «eigentliches» Wesen völlig von unseren «phänomenalen» Lebensbedingungen trennen? Müssen wir nicht manches an unsrer Wohlfahrt nur uns selbst zurechnen und für es selbst verantwortlich sein? Wie lassen sich Wohlfahrtsverhältnisse in Hinblick auf Verantwortlichkeit von Rechtsverhältnissen strikt trennen, für die Rawls Selbstverantwortlichkeit nicht leugnen will?

Aber auch wenn man diese fast gnostische Implikation akzeptiert, begründet Rawls zweitens nur eine *Tugend-*, keine Rechtspflicht, für materiale Gleichheit nach dem Differenzprinzip zu sorgen. Er setzt getreu der utilitaristischen und konsenstheoretischen Tradition voraus, daß das, was moralisch geboten, auch legitim erzwingbar ist; er scheint nicht einmal für nötig zu halten, für diese entscheidende Voraussetzung zu argumentieren.

Materiale Gleichheit aus pragmatischen Gründen

Wenn nicht aus dem Vermögen der Willensfreiheit, könnte materiale Gleichheit als Rechtsideal doch aus weniger metaphysischen Gründen gerechtfertigt werden und der Idee der sozialen Gerechtigkeit die noch fehlende Grundlage liefern. Zwei pragmatische Gründe kommen in Frage. Nur mehr oder minder angenäherte materiale Gleichheit, so könnte man erstens sagen, verhindert die *Verletzung des unbestrittenen Rechtsideals der formalen Gleichheit*, der Gleichheit in der Justiz und in der Politik oder der Chance, an der Bestimmung der Gesetze eines Staates und ihrer Ausführung mitzuwirken. Angenäherte materiale Gleichheit, so könnte man zweitens sagen, ist die *Bedingung*, unter der überhaupt *Individuen freiwillig einem Staat angehören*; ohne solche Freiwilligkeit aber ist jeder Staat *illegitim*.

Aber gegen das erste Argument ist zu sagen: Wenn ungleicher Besitz legitim erworben wurde und materiale Gleichheit nur durch Enteignung legitim erworbenen Eigentums erreicht werden kann, wie soll dann die Herstellung materialer Gleichheit Gleichheit in der Justiz sichern können? Ferner ist einzuwenden, daß selbst materiale Gleichheit formale Gleichheit nicht *garantieren* kann. Auch Einkommensgleichheit schützt nicht vor Richterwillkür oder vor politischen (und sonstigen) Diskriminierungen; erst wenn ein Mensch vom andern nicht mehr unterscheidbar wäre, gäbe es eine solche Garantie. Statt durch materiale Gleichheit sollte man deshalb formelle Gleichheit durch sachbezogene Mittel sichern – in der Justiz durch gesichertes Einkommen der Richter, Besetzung der Ämter durch Vertreter aus allen Klassen; in der Politik durch das allgemeine und gleiche Wahlrecht und Institutionen, die jedem eine gleiche Chance geben, für öffentliche Ämter zu kandidieren, wie Parteien es sein könnten; durch Öffentlichkeit der die Politik beeinflussenden Institutionen wie Bildungswesen und Medien.

Am zweiten Argument sind beide Teilschritte kaum zu halten. Erstens ist schwer einzusehen, warum ein Individuum nicht einem Staat sollte angehören wollen, der ihm Rechtssicherheit oder formale Gleichheit, aber keine materiale Gleichheit, nicht einmal Fürsorge in Notfällen verspricht. Warum sollte jemand, vor die Wahl gestellt, mit oder ohne

Rechtssicherheit zu leben, nur dann mit Rechtssicherheit leben wollen, wenn er zusätzliche Leistungen erhält? Zweitens ist nach dem rechtstheoretischen Ansatz ein Staat legitim immer und nur dann, wenn er primären Zwang oder Unrecht erfolgreicher vermindert als eine Gesellschaft ohne sein Gewaltmonopol. Für diese Auffassung lassen sich auch unabhängig vom rechtstheoretischen Standpunkt gute Gründe anführen. Wäre Freiwilligkeit der Staatszugehörigkeit eine notwendige Bedingung der Staatslegitimität, so könnte ein Staat nicht legitim sein, der Verbrecher bestraft, die die Gesetze ihres Staats nicht anerkennen. Wäre sie eine hinreichende Bedingung, so wäre ein Staat legitim, dessen Mitglieder ein Gewaltmonopol mit dem Ziel der Unterdrückung ihrer Nachbarn errichtet haben.

Daraus, daß Verminderung primären Zwangs, nicht freiwillige Zugehörigkeit die entscheidende Legitimitätsbedingung eines Staats ist, folgt nicht, daß es eine unbedingte Rechtspflicht gibt, einem Staat anzugehören oder einen Staat einzurichten, wie Kant (1797, 1. T., § 44) und Hegel (1821, § 258) meinten. Es gibt eine unbedingte Rechtspflicht, Zwang zu vermindern. Daraus folgt nur, daß *wenn* ein Staat das beste Mittel dazu ist, es Rechtspflicht ist, ihm anzugehören.

2.3 Inwiefern Sozial- und Rechtsstaat miteinander verträglich sind

Was rechtfertigt private Aneignung?

Wir haben für die Erwartung, daß ein Staat heute nur legitim sein kann, wenn er Rechts- *und* Sozialstaat ist, keine stichhaltigen Gründe finden können. Wir stießen aber (69 f) auf die Möglichkeit, den Forderungen, die sich mit der Idee sozialer Gerechtigkeit verbinden, durch eine Unterscheidung zu entsprechen zwischen Ressourcen, die absolutes Privateigentum sind, und Ressourcen, die nach einem Rechtsideal materialer Gleichheit zu verteilen sind. Eine solche eingeschränkte materiale Gleichheit könnte der rationale Kern in der zu weiten Hülle des undifferenzierten Ideals materialer Gleichheit sein und einen Sozialstaat rechtfertigen. Läßt sich die Unterscheidung aber begründen? Um die Frage zu beantworten, müssen wir überlegen, was überhaupt Aneignung rechtfertigt.

Wenig umstritten ist, daß man zu einem Verfügungsrecht oder Eigentum durch Tausch oder Schenkung kommen kann. Wenn ein Eigentümer sein Verfügungsrecht einem andern mit allen Zeichen seines Willens überläßt, wird der zweite zum Eigentümer. Wenig umstritten ist auch, daß Menschen, individuell oder kollektiv, sich überhaupt Güter aus der Natur aneignen und nach ihrem Willen, zumindest innerhalb bestimmter Grenzen, gebrauchen dürfen, ob man dies allgemeine Recht nun aus Gottes Willen oder der menschlichen Freiheit ableitet. Umstritten war und ist dagegen, was jemanden berechtigt, ein Gut, das er nicht durch den Willen eines andern erhielt, für sich anzuzeigen und alle andern von der Verfügung über es auszuschließen. Unter den Rechtfertigungsgründen sind zwei Klassen zu unterscheiden: (a) solche, die Individuen oder Gruppen zu *absoluten* oder ohne ihren Willen unwiderruflichen Eigentümern machen; (b) solche, die ihnen nur ein *bedingtes* Verfügungsrecht geben. Als Gründe für absolutes Eigentum wurden genannt *Erstbesitznahme* und *Arbeit*, für bedingtes Eigentum *Utilität* und *gesellschaftliches Mandat*.

Kann absolutes Privateigentum legitim sein?

Was am Zuerstkommen könnte ein Recht geben, Späterkommende vom Gebrauch des Angeeigneten auszuschließen? Erstbesitznahme wurde zwar schon in der Antike als Rechtfertigung für Eigentum angeführt (Cicero, De finibus III 20,67; Seneca, De beneficiis VII 12,3), in der Neuzeit aber nur in Verbindung mit Utilitätsargumenten (Hume 1739, III ii 3) oder andern Begründungen, die nur bedingtes Privateigentum anerkannten. Als Rechtfertigung absoluten Eigentums bleibt daher nur die durch die *Arbeit*, die Locke am wirksamsten vertrat. Aber auch Locke schränkte seine Rechtfertigung durch die Bedingung ein, daß Aneignung nur legitim ist, wenn genug Güter von gleicher Qualität für die vom Eigentum Ausgeschlossenen übrigbleiben (1689, § 27), und auch heutige Verfechter absoluten Eigentums wie Nozick halten an dieser Bedingung fest (1974, 175 f). Aber die Bedingung ist die des Überflusses, und im Überfluß verlieren Eigentumsfragen das Interesse, das sie für die politische Philosophie wichtig macht, wenn nicht sogar Gerechtigkeit insgesamt überflüssig wird, wie Hume (1739, III ii 2) und Marx (1891, 20 f, wenn man «bürgerliches Recht» mit «Recht» gleichsetzen kann) meinten. Wird aber absolutes Privateigentum nur unter der Bedingung legitim, daß es niemanden schlechter stellt, muß es dann nicht immer illegitim sein?

Locke glaubte, diesem Schluß durch folgendes Argument entgehen zu können (vgl. 1689, § 27 zu P 1 und P 2, §§ 40 und 43 zu P 3, § 51 zu C 1, § 45 zu C 2):

P 1   Mein Körper und seine Kräfte einschließlich meiner Arbeitskraft sind mein absolutes Eigentum.

P 2   Das Produkt meiner Arbeitskraft ist ebenso mein absolutes Eigentum wie meine Arbeitskraft.

P 3   Der Wert aneigenbarer Güter ist zu einem so großen Teil durch menschliche Arbeitskraft hervorgebracht, daß man den Wertanteil der verarbeiteten Naturgüter vernachlässigen kann.

C 1   Durch die individuelle Aneignung aller aneigenbarer Güter wird niemand schlechter gestellt, weil er in seiner eigenen Arbeitskraft ein Gut hat, mit dem er selbst alles produzieren kann, wodurch er sich schlechter gestellt sehen könnte.

C 2   Die aneigenbaren Güter sind absolutes Eigentum der individuellen Produzenten in dem Maß, wie diese an der Produktion beteiligt sind.

Die erste Prämisse, P 1, scheint unbestreitbar. Über meinen Körper kann ich, innerhalb der Grenzen des Rechts, allein verfügen; jeder, der gegen meinen Willen über ihn verfügt, tut Unrecht, wenn er mich nicht an primärem Zwang hindert. Daß jeder am eigenen Körper ein absolutes Eigentum hat, bringt jede Theorie in Schwierigkeiten, die alles absolute Eigentum leugnet.

Die zweite Prämisse scheint eine Konsequenz von P 1, enthält aber eine Doppeldeutigkeit. An jedem *konkreten* Produkt ist nämlich zu unterscheiden zwischen dem verarbeiteten Naturgut und der Vergegenständlichung von Arbeit, die ich zur Unterscheidung vom konkreten Produkt das *bloße* Produkt meiner Arbeit nennen will. Aus P 1 folgt höchstens

P 2'   Das bloße Produkt meiner Arbeit ist mein absolutes Eigentum, aber nicht

P 2"   Das konkrete Produkt ist mein absolutes Eigentum.

Denn in das konkrete Produkt gehen Naturgüter ein, die nicht das bloße Produkt meiner Arbeit sind.

Folgt aber P 2' aus P 1? Die Frage würde man vermutlich bejahen, wenn das bloße Arbeitsprodukt vom konkreten Produkt trenn- und ohne es aneigenbar wäre. Denn das bloße Ergebnis irgendeiner meiner Kräfte, also das Ergebnis einer Handlung von mir, rechnet man mir allein zu; ich trage die Schuld oder das Verdienst für es und gelte als der, dem das Ergebnis als Wert oder Unwert anzurechnen ist. Wenn mir aber die Ergebnisse meiner Handlungen im allgemeinen zugeschrieben werden, warum sollte mir nicht das Ergebnis meiner Arbeit, einer Unterklasse meiner Handlungen, zugeschrieben werden? Und wenn es mir zugeschrieben wird, ist es dann nicht ebenso mein absolutes Eigentum wie meine Arbeitskraft selbst?

Man könnte erwidern, das konkrete Produkt meiner Arbeit sei ein aneigenbares, handgreifliches Ding, während das bloße Arbeitsprodukt ebenso wie das Ergebnis sonstiger Handlungen nicht-materiell und deshalb nicht aneigenbar sei. Aber ist das bloße Arbeitsprodukt im Unterschied zum konkreten Produkt kein handgreifliches Ding, so doch ein Wert, den man sich unter bestimmten Bedingungen, wenn er sich nämlich als Geld darstellt, ebenso aneignen kann wie den Wert des konkreten Produkts insgesamt und dessen andern Wertteil, den der verarbeiteten Naturgüter. Obgleich diese nicht real vom bloßen Arbeitsprodukt trennbar sind, sind sie es als Werte oder Geldsummen. Und diese Trennbarkeit ist ein Grund, die Frage zu bejahen, ob $P2'$ aus $P1$ folgt. Sogar wenn der Wert der Naturgüter und der der Arbeit nur als ungefähre Anteile am Marktwert des konkreten Produkts bestimmbar wären, bliebe doch der individuelle Produzent der absolute Eigentümer einer nur grob bestimmbaren Geldsumme.

Nun genügt Locke, um auf $C1$ und $C2$ zu schließen, nicht $P2'$; er braucht $P2''$. Um zu $P2''$ zu kommen, stützt er sich auf $P3$. Diese Prämisse formuliert, was man Lockes Werttheorie nennen kann. Er behauptet für landwirtschaftliche Produkte, bei denen verglichen mit Industrieprodukten der Wertanteil der Naturgüter wegen der Voraussetzung von Grund und Boden hoch einzuschätzen ist, dennoch: «. . . of the *Products of the Earth* useful to the Life of Man 9/10 are the *effects of labour*: nay, if we will rightly estimate things as they come to our use, and cast up the several Expences about them, what in them is purely owing to *Nature*, and what to *labour*, we shall find, that in most of them 99/100 are wholly to be put on the account of *labour*». Einige Abschnitte weiter schätzt er den Wertanteil der Natur sogar auf «at least, I may truly say, not 1/1000», um zu schließen: «'Tis *Labour* then which *puts the greatest part of Value upon Land*, without which it would scarcely be worth any thing» (1689, §§ 40 und 43).

Locke leugnet nicht, daß auch die im konkreten Produkt verarbeiteten Naturgüter Wert haben; er hält ihn nur für vernachlässigenswert gering. Wäre diese Annahme richtig, so wären auch $P2''$ und $C1$ und $C2$ wahr. Aber die Annahme ist falsch. Den Wert der Naturgüter kann man nicht vernachlässigen, wenn sie knapp sind, wie am Einfluß der Knappheit von

Naturgütern auf ihren Marktwert deutlich wird. Ist aber P3 falsch, so auch C1. Mit Arbeitskraft läßt sich nur etwas produzieren, wenn man sie auf Naturgüter wenden kann. Grund und Boden sind die notwendigen Bedingungen aller landwirtschaftlichen, Naturgüter wie Erze, Holz, Kohle die aller industriellen Produktion. Die eigene Arbeitskraft genügt daher niemandem, sich vor der Schlechterstellung zu bewahren, die man von jeder Aneignung eines Guts erwarten muß, die andere von dessen Gebrauch ausschließt. Marx hat die Schwäche des Lockeschen Arguments klar erkannt, als er sagte: «Die Arbeit ist *nicht* die Quelle allen Reichtums... Die Bürger haben sehr gute Gründe, der Arbeit *übernatürliche Schöpfungskraft* anzudichten; denn gerade aus der Naturbedingtheit der Arbeit folgt, daß der Mensch, der kein anderes Eigentum besitzt als seine Arbeitskraft, in allen Gesellschafts- und Kulturzuständen der Sklave der andern Menschen sein muß, die sich zu Eigentümern der gegenständlichen Arbeitsbedingungen gemacht haben» (1891, 15).

C2   folgt ebensowenig. Aber aus der Falschheit dieser Konklusion folgt nicht, daß kein absolutes Eigentum legitimierbar ist. Berechtigt nicht vielmehr die Wahrheit von P1 und P2' zum Schluß

C2' Der Wert des bloßen Arbeitsprodukts einer Gesellschaft ist das absolute Eigentum der individuellen Produzenten in dem Maß, wie sie an der Produktion beteiligt sind.

Ehe wir diesen Schluß ziehen, müssen wir die Prüfung der verbleibenden vorgetragenen Gründe für Güteraneignung fortsetzen.

Kann legitimes Eigentum nur bedingt sein?

«...in order to establish laws for the regulation of property, we... must search for those rules which are, on the whole, most *useful* and *beneficial*» (1751, § 156).

Hume rechtfertigt hier zwar die seinerzeit geltenden Eigentumsregeln als nützlich und wohltätig; dennoch hat nach dieser Begründung niemand ein absolutes, ohne seinen Willen unwiderrufliches Verfügungsrecht. Sollten Umstände andere Eigentumsregeln nützlicher machen, könnte ein Eigentümer sein Verfügungsrecht verlieren. Dies Argument leuchtet ein für das Eigentum an Naturgütern, das bisher als absolutes nicht legitimierbar schien, aber nicht für das Eigentum am eigenen Leib und Leben einschließlich der eigenen Arbeitskraft. Wir können uns leicht eine Gesellschaft denken, in der über die Arbeitskraft der Individuen nicht diese je selbst, sondern eine Behörde verfügte und dennoch die

Summe des Glücks oder der Utilität in der Gesellschaft größer wäre als unter jedem alternativen Eigentumsverhältnis. Solche Verhältnisse erinnern zu sehr an eine Schöne Neue Welt, um als legitim gelten zu können.

Kann man der Schwierigkeit aber nicht dadurch entgehen, daß man zwar alle aneigenbare Güter als gesellschaftliches Eigentum betrachtet, sie aber den Individuen nicht nach einem utilitaristischen, sondern einem die individuelle Freiheit sichernden Prinzip zuweist? Eine solche Begründung bedingten Privateigentums scheint Kant zu vertreten, wenn er es der Bedingung der «Übereinstimmung mit dem öffentlichen gesetzgebenden Willen» unterwirft (Kersting 1984, XII; vgl. 213 f). Da der gesetzgebende Wille nach Kant die «Freiheit eines vernünftigen Wesens unter moralischen Gesetzen» garantieren muß (ebd., IX), scheinen trotz Leugnung absoluten Privateigentums Eigentumsprinzipien ausgeschlossen, die eine gesellschaftliche Verfügung über die Arbeitskraft von Individuen legitimieren.

Aber in welchem Sinn würde eine solche Eigentumsbegründung absolutes Privateigentum ausschließen? Entweder schränkt die «Übereinstimmung mit dem öffentlichen gesetzgebenden Willen» das Individuum in seiner Verfügung über seine Arbeitskraft und deren bloßes Produkt nur auf die Beachtung der Rechtspflicht ein, niemandem primären Zwang anzutun. Dann ist seine Arbeitskraft sein absolutes Privateigentum; die Einschränkung seiner Verfügung auf Rechtsprinzipien ist die Folge nicht davon, daß er über kein absolutes Privateigentum verfügt, sondern davon, daß alles legitime Handeln den Rechtsprinzipien genügen muß. Oder die Übereinstimmung mit dem gesetzgebenden Willen in der Verfügung eines Individuums über seine Arbeitskraft verlangt eine spezifischere Einschränkung, etwa, wie Kersting Kant versteht, daß wir «Äußeres nur dann als Eigentum ansehen (können), wenn wir uns mit allen anderen zu einer einem jeden das Seine rechtlich zuteilenden Gesetzgebung vereinigen» (1984, 214). Aber dann wäre der Staat entscheidend dafür, daß ich überhaupt Eigentum haben und nach welchen Regeln ich über es verfügen kann, und er müßte die Souveränität haben, über meine Arbeitskraft zu verfügen. Ist der Staat aber doch auch in seiner Eigentumsgesetzgebung an das Prinzip gebunden, daß jeder selbst über seine Arbeitskraft und deren bloßes Produkt verfügen darf, so ist schwer zu sehen, warum seine Etablierung eine notwendige Bedingung dafür sein soll, daß ich Eigentum habe.

Vielleicht aber läßt sich die kantianische Eigentumsbegründung so verteidigen: Absolutes Privateigentum an Naturgütern ließ sich, wie wir sahen, nicht rechtfertigen. Als absolutes Privateigentum kommen höchstens die Arbeitskraft und deren bloßes Produkt in Frage. Die Arbeitskraft aber ist kein *äußeres* Ding und kommt deshalb für Kant als möglicher Gegenstand von Aneignung gar nicht in Betracht. Das bloße Arbeitsprodukt wiederum läßt sich nicht real vom konkreten Arbeitsprodukt trennen, sondern nur in einer Wertrechnung des gesellschaftlichen Gesamtprodukts als ihr Arbeitswertanteil vom Naturwertanteil unterscheiden und in Geld darstellen und greifbar machen. Die Unterscheidung in Geldsummen setzt aber eine komplexe Gesellschaft voraus, die ohne Staatsapparat nicht lebensfähig wäre. Also ist doch die Vereinigung «zu einer einem jeden das Seine rechtlich zuteilenden Gesetzgebung» die notwendige Bedingung für jedes Eigentum an Sachen oder «Äußerem».

Diese Verteidigung stützt sich auf die *empirische* Annahme, daß eine (warenproduzierende) Gesellschaft, die Produktion und Konsumtion durch Geld vermittelt, nicht ohne Staat auskommt. So plausibel die Annahme ist, so sehr disqualifiziert sie die These, daß es ohne Staat kein Eigentum geben kann. Denn diese These betrifft den *Begriff* des Eigentums; sie besagt, daß wir ein Gut nicht als Eigentum begreifen können, wenn die Prinzipien seines Gebrauchs nicht staatlich legitimiert sind. Dagegen aber ist zu sagen, daß wir uns sehr wohl eine warenproduzierende Gesellschaft ohne Staatsapparat denken können, in der der Arbeitswertanteil gerecht vom Naturwertanteil unterschieden und der Arbeitswertanteil wiederum zu gerechten Anteilen den Individuen als ihr Privateigentum zugewiesen wird. Eine solche Gesellschaft ist logisch möglich, wenn auch soziologisch unwahrscheinlich. Aber die logische Möglichkeit erlaubt uns, die Prinzipien einer gerechten Eigentumsverteilung ohne Rückgriff auf Staatsprinzipien (aber natürlich nicht Rechtsprinzipien) zu konzipieren und sie jedem Staat als eine Legitimitätsbedingung vorzuhalten. Eine solche Konzeption gerechter Güterverteilung möchte ich im folgenden Abschnitt skizzieren.

Gemeineigentum und Privateigentum

Um im Gesamtprodukt einer Gesellschaft gerecht zwischen einem privat aneigenbaren Arbeitswert- und einem Gemeineigentum bleibenden Naturwertanteil zu unterscheiden, müssen wir fragen, (1) wer genauer der Eigentümer der Naturgüter ist, (2) wie man überhaupt gerecht zwischen den zwei Anteilen unterscheiden kann.

1. Ihr Eigentümer kann nicht eine bestimmte historische Gesellschaft

oder Generation sein. Denn wenn es nicht zu rechtfertigen ist, daß ein Individuum alle andern von ihrem Gebrauch ausschließt, dann ebensowenig, daß es eine Gesellschaft tut. Wenn anderseits die Menschen überhaupt ein Recht haben, sich die Güter der Natur zu ihren Bedürfnissen anzueignen, kann nur die Menschheit insgesamt ihr Eigentümer sein, unter Einschluß aller künftigen Individuen aus späteren Generationen, die auf Naturgüter angewiesen sind. Allerdings ist diese Menschheit insgesamt kein handlungsfähiges Subjekt. Sie muß zur Durchsetzung ihrer Rechte von Personen als ihren Treuhändern vertreten werden.

2. Der Naturwertanteil am gesellschaftlichen Gesamtprodukt ist der Wert der Naturgüter, die in der Produktion verbraucht oder für Menschen unzugänglich werden; der Arbeitswertanteil ist der Wert der Arbeitskraft, die in sie eingegangen ist. Kann man die Teile nach ihrem Marktwert unterscheiden? Nein, denn erstens, ob und welche Naturgüter in einer laufenden Produktionsperiode verbraucht werden, macht sich oft erst an unerwarteten (und unerwünschten) Folgen der Produktion zu einem Zeitpunkt bemerkbar, der für die Preisbildung ohne Einfluß ist. Zu den Kosten des Naturgüterverbrauchs gehören daher alle Ausgaben für die Sicherung einer Umwelt, die künftige Individuen zum Leben nötig haben. Zweitens zählt zum Verbrauch von Naturgütern nicht nur, daß sie aufgebraucht, sondern auch, daß sie für den Eigentümer unzugänglich werden. Wer als Miteigentümer am Gemeingut dies nicht zu dem ihm zustehenden Anteil gebrauchen kann, ohne für diesen Mangel verantwortlich zu sein, hat ein Eigentumsrecht entweder auf Erhalt seines Anteils oder auf Entschädigung. Auch solche Rückerstattungs- und Entschädigungskosten wirken sich nicht auf den Marktwert der Naturgüter aus, jedenfalls nicht unter den heutigen Marktbedingungen.

Kann man aber den Wert der Naturgüter nicht nach ihrem Marktwert bestimmen, dann ebensowenig den Wert des Arbeitswertanteils. Erst nachdem eine Gesellschaft als Treuhänder der Menschheit die Aufwendungen sowohl für die Sicherung einer menschenverträglichen Umwelt als auch für die Rückerstattung oder Entschädigung der von den Naturgütern Ausgeschlossenen ihrem Gesamtprodukt entnommen hat, kann sie den Rest als den Wert der verbrauchten Arbeitskraft bestimmen. Wollte man umgekehrt zuerst den Wert der Arbeitskraft bestimmen und den Rest des Gesamtwerts als den Wert der verbrauchten Naturgüter, so liefe man Gefahr, daß Naturgüter für viele oder alle Menschen unzugänglich werden. Dann aber könnte Arbeitskraft überhaupt nicht zu einem Wert werden; hierin zeigt sie sich selbst als Naturkraft. Der Wert der Arbeitskraft ist daher die abhängige Variable, der Wert der Naturgüter die Konstante.

Der Anteil der individuellen Produzenten am gesamten Arbeitswert muß schließlich nach Maß der gesellschaftlichen Nützlichkeit ihrer Arbeit bestimmt werden. Denn nur so wird der Arbeitende als absoluter Eigentümer seiner Arbeitskraft respektiert. Diesem Prinzip der Verteilungsgerechtigkeit folgte auch Marx, als er den Gesellschaften, in denen noch nicht «alle Springquellen des genossenschaftlichen Reichtums» fließen, empfahl: «Demgemäß erhält der einzelne Produzent – nach den Abzügen – exakt zurück, was er ihr gibt... Dasselbe Quantum Arbeit, das er der Gesellschaft in der einen Form gegeben hat, erhält er in der andern zurück. Es herrscht hier offenbar dasselbe Prinzip, das den Warenaustausch regelt, soweit er Austausch Gleichwertiger ist» (1891, 21 und 20).

Was folgt nun aus dieser Aufteilung des gesellschaftlichen Gesamtprodukts für die Legitimität eines Sozialstaats? Daß wir in dem Teil des Naturgüterwerts, der die Kompensation für die vom Zugang von den Naturgütern Ausgeschlossenen deckt, den Wert gefunden haben, der die Kosten staatlicher Sozialfürsorge deckt. Er wird deshalb von niemandes legitimem Privateigentum genommen.

Der Zusammenhang zwischen Kompensation und Sozialstaat wird am deutlichsten am Fall ungewollter Arbeitslosigkeit. Wären Naturgüter in der historischen Wirklichkeit Gemeineigentum aller Menschen, wie es das hier skizzierte vorpositive Eigentumsrecht verlangt, so hätte jeder gleichen Zugang zu ihnen. Jeder könnte so gut oder schlecht wie jeder andere sein Stück Land bebauen und sich auf ihm seine Lebensnotwendigkeiten verschaffen. Unter den tatsächlichen Eigentumsverhältnissen wird dies Recht verletzt; der Zugang zu den Naturgütern ist höchst ungleich. Wie kann dies Unrecht behoben werden? Entweder durch revolutionäre Herstellung des gleichen Zugangs. Aber dieser Weg verletzt nicht weniger unverletzliche Rechte. Er bestände nicht nur in Enteignungen von Besitz, der (wie Th. Nagel darlegte; vgl. S. 67 f) legitim erworben sein kann, sondern auch in Maßnahmen, die natürliche Tendenz der Zufälle, Heiraten, Talente, Erbschaften zu Güterungleichheit zu unterdrücken. Das müßte zu einer massiven Verletzung des Rechts auf eigene Lebensführung und zugleich des Rechts auf Privateigentum führen. Der Konflikt der Rechte ist nur gerecht lösbar, wenn die Opfer der Lösung entschädigt werden. Zurückweichen aber darf nicht das Recht auf eigene Lebensführung; alle Rechte entspringen erst der menschlichen Fähigkeit zu eigenem Urteil und Handeln; deren Behinderung ist Zwang und dessen Verminderung oberstes Rechtsprinzip.

Die Kompensation für die Opferung des Rechts auf gleichen Zugang zu den Naturgütern muß eine Form annehmen, die den im Zugang Benachteiligten das Äquivalent für das sichert, worüber sie bei gleichem Zugang nach Wahrscheinlichkeit selbst hätten verfügen können. Dazu gehört zumindest eine Arbeitsgelegenheit; das Recht auf Arbeit gehört deshalb zu den wichtigsten Sozialrechten. Zum Äquivalent gehören aber auch die Mittel, sich vor Krankheit, Unfall und Alter zu schützen und den Kindern eine Ausbildung zu geben, die sie befähigt, ihr Leben selbst zu führen. Denn diese Mittel gehören zu den elementaren Lebensnotwendigkeiten, die sich jeder Mensch verschafft, wenn er nicht unter allzu verkrüppelnden Bedingungen aufwächst. Wie die Kompensationen konkret auszusehen haben, läßt sich nur nach den jeweiligen historischen Verhältnissen entscheiden. Grundsätzlich werden sie zwar am besten durch Anstrengungen verwirklicht, die darauf zielen, sie und mit ihnen den Sozialstaat überflüssig zu machen. Dazu gehören genossenschaftliche und andere Initiativen zur Förderung der Selbsthilfe (vgl. Hettlage 1983 und Huber 1983). Auch dieser Weg ist aber der Schwierigkeit ausgesetzt, daß «die allgemeinen Mechanismen (der Rechtsdurchsetzung) ... im sozialen Recht (nicht genügen). Das soziale Recht ist ein Recht zugunsten der Gefährdeten und Benachteiligten. Sie wären weitgehend nicht gefährdet und nicht benachteiligt, wenn sie die allgemeinen Fähigkeiten hätten, materielles Recht zu kennen und formelles Recht für sich zu gebrauchen» (Zacher 1983, 72).

Daher ist zu erwarten, daß jedes positive System des Sozialrechts kritik- und reformbedürftig bleibt. Um so wichtiger ist es, soziale Gerechtigkeit, wenn man sie jedenfalls als den Inbegriff sozialer Rechte versteht, weder als eine Art moderner Barmherzigkeit zu verstehen noch als die Vereinigung von «Bedürfnisgerechtigkeit, ... Leistungsgerechtigkeit und... Besitzstandsgerechtigkeit», als die sie heute in der Bundesrepublik beansprucht wird (Zacher 1983, 83), sondern als kompensatorische Gerechtigkeit: als das Prinzip, für die legitime Einschränkung des Rechts auf gleichen Zugang zu den Naturgütern zu entschädigen. Ein Staat, der diesem erzwingbaren Prinzip nicht nach seinen Möglichkeiten nachkommt, ist illegitim.

3 Zur Kontrolle des Gewaltmonopols

Offensichtlich übernimmt ein Sozialstaat Aufgaben, von denen die liberale Tradition zu Recht die Kontrollierbarkeit des Gewaltmonopols gefährdet sah. Man kann daher nur dann die Legitimität eines Staates erwarten, wenn gute Aussichten bestehen, die Anwendung seines Gewaltmonopols auf die Durchsetzung des Rechts zu begrenzen. Dazu einige Bemerkungen, deren Kürze im umgekehrten Verhältnis zur Wichtigkeit des Gegenstands stehen.

Das traditionell empfohlene Mittel zur Kontrolle des Gewaltmonopols ist die Teilung der Gewalten durch das Verbot, Legislative und Exekutive mit denselben Personen zu besetzen (Locke 1689, §143). Dies Mittel ist schon zu Lockes Zeit wenig angewendet worden (Hayek 1981, Bd. 3, 148); heute werden Legislative und Exekutive mehr und mehr in Personalunion vertreten (vgl. W. Weber 1959, 194). Mehr Anwendung fanden das Mittel der Integration der Staatsbürger in den Staatsapparat (vgl. Küster 1949 und Steffani 1962) und das der Teilung von Sachressorts der Exekutive.

Das Integrationsmittel entspricht zwar der Idee der Demokratie, fördert aber auch die Auffassung, daß die Legislative der Allgemeinwille der Gesellschaft und souverän in ihrer Zielsetzung sei. Darf sich aber der Staat nur um die Durchsetzung des Rechts kümmern, einschließlich der kompensatorischen Gerechtigkeit, so ist die Legislative nicht souverän in ihrer Zielsetzung. Statt als Allgemeinwillen sollte man sie mit Montesquieu besser als Verstand oder Weisheit der Gesellschaft verstehen, als Weisheit in der Anwendung der vorpositiven Gerechtigkeitsprinzipien auf konkrete historische Verhältnisse.

Das Mittel der Teilung von Sachressorts der Exekutive hat die politische Praxis schon in der Aussonderung der Judikative aus der Exekutive eingesetzt, die bei Locke noch vereinigt sind. Es wird heute in Verfassungsstaaten wie der Bundesrepublik angewendet bei den «*Zuständigkeitsabgrenzungen*, deren Überschreitung Amtshandlungen rechtswidrig und oft vor Verwaltungsgerichten anfechtbar macht» (Peters 1954, 102). Solche Abgrenzungen könnten ein wirksamer Weg zur Kontrolle des Gewaltmonopols sein, denn: «Wer sich die gewaltige Machtzusammenballung in den zahllosen modernen Verwaltungsbehörden vor Augen führt, dem werden Bedeutung und Notwendigkeit klar, diese unübersehbaren Befugnisse der Exekutive aufzuspalten» (ebd., 103). Die staatlichen Institutionen des Sozial- und Schulwesens könnten etwa Gegengewichte zu den traditionelleren staatlichen Institutionen der Justiz und des Militärs in einem System der checks und balances sein. Die Institutionen, die die Sorge für die Naturgüter verlangt, müßten zudem die Staatsmacht auf internationaler Ebene einschränken. Denn Naturgüter können sowenig nationales wie individuelles Eigentum sein; wenn Goldminen oder Öl-quellen nationales Eigentum sind, kann auch es nur als Mandat der Menschheit insgesamt legitim sein. Ihre Verwaltung im Interesse der Menschheit ist eine Rechtspflicht, zu deren Erzwingung ein Gewaltmonopol fehlt. Solange ein Weltstaat mehr Nach- als Vorteile zu bringen verspricht, könnten auch internationale Institutionen für die Sicherung der Naturgüter sorgen, die durch ihre Praxis genug Kompetenz und moralische Autorität gewinnen, um die Weltöffentlichkeit und nationale Mächte zum Handeln zu bringen. Solche nichtstaatlichen Institutionen wären ein wichtiger Faktor in der Begrenzung der Staatsmacht.

Ein weiteres Element im System der Kontrolle des Gewaltmonopols sind klar begründete Rechte zu passivem und aktivem Widerstand. Ihre noch immer überzeugende Rechtfertigung hat Locke gegeben (1689, §§ 203–243). Sie berechtigen, gegen illegitime staatliche Handlungen und Institutionen entsprechend der Schwere ihrer Illegitimität Widerstand zu leisten. Da die Illegitimität der betroffenen Handlungen und Institutionen gewöhnlich umstritten ist, läuft jeder Widerstand Gefahr, zu Recht als illegitim verurteilt zu werden. Bei allen Widerstandshandlungen muß es deshalb in dem Maß, wie ihre Legitimität umstritten ist, darauf ankommen, von ihrer Legitimität zu überzeugen (vgl. zum Thema insbes. Rawls 1972, Kap. 6, und Held 1984, Kap. 6). Da die Verminderung von Zwang höchste Rechtspflicht ist, wird die Legitimität von Widerstandshandlungen durch den Gebrauch von Gewalt gefährdet. A priori ist aber nicht auszuschließen, daß Zwang nicht das richtige Mittel ist.

Literatur

Adorno, Theodor W.: «Einleitung». In: Theodor W. Adorno et al., Der Positivismus-streit in der deutschen Soziologie. 5. Aufl. Darmstadt/Neuwied 1976.
Barry, Brian: A Treatise of Social Justice. Vol. 1: Theories of Justice. Berkeley (Ca.) 1989.

Becker, Lawrence C.: Property Rights. Boston/London 1977.

Benn, Stanley I.: «Rights». In: Paul Edwards (ed.), The Encyclopedia of Philosophy. Vol. 7. London/New York 1967.

Bentham, Jeremy (1789): Introduction to the Principles of Morals and Legislation. London.

Berlin, Isaiah: Two Concepts of Liberty. Oxford 1958.

Durkheim, Emile (1893): De la division du travail social. Paris.

Filmer, Robert (1680): Patriarcha; or the Natural Power of Kings. London.

Glover, Jonathan: What Sort of People Should There Be? Harmondsworth 1984.

Godwin, William (1793): Enquiry concerning Political Justice. London.

Habermas, Jürgen: «Diskursethik». In: Moralbewußtsein und kommunikatives Handeln. Frankfurt/M. 1983.

Hayek, F. A. v.: Recht, Gesetzgebung und Freiheit. Landsberg am Lech 1981. (Orig. Law, Legislation and Liberty. Chicago 1973, 1976 und 1979).

Hegel, G. W. F. (1821): Grundlinien der Philosophie des Rechts. Werkausgabe. Hrsg. von E. Moldenhauer und K. M. Michel. Bd. 7. Frankfurt/M. 1970.

Held, Virginia: Rights and Goods. New York/London 1984.

Hettlage, Robert: «Genossenschaftsmodelle als Alternative». In: Koslowski 1983.

Hobbes, Thomas (1651): Leviathan. Hrsg. v. C. B. Macpherson. Harmondsworth 1961.

Höffe, Otfried: Politische Gerechtigkeit. Frankfurt/M. 1987.

Hohfeld, Wesley N. (1919): Fundamental Legal Conceptions.

Huber, Joseph: «Duale Sozialpolitik». In: Koslowski 1983. 216–27.

Hume, David (1739): Treatise of Human Nature. Hrsg. von L. A. Selby-Bigge und P. H. Nidditch. Oxford 1978.

Hume, David (1751): Enquiries. Hrsg. von L. A. Selby-Bigge und P. H. Nidditch. Oxford 1975.

Huxley, Aldous (1932): Brave New World.

Kant, Immanuel (1797): Metaphysik der Sitten. Hrsg. von Karl Vorländer. Hamburg 1954.

Kersting, Wolfgang: Wohlorganisierte Freiheit. Immanuel Kants Rechts- und Staatsphilosophie. Berlin/New York 1984.

Koslowski, Peter et al. (Hrsg.): Chancen und Grenzen des Sozialstaats. Tübingen 1983.

Küster, Otto (1949): «Das Gewaltenproblem im modernen Staat». In: Heinz Rausch 1969.

Locke, John (1689): Two Treatises of Government. Hrsg. von P. Laslett. Cambridge 1963 (die Paragraphenangaben beziehen sich auf den zweiten «Treatise»).

Marx, Karl (1858): Grundrisse der Kritik der politischen Ökonomie (Rohentwurf 1857–1858). Frankfurt/Wien o. J.

Marx, Karl (1891): «Kritik des Gothaer Programms». In: Marx-Engels: Werke. Bd. 19. Berlin 1956–1968.

Mill, John Stuart (1861): Utilitarianism. Glasgow 1972.

Nagel, Thomas: What Does It All Mean? Oxford 1987.

Narveson, Jan: «Pacifism: A Philosophical Analysis». Ethics 75 (1965), 251–71.

Nozick, Robert: Anarchy, State, and Utopia. New York 1974.

Orwell, George (1949): Nineteen Eighty-Four.

Peters, Hans (1954): «Die Gewaltentrennung im modernen Staat». In: Heinz Rausch 1969. 78–112.

Popper, Karl R. (1962): Conjectures and Refutations. New York/London 1968.

Putnam, Hilary: The Many Faces of Realism. LaSalle (Ill.) 1987.

Rausch, Heinz (Hg.): Zur heutigen Problematik der Gewaltentrennung. Darmstadt 1969.

Rawls, John: A Theory of Justice. Oxford 1972.

Rothbard, Murray N.: For a New Liberty. New York/London 1973.

Rothbard, Murray N.: The Ethics of Liberty. Atlantic Highland (N. J.) 1982.

Rousseau, Jean-Jacques (1762): Du contrât social. Hrsg. von H. Guillemin. Paris 1973.

Schopenhauer, Arthur (1840): Preisschrift über die Grundlage der Moral. Hrsg. von H. Ebeling. Hamburg 1979.

Steffani, Winfried (1962): «Gewaltenteilung im demokratischen Rechtsstaat». In: Heinz Rausch 1969.

Steinvorth, Ulrich: Klassische und moderne Ethik. Reinbek 1990.

Thomson, Judith Jarvis: «A Plea for Abortion». In: M. Cohen et al. (eds.), The Rights and Wrongs of Abortion. Princeton 1974.

Weber, Max: Gesammelte Aufsätze zur Religionssoziologie I. Tübingen 1920.

Weber, Max: Soziologie, Universalgeschichtliche Analysen, Politik. Stuttgart 1973.

Weber, Max: Wirtschaft und Gesellschaft. 5. Aufl. Tübingen 1980.

Weber, Werner (1959): «Die Teilung der Gewalten als Gegenwartsproblem». In: Heinz Rausch 1969.

Winstanley, Gerrard (1652): «Law of Freedom». In: The Works of Gerrard Winstanley. Ed. George H. Sabine. Ithaca (N. Y.) 1941.

Zacher, H. F.: «Chancen und Grenzen des Sozialstaats – Rolle und Lage des Rechts». In: Koslowski 1983.

Josef Meran

Wohlstand und Gerechtigkeit
Die Wirtschaft als Thema der praktischen Philosophie

0 Legitimität und Aktualität der Wirtschaftsphilosophie

Die Wirtschaft*sphilosophie* steht wie kaum ein anderer Zweig der Philosophie unter dem Druck, sich einerseits gegenüber den Wirtschaft*swis-
senschaften* als eigenständige Thematisierungsweise des wirtschaftlichen Lebens auszuweisen, sich andererseits innerhalb der Philosophie
nicht als die unbedeutendste Teildisziplin einstufen zu lassen. Der jahr-
hundertelange Einfluß des platonisch-aristotelischen Menschen- und
Weltbildes, wonach das «Genuß- und Erwerbsleben» eine Tätigkeit des
untersten, des «begehrenden Seelenteiles» ausmacht, kann wohl letztlich für die überwiegende Geringschätzung des wirtschaftlichen Lebens
in der europäischen Kulturgeschichte verantwortlich gemacht werden.
Neben den traditionellen intellektuellen Antipathien gegenüber den
niedrigen Tätigkeiten des materiellen Vorsorgehandelns und des Geld-
erwerbs gerät die Wirtschaftsphilosophie auch durch die dem 19. Jahrhundert entstammende «positivistische» Wissenschaftsauffassung in
Bedrängnis, wonach eine philosophische, insbesondere ethische Betrach-
tungsweise der Wirtschaft unwissenschaftlich sei: Wirtschaftliche Phänomene könnten nur als Tatsachen beschrieben und erklärt werden und
seien daher ausschließlich Gegenstand einer Ökonomie, die sich in Analogie zu den Naturwissenschaften als empirisch-theoretische Wissenschaft wirtschaftlicher Tatsachen begreife. Nur die Wissenschaft, nicht
aber die Philosophie vermöge den Wirtschaftsprozeß zu erforschen.

Jedoch zwingt mittlerweile ein Vorgang, den man als die Ökonomisierung unserer privaten und öffentlichen Lebensbereiche bezeichnen kann,
sowohl die Ökonomie, sich von ihrem szientistischen Vorbehalt gegenüber einer philosophischen Thematisierung der Wirtschaft zu verabschieden, als auch die Philosophie, dem Wirtschaftsleben ein vorrangiges Interesse einzuräumen. Daß die Wirtschaft, wie W. Rathenau
(1867–1922) in bedrängter Lage einmal ausrief, unser Schicksal ist, bedeutet mittlerweile nicht nur, daß die politische Stabilität eines Staates
von der Geordnetheit und Prosperität der Wirtschaft abhängt, nicht nur,
daß sich der Wunsch nach materiellem Wohlergehen zum vorrangigen
Bedürfnis des heutigen Menschen entwickelt hat, sondern daß sich eine
von rein ökonomischen Kategorien geleitete Denk- und Handlungsweise
immer weiterer Lebensbereiche zu bemächtigen scheint. Bereits Karl
Marx (1818–1883) sah sich in einer Zeit, «wo alles, was die Menschen
bisher als unveräußerlich betrachtet hatten, Gegenstand des Austau-
sches, des Schachers, veräußert wurde». Sie sei eine Zeit «der universel-

len Käuflichkeit, . . . in der jeder Gegenstand, ob physisch oder moralisch, als Handelswert auf den Markt gebracht wird, um auf seinen richtigsten Wert abgeschätzt zu werden» (MEW 4,69)[1]. Auch Georg Simmel (1858–1918) beobachtete den Prozeß der Vermarktung der «höheren Lebensgüter», von «Werten, die ihrem Wesen nach jede Schätzung außer der an ihren Kategorien und Idealen ablehnen», mit Argwohn (Simmel 1900, 264). Die Ökonomie hat auf diesen Prozeß der Ökonomisierung freilich in der Weise reagiert, daß sie sich inzwischen zur Leitdisziplin der Sozialwissenschaften erklärt und den Anspruch erhoben hat, als ökonomische Theorie der Institutionen, der Verfassung, der Demokratie, des Rechts usw. der Erklärung menschlichen Verhaltens überhaupt zu dienen.

Will die Philosophie aber gerade jetzt, wo die Wirtschaft und das Denken in ökonomischen Kategorien über das öffentliche und private Leben die größte Macht auszuüben scheinen, nicht ihr kritisches Urteil verlieren, so gilt es, die Wirtschaft als Thema des philosophischen Räsonierens wiederzugewinnen, ja den Prozeß der Ökonomisierung unserer Lebensbereiche als neuen Aspekt einer zeitgemäßen Wirtschaftsethik zu begreifen. Wirtschaftsphilosophie muß sich daher heute in zwei Richtungen erstrecken: Als *Wissenschaftstheorie der Ökonomie* dient sie der Selbstreflexion der Ökonomie als Wissenschaft. Die Überwindung eines positivistischen Wissenschaftsverständnisses verlangt dabei, gegenüber der vorherrschenden ökonomischen Theoriebildung eine kritisch-normative Einstellung einzunehmen. Die im Mittelpunkt dieses Artikels stehende zweite Dimension des philosophischen Nachdenkens über die Wirtschaft macht die *Wirtschaftsethik* aus. In deskriptiver Hinsicht ist diese Ethik zunächst daran interessiert, wertorientiertes Verhalten empirisch zu erforschen. Eine normativ verfaßte Ethik schreitet jedoch zu der Aufgabe fort, zunächst zu klären, in welcher Weise sowohl das wirtschaftliche Denken und Handeln als auch die institutionelle Ordnung der Wirtschaft einer moralischen Beurteilung unterliegen, sodann diejenigen Prinzipien und Normen der Moral aufzustellen und zu rechtfertigen, denen das wirtschaftliche Handeln und die Wirtschaftsordnung unterworfen werden sollen, schließlich in moralrelevanten unternehmerischen und wirtschaftspolitischen Entscheidungssituationen konkrete Handlungsempfehlungen auszusprechen. Eine solche Ethik möchte sowohl moralische Prinzipien und Normen universal rechtfertigen als auch Handlungen und Motive verbindlich bewerten. Sie setzt daher die Unterscheidung von Sein und Sollen voraus, insbesondere die Differenz zwischen den in einer Gesellschaft tatsächlich vorliegenden Normen, Werten etc. und einem kritischen Standpunkt, der diese erst als vernünftig, d. h. berechtigt auszeichnen möchte.

1 Die Behandlung der Wirtschaft in der älteren praktischen Philosophie

1.1 Die Sphäre der Wirtschaft in einer zweckgerichteten Seinsordnung

In seiner jahrhundertelang gültigen Wissenschaftseinteilung, in der Wissenschaft und Philosophie noch dasselbe Unternehmen darstellten, hatte Aristoteles (384–322 v. Chr.) die Ökonomie neben der Ethik und Politik zur Teildisziplin der praktischen Philosophie erklärt. Die praktische Philosophie befaßt sich nach Aristoteles mit dem Bereich des menschlichen Handelns und Wertens im Unterschied zur theoretischen Philosophie, die sich auf das reine Denken (Logik, Ontologie) und das Naturgeschehen (Physik/Naturphilosophie) bezieht. Handlungen aber haben Zwecksetzungen und Mittelwahl zu ihrem Inhalt. Was der theoretischen Philosophie die Gesetzmäßigkeit der Natur, das war der praktischen Philosophie die Richtigkeit der Handlungen. Der richtige Zweck einer Handlung ergibt sich aus ihrem Mittelcharakter für eine höhergeordnete Handlung und so fort. Alle Handlungen beziehen sich letztlich auf einen erkennbaren *Zweck des Menschseins* überhaupt. Der «natürliche» Zweck der Wirtschaft besteht darin, die materiellen Bedürfnisse des Menschen zu befriedigen. Das wirtschaftliche Auskommen ist wiederum die notwendige Voraussetzung (Mittel) für ein sittlich «gutes Leben» in der bürgerlichen Gemeinschaft und die wesensgemäße Entfaltung der «höheren» kulturellen Zwecke des Menschen.

1.2 Ökonomie als Wirtschaftsethik

In der von Aristoteles bis zum Merkantilismus reichenden Tradition umfaßt die Ökonomie «die Gesamtheit der menschlichen Beziehungen und Tätigkeiten im Haus, das Verhältnis von Mann und Frau, Eltern und Kindern, Hausherrn und Gesinde (Sklaven) und die Erfüllung der in

Haus und Landwirtschaft gestellten Aufgaben». «Die alteuropäische Ökonomik ist die Lehre von der Wirtschaft im bäuerlichen Sinne, vom ‹ganzen Haus›» (Brunner 1968, 105, 107). Die sich in begrenzten Handelsgeschäften ausdrückende «natürliche», d. h. dem «Wesen» des Menschen und dem Sinn der Welt angemessene Erwerbstätigkeit hat ausschließlich der Selbstversorgung des Hauses, der «naturgemäßen Autarkie» (Politik 1257a 30), zu dienen. Der Bedarf an Gütern zur Erhaltung des hauswirtschaftlichen Lebens wird dabei als von der menschlichen Natur festgelegt und konstant betrachtet. Für die Einschätzung der Formen des Wirtschaftens ergibt sich, daß das Erwerbsstreben nicht Zweck an sich, sondern nur Mittel zur Sicherung des materiellen Auskommens sein kann. Die *naturgemäße Erwerbskunst* hat eine «Grenze», denn sie dient letztlich der «Ernährung» (Politik 1258a 18; 1258a 30f). Dasjenige Erwerbsstreben aber, das über die «ergänzende Bedarfsdeckung der Haushalte», also über die Konsumtion hinaus auf die vor allem im gewinnbringenden Zwischenhandel und Geldverleih zustande kommende Anhäufung von Reichtümern um ihrer selbst willen zielt, gilt als «unnatürlich» und folglich moralisch verwerflich. Wer nach Reichtum um seiner selbst willen strebt, hebt dessen Mittelcharakter auf und macht ihn zum Zweck an sich. Wegen ihrer streng normativen Ausrichtung kann die in die klassische praktische Philosophie einbezogene Ökonomie letztlich nur als Wirtschaftsethik, allenfalls als Kunstlehre des Haushaltens bezeichnet werden.

2 Die Bewertung der Wirtschaft und die Verwissenschaftlichung der Ökonomie im neuzeitlichen Denken

Will die Philosophie das wirtschaftliche Leben auch heute noch in ihrem praktischen Zweig behandeln, so kann dies nicht nur auf dem Hintergrund der einflußreichen aristotelisch-scholastischen Tradition der «moralischen Ökonomie» geschehen. Eine zeitgemäße Wirtschaftsphilosophie muß sich vor allem mit den neuzeitlichen Rechtfertigungsversuchen kapitalistischen Wirtschaftens auseinandersetzen, in denen die Wirtschaft von moralisch-religiöser Bevormundung freigesetzt und die Ökonomie als theoretische und wertfreie Erfahrungswissenschaft begründet wurde. Das in der Neuzeit entwickelte Wirtschafts- und Wissenschaftsverständnis beansprucht noch in der Gegenwart seine Gültigkeit.

2.1 Von der «bedarfsorientierten» zur «gewinnorientierten» Wirtschaftsgesinnung

Wirtschaftshistoriker wie W. Sombart (1863–1941), M. Weber (1864–1920) und K. Polanyi (1886–1964) haben zur typologischen Kennzeichnung geschichtlicher Wirtschaftsordnungen versucht, zwischen einer «bedarfsorientierten» und einer «gewinnorientierten» Wirtschaftsgesinnung zu unterscheiden. Während eine dem Bedarfsprinzip verpflichtete Wirtschaftsordnung davon ausgeht, daß es Aufgabe des Wirtschaftens sei, den Bedarf an materiellen Gütern zur Erhaltung eines eher bescheidenen Lebens («guten Lebens») bereitzustellen, paßt sich eine dem Gewinnprinzip unterliegende Wirtschaftsform dem grundsätzlich grenzenlosen Begehren des Menschen an. Gemäß der gewinnorientierten Gesinnung ist es für den wirtschaftlich Handelnden, der an der Befriedigung seines unendlichen Begehrens interessiert ist, vernünftig, wenn er sich höchste Klarheit über seine eigenen Wünsche verschafft und sie gemäß dem *Prinzip der individuellen Nutzenmaximierung* zu realisieren versucht. Wirtschaftliches Handeln orientiert sich nach diesem Verständnis ausschließlich am eigenen Vorteil, sei es an dem einer Person, eines Unternehmens oder einer Organisation. Bei der Verfolgung des eigenen Nutzens läßt sich der wirtschaftlich Handelnde, der «homo oeconomicus», nur vom Gesichtspunkt der Effizienz leiten, indem er ein bestimmtes Maß an Bedürfnisbefriedigung oder Interessenserfüllung mit dem geringstmöglichen Mitteleinsatz oder mit einem bestimmten Mitteleinsatz den größten Nutzen zu erreichen versucht. Die Vernunft des «homo oeconomicus» betätigt sich gegenüber den zu erreichenden Zuständen instrumentell, gegenüber den kooperierenden oder konkurrierenden Mitmenschen aber strategisch.

2.2 Die Sphäre der Wirtschaft im Rahmen eines mechanistischen Weltbildes

Ähnlich dem Naturgeschehen als Ortsbewegung von Körperpartikeln erscheint der mechanistischen Wirtschaftsphilosophie die menschliche Gemeinschaft als Zusammenspiel zwischen sich anziehenden und abstoßenden Individuen. Das Individuum ist wesentlich Eigentümer seiner eigenen Person und Fähigkeiten, für die es der Gesellschaft nichts schuldet. Es verfolgt nur seine eigenen Interessen und ist in seinem Begehren unersättlich. Auch treten die Individuen nur um ihres eigenen Vorteils wegen und nur, solange dieser andauert, zu einer Gesellschaft zusammen. Die Prinzipien des Eigennutzes (Nichtsättigungsprinzip) und der strategischen Kooperation sind auch heute noch Bestandteile der ökonomischen Entscheidungstheorie. In B. Mandeville (1670–1733) hat die ökonomische Ideengeschichte eine Symbolfigur der *moralisch-politisch freigesetzten Wirtschaft* gefunden. Ein eher düsteres Menschenbild bringt Mandeville zu der Auffassung, daß nicht die politische Durchsetzung moralischer und rechtlicher Normen, sondern die «kluge Ausnutzung» der «privaten Laster» zum «öffentlichen Vorteil», d. h. zur wirtschaftlichen Prosperität und zu nationalem Ansehen für den Menschen führen. Mandeville (1980) entmoralisiert die Ökonomie nicht nur dadurch, daß er die Laster der Habsucht, des Betrugs, der Verschwendungssucht etc. entübelt und ihre volkswirtschaftlichen Vorteile hervorhebt, sondern vor allem dadurch, daß er die Wirtschaft als spontanes Geschehen und nicht als eine aus moralischen Überzeugungen und vernünftiger Planung hervorgegangene Ordnung aufgefaßt sehen möchte. Die Ordnung der Wirtschaft ist zwar das Ergebnis zweckvollen menschlichen Handelns – weder Gott noch die Natur haben sie dem Menschen vorgegeben –, aber nicht die Erfüllung einer besonderen menschlichen Absicht. Vielmehr besteht die Gesellschafts- und Wirtschaftsordnung in Institutionen und Regeln, die sich in der sozialen Evolution bewährt haben (Hayek 1960, 130). Nur eine Wirtschaftspolitik des «Laissez-faire» vermag den Mechanismus des natürlichen Ausgleichs der eigennützigen Interessen der konkurrierenden Gesellschaftsmitglieder freizusetzen.

Die Deutung des wirtschaftlichen Lebens als Naturvorgang stellt einen epochalen Einschnitt in der Geschichte der Ökonomie dar. Während die aristotelisch-scholastische Tradition die Wirtschaft als ein Handlungsgeschehen ausweist, das idealiter durch überlegte und freiwillige Entscheidungen zustande kommt und durch die ethischen Tugenden und praktische Klugheit angeleitet wird, führt die im Zeichen des Mechanismus vorgenommene Verwissenschaftlichung der Ökonomie dazu, daß dem wirtschaftlichen Handeln als Gegenstand der Theorie keine moralische Bewandtnis mehr zukommt.

3 Das Ideal einer reinen Marktwirtschaft und seine wirtschaftsethische Bewertung

Besonders die Vertreter einer institutionellen Ökonomie und auch der Wirtschaftswissenschaftler und Sozialphilosoph F. A. v. Hayek haben die Bedeutung hervorgehoben, die der Art der *Organisationsstruktur* zukommt, der das Wirtschaften unterworfen ist. Für Hayek stellt der Markt mit seinem Preismechanismus dasjenige System dar, das als einziges oder zumindest kostengünstigstes den Erwerb, die Vermehrung und Umwandlung von weitverbreiteten Informationen effizient koordiniert. Es gilt zu verstehen, «daß der Markt deshalb so unerhört wichtig ist, weil er uns in die Lage versetzt, individuell verstreutes Wissen zu nutzen und vor allem all den Individuen zu sagen, wonach sie suchen müssen, um damit den größten Beitrag zum Sozialprodukt zu leisten» (Hayek 1983, 31). Die Menschen haben nach Hayeks Ansicht den Markt jedoch nicht mit der Absicht, die Bedürfnisse der Mitmenschen zu befriedigen, erfunden, sondern er ist eher als das unbeabsichtigte Resultat eigennützigen und gewinnorientierten Handelns, also als ein spontanes Ergebnis der sozialen Evolution anzusehen. Mit dem Informationsvorteil verbindet sich auch ein stärkerer Motivationsanreiz des dezentralisierten Marktes gegenüber anderen Organisationsprinzipien. Der Markt trägt die Züge eines Spiels, «das dazu dient, aus jedem Spieler den höchsten für ihn lohnenden Einsatz für den gemeinsamen Pool herauszulocken, aus dem jeder einen ungewissen Anteil gewinnen wird» (Hayek 1977, 28).

3.1 Die Bedingungen reinen marktwirtschaftlichen Handelns

Seitdem A. Smith ein «System der natürlichen Freiheit» als ordnungspolitische Alternative zu einer absolutistischen Wirtschaftsverfassung skizziert hatte, haben Generationen von Ökonomen Modelle einer reinen Marktwirtschaft entworfen und mathematisch verfeinert. Folgende Annahmen lassen sich in den meisten Marktmodellen antreffen:

1. *Rationalität*: Die Marktteilnehmer entscheiden und handeln rational. Die Voraussetzung einer rationalen Entscheidung besteht darin, daß der Entscheidungsträger sich Klarheit (a) über seine Bedürfnisse, Interessen, Absichten etc., (b) über die geeigneten Mittel (Handlungen) zur Erreichung dieser Zwecke und (c) über die Randbedingungen und Nebenfolgen seiner Handlungen verschafft. Im Unterschied zu einem verbrei-

teten Mißverständnis des wirtschaftlichen Handelns als bloßes Abwägen von Mitteln zu gegebenen Zwecken (= technische Rationalität) ist mit M. Weber zu betonen, daß der wirtschaftlich Handelnde auch «verschiedene mögliche Zwecke gegeneinander rational abwägt», sich also auch darin zweckrational verhält, daß er die «Nutzleistungen» oder Güter auf mehrere Verwendungsmöglichkeiten (= Zwecke) «in der Rangfolge der geschätzten Bedeutung dieser» verteilt (Weber 1976, 13). Ökonomisch betrachtet muß der rational Handelnde also in der Lage sein, die von ihm erstrebten Güter, Versorgungslagen, Weltzustände etc. gemäß der Dringlichkeit ihres Begehrtseins in eine Rang- oder Präferenzordnung zu bringen. Die Präferenzordnung muß den Kriterien logischer Konsistenz genügen und sich als Nutzenfunktion darstellen lassen. Eine Nutzenfunktion $U = f(x_1, x_2, \ldots x_n)$ ordnet jeder Alternative eine Zahl zu; eine Alternative x erhält eine höhere Zahl, wenn sie der Alternative y vorgezogen wird. Wenn sich durch irgendeine einschränkende Bedingung, z. B. ein begrenztes Budget, x aber nicht verwirklichen läßt, so wäre die Wahl von y die beste Lösung bzw. die Wahl, die den maximalen Nutzen erwarten läßt. «Die Wahl der jeweils bestmöglichen Alternative läuft also darauf hinaus, eine Nutzenfunktion unter gegebenen Nebenbedingungen zu maximieren» (Neumann 1984, 206): $U = f(x, y) \rightarrow \max$!

Wie ersichtlich, unterstellt die Idealität des ökonomischen Entscheidungsmodells dabei, daß sich die Präferenzen (P = Präferenzrelation; I = Indifferenzrelation) vollständig (xPy oder yPx oder xIy) und transitiv (wenn xPy und yPz, dann xPz) ordnen lassen. Die Ökonomie begreift aber nicht nur die Erstellung einer Präferenzordnung als einen Vorgang der Nutzenmaximierung, sondern sie schreibt dem Begriff der Maximierung noch die weitergehende Bedeutung zu, daß der «homo oeconomicus» stets eine größere Menge eines Gutes einer kleineren vorzieht (wenn alle anderen Güter gleichbleiben). Wie die auf die «Marginalisten» zurückgehende Theorie des «Grenznutzens» gezeigt hat, erfährt dieses Mehr-haben-Wollen nur eine vorübergehende Sättigung.[2]

2. *Vertragsfreiheit und Privateigentum:* Jedes Individuum (Haushalt, Unternehmen) kann frei entscheiden, welche Güter es produzieren und konsumieren will. Es hat freien Zugang zum Markt, d. h. zu allen Einzelmärkten, und ist unbegrenzt mobil. Es gibt also keine staatlichen Handelsschranken, keine zünftischen Berufseinschränkungen, keine sozialen, moralischen oder physischen Hindernisse der individuellen Marktentscheidungen etc. Betrug bleibt jedoch ausgeschlossen. Die

Marktteilnehmer treten nur um des eigenen Vorteils willen und vertraglich befristet in «soziale» Beziehungen zueinander. Das gegenseitige Desinteresse drückt sich in der Unabhängigkeit der individuellen Nutzenfunktionen aus. Eigennutz und Vertragsfreiheit bilden die Säulen einer marktwirtschaftlichen Tauschgemeinschaft, die einem individualistischen Menschenbild und Gesellschaftsverständnis entspricht. Für den Individualismus bleibt der gesellschaftliche Zusammenhang somit doppelt kontingent, weil einerseits Tauschbeziehungen um der Gratifikationserwägung wegen ebenso zufällig zustande kommen wie sie auch verschwinden, weil andererseits die sozialen Beziehungen zwischen vereinzelten Individuen nur als beiläufige Glieder in der Kette der Mensch-Güter-Relation auftauchen. Die Marktteilnehmer besitzen eine Anfangsausstattung an Einkommen, Gütern und Arbeitskraft bzw. ein Menschenrecht auf Eigentumserwerb. Güter und Produktionsmittel werden nur privat angeeignet und veräußert. Nur der freiwillige Tausch, nicht aber Rauben und Schenken stellen zulässige Transaktionen dar. Das Marktmodell geht jedoch weder davon aus, daß diese ursprüngliche Verteilung, mit der die Wirtschaftsakteure den Markt betreten, gleich ist noch gleich sein soll!

3. *Wettbewerb:* Die Marktteilnehmer treten bei der Verfolgung ihrer Ziele, bei der Befriedigung ihrer Bedürfnisse in Konkurrenz zueinander. Der Wettbewerb bildet das wirkungsvollste Instrument des Leistungsanreizes. Durch ihn entdecken die Marktteilnehmer erst die gegenseitigen Bedürfnisse. Erst der Wettbewerb erlaubt aufgrund des Vergleichs, die Kosten von Gütern und Dienstleistungen zu ermitteln. Vollkommen ist dieser Wettbewerb, wenn so viele Anbieter und Nachfrager auf dem Markt auftreten, daß niemand eine beherrschende Stellung einnehmen, also z. B. die Preise bestimmen kann (Preise als Datum, Abwesenheit von Monopolen). Ferner müssen die Güter unendlich teilbar (Produkthomogenität), unbegrenzt und, ohne daß die Nutzenfunktionen unbeteiligter Dritter beeinflußt werden, austauschbar sein (keine Transaktionskosten, keine Externalitäten). Die Tauschpartner sind vollständig informiert über Art und Umfang der angebotenen und nachgefragten Güter (Entscheidung unter Sicherheit) sowie deren Preise (Markttransparenz). Letztere gestalten sich aufgrund des Wettbewerbs einheitlich und flexibel (Anpassung von Angebot und Nachfrage).

4. *Gleichgewicht:* Sind die Bedingungen (1–3) erfüllt, so stellt sich ein Ausgleich von Angebot und Nachfrage ein. Da es unvernünftig wäre, bloß zu produzieren, wenn man nicht gleichzeitig beabsichtigt, das produktiv erzielte Einkommen irgendwie zu verwenden, können gesamt-

wirtschaftlich gesehen Angebot und Nachfrage nicht voneinander abweichen. Die Produktion vermehrt nicht nur das Güterangebot, sondern erzeugt auch auf dem Wege der Entlohnung die Nachfrage zum Kauf dieser Güter. Ein allgemeines Überangebot an Gütern und ein allgemeiner Mangel an Nachfrage sind unmöglich (Gesetz von J. B. Say, 1776–1832). Der seit L. Walras (1834–1910) sich verfeinernden «allgemeinen Gleichgewichtstheorie» geht es darum zu zeigen, daß es einen eindeutigen Preismechanismus gibt, der bei gegebenen Nutzenfunktionen und Anfangsausstattungen der Marktteilnehmer gleichzeitig auf allen Märkten ein Gleichgewicht erzeugt, so daß die aggregierte Überschußnachfrage/ -angebot aller Marktteilnehmer gleich Null ist.

Die *Wohlfahrtsökonomie* hat in ihrem ersten Fundamentaltheorem den folgenden Schluß gezogen: Wenn sich (α) alle Anbieter und Nachfrager (Haushalte, Firmen) in einem vollständigen Wettbewerb befinden, es (β) eine komplette Menge von Märkten gibt und (γ) vollständige Information vorliegt, dann ist ein Wettbewerbsgleichgewicht, wenn es existiert, Pareto-effizient. Pareto-effizient heißt eine Situation, in der alle Konsum- bzw. Produktionspläne realisiert sind und kein Marktteilnehmer bei einer anderen Allokation der Ressourcen bessergestellt werden könnte, ohne daß zumindest irgendein anderer schlechter gestellt würde. Die Wohlfahrtsökonomie bezieht also die Frage nach den Bedingungen der individuellen Nutzenmaximierung auf die Gesellschaft als ganzes. Ihre Frage lautet: Unter welchen Bedingungen kann die ökonomische Wohlfahrt aller Menschen maximiert werden? Das Marktmodell will beweisen, daß sich unter den genannten Bedingungen (1–4), insbesondere des vollkommenen Wettbewerbs, sowohl die vorhandenen Ressourcen maximal ausschöpfen lassen als auch die wirtschaftliche Lage der Marktteilnehmer Pareto-optimal darstellt. Beide Ergebnisse verhalten sich komplementär zueinander. Einerseits sorgt das System der Marktpreise für eine optimale Allokation der Produktions- und Konsumgüter, andererseits kann kein Haushalt oder Unternehmer durch irgendwelche Umstellung in der Produktion oder beim Konsum seine Lage verbessern, ohne damit die Lage eines anderen zu verschlechtern. «Das individuelle Interesse, sich in einer optimalen Situation zu befinden, stimmt mit den gesamtwirtschaftlichen Interessen, das Sozialprodukt angesichts gegebener Ressourcen zu maximieren, überein» (Stobbe 1983, 369). Bereits von A. Smith stammt die berühmte Formulierung, daß das eigennützige Individuum «von einer unsichtbaren Hand geleitet (wird), um einen Zweck (= das Allgemeinwohl) zu fördern, den zu erfüllen (es) in keiner Weise

beabsichtigt hat..., ja, gerade dadurch, daß (es) das eigene Interesse verfolgt, fördert (es) häufiger das der Gesellschaft nachhaltiger, als wenn (es)
wirklich beabsichtigt, es zu tun» (Smith 1978, 371).

Vorliegender Aufsatz befaßt sich vorrangig mit der Frage, welchen
Maßstäben der *Gerechtigkeit* eine freie Marktwirtschaft genügt. In welchem Verhältnis stehen effiziente und gerechte Verteilungen zueinander? Die Problematik des privaten Eigentums an den Produktionsmitteln
kann hingegen nur gestreift werden.

3.2 Die reine Marktwirtschaft als moralfreier Handlungszusammenhang

Das Modell der reinen Marktwirtschaft wird seit jeher nicht nur als ökonomisches Denkspiel, sondern auch als Ideal einer freiheitlichen und gerechten Wirtschaftsordnung aufgefaßt, für die aber der Staat die rechtlichen Rahmenbedingungen schaffen soll. Auch dienen die Prinzipien
der Marktwirtschaft der Legitimation des Kapitalismus in der geistig-
ideologischen Auseinandersetzung mit dem Sozialismus. In der gegenwärtigen Wirtschaftsphilosophie treten jedoch unterschiedliche Einstellungen zum normativen Gehalt des reinen Marktmodells auf. Der
Philosoph D. Gauthier versucht zu zeigen, daß in einem «vollkommenen
Wettbewerbsmarkt» Moralität keinen Stellenwert hat und daß dies kein
Fehler ist, sondern «die wesentliche Tugend des Marktes» ausmacht
(Gauthier 1982, 42). Moralische Gesichtspunkte können bei der Erstellung der rechtlichen Rahmenbedingungen des Marktes von Bedeutung
sein, nicht aber bei der Beurteilung des (perfekten) Marktgeschehens
selbst. Nur die Errichtung einer Marktwirtschaft kann geboten sein,
nicht aber das Eingreifen in sie (staatlicher Interventionismus). Unter
den Bedingungen einer reinen, von Externalitäten freien Marktwirtschaft erhält jeder Marktteilnehmer genau den Anteil von dem Gesamt-
ertrag der gesellschaftlichen Produktion und der marktwirtschaftlichen
Tauschakte, der dem Anteil entspricht, den er in den gemeinsamen Markt
investiert hat. Im vollkommenen Wettbewerb wird jeder nach seiner eigenen Leistung entlohnt. Gauthier nimmt für sich in Anspruch, daß er
sich nicht zu den Vertretern eines wirtschaftspolitischen «laissez faire»-
Standpunkts zählt, die das marktwirtschaftliche Gleichgewicht und Optimum auch für das moralisch Richtige halten. Vielmehr ist das «Ergebnis
des Marktes weder moralisch richtig, noch moralisch falsch» einzustu-

fen! Gauthier bestreitet weder, daß real existierende Marktwirtschaften nicht die idealen Bedingungen des reinen Marktmodells erfüllen, noch daß die Verteilung, die der Markt vornimmt, von der Anfangsausstattung der Marktteilnehmer abhängt; jedoch hält er daran fest, daß der Allokations- und Verteilungsmechanismus des idealen Marktes keine moralischen Probleme aufwirft. Wenn der Marktteilnehmer den Bedingungen des freien Tausches, der gegebenen Anfangsausstattung, der Maxime der Nutzenmaximierung und des vollständigen Wettbewerbs zugestimmt hat, dann muß er auch die Verteilung, die der Marktmechanismus vornimmt, als ein Ergebnis akzeptieren, das vernünftigerweise nicht durch moralische Forderungen korrigiert werden kann. Da durch den Marktmechanismus eine unparteiliche Verteilung gleichsam automatisch zustande kommt, ist es überflüssig, ein Eingreifen der Moral zu fordern. Gauthier gesteht ausdrücklich zu, daß die unterschiedliche Anfangsausstattung der Marktteilnehmer Gegenstand moralischer Bewertung sein kann. Sie ist natürlich für die unterschiedliche Endverteilung am Markt, für Reichtum und Armut verantwortlich.

Auch F. A. v. Hayek bestreitet, daß die reine Marktwirtschaft überhaupt Gegenstand von Gerechtigkeitsüberlegungen sein kann. Der Begriff der «sozialen Gerechtigkeit» stellt einen Widerspruch in sich dar. Hayeks provozierende Argumentation besticht zunächst durch ihre Einfachheit. Sie läßt sich in folgenden Schritten wiedergeben: (1) Nur menschliches Verhalten kann gerecht oder ungerecht genannt werden. «Regeln des gerechten Verhaltens beziehen sich auf solche Handlungen von Individuen, die sich auf andere auswirken». «Den Ausdruck ‹gerecht› auf andere Umstände anzuwenden (z. B. auf die Natur) als auf menschliche Handlungen oder Regeln, die sie leiten, ist ein Kategorienfehler» (Hayek 1981, 53, 55). (2) Der Markt ist eine «spontane Ordnung». Im Falle einer «spontanen Ordnung (ist) der resultierende Zustand nicht das beabsichtigte Ziel der individuellen Handlungen» (56). (3) Der Begriff der sozialen Gerechtigkeit darf daher «nicht auf die Ergebnisse einer Marktwirtschaft angewendet werden: Es kann keine austeilende Gerechtigkeit geben, wo niemand etwas austeilt» (Hayek 1977, 24).

Ähnlich wie bei D. Gauthier taucht das Problem der Gerechtigkeit bei Hayek bei der Betrachtung der Rahmenbedingungen der Marktwirtschaft auf. Er hebt die Vorzüge der Marktwirtschaft gegenüber einer Planwirtschaft hervor, insbesondere weil die Marktwirtschaft den größten *Wohlstand* für alle erzeugt. Entscheidend aber ist, daß sich die Wohlstandssteigerung nicht mit «Rücksicht auf Bedürfnisse und Verdienst», sondern mit Blick auf den Mechanismus der Preise einstellt. «Wenn wir daher jene Regel der Entlohnung (= Preismechanismus) als gerecht ansehen, die so stark wie möglich zur Erhöhung der Chancen irgendeines aufs Geratewohl herausgegriffenen Mitglieds der Gemeinschaft beiträgt, so sollten wir die Entlohnung, die durch den freien Markt zustande kommt, als gerecht ansehen» (Hayek 1977, 31, 32). Hayek geht also einen Schritt weiter als Gauthier, indem er die ungleichen Startbedingungen und großen Einkommensunterschiede der Marktteilnehmer rechtfertigt: «Wir hätten nicht so viel zu verteilen, wenn jenes Einkommen des einzelnen (= des Reichen) nicht als gerecht erachtet würde, in dessen Erwartung er dazu gereizt wurde, den größten Beitrag zum Pool zu leisten» (34).

3.3 Der Streit um die sittliche Bewertung der Marktwirtschaft

Soll man sich mit Gauthiers und Hayeks Ansicht zufriedengeben, daß der Allokations- und Verteilungsmechanismus eines Marktes, der vollständig transparent und frei von Externalitäten ist, keiner normativ motivierten Korrekturen bedarf? Dürfen erst die Abweichungen vom reinen Marktmodell, wie sie im verzerrten Wettbewerb, in den negativen Externalitäten etc. meist in der Wirklichkeit vorliegen, moralische Vorbehalte hervorrufen? Der ethisch sensible Leser wird erkennen, daß auch die «vollständige Konkurrenz» und eine durch diesen Mechanismus hervorgebrachte Güterverteilung einen wirtschaftlichen Handlungszusammenhang ergeben, der sich durchaus in Bezug zu einem Menschenbild und damit zu einem moralischen Standpunkt bringen läßt. Das moralische Pro und Contra der Marktwirtschaft drängt sich aber unübersehbar dann auf, wenn die Ökonomie die Wirtschaftspolitik berät. Zwar soll diese Beratung wissenschaftlich sein, d. h. nach dem vorherrschenden, an den Naturwissenschaften orientierten Wissenschaftsverständnis von Werturteilen frei sein; doch ein Blick auf die Geschichte der Rechtfertigungsversuche der Marktwirtschaft zeigt, daß sich Argumente für die Effizienz und Prosperität einer marktwirtschaftlichen Ordnung stets mit Annahmen über die Zwecke der menschlichen Existenz und Vergesellschaftung, mit Vorstellungen von Freiheit, Gerechtigkeit, Wohlergehen etc. vermischen und ohne letztere auch gar nicht verstanden werden können.

Wirtschaftsethische Positionen, die eine möglichst reine, d. h. von moralischer, religiöser und politischer Bevormundung freigesetzte Marktwirtschaft zu rechtfertigen versuchen, verweisen auf die «günstigen Nebenwirkungen» des freien Wirtschaftens, auf das friedliche Zusammenleben und die kulturelle Entfaltung der Menschen. Der Ökonom und Historiker A. O. Hirschman hat die ethisch-soziologischen Konzepte der «zivilisierenden Wirkung» der kapitalistischen Wirtschaftsform, wie sie von J. Locke (1623–1704) bis F. A. v. Hayek immer wieder variiert wurden, ideengeschichtlich untersucht. Die Forderung nach der Entmoralisierung des Wirtschaftens stützt sich auf die Überzeugung, daß weder die moralisch-rechtliche Repression noch die Überredung durch Argumente, sondern allein die Freisetzung und Förderung von für die Gesellschaft nützlichen Leidenschaften den Effekt haben, die destruktiven Leidenschaften des Menschen einzudämmen und auszubalancieren. Die Habsucht ist eine solche vergleichsweise harmlose Leidenschaft, die sich erst in einer kapitalistischen Wirtschaftsordnung ausleben kann.

Den gegenteiligen Standpunkt zu der Auffassung, daß die freie Marktwirtschaft einen zivilisatorischen Segen für die Menschheit darstellt, nennt Hirschman die «Selbstzerstörungsthese». Der Kapitalismus enthält Elemente, die langfristig seine eigene Zerstörung hervorrufen werden bzw. bereits hervorgerufen haben. Der Begriff der Selbstzerstörung besitzt eine ökonomische wie eine moralische Komponente. *Ökonomisch* ist die These etwa von K. Marx gemeint, wenn er von der Widersprüchlichkeit der kapitalistischen Produktionsweise spricht, in der die Kapitalanhäufung zum Selbstzweck wird (MEW 25, 260). Diese Widersprüchlichkeit äußert sich in den immer wiederkehrenden Reproduktionsstörungen des Kapitals und zeigt, daß der Kapitalismus keine zeitlos gültige und optimale Produktionsweise ist. In vorliegendem Zusammenhang kann es dahingestellt bleiben, ob Marx' Kapitalismusanalyse zutrifft oder nicht. Wichtig ist vielmehr die Tatsache, daß Marx' Kritik am Kapitalismus nicht nur in dieser wirtschaftswissenschaftlichen Weise verfährt, sondern auch einen *moralischen* Standpunkt einnimmt. Der «Widerspruch», in den die kapitalistische Produktionsweise gerät, ist der, der zwischen der Idee der Freiheit des Menschen und ihrer Verwirklichung unter den kapitalistischen Produktionsverhältnissen herrscht. Die Menschenrechte der Freiheit und Gleichheit werden angesichts der «falschen Ungleichheit des Besitzstandes» ausgehöhlt, und ein immer größer werdender Teil der Menschen wird gezwungen, seine Arbeitskraft zu menschenunwürdigen Bedingungen zu verkaufen. Traditionalisten und Romantiker wiederum haben im 18. und 19. Jahrhundert den schrankenlosen Individualismus und Liberalismus dafür verantwortlich gemacht, daß der «Moloch Markt» (K. Polanyi) alle sozialen und religiös-sittlichen Bande zwischen den Menschen zerreißt (vgl. Grampp 1973 und Coreth 1987). Der Kapitalismus höhlt damit jene moralischen Werte aus, mittels deren auch er nur überleben könnte.

Die «Selbstzerstörungsthese» wurde aber nach A. O. Hirschman umgekehrt auch so verstanden, daß der Kapitalismus deswegen eine krisenhafte Wirtschaftsform geblieben ist, weil seine «Durchsetzung zu bruchstückhaft, zu zaghaft und halbherzig erfolgt sei und wesentliche Bestandteile der früheren gesellschaftlichen Ordnung unberührt gelassen habe» (211). Wegen dieser «feudalen Reste, Fesseln» blieb die kapitalistische Revolution unvollendet. «Alles hätte sich wunderbar entwikkelt, so impliziert die These von den feudalen Fesseln, wenn die freie Entfaltung von Handel, Markt und Kapitalismus nicht durch vorkapitalistische Institutionen und Haltungen behindert worden wäre» (212).

4 Marktversagen in wirtschaftsethischer Perspektive

Ergäbe sich unter den genannten Bedingungen einer reinen Marktwirtschaft, daß bei Erreichung eines Gleichgewichts von Angebot und Nachfrage und einer Pareto-effizienten Zuweisung von Ressourcen der gesellschaftlich erwirtschaftete Reichtum sehr ungleich verteilt wäre, so läge nach dem Verständnis der reinen Theorie noch kein Marktversagen vor. Denn für die ungleiche Verteilung des Marktergebnisses ist nicht der Marktmechanismus, sondern die ungleiche Erstausstattung der Marktteilnehmer verantwortlich, und die gehört zu den vorgegebenen Randbedingungen des Marktmodells. Ein wirtschaftlicher Zustand muß daher auch dann als Pareto-optimal und ökonomisch effizient bezeichnet werden, wenn einige wenige Individuen im größten Luxus leben, während die meisten anderen Mitmenschen am Verhungern sind; denn durch eine Umverteilung würde ja die Verbesserung der Lage der Armen zu einer Verschlechterung der Lage der Reichen führen. Auch käme es überhaupt so lange nicht zu einer Umverteilung der gesellschaftlichen Güter, wie sich ein Reicher noch verbessern, d. h. seinen Grenznutzen erhöhen könnte. Es sind also in einer Marktwirtschaft genauso viele Pareto-optimale Zustände denkbar, wie es zuvor verschiedene (ungleiche) Anfangsausstattungen gibt. Das theoretische Verbot, den Begriff des Marktversagens auf die Diskrepanz zwischen Pareto-optimalen und ausgewogenen Einkommensunterschieden anzuwenden, ist jedoch weder ökonomisch noch ethisch sinnvoll. Denn es gehen von unterschiedlichen Einkommensverteilungen auch unterschiedliche Leistungsanreize aus, und, wie P. Ulrich einleuchtend hervorhebt, es muß, «bevor knappe Ressourcen effizient eingesetzt werden können, immer schon die gesellschaftliche Präferenzordnung der partiell konfligierenden Bedürfnisse und Wertansprüche rational geklärt sein» (Ulrich 1988, 19).

Ein Marktversagen diagnostiziert die Markttheorie erst dann, wenn das reine marktwirtschaftliche Handeln behindert wird, also z. B. der Wettbewerb nicht vollkommen oder die Preisinformation unvollständig sind. Allerdings findet man über das Phänomen des Marktversagens von der Ökonomie zur ethischen Dimension des Wirtschaftens und der Wirtschaftsordnung. Die Fälle für ein Versagen des Marktes lassen sich nach Stiglitz (1989) in folgender Weise klassifizieren. (1) Auf dem Markt besteht kein vollkommener Wettbewerb. Es bilden sich Monopole. Firmen treffen Preisabsprachen oder sind in der Lage, durch Beschränkung ihres Produktangebots die Verbraucherpreise zu erhöhen. (2) Obwohl sich die Wirtschaftssubjekte im Wettbewerb befinden, stellt sich keine Pareto-effiziente Ressourcen-Allokation ein, weil Märkte fehlen, z. B. für Risikoabsicherung. Auch unvollständige Informationen über Preise und Waren verhindern ein Pareto-optimales Gleichgewicht. (3) J. M. Keynes lieferte das theoretische Instrumentarium, um zu verstehen, wie (exemplarisch im Falle der Weltwirtschaftskrise) eine Marktwirtschaft sich zwar im Gleichgewicht von effizienter Nachfrage und Angebot befinden kann, gleichwohl aber hohe Arbeitslosigkeit, also ein Unterbeschäftigungsgleichgewicht herrscht. (4) Externalitäten können für ineffiziente Marktergebnisse verantwortlich sein. Externe Effekte treten in einer von einem Preissystem gesteuerten Marktwirtschaft auf, wenn die einzelwirtschaftlichen (privaten) von den gesamtwirtschaftlichen (öffentlichen) Nutzen und Kosten abweichen. Prominentes Beispiel eines negativen Effektes auf Dritte ist die Umweltverschmutzung, deren Kosten nicht über ein Preissystem ins Kalkül des Verursachers eingehen. (5) Es gibt eine Nachfrage nach öffentlichen Gütern, die kein privater Anbieter auf dem Markt angemessen befrieden kann wie im Falle nationaler Verteidigung. (6) R. Musgrave (1959) nennt noch «meritorische Bedürfnisse» (merit wants), die der Staat unabhängig von einer marktmäßigen Nachfrage im Gemeinschaftsinteresse für gut hält und den einzelnen (u. a. steuerlich) dazu zwingt, diese zu haben und zu befriedigen, z. B.

Schul-, Renten-, Krankenversicherungspflicht. (7) Von einem Versagen des Marktes zu sprechen, wenn die Einkommens- und Güterverteilung des Marktes mit moralischen und gesellschaftlichen Gleichheitsvorstellungen konfligiert, wenn also eine effiziente und gerechte Verteilung auseinanderfallen, sprengt zwar die Terminologie des reinen Marktmodells; jedoch wird sich die Markttheorie nicht der Einsicht verschließen dürfen, daß sich (z. B. mit Blick auf Investitions- oder Leistungsanreize) die Frage der Effizienz (des Ressourceneinsatzes) nicht von derjenigen ihrer Verteilung strikt trennen läßt.

4.1 Der Ruf nach dem Staat

Das Versagen des Marktes, einen Pareto-effizienten Gleichgewichtszustand und eine breitgestreute Einkommensverteilung zu erreichen, gibt Anlaß, nach der Hand des Staates zu rufen. Diesen Fehler des Marktes führen die Betroffenen letztlich auf das eigeninteressierte und profitmaximierende Verhalten von privaten Unternehmen zurück, aus dem scheinbar keine öffentlichen Vorteile erwachsen können. Komplementär dazu verhält sich die Vorstellung, daß der Staat, weil der Markt bei den Versorgungs- und Verteilungsaufgaben versagt, darin erfolgreicher verfährt. Doch ist dieser Schluß nicht zwingend.

Nach R. Musgrave übernimmt der Staat heute in dreifacher Weise eine wirtschaftliche Rolle, indem er (a) die Wirtschaft stabilisiert (z. B. Sicherung von Vollbeschäftigung), (b) öffentlich (Polizei) oder privat (Eisenbahn) zu konsumierende Güter zuteilt und (c) Einkommen umverteilt (Steuern, Subventionen). Der Staat beeinflußt die Produktion und Konsumtion von Gütern mittels rechtlicher Rahmenbedingungen, mittels Steuern und Subventionen, abgesehen davon, daß er selber als Unternehmer (Staatsbetriebe) auftritt. Während die moderne Wohlfahrtsökonomie empfiehlt, daß der Staat zur Behebung des Marktversagens sich darauf konzentrieren soll, die Bedingungen für einen vollkommenen Wettbewerb wiederherzustellen, vertrauen planwirtschaftliche Rezepte nicht den Selbstheilungskräften des Marktes. Eine rein marktwirtschaftliche und effiziente Lösung beispielsweise der Luftverschmutzung würde wahrscheinlich daran scheitern, daß diejenigen, die die Umweltschädigung beseitigt haben wollen, sich nicht in ausreichender Zahl dazu bereitfinden (Trittbrettfahrer-Phänomen) werden, die Verursacher der Luftverschmutzung (z. B. die Industrie) dafür zu entschädigen, daß sie teure Reinigungsanlagen bauen. Der Staat hingegen kann die Produzenten durch Gesetze zu einer umweltfreundlichen Produktion zwingen.

Die Anhänger der Ausweitung der ökonomischen Staatstätigkeit scheinen jedoch die Möglichkeit der Informationsgewinnung (außerhalb des Preissystems) und der direkten Kontrolle zu überschätzen. Wenn sich obendrein die staatlichen Planer als unfähig erweisen, sind die volkswirtschaftlichen Schäden erheblich größer als in einer dezentralen Marktwirtschaft, in der das Risiko von Managementfehlern diversifiziert ist. Gleichwohl erhebt sich die Frage, welche ökonomischen Aufgaben am besten vom Staat erfüllt werden können. Um beurteilen zu können, ob und wie der Staat in der Lage ist, das Versagen eines unvollkommenen Marktes in der effizienten Befriedigung der materiellen und sozialen Bedürfnisse zu beheben, ist es zunächst erforderlich, diejenigen Eigenschaften hervorzuheben, durch die sich der Staat als Wirtschaftsorganisator von anderen am Markt operierenden Vereinigungen unterscheidet. J. Stiglitz hebt besonders hervor, daß der Staat auf universaler Mitgliedschaft beruht und daß er auf seine Mitglieder einen Zwang ausüben kann, wie ihn keine andere Vereinigung kennt. Die wirtschaftsethisch wichtigste Frage lautet daher: Bei welchen wirtschaftlichen Problemen erweist sich die universale Zwangsgewalt des Staates als Vorteil, bei welchen als Nachteil?

Wegen der Reichweite staatlichen Handelns in wirtschaftlichen Angelegenheiten wiegen einige Handikaps besonders schwer. Da der Staat seine Einnahmen durch erzwungene Steuern erhält, erwächst ihm dadurch eine besondere *Treuefunktion*, die ihn weitaus mehr in seinem wirtschaftlichen Handeln beschränkt, als dies bei einer Aktiengesellschaft der Fall wäre. So vermag der Staat seinen Beamten nicht Gehälter in der Höhe zu zahlen, die die besten Fachleute in seine Dienste lockt. Die fehlende Gewinnbeteiligung von Staatsmanagern und die lebenslange Garantie sozialer Sicherheit spornt die Staatsdiener nicht unbedingt zu Höchstleistungen an. Bei der Lösung seiner wirtschaftspolitischen Aufgaben mangelt es dem Staat also an einer anreizenden und effektiven Einstellungs- und Beschäftigungsstrategie.

Die treuhänderischen Beschränkungen wirken sich auch auf die Ausgabenpolitik des Staates aus. *Gerechtigkeit* scheint hier das entscheidende Kriterium zu sein. Soll der Staat aber seine ungleichen Bürger stets gleich behandeln? Einer populären Überzeugung entspricht es wenigstens, daß es beispielsweise gerecht ist, alle Arten von Einkünften gleich zu besteuern und etwa nicht Zinseinkünfte (Kapitalertragssteuer) von einer Abgabe zu befreien. Doch würde das nicht bedeuten, den sparsamen und damit wertschaffenden Bürger zu bestrafen und das Wirtschaftsleben zu lähmen? Der Staat als Wirtschaftsorganisator kann von den gleichen Mängeln betroffen werden wie der unvollkommene Markt. Unvollständige Informationen, mangelnde Leistungsanreize, fehlender Wettbewerb etc. können beide Systeme betreffen. Besonders im Bereich staatlicher Monopole (Post, Eisenbahn, Sozialversicherung, Gesundheitswesen etc.) erweist sich das staatliche Wirtschaften aufgrund fehlenden Wettbewerbs als sehr ineffizient. Diese Mängel verschärfen sich aber unter der Bedingung der staatlichen Zwangsmöglichkeit und der hohen Transaktionskosten, die demokratische Entscheidungsmechanismen (Wahlen, Regierungswechsel, Koalitionsvereinbarungen etc.) einer Veränderung der Wirtschaftspolitik unter Umständen auferlegen.

Eine Hauptschwierigkeit staatlicher Wirtschaftspolitik liegt im Umverteilungsproblem. Welchen Bevölkerungsgruppen kommen die steuerlichen und subsidiären Maßnahmen des Staates zugute, welche haben die Opfer zu bringen? Die Fälle, in denen der Staat unwissentlich oder absichtlich Ressourcen ineffizient und ungewollt zuteilt, Besitzansprüche, Pfründe und Privilegien von einflußreichen Interessengruppen sanktioniert und ausbaut, sind zahlreich. Hinzu kommt, daß potentiell alle staatlichen Maßnahmen entweder durch direkte (Steuern) oder indirekte (regional unterschiedliche Verteilung öffentlicher Güter; Subvention der Landwirtschaft) einen Umverteilungseffekt haben, der allerdings kaum genau abzuschätzen ist.

4.2 Soziale Rechte und öffentliche Güter

Während ursprünglich mit der Forderung der Menschenrechte die Macht des Staates auf die Garantie der inneren Sicherheit, der individuellen Freiheit und des privaten Eigentumserwerbs beschränkt werden sollte, weiteten sich im Zusammenhang mit der Freisetzung des wirtschaftlichen Lebens und der frühkapitalistischen Verelendung der Arbeiter die liberalen Schutz- und Abwehrrechte zu *sozialen Menschenrechten* aus. Schon in den französischen Verfassungsentwürfen von 1789 und 1791 findet sich die Formulierung: «Der Staat schuldet jedem Menschen Mittel für seine Subsistenz, sei es durch Eigentum, durch Arbeit oder durch Hilfe von seinesgleichen» (zit. nach Baruzzi 1990, 57). Besteht nach neuzeitlich-bürgerlichem Verständnis das Ziel des Menschen im Besitz und in der Vermehrung von Freiheit und Eigentum – «Menschenrecht ist Besitzrecht» –, so liegt das einzige Mittel, um zu Eigentum zu gelangen, in der *Arbeit* (Baruzzi 1990, 71). Auch Geld vermehrt sich nur, indem es «arbeitet». Um dem grundlegenden Menschenrecht auf Subsistenz zu genügen, muß der Staat also das Freiheitsrecht zur Arbeit gewähren. Die angeführten Verfassungsartikel überführen erstmals dieses liberale Menschenrecht, durch Arbeit Eigentum zu erwerben, in ein soziales Menschenrecht des Anspruchs auf Eigentum und Arbeit, jedenfalls für diejenigen Bürger, die arm, krank oder arbeitslos sind. Sie berufen sich dabei auf die «Hilfe von seinesgleichen», also auf die Solidarität der Menschen. Auch die deutsche Verfassung enthält eine Reihe von Sozialstaatsklauseln (GG 14 Abs. 2; 15; 20 Abs. 1, 28 Abs. 1; 74 Nr. 6, 7, 9, 12, 13, 16; 79; 119; 120; 120a), die den Staat zu Eingriffen in die Wirtschaftsordnung (Mietrecht, Agrar-, Kreditpolitik etc.) ermächtigt. Ein verfassungsrechtlich gesichertes privates Recht auf Arbeit kennt das Grundgesetz bislang nicht.

Die Forderung nach staatlich garantierten sozialen Menschenrechten findet aber philosophisch eine Unterstützung in der Idee der positiven Freiheit. So greift der Wirtschaftsethiker A. Sen (1990) die bekannte Unterscheidung von negativer Freiheit, die einfach die Abwesenheit von (politischem) Zwang meint, und positiver Freiheit auf, die die faktische Möglichkeit bezeichnet, etwas Bestimmtes tun oder sein zu können. Anders als der Wirtschaftsliberalismus hält A. Sen beide Arten der Freiheit für gesellschaftlich unverzichtbar. Armut muß nicht immer eine Verletzung der negativen Freiheit bedeuten, es sei denn, daß sie durch einen Ausbeuter schuldhaft hervorgerufen wurde. Die wissenschaftliche Untersuchung von Hungersnöten hat aber gezeigt, daß die verfassungsrechtlich garantierten Eigentumsrechte (= negative Freiheit) so lange fiktive Ansprüche bleiben, solange nicht eine staatliche Sozialpolitik Arbeitsbeschaffungsmaßnahmen, Nahrungsmittelsubvention, Gesundheitsvorsorge (= positive Freiheit) etc. durchführt. Die Marktwirtschaft allein scheint kein Bewußtsein für eine staatliche Armenunterstützung zu erzeugen; erst demokratische Regierungsformen und eine kritische Öffentlichkeit bringen dies nach A. Sen zustande.[3]

5 Ein anwendungsorientierter Vergleich konkurrierender Gerechtigkeitsprinzipien

Wenn in wirtschaftlichen Angelegenheiten eine moralische Forderung erhoben wird, so ist es meist die der Gerechtigkeit. Die Gerechtigkeitsproblematik nimmt in der Wirtschaftsethik einen so großen Raum ein, daß man dadurch zu der Annahme verleitet wird, moralisches Handeln erschöpfe sich überhaupt in gerechtem Tun. Während den Tugenden der Solidarität, des Mitgefühls, der Hilfsbereitschaft in kleineren Gemeinschaften, ja der Nächstenliebe in der christlichen Ethik ein herausragender Stellenwert zukommt, scheint in einer auf wirtschaftliche Beziehungen reduzierten Weltgesellschaft nur noch die abstrakte Tugend der Gerechtigkeit eine globale Minimalmoral stiften zu können.

Aber nicht nur deswegen sollen im folgenden ausschließlich die Prinzipien der ökonomischen Gerechtigkeit und nicht moralische Prinzipien überhaupt behandelt werden, auch nicht, weil ein solches Vorgehen den wirtschaftsethischen Diskussionsstand getreu wiedergibt, sondern weil Gerechtigkeitskriterien den unerläßlichen und zugleich einfachsten Test auf die Frage nach der Vereinbarkeit von wirtschaftlichem und moralischem Handeln abgeben.

Der wirtschaftsethische Begriff der Gerechtigkeit erstreckt sich nicht nur auf Tauschhandlungen. Er überschneidet sich weitläufig mit dem der sozialen Gerechtigkeit. Zum einen können Gesinnungen, Handlungen, Handlungsfolgen, Institutionen, Gesetze, Schicksale Gegenstand von Gerechtigkeitsüberlegungen werden, zum anderen so verschiedene Phänomene wie die Frage humaner Arbeitsbedingungen, der gerechten Einkommensverteilung und der ökologischen Verantwortung.

5.1 Formen und Kriterien ökonomischer Gerechtigkeit

Die Bedeutung des Gerechtigkeitsbegriffs ergibt sich aus den Eigenschaften, die er seinen Gegenständen zuspricht bzw. vorschreibt. Allgemein kann man Gerechtigkeit als eine Anweisung auffassen, die einem Kriterium genügt. Die abstrakteste Formulierung dieses Kriteriums der Gerechtigkeit findet man in der Aufforderung «jedem das Seine». Die Gerechtigkeit teilt jedem Menschen etwas zu, das sein Recht genannt wird und das sich die Menschen gegenseitig schulden bzw. zu dessen Zuerkennung sie sich verpflichtet fühlen. Zahlreich sind die moral- und rechtsphilosophischen Deutungen, durch die der Ausdruck «das Seine» in der Grundformel näher charakterisiert werden soll: «Jedem das Gleiche», «jedem gemäß seinen Bedürfnissen», «jedem gemäß seiner Leistung», «jedem gemäß seinem Rang» etc. Um die ethischen und ökonomischen Auswirkungen dieser konkurrierenden Gerechtigkeitskriterien zu analysieren, ist es zunächst erforderlich, eine der ältesten Einteilungen des Gerechtigkeitsbegriffs, den Unterschied zwischen der Tauschgerechtigkeit (kommutative Gerechtigkeit) und der Verteilungsgerechtigkeit (distributive Gerechtigkeit) aufzugreifen.

Im Unterschied zu denjenigen Situationen, in denen es gilt, ein gemeinsames Gut zwischen Individuen oder Gruppen aufzuteilen, werden Fragen der *Tauschgerechtigkeit* traditionellerweise an solche zwischenmenschliche Beziehungen gerichtet, bei denen es darum geht, die gegenseitigen Interessen auszugleichen. Anders als bei der distributiven Gerechtigkeit wird übereinstimmend für den gerechten Tausch nur ein einziges Prinzip in Anspruch genommen: das Prinzip der Gleichwertigkeit im Nehmen und Geben. Das eigentliche Problem der Tauschgerechtigkeit besteht dann freilich darin, den Wert unterschiedlicher Güter, die getauscht werden sollen, zu bestimmen, um sie überhaupt vergleichbar zu machen. Mit der grundsätzlichen Frage, was den Wert eines Gutes ausmacht – das Material (Rohstoffe), die Herstellungskosten, der Marktpreis, der Gebrauchswert, die Seltenheit, die Position der Tauschpartner etc. –, beschäftigt sich seit alters die *Werttheorie*. Ist es gelungen, die Wertfrage zu klären, dann geht es der Tauschgerechtigkeit als nächstes darum, daß die unterschiedlichen Güter im gleichen Verhältnis getauscht werden: Ein Mehrfaches des Gutes c entspricht dem gegebenen Gut d, $x \cdot c = d$. Die Tauschgerechtigkeit besitzt eine korrektive Kraft, die bereits scholastische Philosophen dazu veranlaßt hat, von einer Wiedervergeltung (restitutio) von Leistung und Gegenleistung, z. B. bei der Zurückzahlung eines Darlehens oder bei der Verhängung eines angemessenen Strafmaßes, zu sprechen. O. Höffe verfolgt den interessanten Versuch, den gerechten Tausch zum Prototyp der Gerechtigkeit, insbesondere der politischen Gerechtigkeit zu machen. Das «rechts- und staatsförmige Zusammenleben» deutet Höffe als einen «negativen Tausch», nämlich als einen wechselseitigen Verzicht auf Freiheitsberaubung, Raub und Mord. Die «positive Leistung» liegt folglich im «Schutz von Leib und Leben, des Eigentums» usw., die sich die Bürger gegenseitig garantieren. Der Tausch ist «die zureichende Bedingung der Freiheitsrechte» (Höffe 1988, 71).

Zur Bestimmung der zweiten Art der Gerechtigkeit, der *distributiven* Gerechtigkeit, ist es hilfreich, sich drei Fragen zu stellen: (1) Was wird verteilt? (2) Wie wird verteilt? (3) An wen wird verteilt? Die distributive Gerechtigkeit hat es mit der Verteilung öffentlicher Güter bzw. Lasten zu tun. Solche sind z. B. Sicherheit (Verteidigung, Polizei, Arbeitslosen- und Rentenversicherung), Rechtsprechung (Gerichte), Infrastruktur (Verkehrsnetz), gesellschaftlich-politische Positionen (Machtverteilung), saubere Luft und Gewässer, Steuern etc. Nach einer Definition von P. Samuelson ist ein Gut dann ein reines öffentliches Gut, wenn «in dessen Genuß alle Menschen (eines Landes etc.) kommen, und zwar zu Kosten, die auch bei der Bereitstellung dieses Gutes für nur eine einzige Person anfallen würden» (Samuelson 1987, 692). Während der Konsum eines privaten Gutes durch ein Individuum ein anderes Individuum vom Verbrauch dieses Gutes ausschließt und die Gesamtmenge aller Konsumtionen der Summe aller individuellen Konsumtionen entspricht, sind die mit einem öffentlichen Gut verknüpften Vorteile unteilbar und können einzelnen nicht vorenthalten werden. Das Problem der distributiven Gerechtigkeit besteht als zweites darin, Regeln zu finden, die es erlauben, die gesellschaftlich erzeugten Güter (Lasten) zur Zufriedenheit aller Betroffenen zu verteilen. Damit hängt die weitere Frage nach einem effizienten und gerechten Steuersystem zusammen, wodurch die öffentlichen Ausgaben finanziert werden können. Eine Möglichkeit wäre, die öffentlichen Güter nach dem Prinzip der «arithmetischen» oder *symmetrischen* Gleichheit zu verteilen (z. B. Kindergeld).

Bereits Aristoteles spricht in seiner Analyse der Gerechtigkeit (Nic. Eth. V 6) aber auch von der Gleichheit im Sinne der Proportionalität: «Proportionalität ist Gleichheit der Verhältnisse und verlangt mindestens eine Vierheit, worin sie sich finde» (1131a 33). Bei der «geometrischen» oder *proportionalen* Gleichheit werden zwei Güter v,w zwischen zwei Individuen I_1, I_2 in der Weise ausgetauscht, daß die im Besitz von I_1 zweifach befindliche Menge von v der im Besitz von I_2 vierfach befindlichen Menge von w entspricht: $2 \cdot v = 4 \cdot w$. Würde v,w für gleich wertvoll erachtet werden, so müßte sie, um der Idee der Gleichheit zu genügen, im Sinne der arithmetischen Gleichheit im Verhältnis $2 \cdot v = 2 \cdot w$ ausgetauscht werden. Wie das Konzept der Steuerprogression zeigt, findet der Proportionalitätsgedanke natürlich auch auf Verteilungsvorgänge Anwendung. Aus dem Gedanken der Gleichheit leitet sich der bekannte Grundsatz ab, daß gleiche Fälle gleich, ungleiche Fälle aber ungleich behandelt werden müssen. Doch macht dieses Prinzip nur eine sehr elementare Bedeutung der Idee der Gerechtigkeit aus, das nur die Unparteilichkeit in der Zuteilung von Wohltaten und Lasten, der Anwendung vorgegebener Normen etc. meint, also Willkür und Korruption ausschließen will. Auch die «goldene Regel»: «Was du nicht willst, das man dir tu, das füg auch keinem andern zu», verlangt nur, daß man sich an diejenige Regel zu halten hat, die man auch anderen zumutet.

Die genannten konkurrierenden Gerechtigkeitskriterien wollen darüber hinaus eine Antwort geben auf die Frage, «welche Standards der Gleichbehandlung gleicher Fälle die richtigen sind» (Wellmer 1986, 16). Allen Menschen ungeachtet ihrer Rasse, ihres Geschlechts, ihrer Religion, ihres Standes etc. ein gleiches Recht auf Leben, Eigentum, freie Berufswahl, politische Mitwirkung etc. zuzugestehen, stellt die Leistung eines *universalen* Gerechtigkeitsverständnisses dar, das sich nicht aus dem formalen Prinzip der Unparteilichkeit gewinnen läßt. Sklaven können durchaus gleich, aber eben schlecht behandelt werden. Ist es aber gerecht, Menschen als Sklaven zu behandeln? Auch der Basissatz des klassischen Utilitarismus, auf den noch einzugehen sein wird – «jede Person zählt nur als eine Stimme» –, versteht sich als eine Universalisierung zweiten Grades.

Die Ansicht, daß das Prinzip der symmetrischen Gleichheit in allen Fragen der gerechten Verteilung öffentlicher Güter/Lasten der einzige Maßstab zu sein hat, wäre wohl eine extrem egalitäre Position. Im Hinblick auf die Würde des Menschen halten es zivilisierte Gesellschaften zwar heute für gerecht, wenn der Staat allen seinen Bürgern die gleichen Grundrechte wie die Unverletzlichkeit der Person, die freie Entfaltung der Persönlichkeit, die Gleichheit vor dem Gesetz etc. garantiert. Mit Bezug auf die von der Gemeinschaft bereitgestellten sozialen Positionen und wirtschaftlichen Güter scheinen aber im Namen der austeilenden Gerechtigkeit Kriterien der Bedürftigkeit, der Leistung, des Verdienstes etc. die Stelle des Gleichheitsgrundsatzes einzunehmen. Aber auch hier gibt es nicht eine festgelegte Rangordnung der genannten Kriterien, so daß z. B. Ansprüche auf Befriedigung von (Grund-)Bedürfnissen relativiert werden können mit dem Blick auf den Grad der Verantwortung, die Bedeutung der Funktion, die bestimmte Individuen in der Gesellschaft tragen. Staatliche Subventionen (z. B. in der Landwirtschaft, im sozialen Wohnungsbau) wollen gerecht, aber nicht gleich verteilt sein. Schon Aristoteles hält fest, daß «die das Gemeinsame austeilende Gerechtigkeit immer nach der ... Proportionalität verfährt» (Nic. Eth. V 7, 1131b 28).

5.2 Prinzipien der Verteilungsgerechtigkeit und ihre praktischen Folgen

An Verteilungsproblemen lassen sich zwei Aspekte unterscheiden. Die schon genannten Kriterien der Gerechtigkeit wie Bedürftigkeit, Leistung, Würde etc. legen fest, auf welche Eigenschaften der betroffenen Menschen es bei der Verteilung ankommen soll. Die unterschiedlichen Verteilungsregeln bestimmen hingegen, wie die Vor- und Nachteile den verschiedenen Individuen oder Gruppen zugeteilt werden. Die wichtigsten dieser Verteilungsmechanismen werden im folgenden vorgestellt und analysiert. Erst aus der Kombination beider Strukturaspekte der Verteilungsgerechtigkeit ergeben sich typische Verteilungszustände, die sowohl der Analyse realer wirtschaftlicher Verhältnisse dienen als auch einer moralischen Bewertung zugänglich gemacht werden können.

Varianten des utilitaristischen Prinzips der sozialen Nutzenmaximierung

Das Gerechtigkeitsprinzip des klassischen Utilitarismus findet seinen populären Ausdruck in der Parole J. Benthams (1748–1832) «das größte Glück der größten Zahl». Das utilitaristische Moralprinzip zeichnet nur diejenigen Handlungen bzw. Handlungsweisen als moralisch richtig aus, die aufgrund ihrer Folgen nützlich für das größtmögliche Wohlergehen aller von den Handlungen betroffenen Personen sind. Um den Standpunkt der Gerechtigkeit im Utilitarismus genauer auszumachen, ist es hilfreich, sich eines Strukturierungsvorschlags von A. Sen zu bedienen. Nach Sen (1987, 39) enthält der utilitaristische Grundsatz der Moral drei Teilprinzipien, wobei P3 die eigentliche Verteilungsregel enthält.

(P1)   *Das Wohlfahrtsprinzip:* Der oberste Gesichtspunkt der moralischen Beurteilung aller persönlichen und institutionellen Handlungen, Handlungsbedingungen, -regeln und -folgen besteht darin, diese nach ihrem gesellschaftlichen Nutzen, nach ihrem Beitrag zum sozialen Wohl zu bewerten. Alle anderen Werte haben sich diesem Gesichtspunkt unterzuordnen, so auch der Gedanke der sozialen Gerechtigkeit. Das soziale Wohl besteht in der Aggregation der Einzelnutzen der Individuen. Bei der Ermittlung des sozialen Wohls zählt daher jedes Individuum in gleicher Weise.

(P2)   *Das Folgenprinzip:* Alle Entscheidungsvariablen wie Handlungen, Normen, Institutionen etc. müssen nicht an sich selbst, sondern im Hinblick auf ihre Folgen beurteilt werden. Die Folgen wiederum bemessen sich nach ihrer Nützlichkeit für das soziale Wohl. Das Folgenprinzip zeichnet den Utilitarismus als teleologische Ethik aus.

(P3)   *Das Aggregationsprinzip:* Das soziale Wohl besteht in der Aggregation der Einzelnutzen der Individuen. Das Gemeinwohl hängt ausschließlich von der Wohlfahrt der einzelnen Gesellschaftsmitglieder ab, die untereinander gleichberechtigt sind. Niemand darf seinen Willen anderen aufzwingen, auch nicht im Namen eines «höheren» Allgemeinwohls. Die soziale Wohlfahrt entspringt der Gesamtheit der individuell bestimmten Wohlfahrtsniveaus und ist nur aus diesen ermittelbar. Die (moralische) Abwägung zwischen verschiedenen Gesamtwohlfahrtszuständen zielt auf diejenige Alternative, die Ausdruck der größten Summe der individuellen Nutzenfunktionen ist. $SW = W(U_1, U_2, \ldots U_n)$ (SW = soziale Wohlfahrt: SW ist eine Funktion der individuellen Wohlfahrtsgrößen; $U_m = [m = 1 \ldots n]$ bezeichnet die individuellen Wohlfahrts- oder Nutzenniveaus der n Mitglieder der Gesellschaft). Steigt bzw. sinkt die Wohlfahrt irgendeines Individuums, so nimmt auch die gesamtgesellschaftliche Wohlfahrt zu bzw. ab. Das Gemeinwohl wird also auf die gleiche Weise bestimmt wie das individuelle Nutzenniveau. Die Prinzipien der rationalen Entscheidung für den Einzelmenschen, die Art, seine persönliche Kosten-Nutzen-Bilanz zu ziehen, finden auf die Gesellschaft als ganzes Anwendung.

Die dem klassischen Utilitarismus zugrundeliegende Regel der gerechten Verteilung läßt sich daher in einer gelungenen Formulierung von D. Lyons (1965) so wiedergeben: «Die Verteilung von Dingen unter eine gegebene Menge von Individuen sollte eine der Maximierung des sozialen Gesamtnutzens oder Glücks sein». Das Prinzip des gesellschaftlichen Gesamtnutzens unterstellt näherhin, daß der Nutzen verschiedener Verteilungszustände für die Gesellschaft bzw. Individuen verglichen und gemessen werden kann. Auf die schwierigen methodischen Probleme des (ordinalen oder kardinalen) «interpersonellen Nutzenvergleichs», von denen letztlich jede, nicht nur die utilitaristische Theorie der sozialen Gerechtigkeit betroffen ist, kann hier nicht eingegangen werden. Zum Zweck der ausschließlichen Erörterung der Verteilungsprinzipien seien diese Probleme als gelöst vorausgesetzt. Auch Neid, Altruismus, soziales Wertempfinden und Externalitäten bleiben ausgeklammert.

Dem (klassischen) Utilitarismus kommt es bei der gerechten Verteilung von Gütern (z. B. Einkommen) nur auf die Maximierung der Summe der Einzelnutzen an $(SW = \Sigma U^i)$. Welche Verteilungseffekte dieser Standpunkt hervorruft, läßt sich an folgendem Szenarium studieren. Eine Regierung (Gesetzgeber) steht in einer 5-Personen-Gesellschaft $(P1, \ldots P5)$ vor der Alternative, sich zwischen einem Besteuerungssystem X oder Y im Hinblick auf den höheren gesamtgesellschaftlichen Nutzen zu entscheiden. Der individuelle Nutzen, den $P1, \ldots P5$ aus der steuerlichen Umverteilung in X und Y erzielen, sei folgendermaßen gegeben:

	P_1	P_2	P_3	P_4	P_5
X	10	20	30	40	50
Y	1	1	1	1	500

Eine utilitaristische Verteilungspolitik wird sich für das Steuersystem Y entscheiden; denn hier liegt der gesamtgesellschaftliche Nutzen bei 504, in X aber nur bei 150. Der Utilitarismus muß also um des Ziels des additiven Gesamtnutzens der Gesellschaft gewaltige individuelle Nutzenunterschiede und damit eine hohe Ungleichverteilung in Kauf nehmen. Nach klassisch utilitaristischer Auffassung ist es gerecht, wenn durch eine Umverteilungsmaßnahme der Nutzenverlust eines armen Individuums durch den Nutzengewinn eines reichen Individuums ausgeglichen wird.

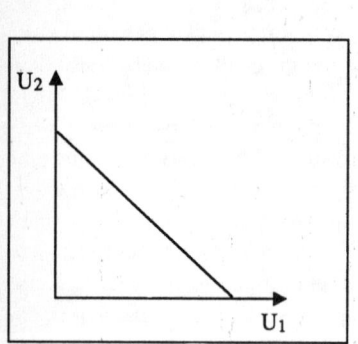

Graphik I

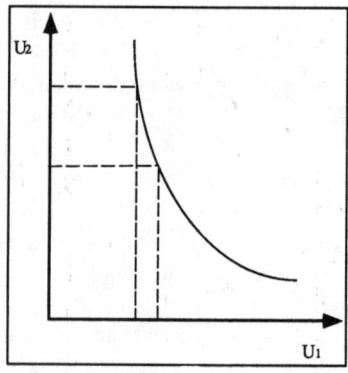

Graphik II

Daher bildet, graphisch betrachtet (Graphik I), die gesamtgesellschaftliche Nutzenindifferenzkurve, d. i. diejenige Kurve, die alle gesellschaftlich gleichnützlichen Nutzenverteilungspunkte enthält, eine Linie. (U_1, U_2 = Nutzen, den jeweils Individuum 1 und Individuum 2 erzielen).

Der Utilitarismus schaut nur auf die Zu- bzw. Abnahme des individuellen bzw. kollektiven Nutzens und wertet gleichen Nutzen gleich. Wenn also gemäß der Theorie des Grenznutzens eine kleine Einkommenssteigerung einem armen Individuum A einen wesentlich höheren Grenznutzen als einem schon vermögenden Individuum B bringt, dann ist es gesamtgesellschaftlich/wohlfahrtstheoretisch angebracht und gerecht, die fragliche Einkommenseinheit B wegzunehmen und A zuzuschlagen. Erleidet aber umgekehrt A durch irgendeinen Umstand einen Einkommensverlust, so schlägt dieser Verlust grenznutzenmäßig viel stärker zu Buche als bei B, so daß der gesamtgesellschaftliche Nutzenverlust nur durch einen erheblich größeren Zuschlag an B ausgeglichen werden kann.

Wegen des unterschiedlichen (Grenz-)Nutzeneffekts, den eine Einkommensvergrößerung/-verringerung bei A und B hervorruft, muß, graphisch gesprochen (Graphik II), die soziale Indifferenzkurve immer steiler gekrümmt werden. Jeder Nutzenverlust von A muß durch einen überproportionalen Einkommenszuwachs von B kompensiert werden, um den Nutzen von B so zu steigern, daß das gesamtgesellschaftliche Nutzenniveau gehalten werden kann. Ebenso wird es auch der Fall sein, daß die gesellschaftliche Gesamtwohlfahrt zunimmt, wenn B steuerliche Einbußen zugunsten von A hinnehmen muß, weil diese Umverteilung einen viel höheren Nutzenzuwachs bei A als einen Nutzenverlust bei B hervorruft. Nur in dem Sonderfall, daß der Nutzen der Gesellschaftsmitglieder derselbe ist, wird der utilitaristische Steuerstaat das Maximum des gesamtgesellschaftlichen Wohls, also die größten Einnahmen bei einer Gleichverteilung der Steuerlasten erzielen. Gerechtigkeit würde Gleichheit bedeuten.

Der Ökonom und Philosoph J. Harsanyi gehört zu den Pionieren und Trendsettern einer Wirtschaftsethik, die mittels des exakten Instrumentariums der ökonomischen Entscheidungstheorie die Wahl von utilitaristischen Gerechtigkeitsprinzipien als logisch und ethisch unumgänglich zu beweisen versuchen. Harsanyi geht davon aus, daß Individuen sowohl eigennützige Interessen, sogenannte persönliche Präferenzen, verfolgen als auch universale Einstellungen, sogenannte moralische Präferenzen, besitzen. Eine wichtige These Harsanyis besagt nun, daß eigennützige wie moralische Entscheidungen denselben Rationalitätskriterien genügen müssen. Diese von Harsanyi genannten BAYESianischen Rationalitätspostulate (benannt nach Th. Bayes, 1702–1761) fordern im wesentlichen, daß der Handelnde in der Lage ist, seine Präferenzen in eine logisch konsistente Ordnung zu bringen, d. h. die Handlungsalternativen gemäß der Dringlichkeit ihres Begehrtseins vollständig und transitiv zu ordnen. Daraus folgt nach Harsanyi zunächst das Theorem, daß der Handelnde seine (ordinal oder kardinal) wohldefinierte Nutzenfunktion maximieren wird.

Selten fällt der Homo oeconomicus seine Entscheidungen unter der Bedingung sicherer Informationen über alle Handlungsalternativen und Handlungsfolgen. Besonders für den ethischen Kontext rückt der Typus der *Entscheidung unter Unsicherheit* in den Mittelpunkt des analytischen Interesses. Bei dieser Art von Handlungssituation können für das Eintreten der Folgen möglicher Handlungen keine (subjektiven) Wahrscheinlichkeiten angegeben werden. Folglich erhebt sich im Hinblick auf die Rationalität des Handelns die Frage, welche Entscheidungsregeln in solchen Situationen der Unsicherheit vernünftig sind. Unter Hinzufügung der plausiblen Forderung, daß rationale Individuen indifferent zwischen zwei «Lotterien» sein werden, die beide mit der gleichen Wahrscheinlichkeit denselben Gewinn in Aussicht stellen und eine weniger gewinnträchtige «Lotterie» nicht einer mehr gewinnträchtigen vorziehen werden, leitet Harsanyi das Entscheidungstheorem der Maximierung der (statistischen) Erwartung des Nutzens (expected utility maximization) ab.

$$U_i(L) = \sum_{k=1}^{K} P_k U_i(A_k)$$

U_i	Kardinale Nutzenfunktion des i-ten Individuums
L	Lotterie
$K; k$	Index von e
e	Ereignis, das mit einer subjektiven Wahrscheinlichkeit eintritt
P_k	subjektive Wahrscheinlichkeit für das Eintreten des Ereignisses e
A	Situation, die mit einem von L bestimmten Ereigniseintritt e verbunden ist (Gewinn)

Der Vernünftige wird jene Handlung wählen, deren Erwartungswert am größten ist und deren zu erwartender Gesamtnutzen von keiner alternativen Handlung übertroffen wird. Der Erwartungswert einer

Handlung besteht aus dem Produkt der Wünschbarkeit der Handlung und ihrer Wahrscheinlichkeit (Harsanyi 1979, 292).

Um aus einer persönlichen eine moralische Präferenz, aus einer bloß eigennützigen eine sozialnützliche Handlung zu machen, stellt Harsanyi den in Übereinstimmung mit den BAYESianischen Rationalitätskriterien Handelnden in eine fiktive Situation der Unsicherheit, in der er sich z. B. zwischen zwei Gesellschaftssystemen X,Y zu entscheiden hat, die u. a. verschiedene Rechtsordnungen, Wohlfahrtsniveaus, soziale Hierarchien beinhalten. Der Handelnde j kann sich also nicht «ausrechnen», ob er in demjenigen Gesellschaftssystem leben wird, das ihm eine vorteilhafte soziale und wirtschaftliche Stellung einräumen wird. Diese Entscheidungssituation ist für Harsanyi identisch mit einer solchen, in der die subjektive Wahrscheinlichkeit für ein Leben in X und Y gleichermaßen 50 Prozent beträgt. Diese Bedingung nennt Harsanyi die Gleichwahrscheinlichkeitsannahme («equiprobability assumption»). Sie stellt sicher, daß sich der Handelnde bei seiner Entscheidung unparteilich und damit gerecht, wenn auch nur in jenem erörterten elementaren Sinn verhält. Aber auch unter der Bedingung der Gleichwahrscheinlichkeit des Eintretens der zur Wahl stehenden unterschiedlich vorteilhaften Gesellschaftsordnungen bleibt der homo oeconomicus Utilitarist, indem er das Gemeinwohl, das er als «unparteiischer Beobachter» jetzt in den Blick bekommt, nicht anders wie seine eigennützigen Präferenzen unter dem Gesichtspunkt des höchsten zu erwartenden Nutzens maximiert: Ein Individuum j wird sich genau für den sozialen Zustand A entscheiden, der seiner Meinung nach zum höchsten durchschnittlichen Nutzenniveau aller Gesellschaftsmitglieder führen wird. Die (interpersonellen Nutzenvergleich voraussetzende) soziale Wohlfahrtsfunktion (w) als arithmetisches Mittel der individuellen Nutzen besitzt daher die Gestalt:

$$w_j(A) = \frac{1}{n} \sum_{i=1}^{n} U_i(A)$$

Zu welchen moralischen Konsequenzen dieses Prinzip des Durchschnittsnutzens unter der Gleichwahrscheinlichkeitsannahme führen kann, zeigt etwa die Kalkulation, die J. Sterba vornimmt (1988, 36). In drei Gesellschaftssystemen A, B und C sind drei Positionen X, Y und Z zu vergeben, die den Inhabern dieser Positionen einen unterschiedlichen Nutzen versprechen.

	A	B	C
X	60	50	30
Y	10	10	20
Z	10	10	20
	80	70	70

Unterstellt sei, daß in einer Entscheidungssituation unter Unsicherheit das Eintreten von A, B, C nach Einschätzung des sich entscheidenden Individuums j gleichwahrscheinlich ist. J wird sich gemäß Harsanyis Gerechtigkeitsprinzip für A entscheiden, da diese Gesellschaftsform den höchsten zu erwartenden Durchschnittsnutzen aufweist. Gegenüber B und C verhält es sich jedoch indifferent. Die Gesellschaften A und B lassen aber große soziale Ungleichheiten (in den Nutzenniveaus von X, Y und Z) zu, während C eine annähernde Gleichverteilung der gesellschaftlichen Wohlfahrt bietet. Von Harsanyis Standpunkt aus sind diese Konsequenzen des utilitaristischen Moralprinzips jedoch nicht ungerecht!

Das Differenzprinzip von J. Rawls
im Rahmen der Modelldiskussion ökonomischer Gerechtigkeit

Obwohl der Sozialphilosoph J. Rawls in seiner «Theorie der Gerechtigkeit» überwiegend das Problem der politischen Gerechtigkeit, also die Frage nach der Legitimität von Recht und Staat behandelt, haben seine Überlegungen auch großen Einfluß auf die Wirtschaftsethik ausgeübt. Für Rawls ist die Gerechtigkeit die «erste Tugend gesellschaftlicher Institutionen», die nicht verletzt werden darf. Wie der Utilitarismus greift Rawls auf die Entscheidungs- bzw. Sozialwahltheorie («social-choice-theory») zurück, für welche das Selbstinteresse, wie unsozial oder sozial es sich auch ausnimmt, den Ausgangspunkt vernünftiger Entscheidungen bildet. Jeder Mensch will einen möglichst großen Anteil aus der kollektiv hervorgebrachten «Nutzenmenge» erlangen.

In der Tradition der Vertragstheorie wird die Wahl einer politischen Ordnung zum Gegenstand einer vom Selbstinteresse und der Vorteilsmaximierung geleiteten rationalen Klugheitsentscheidung. Ausgehend von der Notwendigkeit, den für alle Betroffenen unerträglichen Zustand der Rechts- und Staatslosigkeit («Naturzustand») zu überwinden, überlegen sich die Individuen, auf welche Prinzipien und Institutionen sie sich einigen sollen, durch die vorrangig Frieden und Sicherheit, sodann wirtschaftlicher Wohlstand gewährleistet werden. Nur eine wechselseitige, faire Einschränkung der totalen Handlungsfreiheit scheint dies zu garantieren. Der Übergang vom «Naturzustand» in den «gesellschaftlichen Zustand» darf dabei natürlich nicht als geschichtliches Ereignis oder als Hypothese über die Erfindung des Staates betrachtet werden, sondern er dient als moralphilosophisches Argument zur Rechtfertigung einer gegebenen oder projektierten politischen Ordnung. Rawls schließt sich nun in der Weise dem vertragstheoretischen Ansatz an, daß er die Wahl von konkurrierenden Gerechtigkeitsprinzipien aus dem Nutzenkalkül eines zum Typus stilisierten selbstinteressierten, rationalen Individuums hervorgehen läßt: Für welche Prinzipien einer gesellschaftlichen Ordnung (Verfassung) – die für Rawls an erster Stelle solche der Gerechtigkeit sind – würde sich ein Individuum entscheiden, das sich nur seinem eigenen Vorteil verpflichtet fühlt, somit zunächst gar kein Interesse an Gerechtigkeit hat, sich gleichzeitig aber vergegenwärtigt, daß alle anderen Individuen, mit denen es zusammenleben muß, von denselben eigensüchtigen Interessen geleitet sind? Das eigennützige und kluge Individuum muß bei seiner Entscheidung über die Gerechtigkeitsprinzipien, die diejenige gesellschaftliche Ordnung konstituieren sollen, in der es leben möchte, besonders diejenigen Situationen ins Auge fassen, in denen das Individuum von vornherein nicht weiß, ob es den privilegierten oder benachteiligten, mächtigen oder ohnmächtigen, reichen oder armen Gruppen angehören wird. Das Individuum muß daher seine Entscheidung, wie Rawls sich ausdrückt, unter einem Schleier der Unwissenheit («veil of ignorance») fällen. Diese ursprüngliche Lage («original position») entspricht demnach ziemlich genau einer Entscheidungssituation unter Unsicherheit. Sie zwingt das egoistische Individuum, sich unparteilich zu verhalten!

Das sich fiktiv für eine bestimmte Gesellschaftsordnung entscheidende Individuum hat also durchaus mit dem Schlimmsten zu rechnen, nämlich möglicherweise den untersten Rang in der Gesellschaft einnehmen zu müssen. Rawls beabsichtigt zu zeigen, wie moralische Prinzipien, die das Einzelinteresse zugunsten des Allgemeininteresses einschränken, aus der klugen Überlegung des eigeninteressierten Individuums, aus der Rationalität des Homo oeconomicus entspringen. In Rawls' Theorie der Gerechtigkeit entscheidet sich der Kluge in der geschilderten Situation für zwei Prinzipien, die die Verteilung der gesellschaftlichen Primärgüter (Freiheit, Eigentum, Chancengleichheit etc.) regeln: «*(1)* Jedermann hat das gleiche Recht auf das umfangreichste Gesamtsystem gleicher Grundfreiheiten, das für alle möglich ist. *(2)* Soziale und wirtschaftliche Ungleichheiten müssen folgendermaßen beschaffen sein: *(a)* sie müssen unter der Einschränkung des gerechten Spargrundsatzes den am wenigsten Begünstigten den größtmöglichen Vorteil bringen, und *(b)* sie müssen mit Ämtern und Positionen verbunden sein, die allen gemäß fairer Chancengleichheit offenstehen» (336).

Das *1.* Prinzip der größten gleichen Freiheit ist zwar das grundlegendere Prinzip, verbietet es doch etwa Sklaverei, religiöse, rechtliche und politische Verfolgung und Diskriminierung, für die Wirtschaftsethik verdient aber vor allem der erste Grundsatz des *2.* Prinzips *(2 a)* Beachtung. Dieser auch «Differenzprinzip» genannte Grundsatz fordert, daß Ungleichheiten, die im wirtschaftlichen Bereich von Rawls durchaus zugelassen werden, insgesamt so zu gestalten sind, daß sie für die aufgrund natürlicher und sozialer Startbedingungen Benachteiligtsten den größtmöglichen Nutzen bringen.

«Das Unterschiedsprinzip bedeutet faktisch, daß man die Verteilung der natürlichen Gaben in gewisser Hinsicht als Gemeinschaftssache betrachtet und in jedem Falle die größeren sozialen und wirtschaftlichen Vorteile aufteilt, die durch die Komplementaritäten dieser Verteilung ermöglicht werden. Wer von der Natur begünstigt ist, sei es, wer es wolle, der darf sich der Früchte nur so weit erfreuen, wie das auch die Lage der Benachteiligten verbessert ... Niemand hat seine besseren natürlichen Fähigkeiten oder einen besseren Startplatz in der Gesellschaft verdient. Doch das ist natürlich kein Grund, diese Unterschiede zu übersehen oder gar zu beseitigen. Vielmehr läßt sich die Grundstruktur so gestalten, daß diese Umstände auch den am wenigsten Begünstigten zugute kommen. Man wird also auf das Unterschiedsprinzip geführt, wenn man das Gesellschaftssystem so gestalten möchte, daß niemand von seinem zufälligen Platz in der Verteilung der natürlichen Gaben oder seiner Ausgangsposition in der Gesellschaft Vor- oder Nachteile hat, ohne einen Ausgleich zu geben oder zu empfangen» (123).

Das «Unterschiedsprinzip» bestimmt die Idee der Gerechtigkeit als *Fairneß*. Fairneß fordert, daß alle Güter und Positionen grundsätzlich jedermann zur Verfügung stehen und nicht nur dem Wohlergehen gewisser Gruppen oder Individuen zugute kommen sollen. Nur solche Ungleichheiten sind legitim, die sich zum Vorteil aller Beteiligten auswirken. Das «Unterschiedsprinzip» will also die schlechteste Situation möglichst verbessern; es wird daher auch *Maximin-Prinzip* genannt. Wer sich in einem Gedankenexperiment die jeweils schlechtesten Positionen im Hinblick auf die Erlangung von Grundgütern in einer zur Wahl gestellten Gesellschaftsordnung vor Augen hält, wird sich nach Ansicht von Rawls für die genannten Gerechtigkeitsprinzipien entscheiden. Denn diese konstituieren eine Gesellschaftsordnung, in der die schlechteste Position im Vergleich zu ihren Analoga in anderen Gesellschaftssystemen immerhin noch die beste Position darstellt. Wie schon im Fall des Freiheitsprinzips *(1)*, das die Unaufhebbarkeit der individuellen Freiheit zugunsten anderer moralischer und gesellschaftlicher Werte (z. B. kollektives Wohlergehen) festhält, richtet sich das «Differenzprinzip» gegen einen undifferenzierten Utilitarismus: Der Nachteil einer Minderheit darf nicht durch den Vorteil der Mehrheit ausgeglichen werden.

Trotz der Sympathien, die man Rawls' «Maximin»-Prinzip entgegenbringen kann, läßt sich leicht erkennen, daß dieses Gerechtigkeitsprinzip aus dem Klugheitskalkül nur unter der Voraussetzung einer pessimistischen Weltsicht hervorgeht. Dieser Ausgangspunkt ist aber als irrational bezeichnet worden, besonders im Zusammenhang mit der Vermutung, daß die «ursprüngliche Lage», entgegen Rawls' Einschätzung, nicht eine Entscheidungssituation unter Unsicherheit, sondern eine unter Risiko darstellt, in der es dann vernünftig erscheint, nicht das Minimum, sondern den Durchschnittsnutzen zu maximieren, sich also für den Utilitarismus zu entscheiden (Höffe 1984, 101).

Das Differenzprinzip (in 2 *a*) verlangt, den Anteil desjenigen zu maximieren, der bei einer Verteilung am wenigsten erhält. Es steht daher im Gegensatz sowohl zu dem Prinzip der Maximierung der Gesamtwohlfahrt als auch zu dem Prinzip, das verlangt, denjenigen Verteilungszustand zu wählen, in dem möglichst viele Personen bessergestellt werden, und auch zum Gleichheitsprinzip, das fordert, sich für diejenige Verteilung zu entscheiden, die die Differenz zur durchschnittlichen Verteilung minimiert. Der Rawlssche Entscheidungsträger orientiert sich ausschließlich an dem für ihn ungünstigsten Ergebnis, das aus der Wahl bestimmter gesellschaftlicher Ordnungsprinzipien folgt. Der Einfachheit halber seien im folgenden Handlungsalternativen an die Stelle einer Prinzipienauswahl gesetzt. Eine Matrix der Handlungsergebnisse könnte dann so aussehen (a = Handlung; s = Situation) (siehe Tabelle S. 124 oben).

Gemäß dem Prinzip, das Minimum zu maximieren (Maximin), wählt der Rawlsianer die Handlung a 2.

Würde ein Entscheidungsträger der genau entgegengesetzten Regel, dem Maximax-Prinzip folgen, so wäre a 5 das Optimum, weil hier das

	s1	s2	s3	s4	Zeilenminimum
a1	10	10	3	12	3
a2	12	5	10	6	5
a3	4	7	5	18	4
a4	14	14	4	5	4
a5	20	5	4	0	0

günstigste Ergebnis den höchsten Wert annimmt. Es liegt auf der Hand, daß eine solche Regel, würde sie auf Kollektive angewendet, die Reichen immer reicher machen würde.

Einen Kompromiß zwischen der Maximin- und der Maximax-Regel bildet das *Pessimismus-Optimismus-(Index)Kriterium* von L. Hurwicz. Es «faßt das größtmögliche Ergebnis jeder Aktion, gewichtet mit einem subjektiven Faktor λ, und das niedrigste Ergebnis jeder Aktion, gewichtet mit dem Faktor $1-\lambda$, zu einem Vorteilhaftigkeitsmaß zusammen.» Dieser Faktor zeigt die «persönliche Einstellung zur Unsicherheit» an (Schildbach 1990, 84). Bei einem willkürlich gewählten $\lambda = 0,4$ erweist sich in der obigen Tabelle a3 als optimal.

a1	$0,4 \times 12 + 0,6 \times 3 =$	6,60
a2	$0,4 \times 12 + 0,6 \times 5 =$	7,80
a3	$0,4 \times 18 + 0,6 \times 4 =$	9,60
a4	$0,4 \times 14 + 0,6 \times 4 =$	8,00
a5	$0,4 \times 20 + 0,6 \times 0 =$	8,00

Die *Minimax-Risiko-Regel* betrachtet in der Ergebnismatrix nach L. J. Savage die Differenz zwischen dem größtmöglichen Ergebnis einer Handlung in s1...s4 und den Ergebnissen der verschiedenen anderen Handlungen. Sie schaut auf die relativen Nachteile einer Handlung und entscheidet sich für diejenige Handlung, «deren größtmöglicher Nachteil verglichen mit den größtmöglichen Nachteilen der übrigen Aktionen am geringsten ist» (Schildbach 1990, 85).

	s1	s2	s3	s4	
a1	10	10	3	12	
a2	12	5	10	6	
a3	4	7	5	18	
a4	14	14	4	5	
a5	20	5	4	0	
	20	14	10	18	Spaltenmaxima

Ergebnismatrix

	s1	s2	s3	s4	Zeilenmaxima
a1	10	4	7	6	10
a2	8	9	0	12	12
a3	16	7	5	0	16
a4	6	0	6	13	13
a5	0	9	6	18	18

Matrix der relativen Nachteile

Bei Rawls hängt die gesellschaftliche Wohlfahrt nur von der Wohlfahrt des am schlechtest gestellten Individuums (Gruppe) ab. Die Gesellschaft gewinnt nichts aus einer Wohlstandsmehrung anderer Individuen (Gruppen). Aufgrund der «ordinalen» Meßlatte des Maximin-Prinzips gibt es keine «trade-offs» zwischen besser und schlechter gestellten Individuen in einer Gesellschaft. Anders als der Utilitarismus kennt Rawls keine Kompensation. Keine Einkommensverbesserung bessergestellter Individuen kann einer Gesellschaft den Einkommensverlust des am schlechtest gestellten Individuums (Gruppe) ersetzen.

Graphisch betrachtet nimmt die soziale Indifferenzkurve daher die Form eines Ls an: U^*_2 bezeichnet das Nutzenniveau einer Gruppe 2, das mindestens ebenso hoch ist wie dasjenige U^*_1 einer Gruppe 1. Wenn U^*_2 erhöht, U^*_1 aber nicht verändert wird, dann bleibt die Gesellschaft auf demselben sozialen Nutzenniveau stehen. Die Rawlssche Gesellschaft ist nicht bereit, einen Nutzenbetrag der Gruppe 1 für einen Nutzengewinn der Gruppe 2 zu opfern.

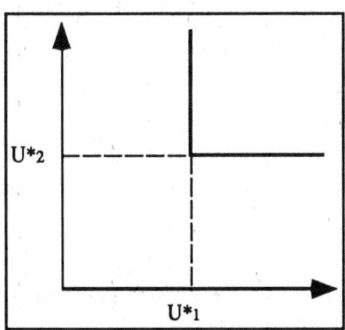

Das Rawlssche Maximin-Prinzip zieht einige extreme und für das moralische Empfinden wie auch ökonomische Denken unplausible Konsequenzen nach sich.

	A	B
X	10	1
Y	20	1

Bei der Wahl zwischen zwei sozialen Systemen X, Y, in denen mit den gesellschaftlichen Positionen A, B ein bestimmter Nutzen (z. B. Einkommen) verbunden ist, würde sich ein Rawlsianer zwischen X und Y indifferent verhalten, weil er nur auf das (hier beidemal gleich hohe) Nutzenniveau der schlechtesten Position schaut, und dies, obgleich Y eine Pareto-Verbesserung darstellt: Wenigstens A kann sich in Y noch verbessern.

In folgender Entscheidungssituation würde ein Rawlsianer aus derselben Überlegung heraus den sozialen Zustand X dem sozialen Zustand Y vorziehen, obwohl der Einkommensverlust von A beim Übergang von X zu Y minimal, der Gewinn von B aber enorm ist.

	A	B
X	10001.– $	20000.– $
Y	10000.– $	1020000.– $

Solche unakzeptablen Auswirkungen des Maximin-Prinzips lassen sich weitgehend vermeiden, wenn man, wie u. a. A. Sen vorschlägt, die Nutzenbeträge in eine lexikalische Ordnung bringt. Das *Leximin-Kriterium* bestimmt den rationalen Entscheidungsprozeß in folgenden Schritten (Sen 1970, 138):

(1) Maximiere die Wohlfahrt des schlechtest gestellten Individuums.

(2) Bei gleicher Wohlfahrt der schlechtest gestellten Individuen maximiere die Wohlfahrt des zweitschlechtest gestellten Individuums.

⋮

(n) Bei gleicher Wohlfahrt im Falle (1), (2) und im Falle der n-1ten schlechtest gestellten Individuen maximiere die Wohlfahrt des bestgestelltesten Individuums.

Auch die nach dem berühmten Spieltheoretiker J. F. Nash (1950) benannte *Nash-Lösung* von Verhandlungskonflikten ist als Strategie zur Aufstellung einer sozialen Wohlfahrtsfunktion und als Kriterium einer gerechten Verteilung behandelt worden. Suchen zwei Parteien (U1, 2 = Nutzenniveaus) in einem «Verteilungskampf» (z. B. Lohnverhandlungen) nach einem Kompromiß, so haben sie stets den «Status quo» (x*) vor Augen, auf den sie zurückfallen können, wenn die Verhandlungen scheitern. Die Parteien können dabei das Risiko des Scheiterns unterschiedlich einschätzen und handhaben. Wird x* von beiden Parteien als wenigstens so gut wie alle anderen Ergebnisse, die durch Verhandlungen («bargaining») erreicht werden können, eingeschätzt, so wird das Scheitern der Verhandlungen keine von beiden schwer treffen. Interessant wird der Fall, wenn beide Parteien von einer Kooperation profitieren können («Nicht-Nullsummenspiel»), aber eine Partei bei einem bestimmten Vertragsabschluß mehr für sich herausschlagen kann als die andere. Nash hat gezeigt, daß es unter der Annahme bestimmter plausibler Axiome (kardinale Meßskala, aber kein interpersoneller Nutzenvergleich; Pareto-Optimalität; Unabhängigkeit von irrelevanten Alternativen; Gleichberechtigung der Verhandlungspartner) nur eine Strategie zur Erreichung des sozialen Verhandlungsoptimums («bargaining solution») gibt, nämlich diejenige Lösung, die das Produkt der Differenz zwischen dem Nutzen des Verhandlungsergebnisses (x) und dem Nutzen des Status quo (x*) für beide Parteien maximiert: max! $[U1(x)-U1(x^*)] \cdot [U2(x)-U2(x^*)]$. Ist die Nash-Lösung als Berechnungsmethode eines idealen Verhandlungsergebnisses aber auch ein ethisches Testverfahren? Nicht wenige Kritiker haben darauf hingewiesen, daß die richtige Voraussage nicht notwendigerweise auch das gerechteste Verteilungsergebnis sein muß. Der Stein des Anstoßes ist der «Status quo» (x*), der genau das Gegenteil zu Rawls' verschleierter «ursprünglicher Situation» bildet. «Auf einem Arbeitsmarkt, auf dem Arbeitslosigkeit herrscht, könnten Arbeiter bereit sein, unmenschliche Löhne und schlechte Beschäftigungsbedingungen zu akzeptieren, da im Fall des Ausbleibens eines Arbeitsvertrags Hunger droht (x*). Aber diese Tatsache macht diese Lösung in keiner Weise zu einem erstrebenswerten Ergebnis» (Sen 1970, 121). Das Verhandlungsergebnis x stellt immer noch einen Fall von Ausbeutung dar.

6 Die Motivation zu moralischem Handeln in wirtschaftlichen Angelegenheiten

Obgleich es die Absicht dieses Artikels ist, den gegenwärtigen Stand der wirtschaftsethischen Diskussion möglichst objektiv zu beschreiben, ist es wenig sinnvoll, den eigenen Standpunkt völlig zu verheimlichen. Der Autor möchte sich für das Vorhaben einer dem Geist des Utilitarismus verpflichteten *motivationalen Klugheitsethik* aussprechen. Thesenartig läßt sich dieser Ansatz folgendermaßen skizzieren:

1. In Auseinandersetzung mit dem Begriff der ökonomischen Rationalität läßt sich für die Wirtschaftsethik, ja für die philosophische Ethik überhaupt, die Einsicht gewinnen, daß praktische Vernunft nicht die Grenzen umfassender und weitsichtiger Klugheit überschreiten kann. Gemäß dem ökonomischen Rationalitätsmodell gelten Entscheidungen dann als rational, wenn sie aus einer bewußten Abwägung von Nutzen und Kosten im Sinne von «Opportunitätskosten» hervorgegangen sind. Opportunitätskosten stellen diejenigen Kosten bestimmter Handlungen dar, die dadurch entstehen, daß man auf die Realisierung alternativer Handlungen verzichtet. Auch im moralischen Räsonieren hat die Vernunft die Vor- (Nutzen) und Nachteile (Kosten) der von ihr geforderten Prinzipien, Normen, Handlungsweisen etc. abzuwägen im Hinblick auf deren Fähigkeit, der Verwirklichung höchster Überzeugungen, letzter Zwecke usw. zu dienen. Es sind *Güterabwägungen*, die im Mittelpunkt von moralischen Konflikten und Rechtfertigungsstrategien stehen: Wieviel steuerlich erzwingbare soziale Dienstleistungen soll man in Auswirkung auf die Beschränkung der unternehmerischen Selbstentfaltung und der volkswirtschaftlichen Prosperität akzeptieren? Um welchen Mobilitäts- und Wohlstandspreis will man die natürliche Umwelt schonen? Aus der Sichtweise einer Klugheitsethik stellen daher auch Gerechtigkeitsprinzipien oder Rechtsnormen keine absoluten Größen dar. Alles hat seine Vor- und Nachteile! Auch die obersten Ziele sind nur so lange von der Kosten-Nutzen-Kalkulation ausgenommen bzw. Voraussetzung dieser Abwägung, bis sie nicht als Mittel anderer Zweckrealisierungen erscheinen.

2. In Abhebung von einer reinen Pflichtethik (I. Kant), für die bestimmte Prinzipien, Maximen, Normen usw. an sich gut sind, sieht es die hier vertretene Ethik nicht als ihre Aufgabe an, ein allgemeines Moralprinzip zu begründen, dem auch das Wirtschaften zu unterstellen ist, sondern darzulegen, wie ökonomische und moralische Motive und Nor-

men in Einklang gebracht werden können. Interessiert sich die Wirtschaftsethik aber vorrangig für das Problem, wie moralische Gesichtspunkte im ökonomischen Handeln wirksam werden können, so muß sie sich einem motivationalen Ansatz verschreiben. Eine motivationale Wirtschaftsethik arbeitet mit der Hypothese, daß sich ökonomische und moralische Motive und Normen letztlich nicht im Wege stehen, daß es also ökonomisch vernünftig ist, moralisch richtig zu handeln. Sie glaubt, zeigen zu können, daß ein der ökonomischen Rationalität genügendes Handeln ohne das Vorhandensein bestimmter moralischer Einstellungen und Regeln gar nicht möglich ist. Am Beispiel des Umweltschutzes etwa läßt sich studieren, wie gerade diejenigen Maßnahmen am erfolgreichsten sind, bei denen sich moralische mit ökonomischen Motiven verbunden haben.

Die motivationale Wirtschaftsethik kann die Frage nach der Wahl der Zwecke – eingedenk der knappen Mittel und der wahrscheinlichen Nebenfolgen – bis zu dem Punkt der Nutzen-Kosten-Kalkulation vorantreiben, an dem die Bedingungen zur Verwirklichung des menschlichen *Glücks* in den Blick treten. Ohne den Bezugspunkt des menschlichen Glücks bleibt jedes moralische Sollen in seinem letzten Grund irrational. Eine Glücksethik muß deswegen die besonderen Merkmale und Lebensbedingungen des Menschen kennen, damit ihre moralischen Forderungen dem Glück eben des Menschen und nicht eines fiktiven Wesens dienen und Zustimmung bei ihm beanspruchen können.

3. Eine zeitgemäße Wirtschaftsethik will im Fall von moralischen Konflikten zunächst herausfinden, ob es nicht Zwecke gibt, denen die streitenden Parteien gemeinsam zustimmen, so daß auch Mittel gefunden werden können, die an die Stelle der kontroversen Handlungen treten können, um jene Zwecke zu verwirklichen. Bei der Suche nach gemeinsamen Zielen kommt die Ethik nicht umhin vorzuführen, wie die Rechtfertigungen von Handlungen, Maximen, Normen, Regeln, Institutionen etc. letztlich auf ein Menschen- und Weltbild verweisen, im Hinblick darauf wir erst von den positiven und negativen Folgen der fraglichen Handlungen, Institutionen etc. für den Menschen gemäß seines Selbstverständnisses sprechen können. Die Ethik hätte dann dieses jeweils im Hintergrund schimmernde Menschen- und Weltbild auszuleuchten und schließlich weiterzufragen, ob wir dieses Menschen- und Weltbild gutheißen wollen. Diese abwägende Nutzen-/Kostenfrage auch bezüglich eines obersten Zielpunktes und Wertmaßstabs kann sinnvollerweise wiederum nur im Hinblick auf eine andere, noch «höher stehende» Vorstel-

lung vom menschlichen Glück gestellt werden. Jedoch wird eine Ethik des hier vertretenen Typs keine absolut gültigen, sondern nur hypothetische Überlegungen der folgenden Art vortragen können: Wenn x moralisch gefordert wird, dann folgen im Hinblick auf die Verwirklichung des Glücks hieraus y Vor- und z Nachteile. Die motivationale Klugheitsethik kann daher nur für die relativen Vorteile bestimmter Verhaltensaufforderungen werben.

4. Die Ethik muß versuchen, denjenigen Menschen, die wirtschaftliche und politische Verantwortung tragen, klarzumachen, daß das Ziel des Wirtschaftens, die Mehrung des Wohlstandes, auf längere Sicht nur erreicht werden kann, wenn sie in ihren Entscheidungen auch die Vorstellung vom menschlichen Glück in Anschlag bringen. Das menschliche Glück ist aber nur geistiger Ausdruck fundamental empfundener Bedürfnisse. Zu diesen gehört vor allem der Wunsch – der freilich geschichtlich und kulturell sehr unterschiedlich ausgeformt sein kann –, gerecht behandelt und von Gemeinschaft nicht ausgeschlossen zu werden. Der Moral kommt die gattungsspezifische Funktion zu, die zwischenmenschlichen Beziehungen in der Weise zu regeln, daß die Menschen ihre «wahren» Bedürfnisse befriedigen können. Moralische Imperative haben daher langfristig nur dann eine Chance, eingesehen und befolgt zu werden, wenn sie sich nicht gegen die «wahren» Bedürfnisse, Interessen, das Selbstwertgefühl usw. richten. Die Ausdrücke «wahr», «authentisch» zeigen an, daß sich die Konflikte zwischen moralischen Normen und inhumanen Verhaltensweisen daraus ergeben, daß die «wahren» Bedürfnisse usw. verdeckt oder korrumpiert sein können.

Für die Wirtschaftsethik ergibt sich die spezielle Aufgabe, daß sie dort, wo ökonomische Beweggründe und Verhaltensweisen mit moralischen Grundsätzen und Empfindungen letztlich mit einem Menschenbild in Widerspruch geraten sind, bestrebt sein muß zu zeigen, daß es wider die beschriebene Vernunft ist, sich unmoralisch zu verhalten, da man langfristig dem eigenen Glücksverlangen zuwiderhandelt. Dieses zeigt jedoch nicht ausschließlich das Ausmaß der Erfüllung rein egoistischer und kurzfristiger Interessen und Zwecke an, sondern es spricht auch auf die soziale Perspektive der friedlichen und wohlstandsfördernden Kooperation, auf soziale Werte an. Wenn der wirtschaftende Mensch dadurch, daß er am Marktgeschehen teilnehmen will, ein Gespür dafür entwickeln muß, die Bedürfnisse seiner Partner aufzugreifen, so wird er schon dafür sensibilisiert sein, daß sein Wohlstand davon abhängt, ob sein Handeln auch den Wohlstand des Anderen mehrt, und daß der Andere, wenn er sich übervorteilt, ungerecht oder unwürdig behandelt vorkommt, aufhören wird, reziproke Leistungen zu erbringen. Freilich darf nicht übersehen werden, daß viele Tauschpartner gesellschaftlich und wirtschaftlich gar nicht die Wahl haben, ungerechte Verträge auszuschlagen. Ausbeutung bleibt ein Hauptthema der Wirtschaftsethik. Will Ethik jedoch nicht nur ein Klagelied anstimmen oder sich als reine Theorie auf die alleinige Aufgabe der philosophischen Begründung eines obersten Moralprinzips zurückziehen, so muß sie versuchen, Gesetzgeber und Wirtschaftsführer davon zu überzeugen, daß die Kosten von Ausbeutung langfristig erheblich höher für das Glück aller Betroffenen sind als diejenigen gerechter Tauschbeziehungen und humaner Arbeitsbedingungen. Die Ethik muß an die reziproke Struktur des marktwirtschaftlichen Handelns anknüpfen und dem Homo oeconomicus darlegen, daß es in dem hier skizzierten Sinne durchaus ökonomisch vernünftig ist, moralisch richtig zu handeln.

Anmerkungen

1 Die Abkürzung «MEW» steht für «Marx-Engels-Werke», Berlin-Ost. Die erste Zahl bezeichnet den Band, die zweite die Seite.

2 Grenznutzen heißt der zusätzliche Nutzen, den der Verbrauch einer zusätzlichen Mengeneinheit eines Gutes dem Konsumenten (bei gleichbleibender Verbrauchsmenge aller Güter) verschafft. Der Grenznutzen ist also um so kleiner, je größer die verfügbare Gutsmenge ist. Grenzkosten heißen diejenigen Kosten für Produktionsfaktoren, die zur Herstellung einer weiteren Mengeneinheit eines Produkts erforderlich sind. Zur Entstehung der Grenznutzenlehre siehe M. Blaug: Systematische Theoriegeschichte der Ökonomie. Bd. 3. München 1968; R. M. Fisher: The Logic of Economic Discovery. Neoclassical Economics and the Marginal Revolution. New York 1986.

3 Den Utilitarismus hält A. Sen nicht für eine geeignete wirtschaftsethische Perspektive bei der *Beseitigung von sozialer Ungleichheit*, weil sein Blick nur auf das geäußerte «Wohlbefinden» der Individuen beschränkt bleibt, welches aber durch Ideologien, strukturelle Gewalt, Analphabetentum, Unbildung, Selbsttäuschung etc., also durch «falsches Bewußtsein» (K. Marx) vorab manipuliert sein kann. Auch J. Rawls' Forderung nach der Gleichverteilung von Grundgütern wie Freiheit, Berufschancen, Reichtum etc. bezieht sich nach A. Sen nur auf die Mittel, nicht aber auf das Spektrum der Freiheit. Wegen der Individualität der Menschen verschaffen die gleichen

Grundgüter den einzelnen Menschen nicht notwendigerweise die gleiche Freiheit! A. Sen schlägt daher vor, nicht so sehr auf die Verteilung dieser Grundgüter, sondern zunächst auf die Fülle der Lebensfunktionen («functionings»), sodann auf die Fähigkeiten («capabilities») zu achten, die Menschen tatsächlich besitzen, zwischen verschiedenen Formen von Lebensäußerungen zu wählen. Diejenige Gesellschaft, der es um die positive Freiheit geht, muß versuchen, für alle ihre Mitglieder die Wahlmöglichkeiten von Lebensformen zu erweitern. Eine Erhöhung der Einkommen unterprivilegierter Schichten erweitert deren Freiheitsspielraum nur wenig, wenn, wie z. B. in den USA, das öffentliche Gesundheits-, Renten- oder Ausbildungswesen unterentwickelt bleibt. A. Sen will zeigen, daß sein Freiheitsbegriff sowohl bei der Analyse sozialer Ungleichheit informativer als auch bei der moralischen Bewertung gerechter ist als der Standpunkt des Utilitarismus und von J. Rawls. (Siehe zum Utilitarismus S. 114 ff und zu Rawls S. 120 ff)

Literatur

Aristoteles: Nikomachische Ethik. Hrsg. von G. Bien. Hamburg 1972.

Ders.: Politik. Übers. von O. Gigon. München 1973.

Baruzzi, Arno: Freiheit, Recht und Gemeinwohl. Grundfragen der Rechtsphilosophie. Darmstadt 1990.

Brunner, Otto: «Das ‹ganze Haus› und die alteuropäische ‹Ökonomik›» (1958). In: Ders., Neue Wege der Verfassungs- und Sozialgeschichte. Göttingen 1968.

Coreth, E. u. a. (Hrsg.): Christliche Philosophie im katholischen Denken des 19. und 20. Jahrhunderts. Bd. 1. Graz 1987.

Gäfgen, Gérard: «Ökonomische Implikationen ethischer Prinzipien». In: H. Duwendag/H. Siebert (Hrsg.), Politik und Macht. Stuttgart 1980, 191–207.

Gauthier, David: «No Need for Morality: The Case of the Competitive Market». In: Philosophical Exchange 3 (1982), 41–54.

Ders.: Morals by Agreement. Oxford 1986.

Grampp, W. D.: «Classical Economics and its Moral Critics». In: History of Political Economy 5 (1973), 359–74.

Harsanyi, John: «Bayesian Decision Theory, Rule Utilitarianism, and Arrow's Impossibility Theorem». In: Theory and Decision 11 (1979), 289–317.

Hayek, Friedrich A. v.: «Dr. Bernhard Mandeville» (1960). In: Ders., Freiburger Studien. Tübingen 1969.

Ders.: Demokratie, Gerechtigkeit und Sozialismus. Tübingen 1977.

Ders.: Recht, Gesetzgebung, Freiheit. Bd. 2: Die Illusion der sozialen Gerechtigkeit. Landsberg 1981.

Ders.: Evolution und spontane Ordnung. Zürich 1983.

Ders.: «Sitte, Ordnung und Nahrung. Über die Ethik des Eigentums und die Entwicklung der Kulturen». In: FAZ, 30. 7. 1983 a.

Hirschman, Albert O.: Leidenschaften und Interessen. Politische Begründung des Kapitalismus vor seinem Sieg. Frankfurt/M. 1980.

Höffe, Otfried: Ist Rawls' Theorie der Gerechtigkeit eine Kantsche Theorie? In: Ratio 26 (1984), Heft 2.

Ders.: «Das Prinzip der Gerechtigkeit». In: B. v. Maydell/W. Kannengießer (Hrsg.), Handbuch Sozialpolitik. Pfullingen 1988, 66–78.

Lyons, David: Forms and Limits of Utilitarianism. Oxford 1965.

Mandeville, Bernhard: Die Bienenfabel (urspr. 1705). Hrsg. von W. Euchner. Frankfurt/M. 1980.

Musgrave, Richard: The Theory of Public Finance. New York 1959.

Nash, John: «The Bargaining Problem». In: Econometrica Nr. 18 (1950), 286–295.

Neumann, Manfred: «Neoklassik». In: Otmar Issing (Hrsg.), Geschichte der Nationalökonomie. München 1984.

Rawls, John: Eine Theorie der Gerechtigkeit. Frankfurt/M. 1975.

Samuelson, Paul/Nordhaus, William: Volkswirtschaftslehre. Bd. 1. Köln 1987.

Schildbach, Thomas: «Entscheidung». In: Vahlens Kompendium der Betriebswirtschaftslehre. Bd. 2. München 1990, 57–97.

Sen, Amartya: Collective Choice and Social Welfare. Amsterdam 1970.

Ders.: Ökonomische Ungleichheit. Frankfurt/M. 1975.

Ders.: On Ethics and Economics. Oxford 1987.

Ders.: «Individual Freedom as a Social Commitment». In: The New York Review of Books, 14. Juni 1990, 49–54.

Simmel, Georg: Philosophie des Geldes. Berlin 1900.

Smith, Adam: Der Wohlstand der Nationen (urspr. 1776). Hrsg. von H. C. Recktenwald. München 1978.

Sombart, Werner: Die drei Nationalökonomien. Berlin 1930.

Sterba, James: How to Make People Just. A Practical Reconciliation of Alternative Conceptions of Justice. Totowa 1988.

Stiglitz, J.: The Economic Role of the State. Oxford 1989.

Stobbe, Alfred: Volkswirtschaftslehre II. Mikroökonomie. Berlin 1983.

Ulrich, Peter: «Wirtschaftsethik als Wirtschaftswissenschaft». In: Forschungsstelle für Wirtschaftsethik, Bericht Nr. 23 (1988).

Weber, Max: Wirtschaft und Gesellschaft. 5. Aufl. Tübingen 1976.

Wellmer, Albrecht: Ethik und Dialog. Frankfurt/M. 1986.

Malte Lehming

Krieg und nukleare Abschreckung

0 Einleitung

Eine moralphilosophische Untersuchung der Fragen, ob und unter welchen Bedingungen es berechtigt sein kann, Kriege zu führen, und ob die nukleare Abschreckung ein legitimes Mittel ist, bei Bewahrung der nationalen Souveränität den Frieden zu sichern, steht vor einer zweifachen Aufgabe. Zum einen muß geklärt werden, welche Argumente der – in den vergangenen Jahrzehnten aus verschiedenen Anlässen virulent gewordenen – öffentlichen Auseinandersetzung über das Thema tatsächlich moralischer Art sind; nur allzu oft nämlich fließen nicht-moralische Standpunkte in die Debatte mit ein und bestimmen die jeweilige Position, etwa strategische, politische, wirtschaftliche oder auch allgemein weltanschauliche. Das jedoch setzt zum anderen voraus, daß sich ein moralisches Fundament als Bewertungsrahmen für diese Fragen begründen läßt, das dem Problem angemessen ist und mit dessen Hilfe sich konkurrierende moralische Auffassungen zurückweisen lassen.

Ein solcher Versuch steht aber auch vor einer doppelten Gefahr. Auf der einen Seite setzt man sich dem Verdacht aus, einer womöglich unzureichend abgesicherten Moraltheorie zu folgen; auf der anderen Seite müssen technische, strategische und politische Faktoren notwendigerweise berücksichtigt werden. Ohne dieses Risiko bagatellisieren zu wollen, erscheint es mir angesichts der Bedeutung des Themas für die Öffentlichkeit im allgemeinen wie auch für die politische Klasse vergleichsweise gering. Moraltheorien werden erst dann wirksam, wenn sie sich auf konkrete moralische Fragen einlassen, also darauf, wie moralische Einstellungen auf praktische Probleme angewendet werden sollen. Unter der Wirkung einer moralphilosophischen Reflexion verstehe ich allerdings nicht in erster Linie die unmittelbare Veränderung eines bestehenden Zustandes als vielmehr die Aufklärung über den Gehalt und die Berechtigung der vorreflexiven Meinungen zu einem kontroversen Sachverhalt. Dies gewinnt zusätzliche Bedeutung dadurch, daß viele Autoren vor dem Hintergrund der waffentechnologischen Entwicklung sowie des heute vorhandenen gewaltigen Zerstörungspotentials der Massenvernichtungswaffen dazu neigen, sich entweder in extreme, wirklichkeitsferne Positionen zu flüchten oder dem Durchdenken der Probleme allzu schnell Einhalt gebieten, indem sie den bestehenden Zustand als ein ‹Dilemma› oder ‹Paradox› bezeichnen.

Ein kurzer Überblick über die mittlerweile unübersichtlich gewordene Literatur zur nuklearen Abschreckung ist unmöglich. Daher müssen einige generelle Beobachtungen und Hinweise genügen. Die ersten Philosophen, die die atomare Drohung als ein besonderes Problem behandelten, waren Günther Anders, Karl Jaspers, Bertrand Russell und Carl Friedrich v. Weizsäcker. Ihre frühen Beiträge verdienen nicht nur zeitgeschichtliches Interesse, auch wenn die weitere Debatte durch sie kaum nachhaltig beeinflußt wurde. In dieser Beziehung entscheidender waren die Anfang der 60er Jahre erschienenen Arbeiten englischer, der analytischen Philosophie wie auch der katholischen Morallehre nahestehenden Philosophen wie G. E. M. Anscombe, Peter Geach und Anthony Kenny. In den USA gab der protestantische Theologe Paul Ramsey wichtige Anstöße. Obgleich die letztgenannten Autoren wesentliche Argumente, die gegen die Moralität der nuklearen Abschreckung vorgebracht werden können, prägnant formuliert hatten, blieben ihre Arbeiten bis Mitte der 70er Jahre relativ unbeachtet. Zu der Zeit nahmen drei weitere amerikanische Autoren die vorangegangenen Anregungen auf und vertieften die nun folgende intensive Auseinandersetzung. Bei Gregory S. Kavka (1978, 285 ff), Michael Walzer (1977) und Douglas Lackey (1975, 332 ff) kristallisierten sich zwei Themenkomplexe heraus, die fortan im Zentrum der moralischen Analyse standen: Läßt sich die Lehre vom gerechten Krieg heute noch verteidigen, und welche Bedeutung hat sie für die moralische Bewertung der nuklearen Abschreckung? Und ist, vorausgesetzt, daß ein massiver nuklearer Zweitschlag unmoralisch ist, auch die Drohung mit diesem verwerflich? Die ausführlichste Bibliographie, die allerdings die theologische Komponente der Debatte verhältnismäßig stark gewichtet, findet sich in der gründlichen Studie von John Finnis (1987). Einen ausgezeichneten, sowohl problemorientierten als auch chronologischen Überblick über die angelsächsische Diskussion bis zum Jahre 1985 gibt Douglas Lackey (1987, 7 ff). Wertvoll ist ebenfalls die bibliographische Zusammenstellung von Uwe Nerlich und Trutz Rendtorff in ihrem Sammelband zur nuklearen Abschreckung (1989), zumal in ihr auch deutsche Beiträge berücksichtigt werden. Allgemein läßt sich sagen: Während die kontinentaleuropäische Kontroverse überwiegend von dem Aspekt der Gefährdung der Menschheit durch die Nuklearwaffen und dessen philosophischen Implikationen beeinflußt wird, steht für die angelsächsischen Autoren die Gefahr des verbotenen eigenen Tuns im Vordergrund. Nicht, daß etwas Schlimmes geschehen könnte, beunruhigt sie, sondern daß man bereit sei, etwas Verwerfliches zu tun. Die jüngst geäußerte Kritik an einem «englischsprachigen Autismus» (Henrich 1990, 252) in der Diskussion greift hingegen sicher nicht. Vielmehr muß die zögerliche Rezeption der angelsächsischen Arbeiten wohl mitverantwortlich gemacht werden für den geringen Einfluß der meisten deutschen Arbeiten auf diesem Gebiet.

1 Der moralische Beurteilungsrahmen

Der in der Literatur vorherrschende moralische Rahmen für die Bewertung der Legitimität staatlicher Gewaltanwendung nach außen ist die Theorie (Lehre) des gerechten Krieges. Ihr zufolge gibt es ein Recht zum Krieg (*ius ad bellum*) nur dann, wenn ein berechtigter Kriegsgrund (*iusta causa belli*) vorliegt und wenn bei der Kriegsführung bestimmte moralische Prinzipien nicht verletzt werden (*ius in bello*). Die Grundlage dieser Lehre bildet das in Selbstverteidigung ausgeübte Notwehrrecht. Es erlaubt jedem Menschen, wenn er einen Angriff auf sein Leben nicht anders abwehren kann, den Angreifer äußerstenfalls zu töten. Tatsächlich wird ein solches Recht gemeinhin akzeptiert, auch wenn es, wie der Pazifismus zeigt, nicht unumstritten ist. Obwohl noch näher erläutert werden könnte, in welchem Sinne ein Staat vom Tode bedroht sein kann, läßt sich die sogenannte «domestic analogy» (Walzer 1977, 55), das heißt die

Übertragung des individuellen Selbstverteidigungsrechtes auf ein Kollektiv, plausibel begründen und nachvollziehen.

Bezüglich der moralischen Restriktionen, denen das Selbstverteidigungsrecht unterliegt, unterscheidet sich das individuelle von dem des Kollektivs jedoch in einem wichtigen Punkt. Der individuelle Verteidiger darf erst dann den Aggressor töten, wenn es ihm unmöglich ist, sein Leben anders zu retten, beispielsweise indem er flieht. Denn Individuen können normalerweise an Autoritäten appellieren, die über die Macht verfügen, den Angreifer für sein Unrecht zu bestrafen. Da es auf internationaler Ebene (noch) kein vergleichbares System gibt, scheidet für Staaten die Unterwerfung als lebensrettende Maßnahme aus. Das bedeutet keineswegs, daß die Lehre vom gerechten Krieg der Bewahrung der nationalen Souveränität einen absoluten Wert einräumt. Zwar ist dieser Schutz eine der wichtigsten Aufgaben politisch organisierter Gemeinschaften in einer nationalstaatlich organisierten Welt. Denn solange keine Weltregierung oder eine andere internationale Regelung mit der dazu notwendigen Kompetenz und Macht in der Lage ist, Kriege zu verhindern und die grundlegenden Rechte auf Freiheit, Unabhängigkeit und Gerechtigkeit wirksam zu schützen, können allein souveräne Staaten beide Funktionen ausüben. Dennoch kommt diesem Ziel nur ein relativer moralischer Wert zu. Wenn sich ein Land nur mit eindeutig unmoralischen Methoden verteidigen kann, gibt es eine moralisch begründbare Pflicht zur Unterwerfung.

In der deutschen öffentlichen Debatte hat die Lehre vom gerechten Krieg keinen guten Ruf. Bei vielen ruft der Ausdruck ‹gerechter Krieg› Assoziationen an Kreuzzüge, Heilige Kriege oder kirchliche Segnungen sehr unheiliger Kriege hervor. Sie wird oft als eine Rechtfertigungslehre von Kriegen mißverstanden. Das hat zum einen damit zu tun, daß Deutschland im Unterschied zu anderen Ländern in diesem Jahrhundert auf keinen gerechten Krieg zurückblicken kann, was zu der Auffassung geführt hat, Kriege seien an sich unmoralisch. Neben mangelnden Kenntnissen von den Inhalten der Theorie des gerechten Krieges resultiert andererseits ihre fehlende Akzeptanz auch aus ihrer Nähe zur katholischen Tradition. Historisch betrachtet entstand die Lehre vom gerechten Krieg als eine Reaktion auf die Konstantinische Wende. Als die Kirche eine Mitverantwortung für die kriegerischen Auseinandersetzungen der staatlichen Macht übernahm, war es notwendig geworden, die christliche Lehre mit politischen Erfordernissen in Einklang zu bringen. Ihre erste Ausbildung erfuhr sie durch Augustinus (354–430); systematisch weiterentwickelt wurde sie in der scholastischen Theologie. Über Thomas von Aquin und Hugo Grotius hat die Lehre vom *bellum iustum* bis in die Gegenwart eine große Wirkung ausgeübt, wie u. a. die Übernahme vieler ihrer Grundsätze in das Völkerrecht zeigt. In der protestantischen Morallehre hingegen neigt man bis heute eher zu Konzeptionen ethischer Zweiweltenlehren. Obwohl in Artikel 16 der Augsburgischen Konfession (dem reformatorischen Grundbekenntnis von 1530) das «Iure Bellare» zu den welthaften Tätigkeiten der Christen gezählt wird, ist nicht zu übersehen, daß insbesondere im Luthertum die sogenannte «Zweireichelehre» weithin als eine schroffe Trennung zwischen der im Privaten gültigen Moral und den im politischen Bereich geltenden Regeln verstanden wurde. Die Theorie des gerechten Krieges bildet das Gegenstück zu einem derartigen Dualismus. Als eine politische Ethik weist sie zwar spezifisch politische Merkmale auf, entfernt sich jedoch nicht von allgemein akzeptierbaren moralischen Prinzipien, die derart fundamentalen Werten unserer Gesellschaft entsprechen, daß man sie zur moralischen Identität unserer Kultur rechnen kann. Bevor deren Bestimmungen im einzelnen dargelegt werden, wobei diejenigen besondere Beachtung verdienen, die für das Problem der Massenvernichtungswaffen und damit für die nukleare Abschreckung relevant sind, sollen nicht-moralische Stellungnahmen zum Krieg als auch moralisch konkurrierende Positionen charakterisiert und kritisiert werden.

1.1 Nicht-moralische Positionen zum Krieg

Nicht-moralische Stellungnahmen zur Frage, ob es im Kriegsfall gültige moralische Regeln gibt, lassen sich in zwei Auffassungen unterscheiden: den ‹Realismus›, dem zufolge in Kriegen die Moral zu schweigen habe, da es nur um Sieg oder Niederlage gehe, und den ‹Relativismus›, dessen Vertreter moralische Normen ausschließlich als Ausdruck geographisch-kultureller Verschiedenheiten oder aber geschichtlich entstandener Machtverhältnisse begreifen und deswegen ihre Verbindlichkeit bestreiten. Der ‹Realist› leugnet die für moralische Entscheidungen notwendige Freiheit im Kriegsfall. Er weist darauf hin, daß international anerkannte Regeln kaum beachtet und Verstöße gegen sie nicht sonderlich geahndet werden. Moralische Restriktionen hätten in Kriegen keine Relevanz. Die sich bekämpfenden Parteien wollten siegen und betrachteten alle Maßnahmen einzig und allein unter der Perspektive, ob sie dazu geeignet seien. Doch ebensowenig, wie der Umstand, daß gelogen, gestohlen und gemordet wird, die Gültigkeit und Relevanz der diesbezüglichen Verbote widerlegt, so wenig sind Kriegsverbrechen ein Einwand gegen die Lehre vom gerechten Krieg. Unsere de facto gefällten moralischen Urteile über Kriege und Kriegshandlungen (Hiroshima, Dresden, My Lai etc.) belegen, wie tief moralische Wertvorstellungen über legitime und illegitime Methoden verankert sind. Gemeinhin wird derjenige unmoralisch und skrupellos genannt, der beispielsweise einen flächendeckenden Giftgaseinsatz gegen gegnerische Wohnviertel nur danach beurteilt, ob er ein wirksames Mittel ist, den Krieg zu gewinnen.

Während der ‹Realist› die Verbindlichkeit von Normen lediglich für den Kriegsfall leugnet, bestreitet der ‹Relativist› ihren Geltungsanspruch generell, da sie von Ort zu Ort und von Zeit zu Zeit unterschiedlich seien. Nun ist die Verschiedenheit sittlicher Praxis je nach Raum und Zeit unwiderlegbar. Aber es läßt sich bezweifeln, ob das eine Folge verschiedener moralischer Prinzipien ist, oder ob nicht unterschiedliche Auffassungen über die angemessene Anwendung der Prinzipien zur Verhaltensvielfalt geführt haben. Darüber hinaus orientiert sich die Forderung des Nachweises einer zeitlosen und globalen Gültigkeit von Werten als Bedingung für die sinnvolle Beschäftigung mit moralischen Thematiken an einem fragwürdigen Moralverständnis. Eine gewisse «Intention auf moralische Verantwortung» (Patzig 1971, 61) muß bereits vorhanden sein und vorausgesetzt werden, wenn die Auseinandersetzung mit Problemen der angewandten Ethik möglich und sinnvoll sein soll. Ethik ist weder eine strenge Wissenschaft noch eine reine Glaubensfrage. Resultierte die Verwerflichkeit bestimmter Handlungen aus Beweisen oder transzendenten Gegebenheiten, dann könnten nur wenige geistig bemittelte oder gläubige Menschen begründen, warum Verhaltensregeln akzeptiert werden sollen. Unter den Relativismus fällt als aktuelle Position eine radikal-feministische Variante, deren Anhängerinnen folgendes behaupten: Weil Sexismus und Militarismus in jeder Gesellschaft unzertrennlich verknüpft und Kriege daher nur Ausdruck des Patriarchats seien, bedeute die Idee des gerechten Krieges eine Manifestierung der auf Ungleichheit basierenden Gesellschaft. Mit der Überwindung des Sexismus verschwänden auch Militarismus und Krieg. Anerkennungswürdig seien allein die moralischen Normen einer zukünftigen emanzipierten Gesellschaft. Der gesellschaftlich analytische Teil dieser Position steht hier nicht zur Klärung an. Doch selbst wenn die Menschheit mit der Gleichberechtigung der Frauen automatisch keine Kriege mehr führen würde, bleibt die Frage offen, welche moralischen Werte in der Übergangszeit gültig sein sollen.

Vertreter eines anderen nicht-moralischen Standpunktes, der vor allem in bezug auf die Legitimität der nuklearen Abschreckung bezogen wird, nehmen eine Klasse von Handlungen oder historischen Situationen an, auf die die Frage nach der Moralität nicht angewendet werden darf, da man sich in einer Extremsituation befinde. Zwar sei die Abschreckung unmoralisch; aber weil die Gegenseite über Nuklearwaffen verfüge, sei man zu ihrem Besitz gezwungen. Diese Haltung ist entweder inkonsistent, insofern ihre Anhänger ein meist unausgesprochen bleibendes übergeordnetes Moralsystem für sich in Anspruch nehmen, dem zufolge es eben doch richtig (und das heißt moralisch) sein kann, mit dem Einsatz von Massenvernichtungswaffen zu drohen, oder sie bleibt äußerst unbefriedigend. Denn ihr zufolge müßte fast die gesamte Nachkriegszeit als eine Extremsituation beschrieben werden, in der die Frage nach der Legitimität keine Berechtigung mehr hat (vgl. Nardin 1986, 289 ff). Zwei weitere Argumente, die insbesondere die öffentliche Diskussion über das Thema beherrschen, sollten in einer moralischen Analyse ebenfalls ausgeklammert werden – das ökonomische und das politische. Aus dem Zusammenhang von Rüstung und Wirtschaft, aus der Tatsache also, daß Waffen viel Geld kosten und Ressourcen verbrauchen, kann sich erst dann ein moralisches Argument ergeben, wenn Konsens über die Gewichtung verschiedener Ziele, die ein Staat verfolgen sollte, besteht. Ist beispielsweise die Krankenpflege, Bildung oder Entwicklungshilfe dringlicher als die Verteidigung? Eine solche Diskussion ist keineswegs irrelevant, sie bedarf jedoch der vorgängigen Auseinandersetzung über Maßstäbe zur Ermittlung von Wertprioritäten innerhalb einer Gesellschaft. Ebenso sollten politische Präferenzen oder Aversionen – imperialistische Kriegsgefahr hier, kommunistische Weltherrschaft dort – unberücksichtigt bleiben. Sie erschweren die Verständigung über möglicherweise beidseitig akzeptierbare moralische Regeln. Es reicht vollkommen aus, eine Situation zugrunde zu legen, die dadurch gekennzeichnet ist, daß sich zwei Staaten bzw. Militärbündnisse voneinander bedroht fühlen und beide das Recht beanspruchen, sich vor der Bedrohung zu schützen.

1.2 Der Pazifismus

Der Pazifist lehnt die Grundlage der Theorie des gerechten Krieges, das Selbstverteidigungsrecht aus Notwehr oder die Übertragung dieses Rechts auf ein Kollektiv ab. Der Ausdruck Pazifismus taucht im deutschen Sprachraum erst gegen Ende des 19. Jahrhunderts auf. Die Idee der Gewaltfreiheit als Grundlage des menschlichen Zusammenlebens fällt hingegen mit dem Aufkommen des Protestantismus zusammen. Sie wurde anfangs vom sogenannten linken Flügel der Reformation, den Spiritualisten und Täufern, vertreten, auf deren Basis später die Mennoniten und Quäker entstanden. Ihren geistigen Ausgang nahmen diese friedenskirchlichen Gruppen in einer gesetzlichen Interpretation der Bergpredigt und in dem Glauben an die Möglichkeit der Verwirklichung des Reiches Christi auf Erden. Die sich gegen Ende des 19. Jahrhunderts bildenden Friedensgesellschaften knüpften mehrheitlich nicht an die friedenskirchliche Tradition an. Die Angriffe ihrer Anhänger galten vornehmlich dem Militarismus und Chauvinismus, wobei sie sich oft auf eine strikte Auslegung der Lehre vom gerechten Krieg beriefen. Dieser antimilitaristische Pazifismus um die Jahrhundertwende hatte beachtliche politische Erfolge. Seine Vertreter saßen in vielen europäischen Parlamenten, von wo aus sie die Beschleunigung der Ausbildung des Völkerrechts wie auch andere Humanisierungen des Krieges bewirkten (Gründung des Roten Kreuzes). Auf die Tätigkeit pazifistischer Parlamentarier ist ebenfalls zurückzuführen, daß in der Haager Landkriegsordnung (1899 und 1907) Möglichkeiten zur Beilegung internationaler Konflikte durch Schiedsgerichte geschaffen wurden.

In der historischen Perspektive entwickelten sich also zwei unterschiedliche pazifistische Positionen: zum einen die der Friedenskirchen, die aus religiösen Gründen jegliche Waffengewalt ablehnen, zum anderen die der Friedensgesellschaften, deren Anhänger mehrheitlich ein streng limitiertes staatliches Selbstverteidigungsrecht akzeptierten. Das heutige Verständnis des Pazifismus, wie es sich nach dem Zweiten Weltkrieg herausbildete, orientiert sich vornehmlich an der ersten Position. Doch auch dieses Verständnis läßt interpretatorischen Spielraum. Denn zum einen ist mit der Ablehnung von Waffengewalt noch nicht unbedingt eine moralische Einstellung verbunden; zum anderen ergeben sich auf der moraltheoretischen Ebene verschiedene pazifistische Prinzipien. Mit Pazifismus kann nicht allein die Überzeugung gemeint sein, der zufolge es besser und glückfördernder wäre, wenn sich Menschen keine

Gewalt antäten. Dieser Auffassung stimmen auch die meisten Nichtpazifisten zu. Ebensowenig besteht der Pazifismus in einer bestimmten Voraussage bezüglich des eigenen Tuns. Wenn sich jemand für unfähig hält, in einer bestimmten Situation Gewalt anzuwenden, so ist er deswegen noch kein Pazifist. Schließlich ist auch der kein Pazifist, der nur von sich selbst sagt, er lehne es ab, Gewalt anzuwenden, was andere hingegen täten, ginge ihn nichts an. Wer sich so erklärt, vertritt kein moralisches Prinzip, sondern ein Geschmacksurteil, das keinen Verbindlichkeitsanspruch erhebt. Auf der Basis einer moralphilosophisch begründeten Ablehnung von Waffengewalt lassen sich drei pazifistische Postulate formulieren, die sich beträchtlich voneinander unterscheiden. Jeder, der mindestens einem dieser Prinzipien zustimmt und bereit ist, immer nach seinen Prinzipien zu handeln, ist ein Pazifist: 1. Es ist unter allen Umständen verboten, Gewalt anzuwenden. 2. Es ist unter allen Umständen verboten, (absichtlich) einen Menschen zu töten. 3. Es ist unter allen Umständen verboten, sich an Kriegen zu beteiligen.

Anhänger der ersten beiden Positionen haben gegen den Einsatz von Massenvernichtungswaffen kein anderes Argument als gegen den von Steinschleudern: Er führt schlimmstenfalls zum Tode von Menschen. Zwar ist die Anzahl der durch atomare Waffen Getöteten ungleich höher, doch aus der Steigerung der Quantität ergibt sich auf der Basis des Tötungs- bzw. Gewaltanwendungsverbots kein neues, besonderes Argument gegen solche Waffen (vgl. Kenny 1984, 23). Soll diese Position über die Glaubensannahme hinaus – es liegt allein in Gottes Hand, das Böse zu bekämpfen – legitimiert werden, so muß ihr Vertreter behaupten, daß jeder Mensch und damit auch der Verbrecher ein absolutes Recht auf Unversehrtheit besitzt, das niemand verletzen darf. Nun widerspricht es aber der gängigen Konzeption von Rechten, ein solches zu postulieren, ohne damit gleichzeitig zu implizieren, daß der, der dieses Recht besitzt, auch das Recht auf seine Verteidigung hat. Wenn die Rede von einem Recht auf Unversehrtheit sinnvoll sein soll, dann nur, wenn mit ihm auch eines auf Bewahrung dieser Unversehrtheit zugestanden wird (vgl. Narveson 1965, 266). Eine moralische Begründung des Satzes «Ich achte den Wert der Unversehrtheit von Menschen als höchsten Wert überhaupt, aber ich gestehe niemandem zu, etwas zu dessen Sicherung zu tun», läßt sich nur schwer erkennen. Wenn selbst Massenmörder unter keinen Umständen getötet werden dürfen, so steht das in einem eklatanten Mißverhältnis zu der Verpflichtung, denen zu helfen, die unter unrechtmäßiger Gewalt leiden. Überdies fehlt dem Pazifisten der ersten und zweiten

Position das moralische Kriterium, um beispielsweise das grausamste Massaker anders als den Tyrannenmord zu bewerten (vgl. Anscombe 1970, 42 ff). Auf jeden Fall gerät eine derartige Nivellierung vorhandener moralischer Beurteilungsdifferenzen in außerordentliche Begründungsschwierigkeiten.

Vertreter der dritten pazifistischen Position stützen sich nicht auf eine absolute Geltung des Tötungsverbots, sondern auf die Annahme, daß sich in einem mit Massenvernichtungswaffen geführten Krieg wichtige Grundsätze der Theorie vom gerechten Krieg nicht mehr befolgen ließen. In Anlehnung an Max Webers Unterscheidung zwischen Gesinnungs- und Verantwortungsethik wird sie als «verantwortungsethische Konzeption von Pazifismus» (Tugendhat 1985, 10) bezeichnet. Ihr zufolge stünden die voraussichtlichen Zerstörungen in einem mit modernen Waffen geführten Krieg in keinem angemessenen und vertretbaren Verhältnis mehr zu einem möglichen legitimen Ziel. Als ein generelles Kriegsbeteiligungsverbot ist diese Position jedoch wenig überzeugend, da nicht jeder mit Waffen ausgetragene Konflikt heute bereits an sich der Lehre vom gerechten Krieg widersprechen muß. Beschränkt sich das Verbot hingegen auf bestimmte Kriege in einer konkreten geopolitischen und waffentechnologischen Situation, sind terminologische Bedenken angebracht. Der Nuklearpazifismus wäre dann identisch mit einer strikten Auslegung der Lehre vom gerechten Krieg. In der Tat berufen sich viele Nuklearpazifisten auf deren Prinzipien, scheuen sich aber andererseits, diese Lehre aufgrund der gegen sie gerichteten Vorurteile zu akzeptieren.

1.3 Die Lehre vom gerechten Krieg

Wann ein Staat auf der Grundlage des kollektiven Selbstverteidigungsrechts zu den Waffen greifen darf, regelt das *ius ad bellum*. Wie Soldaten den Krieg führen dürfen, damit es eine legitime Verteidigung bleibt, bestimmen die Regeln des *ius in bello*. In der Literatur finden sich zu beiden Bereichen unterschiedliche Kriterien. Außerdem sind sich die Autoren darüber uneins, welche Restriktion im Konfliktfall eine übergeordnete Bedeutung besitzt. Den Bestimmungen des *ius ad bellum* gemäß kann ein Krieg nur dann gerechtfertigt sein, wenn er ein Verteidigungskrieg ist und wenn das voraussichtliche Leiden, das durch ihn verursacht wird, in einem angemessenen Verhältnis zu dem angestrebten Ziel steht. Um einen Verteidigungskrieg führen zu dürfen, müssen drei Bedingungen erfüllt sein:

Erstens: Nur eine kompetente Autorität darf ihn erklären. Einer schärferen Fassung zufolge muß diese Autorität ebenfalls über die Legitimation der Bürger verfügen. Doch solange international kein Konsens darüber besteht, wann eine politische Führung legitim ist, läuft diese Forderung dem Ziel der Lehre vom gerechten Krieg zuwider, das Zusammenleben zwischen den Völkern und Nationen möglichst friedlich zu organisieren. Über eine kompetente Autorität können auch revolutionäre Bewegungen verfügen. Wenn sie eine Führung etablieren, die in der Lage ist, den Kriegsverlauf zu kontrollieren, so sind auch sie berechtigt, Kriege zu führen.

Zweitens: Der Griff zu den Waffen darf nur ein letztes Mittel sein. Alle anderen (friedlichen) Bemühungen, den Streit zu schlichten, müssen versucht worden sein und versagt haben. Natürlich darf die Schlichtung nicht zu Lasten der territorialen Integrität und der politischen Souveränität eines Landes gehen, deren Verletzung den *casus belli* ja erst ausgemacht hat. Außerdem sollte diese Bedingung durch einen Zeitrahmen ergänzt werden, innerhalb dessen die friedlichen Mittel ergebnislos geblieben sind.

Drittens: Der gewaltsamen Verteidigung muß eine intolerable Aggression vorausgegangen sein. Das Ziel der Verteidigung darf nur in einer Wiederherstellung des Status quo bestehen und weder in der Vernichtung des Gegners noch in einer Bereicherung an ihm.

Das Proportionalitätsprinzip des *ius ad bellum*, das für die Beurteilung der Berechtigung von Nuklearkriegen von entscheidender Bedeutung ist, bringt zum Ausdruck, daß die voraussichtlichen Kriegsfolgen von der Führung des verteidigenden Landes gegen den Nutzen der Verteidigung abgewogen werden müssen. Wenn es sicher ist, daß durch den Krieg das eigene Land verwüstet und seine Bewohner zum großen Teil getötet würden, wäre die Verteidigung ungerechtfertigt. Das Recht zur gewaltsamen Wiederherstellung der alten Ordnung ist der Pflicht zur Proportionalität untergeordnet. Es gibt hier indes ein Spannungsverhältnis zwischen der Art der Aggression und der Menge an Leiden, die durch die Bekämpfung seiner Verursacher voraussichtlich ausgelöst werden. Je gravierender jene ist, desto größer kann diese sein.

Die Prinzipien des *ius ad bellum* und die des *ius in bello* gelten unabhängig voneinander. Das wurde deutlich in den Nürnberger Kriegsverbrecherprozessen. Man war sich einig darüber, daß der Krieg von seiten der Deutschen ein Angriffskrieg und somit ungerecht war. Der Schluß hingegen, deswegen sei jede militärische Handlung der deutschen Wehrmacht automatisch ein Kriegsverbrechen gewesen, wurde zurückgewiesen. Die Legitimität bestimmter militärischer Aktionen wurde ausschließlich nach den Prinzipien des *ius in bello* beurteilt.

Auch das Recht im Krieg gebietet die Proportionalität, denn in einem Krieg müssen Entscheidungen über sehr viele einzelne Maßnahmen getroffen werden. Man kann von den Verantwortlichen nicht erwarten, daß sie sie stets in Kenntnis ihrer Relation zu den Kriegsfolgen insgesamt beurteilen. Vor Ort fehlt oft der dazu erforderliche Überblick. Diese Regel verlangt also, eine Verhältnismäßigkeit zu wahren zwischen dem Leiden, das aus einer speziellen militärischen Handlung resultiert, und dem Ziel, das mit genau dieser Handlung verfolgt wird. Wie sich durchaus fair in einem ungerechten Angriffskrieg kämpfen läßt, so ist es auch möglich, in einem legitimen Verteidigungskrieg gegen die Regeln des *ius in bello* zu verstoßen. Im letzteren Fall ergibt sich die komplizierte Frage, welche und wie viele Verstöße gegen das *ius in bello* einen legitimen Krieg ungerecht werden lassen. Die Antwort darauf erfordert eine eingehende Auseinandersetzung mit der zweiten und in ihrer Bedeutung zentralen Limitierung der erlaubten Mittel in einem Krieg, dem sogenannten Immunitätsprinzip. Ihm zufolge ist es unter allen Umständen verboten, absichtlich einen Unschuldigen zu töten. Dieses Verbot läßt sich als das Kernstück der Lehre vom gerechten Krieg bezeichnen und definiert einen der wichtigsten Grundsätze unserer Moral überhaupt. Neben der Proportionalitätspflicht nimmt es eine überragende Stellung in der Auseinandersetzung um die Moralität der nuklearen Abschreckung ein.

Proportionalitäts- und Immunitätsprinzip gelten unabhängig voneinander. Ein Verstoß gegen das Immunitätsprinzip muß keineswegs unangemessen betreffs eines bestimmten Ziels sein. Ebensowenig müssen die Ausführenden einer unverhältnismäßigen militärischen Aktion damit notwendig auch das Immunitätsprinzip verletzen. Eine Begründung und Verteidigung des Verbots, absichtlich einen Unschuldigen zu töten, steht vor zwei Fragen: Wer ist ein Unschuldiger, und was bedeutet die Unterscheidung zwischen schuldig und unschuldig im Kriegsfall? Was heißt es, einen Unschuldigen absichtlich zu töten?

Das Verbot, absichtlich einen unschuldigen Menschen zu töten

Das klassische Beispiel für einen Verstoß gegen das Verbot der absichtlichen Tötung unschuldiger Menschen ist die «Medea» von Euripides. Es illustriert die tiefe Verankerung dieses Prinzips in unseren moralischen Urteilen über Jahrhunderte hinweg. In der Tragödie wird die Geschichte der Medea geschildert, die von ihrem Ehemann Jason schmählich verlassen wird und sich an ihm rächt, indem sie seine neue Frau sowie die eigenen Kinder umbringt. Die Objekte ihrer Rache sind eindeutig ‹illegitim›.

Im kollektiven Verteidigungsfall sind Soldaten die Schuldigen und Zivilisten die Unschuldigen. Das hat zur Konsequenz, daß man im Krieg mitunter auch diejenigen töten darf, die es aus der Bestrafungsperspektive nicht verdient haben. Der Zivilist nämlich, der enthusiastisch den Krieg unterstützt, ist demzufolge unschuldig, der junge Soldat hingegen, der den Krieg innerlich ablehnt und wider seinen Willen zur Beteiligung an ihm gezwungen wurde, ist schuldig. Doch wie im individuellen, so kann auch im kollektiven Fall der Aspekt der Bestrafung der angreifenden Person nicht ausschlaggebend sein. Zwar ist auf individueller Ebene der Aggressor im allgemeinen moralischen Sinne zumeist auch ein schlechter Mensch und gehört als solcher bestraft, doch der Verführte oder psychisch Kranke darf in äußerster Not ebenfalls getötet werden. Die Schuld des Soldaten im Kriegsfall besteht allein in der Gefahr, die von ihm für das eigene und kollektive Leben ausgeht (vgl. Wassermann 1987, 356 ff).

Eine rein situative Bestimmung der Frage, wer die Schuldigen sind – nach den Kriterien der Unmittelbarkeit und Direktheit der von ihnen ausgehenden Bedrohung –, läuft indes Gefahr, den Begriff der Schuld subjektiv auszulegen. Bedeuten nicht auch Zivilisten, die feindliche Soldaten verstecken und tatkräftig unterstützen, eine unmittelbare und direkte Gefährdung? Hingegen wäre eine Unterscheidung in Klassen – Soldaten hier, Zivilisten dort – zwar eindeutig, jedoch ebensowenig gegen Mißbrauch gefeit. Denn fliehende und am Kriegsgeschehen unbeteiligte Soldaten dürfen dieser Interpretation nach getötet werden, eine mit modernen Waffen ausgerüstete Kinderarmee aber eventuell nicht. Der Schwierigkeit einer eindeutigen Grenzziehung zum Trotz trifft eine situative Auslegung des Immunitätsprinzips den moralischen Sinn der Trennung zwischen Schuldigen und Unschuldigen am ehesten (vgl. Fullinwider 1975, 90 ff). Diejenigen, die in ihrer Aktivität zur bloßen Existenz der Menschen beitragen (bzw. zur Existenz der Soldaten als Menschen wie Sanitäter oder das Versorgungspersonal), sind offensichtlich unschuldig. Sie absichtlich zu töten, ist verboten. Weiterhin fallen Kranke, Alte, Kinder und Frauen (alle diese, soweit sie nicht kämpfen) sowie eindeutig Babys unter das Immunitätsprinzip (vgl. Nagel 1979, 53 ff). Doch werden nicht in allen Kriegen viele dieser Menschen getötet, und wird daher nicht fortwährend gegen das Immunitätsprinzip verstoßen?

Gegen das Bewirken des Todes Unschuldiger aufgrund dessen, was man tut, kann es ohne Inkohärenz kein absolutes Verbot geben. Wenn ein Arzt einem von fünf todkranken Menschen das begrenzt vorhandene lebensrettende Medikament verabreicht, sterben die vier anderen. Deren Tod darf er als vorhersehbaren Nebeneffekt seiner Handlung in Kauf nehmen, denn die der Tat zugrundeliegende direkte Absicht bestand in der Rettung eines Menschen. Der von ihm nicht beabsichtigte Effekt war der Tod der anderen. Das ist das Prinzip des doppelten Effekts: Es kann einen moralisch signifikanten Unterschied ausmachen, etwas absichtlich zu tun – ob als Mittel zu etwas anderem oder als Ziel an sich –, oder aber eine Konsequenz, die durch die Handlung eintritt, zu bewirken. Nicht alles, was anderen Menschen aufgrund meines Tuns widerfährt, habe ich ihnen absichtlich angetan. Um von der Lehre des doppelten Effekts gedeckt zu sein, muß eine Kriegshandlung, die zum Tode Unschuldiger führt, folgende Bedingungen erfüllen: (1) Sie muß auf ein legitimes Objekt zielen. Die Bombardierung eines Soldatencamps, das sich weitab vom eigentlichen Kriegsschauplatz befindet und von dem keine Gefahr ausgeht, ist ein illegitimes Objekt. (2) Der direkt beabsichtigte Effekt der Handlung muß in einem angemessenen Verhältnis zur Bedrohung stehen, die man durch sie verhindern will. (3) Der Handelnde darf nur den legitimen Effekt beabsichtigen und den Tod Unschuldiger weder als ein Ziel wollen noch als ein Mittel zu einem anderen Ziel. (4) Die schlechten Konsequenzen (der Nebeneffekte) müssen proportional zu dem beabsichtigten Effekt sein.

Problematisch ist vor allem der dritte Punkt. Da sich die Absicht eines Menschen allein mit Hilfe von Indizien wie sprachlichen Äußerungen etc. ermitteln läßt, kann der Handelnde nur vorgeben, er hätte eine vom doppelten Effekt sanktionierte Absicht gehabt. Doch hier hilft der sogenannte Nonexplanation-Test. Wenn das Bewirken der schlechten Konsequenzen (Tod der Unschuldigen) zur Klärung der Frage beiträgt, warum die Handlung ausgeführt wurde, waren die Effekte beabsichtigt und die Handlung somit illegitim. Kann hingegen der Handelnde überzeugend darlegen, daß seine Tat auch hätte erfolgen müssen, wenn dabei keine Unschuldigen getötet worden wären, war sie gemäß der Lehre vom doppelten Effekt erlaubt. Hätte man den amerikanischen Präsidenten Truman gefragt, ob er den Befehl zum Abwurf der Atombomben auf Hiroshima und Nagasaki auch dann erteilt hätte, wenn dadurch keine Zivilisten ums Leben gekommen wären, so hätte er dies verneinen müssen. In diesem Fall wurde das Immunitätsprinzip eindeutig verletzt.

Die vierte Bedingung schreibt vor, daß der Nebeneffekt in einem angemessenen Verhältnis zu dem direkt beabsichtigten Effekt stehen muß. Es kann nur dann legitim sein, den Tod von Unschuldigen als Nebeneffekt zu bewirken, wenn durch den direkten Effekt ein adäquates Übel verhindert werden soll. Man ist nicht deshalb schon berechtigt, Unschuldige zu töten, weil ihr Tod nicht direkt beabsichtigt war. Hinzu kommt als notwendige Bedingung der Anwendbarkeit der Lehre vom doppelten Effekt die Relevanz des verfolgten Ziels. Es muß von Dringlichkeit für die Verhinderung eines großen Übels sein. Alle vier Punkte zusammengenommen, ergibt sich folgende präzisierte Regel des Immunitätsprinzips: Wenn als Konsequenz der Handlung ein Unschuldiger getötet wird, sein Tod aber weder gewollt wurde noch ein Mittel zu einer anderen beabsichtigten Konsequenz ist, d. h., wenn der Handelnde dieselbe Handlung unternommen hätte, auch wenn der Unschuldige nicht gestorben wäre, und wenn er genau diese Handlung zu dieser Zeit aufgrund dessen, was er anderen Menschen an Hilfe schuldet, tun mußte, dann hat er den Unschuldigen nicht absichtlich getötet.

Gegen die Lehre vom doppelten Effekt kann eingewendet werden, daß die Unterscheidung zwischen direkt beabsichtigten und unerwünschten, aber vorhersehbaren Folgen einer Handlung unberechtigt ist. Diese Kritik akzeptiert zwar die Relevanz der Absicht, mit der etwas getan wird, erweitert aber den Inhalt um jede dem Handelnden bewußte Konsequenz und behauptet, der Ausführende sei für alle Folgen gleichermaßen verantwortlich. Doch absichtlich etwas tun und wissentlich etwas in Kauf nehmen sind in der Tat weder im rechtlichen noch im moralischen Sinne dasselbe. Der Erbauer einer Autobahn nimmt wissentlich in Kauf, daß als Folge seines Tuns unschuldige Menschen sterben werden; er beabsichtigt dies jedoch keineswegs.

Sicher deckt das durch die Lehre vom doppelten Effekt präzisierte Immunitätsprinzip nicht alle im Krieg möglichen Fälle zweifelsfrei ab. Eine solche Forderung aber als Bedingung der Akzeptanz der Lehre vom gerechten Krieg zu erheben, würde von moralischen Regeln zuviel verlangen. Eine bestimmte Moraltheorie muß sich gegen andere unter anderem durch das Maß ihrer Übereinstimmung mit unseren moralischen Intuitionen behaupten. Diese sollen Argumente nicht ersetzen, sondern im Gegenteil: Aus konstruierten Beispielen gewonnene Zweifelsgründe an der generellen Anwendbarkeit bestimmter moralischer Prinzipien dienen der Aufklärung über die Akzeptanzmöglichkeiten dieser Theorien und der ihnen zugrunde liegenden Intuition. Die Einwände gegen den Pazifismus wie auch gegen eine rein konsequentialistische Auffassung, mit der die absichtliche Tötung unschuldiger Menschen durchaus vereinbar ist, sind weitaus gravierender als das Unbehagen an der Grauzone, in der man sich mit der Lehre vom gerechten Krieg befinden kann.

1.4 Der Einsatz von Nuklearwaffen

Ein Einsatz atomarer Waffen muß den Bestimmungen der Lehre vom gerechten Krieg nicht unbedingt zuwiderlaufen. So könnte sich die Beschießung einer auf offener See befindlichen U-Boot-Flotte unter bestimmten Voraussetzungen durchaus mit ihr vereinbaren lassen. Weiterhin sind Szenarien denkbar und angesichts der zunehmenden Verbreitung nuklearer Technologien (Proliferation) auch nicht unwahrscheinlich, in denen ein mit Nuklearwaffen geführter Angriff gegen ein Land legitim wäre, das allerdings nicht unmittelbar in die globalen nuklearen Interdependenzen einbezogen sein darf. Sollte beispielsweise die Regierung einer kleineren Nuklearmacht im Vertrauen auf die Zurückhaltung der Supermächte mit eindeutig aggressiver Absicht Atomwaffen gegen ein schwächeres Nachbarland einsetzen, könnte eine Situation entstehen, in der sich die Weltgemeinschaft darauf verständigen sollte, dem Aggressor ihrerseits – sofern darin die einzige Möglichkeit läge – durch wenige gezielte Nuklearschläge Einhalt zu gebieten. Die Duldung einer derartigen Aggression jedenfalls würde ein bedenkliches Signal mit unabsehbaren Folgen für den globalen Frieden bedeuten. Dieses äußerst spekulative Beispiel soll verdeutlichen, daß das Nachdenken über gerechtfertigte Verwendungsweisen von Waffen auch unter den Bedingungen der Massenvernichtungswaffen aktuell und notwendig bleibt.

Im Unterschied dazu ist jeder Einsatz atomarer Waffen im Rahmen der nuklearen Abschreckung illegitim. Dies zu begründen erfordert ein genaueres Verständnis der Wirkungsweise und Logik der Abschreckungspolitik. Grundsätzlich funktioniert militärische Abschreckung auf zweierlei Weise: zum einen, indem man einem potentiellen Angreifer glaubhaft das Erreichen seiner politischen und militärischen Ziele verwehrt (deterrence by denial); zum anderen kann der mögliche Aggressor dadurch abgeschreckt werden, daß ihm glaubhaft mit Vergeltungsmaßnahmen gedroht wird, deren Folgen für ihn gravierender sind als der Nutzen seiner Aggression (deterrence by punishment). Das Kennzeichen der nuklearen Abschreckung besteht darin, daß in ihr der Vergeltungsgedanke dominiert, da ein Verwehren des Erfolgs ausgeschlossen ist. Beide Seiten besitzen demzufolge die Möglichkeit, nach einem erlittenen Schlag – selbst wenn ihn der andere mit allen seinen Waffen geführt haben sollte – dem Gegner inakzeptablen Schaden zuzufügen. Dazu ist eine ausreichende Anzahl offensiver Nuklearwaffen vonnöten sowie die Gewährleistung ihrer Verwendungsfähigkeit nach einem Angriff der Gegenseite. Die Grundvoraussetzung einer gegenseitig zugesicherten Zerstörungsfähigkeit (mutual assured destruction) liegt in einer gesicherten Zweitschlagskapazität. Diese beinhaltet, einen massiven nuklearen Vergeltungsschlag auch gegen die Zivilbevölkerung des anderen Landes führen zu können und im Ernstfall dazu bereit zu sein; denn eine Zweitschlagsdrohung, die ausschließlich auf gegnerische Militäreinrichtungen zielt, wäre unglaubwürdig. Würde kein Unschuldiger bei einem Zweitschlag getötet werden (Nonexplanation-Test), fehlte der Abschreckung ein für ihr Funktionieren zentrales Moment: die glaubhafte Zusicherung an den Gegner, einen vergleichbaren oder sogar größeren Schaden hinnehmen zu müssen. Er könnte das eigene Risiko kalkulieren.

Einige Autoren gestehen zwar die Illegitimität eines massiven nuklearen Zweitschlags zu, halten aber begrenzte Einsätze nuklearer Waffen auch im Rahmen der Abschreckung für gerechtfertigt (vgl. Fisher 1985, 95 ff). Sie glauben, daß die Wahrscheinlichkeit einer Eskalation gering sei und nur dann gegeben wäre, wenn sich eine Seite absichtlich zu ihr entschlösse oder wenn die Kontrollzentren der feindlichen Parteien zerstört würden. Das Eintreten beider Bedingungen sei aber unwahrscheinlich, da eine absichtlich herbeigeführte Eskalation irrational wäre und die Ausschaltung der Kontrollzentren dem Interesse beider Seiten widerspräche, eine unkontrollierte Eskalation zu vermeiden. Eine genaue Bestimmung der nuklearen Eskalationswahrscheinlichkeit eines einmal begonnenen Krieges ist unmöglich. Da sich das Verhalten der verantwortlichen Akteure kaum berechnen läßt, kann dessen Verlauf nur schwer prognostiziert werden. Abgesehen von technischen Problemen, die eine Begrenzung mit sich bringt, wie die Sicherstellung der Unverwundbarkeit der sogenannten C-3-Systeme (Command, Control and Communication), wären die durch Nuklearwaffen angerichteten Zerstörungen so immens, daß es ein riskantes Unterfangen darstellt, rational nachvollziehbare Reaktionen auf sie zur Berechnungsgrundlage zu machen. Ein absichtlicher Einsatz von Nuklearwaffen einer Supermacht gegen das Territorium des Gegners oder seiner Verbündeten wäre nur dann begrenzbar, wenn es eine Seite trotz vorhandener militärischer Kapazitäten bewußt vorzöge, den Krieg zu verlieren, als sich für den erlittenen Schaden zu rächen. Auf eine solche Wahrscheinlichkeit läßt sich eine rationale Analyse jedoch nicht stützen. Überdies hätte auch ein begrenzter Nuklearkrieg verheerende Auswirkungen. Das Zerstörungspotential der gegenwärtig vorhandenen Nuklearwaffen in der Welt ist ca. eine Million Mal so groß wie das der Hiroshima-Bombe (vgl. Turco v. d. 1983, 1283 ff). Ein relativ kleiner Teil davon reicht aus, um mehrere hundert Großstädte zu zerstören. Viele wichtige Militäreinrichtungen befinden sich in unmittelbarer Nähe von Städten. Angesichts dieser Situation liegt es auf der Hand, daß sich die Rede von der Legitimität begrenzter Nuklearkriege entweder an Szenarien orientiert, die unrealistisch sind, oder aber auf einem Verständnis des moralisch Vertretbaren fußt, das mit den bislang verteidigten Kriterien unvereinbar ist.

Alle drei genannten Faktoren – die Fähigkeit und Bereitschaft beider Seiten zum massiven nuklearen Zweitschlag, die hohe Eskalationswahrscheinlichkeit, die bei jedem absichtlichen Einsatz atomarer Waffen im Rahmen der nuklearen Abschreckung gegeben sein muß, sowie das Zerstörungsausmaß auch eines begrenzten Nuklearkrieges – verbieten jeden absichtlichen Gebrauch atomarer Waffen im Rahmen der nuklearen Abschreckung. Dieses Faktum verändert auch eine technologische Umstellung der Abschreckungssituation nicht, wie sie insbesondere von SDI-Befürwortern gefordert wird. Denn als moralische Alternative läßt sich das SDI-Projekt nur in der Koppelung von einem totalen Verzicht auf nukleare Vergeltungsmittel und dem gleichzeitigen Aufbau eines lückenlosen Abwehrsystems diskutieren. Eine bloße Ergänzung des eigenen Offensivwaffenpotentials durch Abwehranlagen bedeutete die Fortführung der Drohung mit dem unmoralischen Einsatz nuklearer Waffen. Doch ein derartiges System, das in der Lage sein muß, Tausende von nuklearen Gefechtsköpfen in wenigen Minuten zuverlässig zu zerstören, läßt sich nicht testen. Da bereits wenige Nuklearwaffen ausreichen, um bei einem gezielten Angriff auf Städte mehrere Millionen Tote zu verursachen, wäre es wider alle Vernunft, wenn ein Land seine Verteidigung nur auf die Hoffnung gründete, die gegnerischen Raketen von ihrem Ziel abhalten zu können. Denn das Beste, was ihm passieren könnte, ist, daß es funktioniert; das schlechteste für die Gegenseite, daß der Angriff nicht erfolgreich war. Auf diese Perspektive wird sich niemand einlassen (vgl. Schonsheck 1986, 151 ff). (Allerdings läßt sich die Installation von ergänzenden Abwehrkomponenten dadurch befürworten, daß sie einen zusätzlichen Schutz vor unabsichtlich ausgelösten Nuklearkriegen sowie vor nuklearen Erpressungen durch Terrororganisationen oder kleinere atomwaffenbesitzende Staaten bieten.)

2 Die Legitimität der nuklearen Abschreckung

Ein Urteil über die Legitimität der Drohung mit nuklearer Vergeltung schließt unausweichlich die Entscheidung über eine von zwei konkurrierenden Auffassungen über den angemessenen ethischen Bezugsrahmen ein: die konsequentialistische oder die deontologische Ethik. Dem konsequentialistischen Moralbegriff zufolge wird der Wert von Handlungen vorrangig nach ihren Konsequenzen bestimmt und nicht nach den ihnen zugrunde liegenden Motiven oder ihrer Übereinstimmung mit einer unbedingt zu befolgenden moralischen Pflicht. Die konsequentialistische Handlungsmaxime läßt sich im wesentlichen so formulieren: Handle so, daß die nach Maßgabe der verfügbaren Einsicht vorhersehbaren Konsequenzen deiner Handlung die Interessen aller (direkt und indirekt) beteiligten Personen fördern. Maximiere das Gute auf der Welt und minimiere das Schlechte. Wenn du nur die Wahl zwischen zwei Übeln hast, entscheide dich für das Kleinere. Sofern im Rahmen dieses Ansatzes auch moralische Prinzipien (wie das Immunitätsprinzip) berücksichtigt werden, so gelten sie nur prima facie, d. h, solange nicht auf der konsequentialistischen Ebene ein Verstoß gegen sie gerechtfertigt ist (vgl. Nye 1986). Der Deontologe hingegen beurteilt den Wert einer Handlung nach ihrer Übereinstimmung mit einer moralischen Pflicht, die unabhängig von den Konsequenzen ihrer Befolgung absolut eingehalten werden muß. Deontologisch argumentiert derjenige, der mindestens einen Satz der Form «Handlung x ist verboten, was auch immer die Konsequenzen sein mögen» akzeptiert, womit er behauptet, daß in einigen Fällen die «intrinsic badness» (Anscombe 1981, 35) einer Handlung von derart überwältigendem moralischen Gewicht ist, daß auf die besonderen Umstände und Folgen keine Rücksicht genommen werden darf. Für ihn findet sich das moralisch Richtige nicht immer in einer Maximierung des Guten, sondern in einigen Fällen sei genau umgekehrt das moralisch Gute durch das moralisch Richtige zu bestimmen und deshalb nicht steigerbar (Rawls 1972, 30). Zwar läßt sich der Gegensatz zwischen Deontologie und Konsequentialismus durch eine Einschränkung ihrer jeweiligen Geltungsansprüche auf zwei verschiedene Bereiche der Moral entschärfen – je nachdem, ob die Handlung unter einer unbedingten oder einer verdienstlichen Pflicht steht –, aber er läßt sich bei einigen Konflikten nicht auflösen (vgl. Steinvorth 1990, 21 ff).

Einer dieser Konflikte ist der Streit um die Legitimität der nuklearen Abschreckung. Einig sind sich alle Autoren darüber, daß ein massiver Einsatz atomarer Waffen im Rahmen der Abschreckungspolitik unter allen Bedingungen verboten wäre. Daraus resultieren, je nach Wahl des ethischen Bezugsrahmens, zwei verschiedene moralische Forderungen: (1) Es muß verhindert werden, daß es zu einem Einsatz von Nuklearwaffen kommt; (2) man darf nicht selbst Nuklearwaffen einsetzen. Während die Vertreter des ersten Prinzips die Moralität der nuklearen Abschreckung danach beurteilen, ob sie ein rationales und nützliches Mittel ist, unerwünschte Konsequenzen zu verhindern, konzentrieren sich die Anhänger des zweiten Prinzips auf die Frage, ob sie ein erlaubtes Mittel dazu ist. Wie im ersten Prinzip unklar bleibt, ob wir alles tun und riskieren dürfen, um den Einsatz von Nuklearwaffen zu verhindern, so im zweiten, ob wir auch unbedingt jedes Risiko ausschließen müssen, sie selbst einzusetzen. Die Schwierigkeiten, diese Fragen eindeutig zu beantworten, könnten zu der Annahme verleiten, es gebe keine allgemein anerkannten inhaltlichen Moralprinzipien. Dennoch lassen die verschiedenen Beantwortungsversuche erkennen, daß solche Moralprinzipien vorausgesetzt werden müssen, um der nuklearen Abschreckung Legitimitätsbedingungen zu setzen. Der Dissens zeigt nicht die Leerheit der Prinzipien auf, sondern ihre Dringlichkeit trotz der Probleme bei ihrer Anwendung.

2.1 Der konsequentialistische Ansatz

Es gibt auf konsequentialistischer Seite ebenso pro- und antinukleare Positionen wie auf deontologischer. Während jedoch die Mehrheit der Befürworter der nuklearen Abschreckung konsequentialistisch argumentiert, berufen sich deren Gegner überwiegend auf deontologische Prinzipien. Alle Konsequentialisten stimmen darin überein, daß die Abschreckungspolitik 40 Jahre lang funktioniert hat und daß in der Rationalität und Stabilität dieser Strategie eine Voraussetzung ihrer Legitimität besteht. Wäre es sicher, daß die Drohung mit Massenvernichtungswaffen deren Einsatz weltweit verhindert, würden sie diese als ein legitimes Mittel bejahen.

Gegner der Abschreckung sind gezwungen, die einseitige nukleare Abrüstung als Voraussetzung für die Minimierung der Wahrscheinlichkeit eines Einsatzes von Nuklearwaffen zu fordern. Man riskiere dann zwar die militärische Unterwerfung, aber diese sei nach einem bloßen Nutzenkalkül dem Risiko eines Atomkriegs vorzuziehen (vgl. Lackey 1984). Dagegen wenden Befürworter der Abschreckung oft das sogenannte Wissensargument ein: Selbst wenn alle heute existierenden Nuklearwaffen vernichtet würden, so könnte man nicht das Wissen, wie sie gebaut werden, mit ihnen vernichten. Im Falle eines Krieges würde dieses Wissen darauf verwandt werden, atomare Waffen wiederherzustellen. Der Anreiz, sie dann auch einzusetzen, wäre hoch, da die Hoffnung bestünde, der Gegenseite zuvorkommen zu können. Selbst die vollständige nukleare Abrüstung kann also den Einsatz von Nuklearwaffen nicht sicher und für alle Zeiten verhindern. Eine risikofreie Lösung gibt es im Rahmen des konsequentialistischen Ansatzes nicht. Daher kennzeichnet es die Diskussion, daß mit unterschiedlichen Wahrscheinlichkeitsannahmen über das Eintreten bestimmter Ereignisse sowie mit verschiedenen Gewichtungen bestimmter Werte gearbeitet werden muß.

Um die Rationalität der nuklearen Abschreckung zu analysieren, ist es zweckmäßig, zwischen der Abschreckungstheorie und ihrer politischen Praxis zu unterscheiden. Die theoretische Rationalität der Abschreckung wirft in erster Linie Fragen nach der Glaubwürdigkeit der Drohung auf. Ihre praktische Rationalität dagegen muß Risiken einschätzen und bewerten, die die Etablierung des Abschreckungssystems mit sich bringt. Auf theoretischer Ebene gehören zu den notwendigen Rationalitätsbedingungen eine gesicherte Zweitschlagsfähigkeit sowie eine glaubwürdige Drohung mit ihrem Einsatz. Die Glaubwürdigkeit der nuklearen Drohung ist dann gegeben, wenn sich für den Vergeltungsschlag ausreichend plausible Motive finden lassen. Als dritte notwendige Bedingung tritt die Forderung nach einer hinlänglichen Stabilität der Abschreckung hinzu. Die Summe der notwendigen Bedingungen der theoretischen Rationalität ergibt ihre hinreichende Bedingung.

Welch zentrale Bedeutung die Zweitschlagsfähigkeit hat, wird deutlich, wenn man sich die Faktoren ansieht, die in der Vergangenheit zur Kriegführungsbereitschaft eines Landes maßgeblich beitrugen. In der Geschichte der Kriege lassen sich viele Beispiele finden, die belegen, daß die kriegführende Partei ihre Aggression unterlassen hätte, wenn sie sich über deren Folgen im klaren gewesen wäre. Mindestens ein Drittel der in der Vergangenheit begonnenen Kriege hatte ihre direkte Ursache in einer Fehleinschätzung der gegnerischen Widerstandskraft. Zur Kriegführung, so scheint es, gehört die Überzeugung, ihn auch gewinnen zu können. Bestimmt haben sich einige Aggressoren auch keine Gedanken darüber gemacht, wie ihre Unternehmungen enden werden. Doch ein quasi einprogrammierter Mißerfolg wäre wahrscheinlich selbst für sie ein ausreichender Hinderungsgrund gewesen. Nun ist im Zustand der gegenseitig zugesicherten Zerstörung eine rational begründete Gewinnerwartung ausgeschlossen. Eine gesicherte Zweitschlagsfähigkeit zwingt die Politiker dazu, sich die Konsequenzen ihres Tuns vor Augen zu halten. Das so geschaffene Vorauswissen jedes möglichen Angreifers über das Ergebnis seiner geplanten Handlung läßt sich als der «crystall ball effect» (Carnesale 1983, 44) der Nuklearwaffen bezeichnen. Wie in einer magischen Kristallkugel zeigen sie jedem den Zustand der Welt nach ihrem Einsatz. Daß aber irgend jemand die Zerstörung seines eigenen Landes und die mögliche Vernichtung der Menschheit bewußt und absichtlich herbeizuführen wünscht, darf als höchst unwahrscheinlich gelten.

Mit dem Nachweis einer ausreichenden Glaubwürdigkeit der nuklearen Drohung steht man vor dem Problem, daß der Vergeltungsschlag nach vorausgegangenem massiven Einsatz nuklearer Waffen der Gegenseite eine irrationale Handlung wäre. Irrational in dem Sinne, daß durch ihn weder ein politischer noch militärischer Zweck verfolgt oder erreicht werden könnte. Denn was man zu verhindern suchte, ist bereits eingetreten. Wegen der globalen Auswirkungen nuklearer Explosionen würde er sogar dem überlebenden Rest der eigenen Bevölkerung zusätzlich schaden. Der Vergeltungsschlag läßt sich auch nicht dadurch rationalisieren, daß man behauptet, die Nichtahndung eines nuklearen Angriffs würde zum Sieg des Bösen auf der Welt führen, weswegen es eine Verpflichtung zur Reaktion gebe. Weshalb sollte man für die Verhinderung des Bösen eine Verantwortung tragen, wenn die Ausübung der Verantwortlichkeit die hohe Wahrscheinlichkeit beinhaltet, damit auch das Gute zu vernichten? Wenn aber die Vergeltung eine irrationale Handlung ist, wie kann sich dann ein rationaler Gegner von der Drohung mit ihr abschrecken lassen? Verführt nicht die Drohung mit einer irrationalen Handlung die Gegenseite zu der Annahme, man sei entweder verrückt oder bluffe? – Die Antwort auf diese Fragen, mit denen sich Strategen und Politiker auf beiden Seiten auf deklaratorischer Ebene seit den 50er Jahren viel beschäftigt haben, lautet nein. Es kann rational sein, mit einer irrationalen Handlung zu drohen. Denn zum einen hängt die Glaubwürdigkeit der Zweitschlagsdrohung nicht davon ab, daß sich der Abzuschreckende hundertprozentig sicher ist, daß man sie ausführt. Ein gewisses Maß an Unsicherheit reicht angesichts der Folgen aus. Zum anderen müssen beide Seiten davon ausgehen, daß die Entscheidung, den Vergeltungsschlag auszuführen, in einer Situation getroffen würde, für die der Ausdruck ‹tiefste Verzweiflung› euphemistisch wäre. Zu erwarten, daß in ihr die Gegenseite noch nach rationalen Kriterien handelt, wäre selbst irrational. Die Zweitschlagsdrohung ist also deshalb glaubwürdig, weil zwei rationale Partner irrationale Handlungen ihres jeweiligen Gegenübers in einer bestimmten Situation aus guten Gründen nicht ausschließen dürfen. Ebensowenig unterminiert der moralische Einwand gegen einen massiven Einsatz von Nuklearwaffen die Glaubwürdigkeit der Vergeltungsdrohung. Die Hoffnung auf ein moralisches Verhalten des Gegners nach einem Atomangriff wäre gleichfalls irrational.

Als dritte Bedingung der Rationalität der Abschreckungspolitik wurde eine hinreichende Stabilität gefordert. Antinukleare Konsequentialisten weisen darauf hin, daß sich keine fundierten Angaben über die Wahrscheinlichkeit eines nuklearen Holozids, also des Versagens der Abschreckung machen ließen bzw. daß es unverantwortlich sei, sich auf diejenigen, die es gibt, zu stützen. Sicher sei lediglich, daß die Wahrscheinlichkeit des Einsatzes der Waffen größer als Null sein müsse, wenn die Abschreckung über lange Zeit glaubwürdig sein soll. Wenn diese Wahrscheinlichkeit aber konstant größer als Null ist, so werde sie über lange Zeiträume gleich 1, der Krieg also sicher. Ebenso bestünde das permanente Risiko eines aus Versehen ausgelösten Nuklearkrieges. Aus derartigen Berechnungen läßt sich nur wenig über die Abschreckung ableiten. Sie beruhen auf der Voraussetzung, daß Wahrscheinlichkeiten konstant bleiben und Ereignisse voneinander unabhängig sind. Dennoch gehört eine nähere Bestimmung der Wahrscheinlichkeit des Versagens der nuklearen Abschreckung zu dem notwendigen Risikokalkül. Dabei sollten die Ursachen, die einen absichtlich herbeigeführten Nuklearkrieg zur Folge hätten, von denen unterschieden werden, die einen versehentlich ausgelösten Krieg provozieren könnten.

Wenn die nukleare Abschreckung eine rationale Politik ist, kann es aus zwei Gründen zu einem absichtlich begonnenen Krieg zwischen den Supermächten kommen: entweder, weil es ein historisches Gesetz gibt, nach dem souveräne Staaten dazu tendieren, Krieg gegeneinander zu führen, oder weil eine der beiden Parteien irrational handelt. Die Annahme, daß souveräne Nationalstaaten in regelmäßigen Abständen Kriege gegeneinander führen, und zwar so lange, bis ein Weltstaat errichtet worden ist, der das Machtmonopol innehat, läßt sich durch den Hinweis auf die Logik der gegenseitig zugesicherten Zerstörung entkräften. Das gegenwärtige System, in dem die Hauptkontrahenten dem Zweitschlag des Gegners wehrlos ausgeliefert sind, erhöht die Notwendigkeit der Friedenserhaltung so ungemein, daß man es als ein weltstaatähnliches Gebilde bezeichnen kann. Hätte das im Hobbesschen Naturzustand befindliche Individuum eine Waffe gehabt, die bei Gebrauch explodieren und damit den Benutzer töten würde, hätte es wohl kaum der Errichtung einer übergeordneten Macht bedurft, um es daran zu hindern. Analog dazu hat die Aussicht auf Selbstvernichtung durch Aggression im nuklearen Zeitalter zwischenstaatliche Zustände ermöglicht, die unter pränuklearen Umständen undenkbar gewesen wären. Die weitreichenden Inspektionsbestimmungen des INF-Vertrages (Intermediate Nuclear Forces) im speziellen sowie die Rüstungskontroll- und Abrüstungsverträge zwischen beiden großen Blöcken belegen deren Interessengemeinschaft, was die Bewahrung und Sicherung des Friedens zwischen ihnen betrifft.

Die zweite mögliche Ursache eines absichtlich herbeigeführten Nuklearkrieges, das irrationale Handeln einer der beteiligten Parteien, ist in ihrer Bedeutung für die Wahrscheinlichkeit eines Versagens der nuklearen Abschreckung weitaus ernster zu nehmen. Denn man muß bedenken, daß sich die gesamte Abschreckungspolitik auf rationale Entscheidungen der verantwortlichen Politiker verläßt. Sie wäre nur dann eine den Frieden garantierende Strategie, wenn Menschen immer nach rationalen Kriterien handelten. Doch auch Anhänger einer optimistischen Geschichtsauffassung müßten in Anbetracht des Verlaufs der Menschheitsgeschichte vor einer solchen Annahme zurückschrecken. Niemand ist in der Lage, eine verläßliche Aussage über die Wahrscheinlichkeit zu treffen, mit der ein irrational handelnder Politiker eines Tages den Befehl zum Nuklearkrieg erteilen könnte. Dennoch scheint mir die zum Funktionieren der nuklearen Abschreckung erforderliche Rationalität von überaus elementarem Charakter zu sein, da lediglich ausgeschlossen werden muß, daß sich eine politische Führung bewußt zum nationalen Selbstmord entschließt. Außerdem läßt sich zum gegenwärtigen Zeitpunkt bezweifeln, ob in bezug auf die bipolare Bedrohungssituation diese Wahrscheinlichkeit mit der Dauer der nuklearen Abschreckung zugenommen hat oder ob nicht vielmehr eine gegenläufige Tendenz besteht, weil das Mißtrauen und die Feindseligkeiten zwischen West und Ost abgenommen haben.

Ein versehentlich ausgelöster Nuklearkrieg kann als Ursache den unbeabsichtigten Einsatz atomarer Waffen (war by accident) sowie die Einbeziehung der Supermächte in regionale Konflikte (mit nachfolgender Eskalation) haben. Beide Risiken sind durch technische Verbesserungen in den Sicherheitssystemen, zusätzliche Kontrollanlagen, die Etablierung von Krisenmanagement-Systemen sowie durch weitreichende Absprachen und Interessenübereinstimmungen zwischen den Supermächten konstant geringer geworden. Sowohl bei einer Analyse der möglichen absichtlichen Ursachen eines Versagens der nuklearen Abschreckung als auch bei einer Untersuchung der Faktoren, die versehentlich einen Nuklearkrieg auslösen können, gelangt man also zu dem Ergebnis, daß zwar ein geringes Risiko vorhanden ist, das jedoch mit der Zeit nicht linear steigt, sondern im Gegenteil stetig abgenommen hat. Das eigentlich gravierende Problem, bei dem sich zu Recht von einer ansteigenden Wahrscheinlichkeit des absichtlichen Einsatzes nuklearer Waffen sprechen läßt, muß im Zusammenhang mit der zunehmenden Verbreitung der Nuklearwaffentechnologie gesehen werden. Von diesem Problem behaupten pronukleare Konsequentialisten, daß die einseitige nukleare Abrüstung es drastisch verschärfen würde.

In der Tat wäre es zu kurz gegriffen, wenn in einem konsequentialistischen Kalkül allein der Entstehungsgrund der bipolaren Abschreckungssituation – die Abhaltung eines invasionsfähigen Gegners – dem Risiko eines Versagens der entsprechenden Strategie gegenübergestellt würde. Denn die Risiken, die durch die Proliferation der Kernwaffentechnologie entstanden sind und weiter steigen, bleiben in dieser Alternative ausgeblendet. Zusätzlich zur Bewahrung der nationalen Souveränität gibt es inzwischen ebenso ein moralisches Interesse an der Verhinderung des Einsatzes nuklearer Waffen durch Drittländer. Die Wahrscheinlichkeit des zweiten Aspekts könnte sprunghaft zunehmen, wenn eine der am Machtmonopol beteiligten Parteien auf seine Machtausübungsmittel verzichtete und dadurch die globale militärische Balance gefährdete. Die strategische Stabilität der Supermächte ist zu einer Bedingung der globalen Stabilität geworden. Je länger das Wissen um die Technologie der atomaren Waffen andauert, je mehr Staaten somit potentiell in der Lage sind, Nuklearwaffen herzustellen, desto notwendiger sind sowohl der Erhalt und die Festigung der globalen Stabilität als auch die Ausübung politischen und gegebenenfalls militärischen Drucks auf nukleare Schwellenmächte. Moralisch bedenklich werden Nuklearwaffen nicht erst dann, wenn sie in die nukleare Abschreckungspolitik eingebunden sind. Sie sind es vor allem deshalb, weil ihr Einsatz generell verheerende Folgen nach sich zöge. Der Preis einer einseitigen nuklearen Abrüstung kann in einer höheren Wahrscheinlichkeit von nuklear geführten Auseinandersetzungen in solchen Weltregionen bestehen, die durch das militärische Ost-West-Verhältnis nicht abgedeckt sind.

Wenn man nur die Wahl hat zwischen der kleinen Wahrscheinlichkeit eines großen Übels (Versagen der nuklearen Abschreckung) und der großen Wahrscheinlichkeit eines kleineren Übels (Verlust der nationalen Souveränität plus signifikante Erhöhung der Wahrscheinlichkeit begrenzter Nuklearkriege), stehen Konsequentialisten vor zwei verschiedenen Handlungsgrundsätzen. Vertreter des sogenannten Maximin-Prinzips wählen die Alternative mit dem am wenigsten schlechten Resultat, also die große Wahrscheinlichkeit eines kleineren Übels. Anhänger des Disaster-avoidance-Prinzips dagegen wählen diejenige, die die Chancen erhöht, jedes schlechte Resultat zu vermeiden, also die kleine Wahrscheinlichkeit eines großen Übels (vgl. Benn 1984, 5 ff). Meiner Meinung nach sollte man sich zum gegenwärtigen Zeitpunkt für das Disaster-avoidance-Prinzip entscheiden, also die nukleare Abschreckungspolitik weiterführen. Vom konsequentialistischen Standpunkt aus kann dies allerdings nur an die Forderung nach einer Politik gekoppelt sein, die das vorhandene Risiko über einen längeren Zeitraum hinweg senken kann.

2.2 Der deontologische Ansatz

Wenn eine Handlung verwerflich ist, dann scheint daraus direkt zu folgen, daß man mit ihr auch nicht glaubwürdig und ernsthaft drohen darf, da ansonsten gegen das Geiselnahmeverbot verstoßen würde als auch gegen das Verbot, etwas Unmoralisches zu beabsichtigen. Viele Beispiele aus der täglichen Urteilspraxis erhärten diesen Schluß, und es bedarf schon des besonderen Gewichts, das seiner Anwendung auf das Problem der nuklearen Abschreckung zukommt, um sich eingehend mit ihm zu befassen. Auf jeden Fall liegt hier der Hauptargumentationsstrang der antinuklearen Deontologen. Weil man eine Handlung nicht willentlich bejahen darf, die unter allen Bedingungen verboten ist (wie der Einsatz von Nuklearwaffen im Rahmen der nuklearen Abschreckung), sei die Abschreckungspolitik insgesamt verwerflich. Das darin zum Ausdruck kommende Prinzip wird in der angelsächsischen Literatur als das «Wrongful Intentions Principle» (Kavka 1978, 289) bezeichnet: etwas zu beabsichtigen, von dem man weiß, daß es absolut unmoralisch ist, sei verboten.

Der erste Vorwurf, die nukleare Drohung verstoße gegen das Verbot einer kollektiven Geiselnahme der gegnerischen Zivilbevölkerung, läßt sich im Unterschied zum Grundsatz der verwerflichen Absicht relativ einfach entkräften. Die allgemeine Form einer Drohung läßt sich folgendermaßen beschreiben: Eine Person/Gruppe A droht einer anderen Person/Gruppe B genau dann, wenn A die Absicht kundtut, für den Fall, daß B eine bestimmte Handlung y tut bzw. unterläßt, seinerseits die Handlung x zu tun, wobei x ein von B unerwünschtes Ereignis ist. In dieser allgemeinen Fassung gehören Drohungen zur Regelung des privaten (Erziehung) und politischen Lebens (Militär, Justiz, Streiks etc.) dazu und werden als legitime Mittel von Machtausübung angesehen und praktiziert. Die Androhung von Übeln generell zu verbieten, wäre unsinnig. Der Unterschied zwischen legitimen und illegitimen Drohungen ergibt sich erst aus einer besonderen Beschaffenheit entweder der Handlung x, mit der A droht, oder der Handlung y, die A bei B zu verhindern bzw. auszulösen trachtet. Im zweiten Fall könnte es sich bei der Drohung um eine Form von Erpressung handeln. Eine Erpressung liegt dann vor, wenn jemand durch die Drohung mit einem Übel von einer Tätigkeit abgehalten werden soll, auf deren Ausübung diese Person einen legitimen Anspruch hat, oder wenn jemand mit Hilfe einer Drohung zu einer Handlung gezwungen werden soll, die er zu tun bzw. zu unterlassen berechtigt ist.

Sollte also eine Nuklearmacht mit dem Einsatz ihrer Waffen ein illegitimes Ziel verfolgen, etwa die sofortige Unterwerfung des Gegners oder die Herausgabe seiner Wirtschaftsgüter, so wäre dies ein klarer Fall von Erpressung. In diesem Sinne wird durch die Abschreckungspolitik niemand erpreßt. Wie aber verhält es sich mit der Moralität von Drohungen, mit denen zwar auf der einen Seite ein legitimes Ziel verfolgt wird, in denen der Drohende jedoch andererseits erklärt, im Falle der Nichtbefolgung zu einer verwerflichen Handlung bereit zu sein? Würde man zum Beispiel Babys an Stoßstangen binden, um dadurch die Zahl tödlicher Autounfälle drastisch zu reduzieren, lassen uns starke moralische Empfindungen eine solche Strategie selbst dann kategorisch ablehnen, wenn dadurch viele Menschenleben gerettet werden würden. Doch solche Analogien verfehlen die Abschreckungssituation in einem entscheidenden Punkt: Keine der beiden Supermächte verletzt mit ihrer Politik die elementaren Freiheitsrechte der bedrohten Bevölkerung. Sie kann ungehindert ihren normalen Aktivitäten nachgehen, ohne dabei physisch oder psychisch mißbraucht bzw. zu Verhaltensweisen gezwungen zu werden, die abzulehnen sie ein Recht hat (vgl. Shaw 1984, 248 ff).

Weitaus schwieriger stellt sich die Auseinandersetzung mit dem Grundsatz einer verwerflichen Absicht dar. Er scheint auf den ersten Blick so offenkundig richtig zu sein, daß es kaum verwundert, wie wenig Philosophen meinten, ihn begründen zu müssen, und wie viele ihn zumindest implizit akzeptiert haben. Für die Berechtigung der normativen Gleichsetzung von Taten und Absichten sprechen einige Beobachtungen: Gewöhnlich schließen wir von dem Vorliegen einer verwerflichen Absicht auf einen moralisch defekten Charakter desjenigen, der sie formiert hat. Dieser sei bereit und gewillt, die Handlung auszuführen; er erteile ihr seine innere Zustimmung. Mit der Absicht lege er sich auf eine bestimmte Handlung fest. Selbst wenn jemand an der Ausführung seiner verwerflichen Absicht durch äußere Umstände gehindert wurde, so ändert das nichts an seinem unmoralischen Charakter. Verwerfliche Absichten seien demzufolge auch unabhängig von ihrer Ausführung unmoralisch. Wenn jemand beschließt, die Realisierung seiner verwerflichen Absicht zu unterlassen, so sagt man von ihm, er habe eine moralische Verfehlung korrigiert. Er sei so lange in einem unmoralischen Zustand gewesen, bis er sich umentschlossen hätte.

So zutreffend solche Beobachtungen sind, sie belegen allein die Verankerung dieses Grundsatzes in unseren moralischen Urteilen bis in den Sprachgebrauch hinein. Der Grund indes, warum er soviel Plausibilität besitzt, ergibt sich erst aus der engen Beziehung, die zwischen Absichten und Taten normalerweise besteht. Da den meisten Handlungen, mit Ausnahme von Affekthandlungen etc., Absichten, sie zu tun, vorausgehen, bilden diese gewissermaßen den Beginn der Handlung selbst. Absichten lassen sich als der notwendige erste Teil von Handlungen beschreiben. Eine Bewertung der Legitimität der nuklearen Abschrekkungsdrohung muß sich demzufolge auf eine Analyse des Verhältnisses zwischen der zugrunde liegenden Absicht und der beabsichtigten Handlung einlassen. Nur wenn die Prämisse der deontologisch argumentierenden Kritiker haltbar ist, der zufolge eine strenge Korrelation zwischen Handlungen und Absichten existiert, aufgrund deren die Verwerflichkeit von Absichten immer und allein aus ihrem Inhalt abgeleitet werden kann, klingt deren Standpunkt schlüssig. Mit dem Nachweis dessen sind sie allerdings gezwungen, die innere Verwerflichkeit einer unmoralischen Absicht plausibel zu machen, ohne auf bestimmte Wahrscheinlichkeiten ihrer Ausführung zu rekurrieren. Und nicht nur das: Die Absicht muß in dem gleichen Sinne verwerflich sein wie die Handlung selbst (vgl. Kenny 1985, 103). Denn das Argument beinhaltet die Konsequenz, daß, selbst wenn die Drohung mit einer unmoralischen Tat ein Verbrechen sicher verhindern würde, jene im moralischen Sinne nicht besser dastünde als die Ausführung der mit ihr verbundenen Absicht (vgl. Finnis 1987, 85 ff). Zwischen dem absichtlichen Einsatz atomarer Waffen und einer erfolgreichen Abschreckungspolitik gibt es für sie keinen moralisch relevanten Unterschied.

Einige pronuklear eingestellte Deontologen akzeptieren zwar den Grundsatz der verwerflichen Absicht, bestreiten aber, daß die Abschreckungspolitik eine solche einschließen muß. Sie könnte ebensogut als Bluff organisiert sein, ohne dadurch an Wirkung zu verlieren. Allein die Existenz der Waffen und die öffentlichen Verlautbarungen von West und Ost, sie gegebenenfalls auch einzusetzen, ließen den Schluß auf eine vorhandene dementsprechende Absicht nicht zu. Die Wirksamkeit der Drohung sei lediglich an die Glaubwürdigkeit der Absichtsäußerung geknüpft und nicht an das Vorhandensein einer wirklichen Absicht (vgl. Hare 1986, 191 ff). Ein Bluff, selbst wenn der Drohende dem Bedrohten mitteilt, zu einer unmoralischen Handlung bereit zu sein, verstößt nicht unbedingt gegen den Grundsatz der verwerflichen Absicht, da eine solche schlicht fehlt. Ihn deswegen jedoch als moralisch unbedenklich zu bezeichnen, wäre falsch; denn man kann mit einem Bluff illegitime Ziele verfolgen oder sich und andere in eine gefährliche Situation bringen. Wenn aber die einzige Möglichkeit, ein großes Übel zu verhindern, darin besteht, daß man vorgibt, etwas Verwerfliches tun zu wollen, ohne die Absicht dazu zu haben, dann befände sich das im Einklang mit akzeptierbaren moralischen Normen.

Dagegen wenden antinuklear argumentierende Deontologen ein, daß die Legitimität eines Bluffs an Bedingungen gekoppelt ist, die auf die

Abschreckungsdrohung nicht zutreffen. Zunächst dürfen nur Individuen bluffen; denn allein sie können die feste Absicht bilden, ihre Drohung nicht auszuführen und sich damit sicher sein, daß die angedrohte Handlung auch dann unterbleibt, wenn der Bedrohte die unerwünschte Tat begeht. Außerdem sind nur Individuen in der Lage, ihre wahren Absichten geheimzuhalten. Selbst wenn die Entscheidungsträger der Abschreckungspolitik allesamt bluffen würden, so wären doch Tausende von Soldaten, die an den Abschußrampen der Waffen stehen, zur wirklichen Einsatzbereitschaft atomarer Waffen gezwungen. Ein Bluff, der die gesamte Kommandostruktur einer Nuklearmacht erfaßt, sei wegen der Notwendigkeit, vor dem Bedrohten geheimgehalten werden zu müssen, unmöglich (vgl. Dummett 1986, 119). In der Tat lassen sich die notwendigerweise vorhandenen subjektiven Absichten der Mitglieder der Streitkräfte als ein ausreichendes Indiz für die objektive Intentionalität der nuklearen Abschreckungsdrohung werten. Weil die nukleare Abschreckung nachweislich vorhandene Absichten der Soldaten zur Ausführung der Drohung erfordert und weil es Hinweise dafür gibt, daß auch die Entscheidungsträger derartige Absichten haben, wäre es unvernünftig zu vermuten, das System der Abschreckung basiere auf einem Bluff; darum ist es berechtigt, ihm insgesamt die Absicht zuzuschreiben, im Ernstfall die zugrunde liegende Drohung auch auszuführen (vgl. Kavka 1984, 158).

Um das Verhältnis zwischen Absicht und Handlung im Falle der nuklearen Abschreckungsdrohung genauer bestimmen zu können, soll der Einfachheit halber die vollständige entsprechende Drohung formalisiert werden: Es sei mit x der Einsatz nuklearer Waffen durch Land A bezeichnet und mit y ein Angriff von Land B auf das Gebiet von A. Die Behauptung ist also: A hat die Absicht, x zu tun, falls y; und A beabsichtigt, y damit zu verhindern. Einige Autoren stellen die Frage, ob das gleichzeitige Vorhandensein zweier derartiger Absichten nicht die Semantik des Begriffs der Absicht zerstöre. Ihrer Meinung nach sei es widersprüchlich, der Handlung x die willensmäßige Zustimmung zu erteilen und sie ihr im selben Atemzug (anscheinend) zu entziehen, indem man vorgibt, ebenso zu beabsichtigen, daß die einzige Bedingung, unter der sie begangen würde, nicht eintritt. A könne lediglich den Wunsch hegen, y möge nicht geschehen, es könne dies aber nicht beabsichtigen. Gute Wünsche jedoch würden die moralischen Bedenken nicht zerstreuen, die gegen das Vorhandensein einer verwerflichen Absicht sprächen. Dieser Einwand zielt auf ein Kernproblem der gesamten deontologischen Diskussion.

Wer die Berechtigung bestreitet, A die Verhinderung von y als seine Absicht zuzuschreiben, vertritt eine bestimmte Absichtstheorie. Dieser Konzeption zufolge sei das Charakteristikum von Absichten, daß die beabsichtigte Handlung in der Macht des Beabsichtigenden liegen müsse. Wenn Ziele des Beabsichtigenden jedoch von Faktoren bestimmt würden, auf die er keinen oder nur geringen Einfluß ausüben könne, so hätten diese als seine Wünsche zu gelten und allein die direkten, unmittelbar von ihm bewirkbaren Handlungen als seine Absicht. Dieser Standpunkt kann sich auf den sogenannten Akkordeon-Effekt von Absichtszuschreibungen beziehen. Je entfernter die Konsequenzen von Handlungen seien, desto weniger dürfe man sie als Inhalt der Absicht der handelnden Personen werten (vgl. Anscombe 1972). In abstracto stimmt das Prinzip des Akkordeon-Effekts. Seine Übertragung auf die nukleare Abschreckkungssituation scheitert jedoch an der Rationalität, die der Drohung zugrunde liegt. Um jemandem eine bestimmte Absicht zuzuschreiben, reicht es nicht, die Beziehung zwischen seiner Handlung und ihren Konsequenzen von außen zu analysieren. Wenn man über Informationen verfügt, aus denen ersichtlich wird, daß in einer besonderen Situation der Beabsichtigende gute Gründe für die Erwartung des Eintretens selbst einer entfernten Konsequenz hat, müssen diese Informationen bei der Charakterisierung seiner Absicht berücksichtigt werden. Das heißt, wenn Informationen, die über eine Situation vorliegen, die Einschätzung nahelegen, daß die Absichtsäußerung einer Person das Verhalten anderer Personen bestimmt, dann existiert zwischen der Absicht dieser Person und den Handlungen der anderen ein Ursachenkomplex. Handlungen wie überreden, erpressen, überzeugen, abschrecken etc. lassen sich durchaus beabsichtigen, wenngleich das Ergebnis der Handlung nicht durch den Handelnden direkt erzielt wurde. Weil es rational ist, mit dem Einsatz nuklearer Waffen für den Fall zu drohen, daß die andere Seite angreift, darum ist es berechtigt, die Verhinderung des Angriffs als Absicht des Drohenden zu beschreiben. Da der Abschreckende gute Gründe für die Annahme hat, seine Drohung sei wirksam, und es somit einen Ursachenkomplex zwischen ihr und dem Ausbleiben des gegnerischen Angriffs gibt, deswegen besteht das Ziel seiner Drohung in der von ihm beabsichtigten Konsequenz. Deren Eintreten hofft und wünscht er nicht nur, sondern beabsichtigt sie. Beide Beabsichtigungen – x zu tun, falls y; und y zu verhindern – sind auch logisch miteinander verträglich, sofern man mit «beabsichtigen, daß x» nicht «sicher sein, daß x» oder «hoffen, daß x» konnotiert (vgl. Davidson 1985, 140 ff).

Der formalisierten Abschreckungsdrohung läßt sich eine weitere Besonderheit über den Status der beiden Beabsichtigungen entnehmen. Man kann sagen, A beabsichtigt kategorisch, y zu verhindern, und nur bedingt, x zu tun. Bedingte Absichten sind ein spezieller Fall von Beabsichtigungen, da sie Merkmale aufweisen können, die der normalen Beschreibung einer Absicht zuwiderlaufen. Um bedingte und kategorische Absichten in ihrer verschiedenen Absichtsart auch terminologisch zu fixieren, wird im folgenden durch den Terminis «beabsichtigen, daß x» das Vorliegen einer kategorischen Absicht ausgedrückt, während «die Absicht haben, daß x» dementsprechend für eine bedingte Absicht steht. Jemand beabsichtigt x, wenn er erwartet, daß x, und alles tut, damit x. Jemand hat die Absicht, x zu tun, falls y, wenn er nicht erwartet, daß y als Bedingung für x eintritt und er nichts für die Verwirklichung von y unternimmt. Einige Autoren behaupten nun, der Grundsatz der verwerflichen Absicht sei nur auf kategorische Absichten anwendbar; bedingte Absichten, etwas Verwerfliches zu tun, seien moralisch neutral, solange der Beabsichtigende gute Gründe für die Annahme hat, die einzige Bedingung, aufgrund deren er zu handeln gewillt ist, werde niemals eintreten. Doch dieser Standpunkt macht es sich zu einfach. Selbst wenn man davon ausgeht, die entsprechende Bedingung werde niemals eintreten, bleibt die Empfindung der Illegitimität einer bedingten verwerflichen Absicht bestehen. Mit ihr ist der Beabsichtigende zu einer abscheulichen Handlung disponiert (vgl. Lackey 1986, 307 ff).

Bislang wurden bedingte Absichten im allgemeinen betrachtet. Das Kennzeichen der Abschreckungsdrohung besteht aber darin, daß es sich bei ihr um eine bedingte *abschreckende* Absicht handelt. Sie gehört zu einer Klasse von Absichten, die aus einem anderen Grund formiert werden als dem, sie auszuführen. Eine solche Klasse von Absichten erzeugt in der Tat Verwirrungen, die an der Substanz der gewöhnlichen Beurteilungskriterien von Absichten rütteln. Dies illustriert ein Beispiel, das von Gregory S. Kavka stammt (1983, 33 ff): Soeben hat Ihnen ein exzentrischer Milliardär einen reizvollen Vorschlag gemacht. Sollten Sie um Mitternacht die Absicht gebildet haben, am darauffolgenden Nachmittag eine toxische Flüssigkeit zu trinken, so erhalten Sie am Vormittag desselben Tages eine Million Dollar. Die giftige Flüssigkeit wird eine schmerzhafte, länger anhaltende Krankheit hervorrufen, die allerdings nicht lebensgefährlich ist. Der Milliardär betont, daß Sie die Flüssigkeit nicht trinken müssen, um das Geld zu bekommen, sondern daß es ausreicht, um Mitternacht die entsprechende Absicht formiert zu haben.

Die Schwierigkeit in diesem Beispiel ist offenkundig: Man hat auf der einen Seite äußerst gute Gründe, um Mitternacht die Absicht gebildet zu haben, am nächsten Nachmittag das Gift zu sich zu nehmen; andererseits besteht keine Veranlassung dazu, den Inhalt der Absicht in die Tat umzusetzen. Es weist darauf hin, daß es zu großen Unstimmigkeiten kommen kann, wenn Absichten allein auf der Basis ihres Inhalts ohne Rücksichtnahme auf die Gründe, deretwegen sie gebildet wurden, bewertet werden. Vielmehr sollte eine angemessene Beurteilung von Absichten auch auf die Handlungsgründe reflektieren und diese in das moralische Urteil einbeziehen. Nicht, weil das Land A Nuklearwaffen einsetzen will, hat es die Absicht gebildet, dies unter bestimmten Bedingungen zu tun, sondern weil das Haben dieser Absicht ein großes Übel sehr wahrscheinlich verhindert. Die Konsequenz des Habens der Absicht, also das Ausbleiben der Aggression, muß in eine angemessene moralische Bewertung der bedingten abschreckenden Absicht mit aufgenommen werden. Wenn weiterhin die Gründe einer Absichtsformierung äußerst moralischer Natur sind, fallen die guten Auswirkungen des Habens der Absicht mit dem schlechten Absichtsinhalt auseinander. Diesen Punkt übersehen die Anhänger der absoluten Gültigkeit des Grundsatzes verwerflicher Absichten.

Der moralische Status des Habens einer derartigen bedingten abschreckenden Absicht ist ambivalent. Auf der einen Seite befindet sich der wegen des Grundsatzes der verwerflichen Absicht zu mißbilligende Inhalt der Absicht; auf der anderen Seite stehen die moralisch zu billigenden Gründe, deretwegen die Absicht gebildet wurde. Bedingte abschreckende Absichten zeichnen sich dadurch aus, daß der Beabsichtigende mit ihnen auf moralisch wertvolle Konsequenzen zielt, womit er das Eintreten von unerwünschten direkten Konsequenzen zu verhindern bestrebt ist. Die besonderen Gründe der Absichtsformierung allein reichen jedoch nicht aus, um in Übereinstimmung mit deontologischen Kriterien zu einem uneingeschränkt positiven Urteil über die Legitimität der nuklearen Abschreckung zu gelangen. Denn schließlich macht der Deontologe geltend, daß bestimmte Handlungen absolut verboten sind, wie gut auch immer die Konsequenzen sein mögen, die einen Verstoß rechtfertigen könnten. Doch der Nachweis dessen, daß sich dieses Prinzip nicht immer ohne gravierende Probleme von der Handlungs- auf die Absichtsebene übertragen läßt, schwächt die Eindeutigkeit der antinuklearen deontologischen Position erheblich ab.

Eine qualifizierte deontologische Verteidigung des Grundsatzes der verwerflichen Absicht sollte einerseits darauf achten, die Gültigkeit dieses Prinzips aufrechtzuerhalten, sich andererseits aber Rechtfertigungsmöglichkeiten bedingter abschreckender Absichten offenlassen. Eine derart differenzierte deontologische Position wird sich an den Punkten orientieren müssen, die der Grundsatz der verwerflichen Absicht in seiner allgemeinen Fassung unberücksichtigt läßt. Zur Diskussion stünde dann ein moralisches Prinzip, das sich – wiederum formalisiert – folgendermaßen darstellt (vgl. Kavka 1987, 33 ff): Wenn eine Handlung x unter allen Umständen verboten ist, so ist auch die Absicht, x zu tun, unter allen Umständen verboten, es sei denn, es handelt sich um eine Absicht mit den folgenden Eigenschaften: (1) Sie ist bedingt, d. h., man hat die Absicht, sie nur auszuführen, falls y; (2) sie ist eine abschreckende Absicht, d. h. sie wird nur aus dem Grund gebildet, y zu verhindern; (3) das Ereignis y ist ein äußerst großes Übel; (4) die bedingte abschreckende Absicht ist rational, d. h. es gibt gute Gründe für die Annahme, daß y durch sie verhindert wird; (5) die zu erwartenden negativen Auswirkungen des Habens der bedingten abschreckenden Absicht, als da sind die Wahrscheinlichkeit, mit der die direkten Konsequenzen eintreten werden, sowie die mögliche Charakterdeformation desjenigen, der diese Absicht hat, müssen kleiner sein als die zu erwartenden positiven Auswirkungen des Habens der Absicht, d. h. ihre autonomen Konsequenzen; und (6) sie muß das einzige Mittel sein, um y verhindern zu können, d. h. das Haben eines weniger verwerflichen Absichtsinhalts erhöht die Wahrscheinlichkeit von y beträchtlich.

Die Bestimmungen drei und fünf sind von sich verändernden politischen Faktoren sowie von unterschiedlichen politischen Einschätzungen abhängig. Deswegen kann derjenige, der das Ereignis y für ein vergleichsweise geringes Übel ansieht, auf der Grundlage des qualifizierten Grundsatzes der verwerflichen Absicht die nukleare Abschreckungsdrohung ablehnen. Ebenso müßte man gegen sie votieren, falls die Wahrscheinlichkeit von y signifikant größer werden sollte und damit die Wahrscheinlichkeit, daß die verwerfliche Handlung ausgeführt wird. Nach deontologischen Kriterien, sofern ihre Vertreter ein hohes Maß an Kongruenz ihrer Normen mit unseren moralischen Intuitionen und Urteilen für sich beanspruchen, läßt sich die nukleare Abschreckung bedingt verteidigen bzw. ablehnen – je nach Bewertung der in das endgültige Votum einzubeziehenden komplexen politischen Faktoren.

Literatur

Alexander, Lawrence: Self-Defense and the Killing of Noncombatants: A Reply to Fullinwider. In: Philosophy and Public Affairs Vol. 5 (1976), 408–415.

Analyse & Kritik. Zeitschrift für Sozialwissenschaften. Hrsg. v. Michael Bauermann/ Anton Leist. Jg. 9, Heft 1 und 2 (Strategie und Ethik der atomaren Abschreckung). Opladen 1987.

Anders, Günther: Die atomare Drohung. München 1983.

Anscombe, G. E. M.: Intention. Oxford 1972.

Dies.: Modern Moral Philosophy. In: Ethics, Religion and Politics. Collected Philosophical Papers Vol. III. Oxford 1981, 26–42.

Dies.: War and Murder. In: Richard A. Wasserstrom (Hrsg.), War and Morality. Belmont (California) 1970, 42–53.

Aron, Raymond: Frieden und Krieg. Eine Theorie der Staatenwelt. Frankfurt/M. 1963.

Art, Robert J.: Between Assured Destruction and Nuclear Victory: The Case for the ‹MAD-Plus› Posture. In: Russell Hardin u. a., Nuclear Deterrence: Ethics and Strategy. Chicago 1985, 121–140.

Ball, Desmond: Can Nuclear War be Controlled?. In: Adelphi Papers No. 169, IISS. London 1981, 1–9.

Becker, Werner: Die nukleare Abschreckung als Problem der Ethik. In: Ders. / Willi Oelmüller (Hrsg.), Politik und Moral. Entmoralisierung des Politischen? (Ethik der Wissenschaften, Bd. 6). München 1987, 9–20.

Ders.: Der Streit um den Frieden. München 1984.

Benn, S. I.: Deterrence or Appeasement? or, On Trying to be Rational about Nuclear War. In: Journal of Applied Philosophy Vol. 1 (1984), 5–19.

Bennett, Jonathan: Whatever the Consequences. In: Analysis Vol. XXVI (1966), 83–102.

Birnbacher, Dieter: Das moralische Dilemma der nuklearen Abschreckung. In: Analyse & Kritik. Zeitschrift für Sozialwissenschaften Jg. 9 (1987), 175–192.

Blake, Nigel/Kay Pole (Hrsg.): Dangers of Deterrence: Philosophers on Nuclear Strategy. London 1983.

Dies.: Objections to Nuclear Defence: Philosophers on Deterrence. London 1984.

Carnesale, Albert/Paul Doty/Stanley Hoffmann/Samuel P. Huntington/Joseph S. Nye Jr./Scott D. Sagan (The Harvard Nuclear Study Group): Living with Nuclear Weapons. Cambridge (Mass.)/London 1983.

Cohen, Avner/Steven Lee (Hrsg.): Nuclear Weapons and the Future of Humanity. The Fundamental Questions. Totowa 1986.

Conee, Earl: Against Moral Dilemmas. In: The Philosophical Review Vol. XCI (1982), 87–97.

Copp, David (Hrsg.): Nuclear Weapons, Deterrence and Disarmament. Calgary/Alberta 1986.

Davidson, Donald: Handlung und Ereignis. Frankfurt/M. 1985.

Dummett, Michael: The Morality of Deterrence. In: David Copp (Hrsg.), Nuclear Weapons, Deterrence and Disarmament. Calgary/Alberta 1986, 111–127.

Ders.: Nuclear Warfare. In: Nigel Blake/Kay Pole (Hrsg.), Objections to Nuclear Defence: Philosophers on Deterrence. London 1984, 28–40.

Dworkin, Gerald: Nuclear Intentions. In: Ethics Vol. 95 (1985), 445–460.

Dyson, Freeman: Weapons and Hope. New York 1984.

Ehrlich, Paul R./Carl Sagan: Die nukleare Nacht. Die langfristigen klimatischen und biologischen Auswirkungen von Atomkriegen. Köln 1985.

Finnis, John/Joseph M. Boyle Jr./Germain Grisez: Nuclear Deterrence, Morality and Realism. Oxford 1987.

Fisher, David: Morality and the Bomb: An Ethical Assessment of Nuclear Deterrence. London/Sydney 1985.

Foot, Philippa: The Problem of Abortion and the Doctrine of the Double Effect. In: James Rachels (Hrsg.), Moral Problems. New York 1975, 59–70.

Frei, Daniel: Risks of Unintentional Nuclear War. Totowa 1983.

Fried, Alfred H.: Kurze Aufklärung über Wesen und Ziel des Pazifismus. Berlin/ Leipzig 1914.

Fullinwider, Robert: War and Innocence. In: Philosophy and Public Affairs Vol. 5 (1975), 90–97.

Glucksmann, André: Philosophie der Abschreckung. Stuttgart 1984.

Goodin, Robert E.: Disarming Nuclear Apologists. In: Inquiry Vol. 28 (1985), 153–176.

Goodwin, Geoffrey (Hrsg.): Ethics and Nuclear Deterrence. London 1982.

Govier, Trudy: Nuclear Illusion and Individual Obligations. In: Canadian Journal of Philosophy Vol. 13 (1983), 471–492.

Grisez, Germain: The Moral Implications of a Nuclear Deterrent. In: Center Journal Vol. 2 (1982), 9–24.

Hardin, Russell/John J. Mearsheimer/Gerald Dworkin/Robert E. Goodin: Nuclear Deterrence: Ethics and Strategy. Chicago 1985.

Hardin, Russell: Unilateral versus Mutual Disarmament. In: Philosophy and Public Affairs Vol. 12 (1983), 236–254.

Hare, R. M.: Rules of War and Moral Reasoning. In: Philosophy and Public Affairs Vol. 1 (1972), 166–181.

Ders.: Credibility and Bluff. In: Avner Cohen/Steven Lee, Nuclear Weapons and the Future of Humanity. The Fundamental Questions. Totowa 1986, 191–199.

Ders.: The Intention to Use Nuclear Weapons. In: Dean C. Curry, Evangelicals and the Bishops' Pastoral Letter. Washington 1984, 139–157.

Henrich, Dieter: Ethik zum nuklearen Frieden. Frankfurt/M. 1990.

Hoekema, David: Intentions, Threats, and Nuclear Deterrence. In: Bowling Green Studies in Applied Philosophy (The Applied Turn in Contemporary Philosophy, hrsg. v. Michael Bradie u. a.) Vol. 5 (1983), 111–125.

Holl, Karl: Pazifismus in Deutschland. Frankfurt/M. 1988.

Jaspers, Karl: Die Atombombe und die Zukunft des Menschen. München 1958.

Kahn, Herman: Nachdenken über den Atomkrieg. Konflikt-Szenarios mit simulierten Situationen im Dienst der Friedensstrategie. Frankfurt/Berlin 1987.

Kaplan, Morton A. (Hrsg.): Strategic Thinking and its Moral Implications. Chicago 1973.

Kavka, Gregory S.: Moral Paradoxes of Nuclear Deterrence. New York 1987.

Ders.: Nuclear Deterrence: Some Moral Perplexities. In: Douglas MacLean (Hrsg.), The Security Gamble: Deterrence Dilemmas in the Nuclear Age. Totowa 1984, 123−140.

Ders.: Some Paradoxes of Deterrence. In: The Journal of Philosophy Vol. 75 (1978), 285−302.

Ders.: Responses to the Paradox of Deterrence. Deterrent Intentions and Retaliatory Actions. In: Douglas MacLean (Hrsg.), The Security Gamble: Deterrence Dilemmas in the Nuclear Age. Totowa 1984, 155−161.

Ders.: The Toxin Puzzle. In: Analysis Vol. 43 (1983), 33−36.

Kenny, Anthony: ‹Better Dead than Red›. In: Nigel Blake/Kay Pole (Hrsg.), Objections to Nuclear Defence: Philosophers on Deterrence. London 1984, 12−27.

Ders.: The Logic and Ethics of Nuclear Deterrence. In: The Ivory Tower. Essays in Philosophy and Public Policy. Oxford 1985, 91−107.

Kissinger, Henry A.: Kernwaffen und Auswärtige Politik. München/Wien 1974.

Lackey, Douglas P.: The American Debate on Nuclear Weapons Policy. A Review of the Literature 1945−1985. In: Analyse & Kritik. Zeitschrift für Sozialwissenschaften Ig. 9 (1987), 7−46.

Ders.: Ethics and Nuclear Deterrence. In: James Rachels (Hrsg.), Moral Problems. New York 1975, 332−345.

Ders.: Immoral Risks: A Deontological Critique of Nuclear Deterrence. In: Social Philosophy and Policy Vol. 3 (1985), 154−175.

Ders.: The Intentions of Deterrence. In: Avner Cohen/Steven Lee (Hrsg.), Nuclear Weapons and the Future of Humanity. The Fundamental Questions. Totowa 1986, 307−318.

Ders.: Moral Principles and Nuclear Weapons. Totowa (N. J.) 1984.

Ders.: Taking Risks Seriously. In: The Journal of Philosophy Vol. 83 (1986), 633−640.

Lee, Steven: Morality, the SDI, and Limited Nuclear War. In: Philosophy and Public Affairs Vol. 17 (1988), 15−43.

Ders.: Morality and Paradoxical Deterrence. In: Social Philosophy and Policy Vol. 3 (1985), 136−153.

Lifton, Robert Jay: Der Verlust des Todes. Über die Sterblichkeit des Menschen und die Fortdauer des Lebens. München/Wien 1986.

MacLean, Douglas (Hrsg.): The Security Gamble: Deterrence Dilemmas in the Nuclear Age. Totowa 1984.

Martin, Laurence: Ethical Aspects of Nuclear Deterrence. In: James E. Dougherty (Hrsg.), Ethics, Deterrence and National Security. New York 1985, 49–58.

Mavrodes, George I.: Conventions and the Morality of War. In: Philosophy and Public Affairs Vol. 4 (1975), 117–131.

Murnion, Philip J. (Hrsg.): Catholics and Nuclear War: A Commentary on the Challenge of Peace. The US Catholic Bishops' Pastoral Letter on War and Peace. New York/London 1983.

Murphy, Jeffrie G.: The Killing of the Innocent. In: The Monist Vol. 57 (1973), 527–550.

Nagel, Thomas: War and Massacre. In: Mortal Questions. Cambridge 1979, 53–74.

Nardin, Terry: Nuclear War and the Argument from Extremity. In: Avner Cohen/Steven Lee (Hrsg.), Nuclear Weapons and the Future of Humanity. The Fundamental Questions. Totowa 1986, 289–305.

Narveson, Jan: Pacifism: A Philosophical Analysis. In: Ethics Vol. 75 (1965), 259–271.

Nerlich, Uwe/Trutz Rendtorff (Hrsg.): Nukleare Abschreckung – Politische und ethische Interpretationen einer neuen Realität. Baden-Baden 1989.

Novak, Michael: The Moral Implications of Strategic Deterrence. In: James E. Dougherty (Hrsg.), Ethics, Deterrence and National Security. New York 1985, 59–72.

Nye, Joseph S. Jr.: Nuclear Ethics. New York 1986.

O'Brien, William V.: Proportion and Discrimination in Nuclear Deterrence and Defense. In: Thought Vol. 59 (1984), 41–52.

Paskins, Barrie (Hrsg.): Ethics and European Security. London/Sydney 1986.

Patzig, Günther: Ethik ohne Metaphysik. Göttingen 1971.

Pfänder, Alexander: Phänomenologie des Wollens (1900). Neudruck in der 3. unveränderten Aufl. München 1963.

Ramsey, Paul: The Just War. New York 1968.

Ders.: War and Christian Conscience. Durham (N. C.) 1961.

Rawls, John: A Theory of Justice. Oxford 1972.

Russell, Bertrand: Common Sense and Nuclear Warfare. London 1959.

Ders.: The Future of Mankind. In: Unpopular Essays. London 1950, 50–63.

Ders.: Humanity's Last Chance. In: Cavalcade 7, No. 389, 20. 10. 1945, 8–9.

Russett, Bruce M.: Ethical Dilemmas of Nuclear Deterrence. In: International Security Vol. 8 (1984), 36–54.

Schell, Jonathan: Nuclear Deterrence without Nuclear Weapons. In: James P. Sterba (Hrsg.), The Ethics of War and Nuclear Deterrence. Belmont (California) 1985.

Schonsheck, Jonathan: Philosophical Scrutiny of the Strategic ‹Defence› Initiative. In: Journal of Applied Philosophy Vol. 3 (1986), 151–166.

Shaw, William H.: Nuclear Deterrence and Deontology. In: Ethics Vol. 94 (1984), 248–260.

Smoke, Richard: National Security and the Nuclear Dilemma. An Introduction to the American Experience. New York 1984.

Stein, Walter (Hrsg.): Nuclear Weapons: A Christian Response. London 1965.

Steinvorth, Ulrich: Klassische und moderne Ethik. Grundlagen einer materialen Moraltheorie. Reinbek bei Hamburg 1990.

Sterba, James P. (Hrsg.): The Ethics of War and Nuclear Deterrence. Belmont (California) 1985.

Stevenson, Leslie: Is Nuclear Deterrence Ethical? In: Philosophy. The Journal of the Royal Institute of Philosophy Vol. 61 (1986), 193–214.

Thomson, Judith J.: Killing, Letting Die, and the Trolley Problem. In: The Monist Vol. 59 (1976), 204–217.

Tucker, Robert W.: The Morality of Deterrence. In: Ethics Vol. 95 (1985), 461–478.

Tugendhat, Ernst: Rationalität und Moral in der Friedensbewegung. Formen des Pazifismus. Hrsg. v. Arbeitskreis Atomwaffenfreies Europa. Berlin 1985.

Tugendhat, Ernst/Christoph Schulte/Gottfried Seebaß/Bernhard Thöle: Philosophie und Frieden. Berlin 1984.

Turco, R. P./O. B. Toon/T. P. Ackermann/J. B. Pollack/Carl Sagan: Nuclear Winter: Global Consequences of Multiple Nuclear Explosions. In: Science Vol. 222 (1983), 1283–1292.

Walzer, Michael: Just and Unjust Wars. A Moral Argument with Historical Illustrations. New York 1977.

Wassermann, David: Justifying Self-Defense. In: Philosophy and Public Affairs Vol. 16 (1987), 356–378.

Wasserstrom, Richard A. (Hrsg.): War and Morality. Belmont (California) 1970.

Ders.: War, Nuclear War and Nuclear Deterrence: Some Conceptual and Moral Issues. In: Ethics Vol. 95 (1985), 424–444.

Weizsäcker, Carl Friedrich v.: Bewußtseinswandel. München/Wien 1988.

Ders.: Mit der Bombe leben. Die gegenwärtigen Aussichten einer Begrenzung der Gefahr eines Atomkrieges. Sonderdruck der ZEIT-Aufsätze. Hamburg 1958.

Ders.: Ethische und politische Probleme des Atomzeitalters. Sonderdruck aus «Außenpolitik» Mai-Hefte 1958.

Wells, Donald A.: How Much Can ‹The Just War› Justify? In: The Journal of Philosophy Vol. 66 (1969), 819–829.

Williams, Bernard: How to Think Sceptically about the Bomb. In: New Society Vol. 62 (1982), 288–290.

Kurt Bayertz

Wissenschaft, Technik und Verantwortung
Grundlagen der Wissenschafts- und Technikethik

Das Projekt einer Wissenschafts- und Technikethik ist mit einem grundsätzlichen Einwand konfrontiert. Ausgehend von der Voraussetzung, daß nur freie menschliche Handlungen der moralischen Bewertung in Kategorien wie «gut» und «böse» unterworfen sind, bestreitet dieser Einwand, daß Wissenschaft und Technik als (in diesem Sinne) freies Handeln angesehen werden können. Dies gelte vor allem für die Wissenschaft: Diese ist unvoreingenommene Wahrheitssuche und als solche von allem Handeln entlastet; sie zielt auf die Erkenntnis der Wirklichkeit und bringt Theorien hervor, die einen Anspruch auf Wahrheit bzw. Objektivität erheben. Als Erkenntnis unterliegt sie einer erkenntnistheoretischen Bewertung in den Kategorien von «wahr» und «falsch», nicht aber einer moralischen Bewertung in den Kategorien von «gut» und «böse». Sie ist daher wertfrei und liegt außerhalb des Gegenstandes der Moral; jeder Versuch, sich ihr mit moralischen Kategorien zu nähern, ist sachfremd und gefährlich. Ähnliches gilt für die Technik. Werkzeuge oder Maschinen werden nicht frei erfunden, sondern nach Naturgesetzen konstruiert. In dieser Konstruktion ist der Mensch ebensowenig frei wie in der Wissenschaft; in beiden Fällen muß er sich nach der Natur richten. Technische Artefakte und wissenschaftliche Erkenntnisse sind daher moralisch neutral.

Der Einwand – man kann ihn als das «Neutralitätsargument» charakterisieren – stellt damit die pure Möglichkeit einer Wissenschafts- und Technikethik in Frage. Moralischer Bewertung unterliegen ihm zufolge nicht Wissenschaft und Technik, sondern lediglich ihre *Anwendung*. Da diese sich aber jenseits der Grenzen von Wissenschaft und Technik vollzieht, können die moralischen Normen und Prinzipien, denen die Anwendung unterworfen ist, nicht als Normen und Prinzipien einer Wissenschafts- und Technikethik gelten. Mit einem Wort: Solange wir begrifflich exakt bleiben und «Wissenschaft» und «Technik» nicht mit ihrer Anwendung vermengen, so lange bleiben sie moralisch exterritorial.

Die Plausibilität des Neutralitätsarguments liegt auf der Hand. Sie ergibt sich schon aus der Tatsache, daß Wissenschaft und Technik beliebigen Zielen dienen können. Was Karl Jaspers (1955, 117) über die Technik sagte, gilt auch für die Wissenschaft: «Weil sie selbst keine Ziele steckt, steht sie jenseits oder vor allem Gut und Böse. Sie kann dem Heil und dem Unheil dienen. Sie ist beidem gegenüber an sich neutral.» Und da Wissenschaftler und Techniker gewöhnlich keine Kontrolle über die Art und Weise der Verwendung ihrer Resultate haben, können sie für die Folgen dieser Verwendung auch nicht verantwortlich gemacht werden: Mit seiner Entdeckung der Kernspaltung war Otto Hahn ebensowenig schuld an den Toten von Hiroshima wie ein Kraftfahrzeugingenieur am Waldsterben und an den Verkehrstoten.

Der auf dem Neutralitätsargument beruhende Einwand gegen das Projekt einer Wissenschafts- und Technikethik ist gewichtig und bedarf einer gründlichen Prüfung. Wenn es nicht gelingt, ihn zu entkräften, sind alle weiteren Bemühungen um ein solches Projekt verlorene Liebesmüh. Stärker als andere Bereiche der angewandten Ethik bedarf die Wissenschafts- und Technikethik daher einer Propädeutik, in der – noch vor einer systematischen Darstellung ihrer Normen und Prinzipien – plausibel zu machen ist, inwieweit Wissenschaft und Technik überhaupt als ein *moralisches Problem* gelten können. Es ist zu zeigen, daß die Reichweite des Neutralitätsarguments begrenzt ist, da es die Realität von Wissenschaft und Technik nur unzureichend erfaßt. Diese Propädeutik zumindest in Umrissen zu liefern, ist das Ziel des vorliegenden Beitrags. Es geht um den Nachweis, daß Wissenschaft und Technik moralisch nicht exterritorial sind und daher moralisch verantwortet werden müssen.

Wenn eine solche Zuweisung von Verantwortung nicht willkürlich sein soll, muß sie aus der Struktur, der sozialen Funktion und den Folgen von Wissenschaft und Technik abgeleitet und begründet werden. Es ist eine der zentralen Thesen dieses Beitrags, daß diese Struktur, Funktion und Folgen einem tiefgreifenden Wandel unterworfen sind und daß die Karriere von Wissenschaft und Technik zum moralischen Problem nur vor diesem Hintergrund verstanden werden kann. Der Ausgangspunkt der Wissenschafts- und Technikethik ist daher nicht die Unterstellung einer moralischen Nachlässigkeit auf seiten der Wissenschaftler und Ingenieure, und ihr Ziel ist es nicht, diese einer verschärften «Sondermoral» zu unterwerfen; ihr Ausgangspunkt sind vielmehr die veränderten Bedingungen, unter denen Wissenschaft und Technik heute betrieben und eingesetzt wird, und ihr Ziel ist es, die traditionellen und unkontroversen moralischen Prinzipien so zu reformulieren, daß sie auch unter den neuen Bedingungen anwendbar bleiben (Höffe 1989, 311). Wissenschafts- und Technik*ethik* kann daher nicht unabhängig von Wissenschafts*theorie* und Technik*philosophie*, sowie von empirischer Wissenschafts- und Technik*forschung* betrieben werden. Es sollen im folgenden daher drei Ebenen von Wissenschaft und Technik unterschieden werden, auf denen das Neutralitätsargument an seine Grenzen stößt. (1) Wissenschaft und Technik werden zunächst als Forschung und Entwicklung betrachtet, d. h. als ein Handeln mit seinen unmittelbaren Folgen. (2) Auf einer zweiten Ebene erscheinen sie als soziale Produktivkräfte, die weitreichende mittelbare Folgen haben. (3) Als Verkörperung einer spezifischen Rationalität gewinnen Wissenschaft und Technik schließlich eine normative Autorität, die einschneidende Folgen für die Denk- und Handlungsweise in nahezu allen Bereichen der Gesellschaft haben. Auf jeder dieser drei Ebenen stellt sich die Frage nach der Verantwortung auf jeweils besondere Weise.

1 Wissenschaft und Technik als Praxis

Die Begriffe Wissenschaft und Technik beziehen sich auf eine vielschichtige und komplexe Realität. Welche Aspekte dieser Realität man auch immer in einer Definition dieser Begriffe hervorheben mag, in jedem Fall wird mit ihr eine Vorentscheidung über den Spielraum der ethischen Reflexion getroffen. Das Neutralitätsargument etwa setzt einen bestimmten Wissenschafts- und Technikbegriff voraus und gewinnt aus ihm seine Plausibilität. Für die Vertreter dieses Arguments besteht kein Zweifel daran, daß «Wissenschaft = Erkenntnis» und «Technik = Artefakt» ist. Übersehen wird damit, daß die (fertige) Erkenntnis ebenso wie der (fertige) Artefakt Produkte menschlichen Handelns sind und daß wir es in beiden Fällen daher zunächst mit menschlichen Aktivitäten zu tun haben. Wird «Wissenschaft» als ein Prozeß des Forschens und «Technik» als ein Prozeß des Entwickelns und Konstruierens betrachtet, dann eröffnet sich für die Wissenschafts- und Technikethik ein Feld genuin moralischer Bewertung: Ihr Gegenstand sind menschliche Handlungen, die ebenso verantwortet werden müssen wie beliebige andere menschliche Handlungen auch.

1.1 Wissenschaft als Handlung

Die Gleichung Wissenschaft = Erkenntnis mag im Hinblick auf bestimmte Disziplinen der Wissenschaft (Mathematik oder Altphilologie) berechtigt sein; die empirischen Wissenschaften, insbesondere die Naturwissenschaften, werden mit ihr jedoch nicht erfaßt. Charakteristisch für den in der Renaissance entstandenen Typus neuzeitlicher Wissenschaft ist ein dynamischer Begriff des Wissens, der sich in der ständigen Revolutionierung der etablierten Kenntnisse durch *empirische Forschung* niederschlägt. Dabei unterscheidet sich der Empiriebegriff der neuzeitlichen Wissenschaft grundlegend von anderen Formen der Erfahrung: Statt ihre Objekte passiv aufzunehmen, greift sie aktiv auf sie zu; ihr Verfahren ist nicht die Kontemplation, sondern das Experiment. Und insofern jedes Experiment über die Beobachtung der Natur hinausgeht, insofern es die Konstruktion einer materiellen Versuchsanordnung voraussetzt und das praktische Eingreifen in den Gang der Dinge einschließt, insofern ist neuzeitliche Wissenschaft nicht auf das theoretische Erkennen reduzierbar: Sie schließt praktisches Handeln ein und ist unauflöslich mit der Technik verbunden. Und je weiter sie voranschreitet, desto weiter schreitet ihre Technisierung voran. Das Projekt einer Wissenschaftsethik bezieht sich daher zunächst auf diesen Typus moderner experimenteller Forschung, die im Extremfall Apparaturen von 27 km Umfang (so beim CERN in Genf) benötigen. Es zielt nicht auf eine Ethik wissenschaftlicher Theorien, sondern auf eine *Forschungsethik*.

Betrachten wir die gegenwärtigen Auseinandersetzungen um die moralische Problematik der Wissenschaft, so wird schnell sichtbar, daß diese sich in beträchtlichem Maße um die experimentelle Praxis der Wissenschaft kristallisieren. «Während in der Vergangenheit eher der spekulative Forscher geisteswissenschaftlicher Provenienz Gefahr lief, mit Recht und Moral seiner Zeit in Kollision zu geraten, ist es heute vor allem der empirische Natur- und Sozialwissenschaftler, dessen Forschungstätigkeit einerseits bedroht, andererseits aber selbst bedrohlich sein kann» (Eser 1987, 925). Der moralischen Kritik unterliegen in der Regel nicht die theoretischen und empirischen Befunde der Wissenschaft als die Art und Weise ihrer Erzeugung. Drei Beispiele seien genannt. (1) In vielen wissenschaftlichen Disziplinen erfordert die Gewinnung neuer empirischer Erkenntnisse Experimente an Menschen, die oft mit schweren Risiken für die involvierten Individuen verbunden sind. Bei medizinischen oder pharmakologischen Experimenten können die Versuchspersonen gesundheitlichen Gefährdungen ausgesetzt sein; sozialwissenschaftliche und psychologische Versuche können ihre Privat- und Intimsphäre verletzen, ihnen starken Streß aufbürden, ihre Selbstachtung und Menschenwürde beeinträchtigen. (2) In der Kontroverse über Tierversuche geht es um die Frage, ob es moralisch zulässig ist, Tieren um des Erkenntnisfortschritts willen schwere Leiden zuzufügen. (3) Ein an Bedeutung ständig zunehmendes Thema sind die mit dem Forschungshandeln, insbesondere mit Experimenten verbundenen Risiken. So wird die Energieversorgung bestimmter Forschungssatelliten während ihrer interplanetaren Flüge durch Plutoniumbatterien sichergestellt; im Fall eines Fehlstarts à la Challenger könnte die Batterie zerstört und das hochgiftige Plutonium über große Gebiete verteilt werden. «Es ist die amerikanische Wissenschaft, die das Leben von Hunderttausenden von Bürgern aufs Spiel setzt, um in die Geheimnisse des Universums einzudringen!» (Perrow 1988, 5).

Hier wird zugleich eine bedeutsame Tendenz der neueren Wissenschaftsentwicklung deutlich: Die Risiken der Forschung lassen sich immer weniger auf das Labor und die unmittelbar involvierten Personen begrenzen. Die experimentelle Freisetzung gentechnisch veränderter Organismen gehört zu den umstrittensten Beispielen dafür, da die Interaktion des manipulierten Organismus mit seiner Umgebung nicht genau vorausgesagt werden kann. «In weiten Bereichen der Forschung entwächst die Wissenschaft ihren Grenzen und benutzt die Gesellschaft und ihre biologischen Lebensbedingungen als ein Labor, in dem einerseits auf erfolgreiche Weise neues Wissen durch Theorie und Experiment erzeugt wird, andererseits aber sich Verschiebungen zwischen Wissenschaft und Gesellschaft abspielen, die man in größtmöglicher Verdichtung auf die Formel bringen kann: *Die Risiken der Forschung werden zu Risiken der Gesellschaft*» (Krohn/Weyer 1989, 352).

Diese Beispiele lassen erkennen, wie realitätsfremd die These ist, Wissenschaft sei «die Institution für folgenlose Irrtümer» und Wissenschaftler seien «Leute, deren Leidenschaft es ist, sich folgenlos zu irren» (Marquard 1984, 21). Sie zeigen, daß die Gleichsetzung von Wissenschaft mit Erkenntnis zu kurz greift. Wissenschaft kann nicht auf die Anstrengung des Geistes und ihr Produkt reduziert werden; sie schließt, sofern sie empirische Forschung ist, Handlungen ein und erfordert den Gebrauch materieller Mittel, um eine Interaktion mit dem Gegenstand herzustellen. Völlig unabhängig von der Legitimität des Forschungsziels kann der Einsatz dieser Mittel moralisch problematisch sein. Mag sie als Theorie dem Bereich des Moralischen entzogen sein, als praktisches Handeln unterliegt die Wissenschaft der moralischen Bewertung ebenso wie jedes andere menschliche Handeln. Die Verletzung oder Tötung eines Menschen ist auch dann unmoralisch, wenn sie im Rahmen eines nach allen Regeln der Kunst geplanten wissenschaftlichen Experiments erfolgt. Dies wird auch von niemandem bestritten; kontrovers ist allerdings, wie groß die Risiken sein dürfen, die im Interesse des Erkenntnisfortschritts der Bevölkerung (oder größeren Gruppen von Menschen) aufgebürdet werden. In jedem Fall aber ist ein Forschungsvorhaben nicht nur nach seinen theoretischen Zielen zu bewerten, sondern auch nach den Mitteln, die zur Erreichung dieser Ziele eingesetzt werden und nach den (möglichen) Konsequenzen des Einsatzes dieser Mittel. Die theoretische Autonomie der Wissenschaft begründet keine moralische Exterritorialität.

1.2 Ist die Technik moralisch neutral?

So unvollständig der Wissenschaftsbegriff ist, auf dem das Neutralitätsargument beruht, so verkürzt ist das ihm zugrundeliegende Technikver-
ständnis. «Technik» wird identifiziert mit dem fertigen Produkt technischen Produzierens: mit dem Werkzeug oder der Maschine als einem
materiellen Artefakt. Damit wird einerseits die *Genese* der technischen
Gegenstände, der Prozeß des Entwickelns und Konstruierens ausgeblendet; andererseits kommt durch die Konzentration auf den materiellen
Artefakt der *Systemcharakter* der Technik nicht in den Blick, der für das
Verständnis entwickelter modernen Technologien grundlegend ist.

Fassen wir Technik als den Prozeß des Entwickelns, Konstruierens,
Erprobens und Implementierens von Werkzeugen, Maschinen etc., so
besteht sie aus einer Abfolge menschlicher Tätigkeiten, die moralischer
Bewertung unterliegen. Der Einsatz von Kindern oder Zwangsarbeitern
beim Bau einer Brücke kann nicht durch einen Verweis auf deren Neutralität oder Nützlichkeit gerechtfertigt werden. Auch unter normalen Bedingungen kann der Prozeß der Technikgenese schwierige moralische
Probleme aufwerfen. So ist es in der Bundesrepublik nicht zulässig, den
Stoffwechsel neuer pädiatrischer Medikamente an gesunden Kindern zu
testen; solche Tests werden daher in anderen Ländern (z. B. in Afrika)
durchgeführt. Da die auf diese Weise geprüften Medikamente in der
Bundesrepublik zugelassen werden, muß die Frage gestellt werden, ob es
moralisch vertretbar ist, den Nutzen von Medikamenten für deutsche
Kinder in Anspruch zu nehmen, deren Entwickungslasten und -risiken
die Kinder anderer Völker getragen haben. Wie immer die Antwort auf
diese Frage ausfallen mag, in jedem Fall bleibt festzuhalten, daß die Konstruktion technischer Artefakte oder Systeme – ähnlich wie die Durchführung wissenschaftlicher Experimente – als ein Handeln aufgefaßt
werden muß, das moralisch zu verantworten ist.

Diese Verantwortung wird ein Vertreter des Neutralitätsarguments
nicht bestreiten. Er wird jedoch darauf insistieren, daß diese Verantwortung nur die «äußere» Seite der Technikgenese, nicht aber ihren eigentlichen technischen Inhalt betrifft. Die Konstruktion eines technischen
Artefakts müsse gewissen «Sachgesetzlichkeiten» folgen: Man kann
nicht mit Sauerkraut Strümpfe stopfen. Ebensowenig wie im Hinblick
auf die Wissenschaft (als Erkenntnis) könne man im Hinblick auf die
Technik (als Funktionszusammenhang) die Frage nach «gut» und «böse»
stellen. Die Frage könne nur lauten, ob eine Erkenntnis wahr ist und ob

eine Maschine funktioniert. Dieser Einwand unterschlägt, daß in die Konstruktion eines technischen Artefakts nicht nur Naturgesetze eingehen, sondern auch menschliche Interessen und Werte. Dazu gehören nichtmoralische Werte wie Effektivität, Benutzerfreundlichkeit oder gutes Design; ferner Werte, die eine moralische Dimension haben, wie vor allem Sicherheit. Die Sachgesetzlichkeiten lassen Spielraum für die Gestaltung der Technik; es sind immer mehrere Varianten der Lösung eines technischen Problems möglich, zwischen denen nicht nach «technischen» Gesichtspunkten entschieden wird, sondern nach Interessen und Werten. Solche Entscheidungen zwischen verschiedenen Lösungsmöglichkeiten technischer Probleme müssen als eine Form menschlichen Handelns aufgefaßt werden, das moralischer Bewertung unterliegt.

Der Gestaltungs- und Entscheidungsspielraum in der Technikgenese zeigt sich bei komplexen Technologien deutlicher als bei einfachen Werkzeugen. Je komplexer ein technisches System ist, desto größer ist auch die Zahl seiner Gestaltungsvarianten: Bei der Konstruktion von Streichhölzern sind weniger Entscheidungen nötig und möglich als bei der Konstruktion von Kernkraftwerken. Entgegen der beliebten Rede vom «Sachzwang» zeigt eine gründliche Rekonstruktion beispielsweise der Geschichte der Atomwirtschaft in der Bundesrepublik, daß weder der Ausbau der Kernenergie zu einem tragenden Pfeiler der Elektrizitätsversorgung auf einen solchen «Sachzwang» zurückgeführt werden kann noch die spezifische Richtung, die dieser Ausbau genommen hat, indem bestimmte Reaktortypen und Sicherheitskonzepte entwickelt wurden, andere aber unbeachtet blieben. Die Entwicklung der Atomtechnologie folgte keiner immanenten Logik, sondern resultierte aus Entscheidungen, die nach außertechnischen (vor allem politischen) Gesichtspunkten gefällt wurden. «Nicht technische Sachzwänge steuerten die Entwicklung der Kerntechnik... Immer wieder zeigte sich, daß ‹die Technik› kein eigengesetzliches System, ‹technischer Fortschritt› keine Triebkraft eigener Art, ‹technische Rationalität› nichts Eindeutiges ist» (Radkau 1983, 462). Nicht nur die Entscheidung für oder gegen Kernkraft, sondern auch die (scheinbar rein technische) Entscheidung für oder gegen einen bestimmten Reaktortyp hat daher eine moralische Dimension.

In diesem Sinne sind auch die Artefakte nicht vollkommen neutral, sondern wertbeladen. Als Materialisierungen menschlicher Zwecksetzungen spiegeln sie die zugrunde liegenden Interessen, Werte und Zwecksetzungen wider. Die Entscheidungen, die in den Konstruktionsprozeß eingehen, und die Werte, die diese Entscheidungen steuern, schlagen auf die Resultate durch. Gewiß, einfache Werkzeuge sind insofern «neutral», als sie multifunktional und daher zu beliebigen (guten wie schlechten) Zwecken brauchbar sind. Dies ist aber nicht immer der Fall. Es gibt Artefakte, die in dem beschriebenen Sinne nicht multifunktional und neutral sind. Hinzu kommt, daß die Multifunktionalität oft bloß «im Prinzip» besteht. Man kann eine Guillotine auch zum Gemüseschneiden benutzen; daß dies praktisch nicht geschieht, hängt damit zusammen, daß jede Technik in einem sozialen Verwendungskontext steht, aus dem sie nur analytisch herausgelöst werden kann.

Besonders deutlich wird dies bei komplexeren technologischen Systemen, die eine Vielzahl von Bedingungen voraussetzen, um konstruiert, implementiert und betrieben werden zu können. So kann etwa das technologische System «Automobil» nicht auf einen bestimmten Artefakt (den Pkw) reduziert werden; es bedarf einer ausgebauten Infrastruktur (Straßennetz, Tankstellen), erfordert politische Institutionen (Verkehrsministerium, Kraftfahrtbundesamt) und zieht Veränderungen im Rechtssystem (Straßenverkehrsordnung) und im Gesundheitswesen (Rettungshubschrauber) nach sich. Hier zeigt sich, daß die Unterscheidung zwischen der Technik «an sich» auf der einen, ihrer Implementierung und Anwendung auf der anderen Seite, die bei einfachen technischen Artefakten problemlos zu sein scheint, mit wachsender Komplexität der technologischen Systeme immer schwieriger wird. Im Extremfall kann eine Technologie schon durch ihre pure Existenz, d. h., ohne je «benutzt» zu werden, weitreichende Wirkungen entfalten. Die Atombombe mit ihren revolutionierenden Wirkungen auf die internationale Politik und auf die militärische Strategie ist das vielleicht eindrucksvollste Beispiel dafür.

Solche Systeme sind sozial, politisch und moralisch auch deswegen nicht neutral, weil ihre Konstruktion, Implementierung und täglicher Betrieb notwendig mit bestimmten Formen der zentralisierten und hierarchischen Organisation verbunden ist, d. h. mit der Ausübung von Macht und Autorität; sie implizieren spezifische Formen der Strukturierung des sozialen Lebens insgesamt und sind daher «inhärent politisch» (Winner 1977, 323 f). Verstärkt wird dies durch eine Tendenz zur Umkehr des Zweck-Mittel-Verhältnisses. Komplexe und kostspielige technologische Systeme erzeugen eine Vielzahl von Interessen an ihrer Aufrechterhaltung und Weiterentwicklung; sie werden in gewissem Sinne damit selbst zum Zweck. «Diese Technologien werden nicht mehr einfach von uns benutzt, um anderweitig definierte Ziele zu erreichen. Die

Aspekte ihrer Organisation und Erfahrung sind so allumfassend, daß sie selber zu einer neuen Lebensweise werden – wir leben Technologie, statt sie zu benutzen... Technologie spiegelt also sowohl gesellschaftliche Werte wider, als sie teilweise neue schafft – in einer intrinsisch unvorhersehbaren Weise» (Wynne 1983, 162).

1.3 Wissenschaft und Technik als politisches Handeln

In traditionellen Kulturen wurde der wissenschaftlich-technische Fortschritt nicht systematisch vorangetrieben, sondern blieb dem Zufall oder der Initiative einzelner überlassen; ihm waren in der Regel sogar enge soziale, religiöse oder moralische Schranken gesetzt. Ein Beispiel für die Hindernisse, mit denen die wissenschaftliche Forschung sich über Jahrhunderte konfrontiert sah, waren die bis ins 19. Jahrhundert hinein existierenden Beschränkungen der Sektion von Leichen; die menschliche Anatomie und Physiologie wurden dadurch in ihrer Entwicklung behindert. Ein anderes Beispiel betrifft die Durchsetzung technischer Innovationen: Die zum Teil bis in die Neuzeit hinein wirksamen mittelalterlichen Zunftordnungen ließen die Einführung und Anwendung neuer arbeitssparender Werkzeuge und Maschinen nicht zu; die Erfinder neuer Verfahren und die Konstrukteure neuer Maschinen wurden sozial diskriminiert, ihre Innovationen wurden von den Zünften unterdrückt oder von den Behörden (zum Teil unter Androhung der Todesstrafe) verboten.

Es kann daher nicht überraschen, daß diejenigen, die an einem ungehinderten Fortschritt von Wissenschaft und Technik interessiert sind – und das sind zunächst, wenn auch nicht allein, die Wissenschaftler und Ingenieure –, stets bemüht waren, solche Beschränkungen ihrer Tätigkeit zu beseitigen. Die Ausbildung und Entwicklung von Wissenschaft und Technik als eigenständigen Subsystemen der Gesellschaft war daher von vielfältigen Aktivitäten zur Einwirkung auf die soziale Umwelt, auf das geistige Klima, die Rechtsprechung, die Politik etc. begleitet. Zwar sind viele der früher bestehenden Schranken längst beseitigt, einzelne Restriktionen bestehen allerdings nach wie vor. Ein aktuelles Beispiel bietet die Forschung an menschlichen Embryonen. Manche Biologen und Mediziner sind der Auffassung, daß die rechtlichen Einschränkungen, denen diese Forschung in der Bundesrepublik und anderen Staaten unterliegt, ungerechtfertigte Hindernisse für den wissenschaftlichen und technischen (in diesem Fall: medizinischen) Fortschritt darstellen. Sie setzen sich daher in der Öffentlichkeit für eine Aufhebung oder Lockerung der bestehenden Beschränkungen ein.

Solche Bemühungen, die Gesellschaft im Interesse des wissenschaftlich-technischen Fortschritts zu beeinflussen, können nicht als «wissenschaftliches Erkennen» oder als «technisches Konstruieren» gelten. Es handelt sich um Tätigkeiten, die eng mit Forschung und Entwicklung zusammenhängen, die über die sozialen Subsysteme von Wissenschaft und Technik hinausreichen und auf die Gestaltung anderer Bereiche der Gesellschaft gerichtet sind: Sie haben *politischen* Charakter. Natürlich ist es legitim, daß Wissenschaftler und Ingenieure als «Partei» oder Interessengruppe auftreten, die Wissenschaftspolitik bzw. Technikpolitik betreiben. In einer pluralistischen Gesellschaft hat jede Berufsgruppe das Recht, ihre Interessen öffentlich zu vertreten und ihre Vorstellungen von der richtigen Gestaltung der Gesellschaft zur Geltung zu bringen. Hervorzuheben ist jedoch, daß solche Aktivitäten keineswegs «wertfrei» oder moralisch neutral sind.

Als ein politisches Handeln müssen erstens jene Aktivitäten aufgefaßt werden, die auf die materielle Absicherung von wissenschaftlicher Forschung und technischer Entwicklung zielen. Weder Wissenschaft noch Technik sind autark; sie kosten Geld, das von der Gesellschaft zur Verfügung gestellt werden muß. Dies gilt natürlich in erster Linie für jene wissenschaftlichen oder technischen Großprojekte, die einen umfangreichen materiellen und personellen Apparat erfordern (Manhattan-Projekt, bemannte Raumfahrt, SDI, Sequenzierung des menschlichen Genoms etc.) und deren Kosten in die Milliarden gehen. Es gilt aber auch für Forschungs- und Entwicklungsvorhaben normalen Zuschnitts. Kein Wissenschaftler oder Ingenieur kann heute die dafür notwendigen Mittel aus eigenem Vermögen bereitstellen; er muß zunächst einen Geldgeber finden und diesen von der Förderungswürdigkeit seines Vorhabens überzeugen. Dies wiederum macht es notwendig, irgendeine Form von *Relevanz* für das jeweilige Projekt zu reklamieren: sei es Relevanz in Form des ideellen Werts der zu erzeugenden Erkenntnis, sei es Relevanz in Gestalt von praktischem Nutzen. Mit solchen Relevanzbehauptungen wird der Bereich der «wertfreien» Wissenschaft überschritten: Es werden keine deskriptiven Aussagen über den jeweiligen Forschungsgegenstand gemacht, sondern normative Aussagen über dessen Erkenntniswürdigkeit (und die Förderungswürdigkeit ihres Projekts). Da die finanziellen und personellen Mittel, die für ein beliebiges Forschungs-

oder Entwicklungsvorhaben aufgewendet werden, notwendigerweise zu Lasten anderer Verwendungen gehen, haben solche Aussage eine moralische Dimension: Sie beziehen sich auf knappe Ressourcen, deren Verwendung den (moralischen) Kriterien der Nützlichkeit und der Verteilungsgerechtigkeit unterliegen.

Moralisch zu verantworten sind zweitens die Bestrebungen zur Modifikation der geltenden Wertorientierungen. Die Geschichte der Wissenschaft zeigt, daß wissenschaftliche und moralische Kompetenz nicht notwendig zusammenfallen. Die «Wertepolitik» im Interesse der Wissenschaft war nur zu oft an der Beseitigung normativer Forschungshindernisse um (nahezu) jeden Preis orientiert. So erhob der Präsident der Preußischen Akademie der Wissenschaften im Jahre 1752 die Forderung, neuartige Operationen, die man wegen des mit ihnen verbundenen Risikos an gewöhnlichen Patienten nicht wagen würde, an zum Tode Verurteilten zu erproben. «Ich würde das Leben der Verbrecher gern in den Dienst dieser Operationen gestellt sehen, auch wenn nur geringe Hoffnung auf ihren Erfolg besteht: aber ich glaube sogar, daß man dieses Leben ohne Skrupel sogar für die Kenntnis eines entfernteren Nutzens aufs Spiel setzen dürfte... Mit Recht machen wir uns über gewisse Völker lustig, die sich wegen einer falsch verstandenen Humanität der Kenntnisse beraubt haben, die sie aus der Sektion von Leichen hätten ziehen können: wir sind hier vielleicht noch unvernünftiger, wenn wir nicht jeden Nutzen aus einem Schmerz ziehen, aus dem das Publikum großen Vorteil ziehen könnte und der selbst für die, die ihn erleiden, vorteilhaft wäre» (Maupertuis 1980, 163–64). An gleicher Stelle setzt sich der Autor dafür ein, Neugeborene in völliger sozialer Isolation aufzuziehen, um zu ermitteln, welche Sprache sie ohne das Vorbild der Erwachsenen zu sprechen beginnen.

2 Wissenschaft und Technik als Produktivkraft

Die Eingrenzung der Begriffe Wissenschaft und Technik auf die fertigen Erkenntnisse bzw. Artefakte schneidet die ethische Reflexion nicht nur von den Prozessen des Forschens und Entwickelns/Konstruierens ab, sondern auch von den Konsequenzen, die diese Erkenntnisse und Artefakte haben. Das Neutralitätsargument hebt zu Recht hervor, daß Theorien und Technologien von ihren Anwendungen und deren Folgen begrifflich unterschieden werden müssen. Diese Unterscheidung darf aber nicht für die Tatsache blind machen, daß der soziale Zusammenhang zwischen beiden in der Gegenwart sehr eng geworden ist. Die Funktion von Wissenschaft und Technik hat sich gravierend gewandelt; ihre Resultate werden heute nicht mehr nur zufällig, sondern regelmäßig angewendet. Selbst die Grundlagenforschung steht in einem wenn auch oft mittelbaren, so doch systematischen Verwertungs- und Verwendungszusammenhang. Umgekehrt ist die Gesellschaft in immer größerem Maße auf die Leistungen von Wissenschaft und Technik angewiesen: «Die Wirtschaft ist zum Beispiel wissenschaftlichen Entdeckungen so gut wie hilflos ausgeliefert, sobald diese sich wirtschaftlich verwerten lassen» (Luhmann 1986, 221). Die Technik war schon immer eine unmittelbare *Produktivkraft*; die Wissenschaft ist es in immer stärkerem Maße geworden. Die Frage ist, ob diese Veränderungen auf die Verantwortungsproblematik durchschlagen und damit moralische Relevanz gewinnen.

2.1 Strukturveränderungen der Wissenschaft

Wissenschaft war zunächst kein Beruf, sondern eine in der Regel auf eigene Faust und eigene Kosten betriebene private Tätigkeit wohlhabender Bürger. Alexander von Humboldt finanzierte seine fünfjährige Forschungsreise durch Südamerika ebenso aus eigener Tasche wie die Druckkosten (226000 Taler) für den 36bändigen Bericht über diese Reise; auch Charles Darwin mußte mit Hilfe der Wissenschaft nicht seinen Lebensunterhalt verdienen oder zur Finanzierung seiner Arbeit irgendwelche Förderungsorganisationen in Anspruch nehmen. Im 19. Jahrhundert setzt ein Transformationsprozeß ein, in dessen Verlauf sich vor allem die Naturwissenschaften von der privaten «Kleinforschung» zur arbeitsteiligen und geplanten «Großforschung» heutigen Typs entwickeln. Wichtige Elemente dieses Prozesses waren (a) die Institutionalisierung der Wissenschaft; (b) ihre Professionalisierung; (c) die Herausbildung voneinander abgegrenzter Disziplinen; (d) das starke Ansteigen des mit der empirischen Forschung verbundenen technischen Aufwands. Erst vor diesem Hintergrund konnte die Wissenschaft zu einer unmittelbaren Produktivkraft werden.

Heute wird Wissenschaft in einem institutionellen Rahmen betrieben und aus Mitteln der Wirtschaft und des Staates finanziert. In der BRD wurden im Jahre 1989 von der Wirtschaft 63,5 % aller Mittel für Forschung und Entwicklung aufgebracht, 34,4 % von Bund und Ländern. Von diesen FuE-Mitteln entfallen 13,6 % auf die Hochschulen, 12,6 % auf staatliche oder nichtkommerzielle Institutionen und 71 % auf die Wirtschaft (Faktenbericht 1990). Ungefähr zwei Drittel aller Forschung und Entwicklung werden also von Wirtschaftsunternehmen finanziert und betrieben; es liegt auf der Hand, daß diese zum überwiegenden Teil anwendungsbezogen und auf die ökonomischen Interessen der betreffenden Betriebe ausgerichtet sind. Die soziale Realität der Wissenschaft ist eher durch abhängig betriebene und anwendungsbezogene Forschung gekennzeichnet als durch freie Grundlagenforschung. Parallel dazu verändert sich der Prozeß von Forschung und Entwicklung. Während die Wissenschaftler und Ingenieure früherer Jahrhunderte vorwiegend als selbständige Individuen tätig waren, sind sie heute in der Regel abhängige «Arbeitnehmer». Als Angestellte einer großen Firma oder einer staatlichen Institution können sie den Inhalt und die Richtung ihrer Tätigkeit nicht autonom bestimmen; sie werden für eine bestimmte Funktion eingestellt und bekommen ihre Aufgaben zugeteilt. Diese Aufgaben sind meist Teil eines größeren Projekts, das möglicherweise wiederum Bestandteil eines übergreifenden nationalen oder internationalen Forschungsprogramms ist, an dem zahlreiche – bisweilen mehrere hundert – Kollegen mitwirken.

Abgesehen von einzelnen ökologischen Nischen, die insbesondere an den Hochschulen für die selbstbestimmte Forschung traditionellen Zuschnitts existieren, ist die Wissenschaft heute «vergesellschaftet». Das Erkennen um des Erkennens willen ist sicher nicht verschwunden; der überwiegende Teil des Wissenschafts«betriebs» folgt jedoch keinem interesselosen Streben nach Erkenntnis, sondern wird initiiert und finanziert, um praktisch verwertbare Resultate zu erzielen. Für die technische Entwicklung gilt dies a fortiori. Die gesellschaftlichen Auswirkungen wissenschaftlicher Forschung können daher – ebenso wie die Auswirkungen technischer Entwicklung und Konstruktion – heute nicht mehr als punktuell und zufällig angesehen werden. Vielmehr hat sich ein systematischer und regelmäßiger Zusammenhang zwischen Innovation und Implementierung herausgebildet, der sich in vielen Bereichen der empirischen Naturwissenschaften nur noch graduell von dem in der Technik unterscheidet. Die Verwunderung darüber, «daß ‹Wissenschaft› immer öfter mit dem Zwillingsbegriff ‹Technik› verschwistert auftritt», während sie doch früher «eher mit den Künsten vereint genannt wurde» (Markl 1987, 163), kann nur entstehen, wenn man bei Wissenschaft nicht an Physik, Medizin oder Molekularbiologie denkt, sondern an Germanistik oder Paläontologie.

Hervorzuheben ist dabei, daß dieser Strukturwandel sich nicht auf die «angewandte Wissenschaft» beschränkt. Die Vorstellung einer klaren Unterscheidbarkeit von Grundlagenforschung und angewandter Forschung ist von der Wissenschaftsentwicklung der vergangenen Jahrzehnte überholt worden. Es gab und gibt nicht nur einzelne Fälle, in denen sich überraschende Anwendungsbezüge im Rahmen rein theoretischer Forschungen ergaben, wie auch umgekehrt «theoretische Durchbrüche» im Rahmen anwendungsbezogener Forschung. Die neuere Wissenschaftsentwicklung zeichnet sich darüber hinaus gerade durch die Etablierung systematischer Zusammenhänge und Wechselwirkungen zwischen zweckorientierter und theorieorientierter Forschung aus. Dies gilt für die Physik (Woollett 1980, 108), mehr noch für die modernen Biowissenschaften. «Eine Entkoppelung der Entwicklung in der Grundlagenforschung von der angewandten Biotechnologie ist nicht möglich... im Prinzip gilt, daß, wer Grundlagenforschung bejaht, auch die potentielle biotechnologische Anwendung in Kauf nimmt» (Hofschneider 1983, 15). In wachsenden Bereichen von Wissenschaft und Technik ist eine klare Trennung zwischen der Anwendung von Wissen und der Erzeugung neuen Wissens kaum noch möglich: Hier zeichnet sich ein grundlegender Wandel im Verhältnis von Wissenschaft und Gesellschaft ab, der durch eine «Koinzidenz von Forschung und Implementierung» (Krohn/Weyer 1989, 369) gekennzeichnet ist.

Die Frage nach der Verantwortung muß vor diesem Hintergrund neu und anders gestellt werden. Zumindest in jenen Bereichen, in denen die Differenz zwischen Wissenschaft und Technik, zwischen Grundlagenforschung und angewandter Wissenschaft zusammengeschmolzen ist, kann die Trennung zwischen Erkenntnis und Anwendung in ihrer traditionellen Form nicht mehr aufrechterhalten werden: Die Anwendung ist immer schon programmiert und daher von vornherein absehbar.

2.2 Professionelle und moralische Verantwortung

Der Begriff der Verantwortung ist eng verbunden mit dem der Kausalität. Wir nennen jemanden «verantwortlich» für die Folgen einer Handlung, wenn (a) diese Folgen durch die Handlung kausal bewirkt wurden, wenn (b) die Folgen voraussehbar waren und wenn (c) die Handlung hätte vermieden werden können. Sofern es sich um klar abgegrenzte Handlungen eines Individuums und ihre unmittelbaren Folgen handelt, bereitet diese Bestimmung keine Schwierigkeiten; anders hingegen, wenn wir es mit einem komplexen Gefüge von Handlungen zu tun haben, an dem eine Vielzahl von Individuen beteiligt ist. Das klassische Beispiel dafür liefert «die Bombe». Für eine lange Zeit ist die Wissenschaftsethik von der Frage nach der Verantwortung der Wissenschaftler für den Abwurf der beiden Atombomben auf Hiroshima und Nagasaki im Jahre 1945 beherrscht gewesen. Das Problem dieser – nicht immer sehr fruchtbaren – Diskussion ergibt sich daraus, daß man in der Regel niemanden für Handlungen verantwortlich machen kann, die ein anderer begangen hat. Die Aufgabe von Wissenschaftlern und Ingenieuren kann als die Bereitstellung von Handlungs*optionen* charakterisiert werden; ob diese Optionen wahrgenommen werden und wie dies geschieht, entzieht sich meist ihrer Kompetenz und ihrem Einfluß. So haben die am Manhattan-Projekt beteiligten Wissenschaftler zwar die theoretischen Grundlagen für den Bau der Atombombe geschaffen, und die Ingenieure haben diesen Bau realisiert; doch die Entscheidung über den Einsatz der Atombombe wurde von Politikern getroffen und der tatsächliche Abwurf von Soldaten vorbereitet und vollzogen. Zwischen der Entwicklung der Bombe und ihrem Abwurf lagen mehrere Schritte, an denen die Wissenschaftler und Ingenieure nicht beteiligt waren und über die sie nicht verfügen konnten.

An diesem Beispiel wird ein strukturelles Merkmal moderner Gesellschaften deutlich: In ihnen wird eine wachsende Zahl von Aufgaben nicht durch das Handeln einzelner, sondern durch kollektives Zusammenwirken bewältigt. Die Differenzierung der wissenschaftlichen Erkenntnis vom technischen Konstruieren und die Trennung dieser beiden von der praktischen Anwendung ist ein Aspekt dieser Arbeitsteilung. Eine Verantwortung des einzelnen scheint es in solchen arbeitsteiligen Handlungssystemen kaum noch geben zu können und erst recht nicht eine Verantwortung von Wissenschaftlern und Ingenieuren, die doch ganz am Anfang der Handlungskette tätig sind: Die Toten von Hiroshima und Nagasaki, so ist häufig argumentiert worden, können ihnen am allerwenigsten zugerechnet werden. Dieses Argument legt einen scharfen Schnitt zwischen der Erkenntnis eines Naturzusammenhangs und der Konstruktion eines technischen Systems einerseits sowie ihrer praktischen Anwendung andererseits. Seine Konsequenz ist die These, daß sich die Verantwortung von Wissenschaftlern und Ingenieuren auf das beschränkt, was in ihre Kompetenz und ihren Einflußbereich fällt. Den Wissenschaftlern obliegt die Verantwortung, gute Wissenschaft zu betreiben, d. h., zutreffende Antworten auf Fragen über die Wirklichkeit zu geben (Markl 1987, 164); und Technikern die Verantwortung, gute Technik zu konstruieren, d. h., zuverlässige Lösungen für technische Probleme zu finden. Eine Verantwortung für die indirekten Folgen ihrer Tätigkeit, für die Anwendung der Resultate dieser Tätigkeit, kann ihnen schon deshalb nicht zugemutet werden, weil diese Anwendung von anderen vorgenommen wird.

Konsequent zu Ende gedacht, führt dieses Argument zu einer unannehmbaren Schlußfolgerung: Ein Ingenieur, der für ein aggressives Militärregime Bomben konstruiert, würde «verantwortlich» handeln, solange diese Bomben die gewünschte Wirkung erzielen; und ein Soziologe, der im Auftrag des Geheimdienstes einer Diktatur die Bevölkerung im Hinblick auf oppositionelle Einstellungen ausforscht, würde ebenfalls «verantwortlich» handeln, solange seine empirischen Resultate zutreffen. Auch in diesen beiden Fällen stellen die Ingenieure und Wissenschaftler lediglich Handlungsoptionen zur Verfügung; das Zünden der Bombe und die Verhaftung der Regimekritiker übernehmen andere. Dennoch würde niemand ein solches wissenschaftliches oder technisches Handeln als «verantwortlich» anerkennen. Unter Umständen kann daher auch die bloße Bereitstellung von Handlungsoptionen unmoralisch sein: dann nämlich, wenn eine unmoralische Verwendung von vornherein absehbar ist, zugleich aber die Möglichkeit besteht, sich dem Projekt zu entziehen. Doch auch wenn wir von solchen Extremsituationen absehen, ist die strikte Trennung zwischen Forschung und Entwicklung auf der einen, Handeln und Anwenden auf der anderen Seite nicht mehr aufrechtzuerhalten. «Früher hatte der reine Wissenschaftler oder der reine Gelehrte nur eine Verantwortung, die über die hinausging, die jedermann hat: nämlich die Wahrheitssuche... Diese glückliche Situation gehört der Vergangenheit an» (Popper 1970, 329).

Gleichwohl macht das Argument auf eine doppelte Schwierigkeit aufmerksam, die mit dem Begriff der Verantwortung unter den Bedingungen kollektiven und arbeitsteiligen Handelns verbunden sind. Subjektiv gesehen wird es für den einzelnen Beteiligten unter diesen Bedingungen immer schwieriger, ein klares Bewußtsein seiner Verantwortlichkeit zu gewinnen und diese aktiv wahrzunehmen; und auch objektiv wird es schwieriger, den Anteil des Individuums am Zustandekommen der Folgen zu bestimmen. Daraus resultiert aber nicht, daß der Begriff der Verantwortung jeglichen Sinn verloren habe und daß Wissenschaftler und Ingenieure überhaupt keine Verantwortung für die indirekten Folgen ihrer Tätigkeit haben. Die Arbeitsteiligkeit des Handelns löst die Folgenverantwortung nicht einfach auf, sondern verteilt sie auf die involvierten Individuen nach Maßgabe ihrer Bedeutung in dem betreffenden kollektiven Handlungszusammenhang. Verantwortung kann nicht nach dem Alles-oder-nichts-Prinzip zugeschrieben werden, sondern ist als graduierbar aufzufassen (Lenk 1987a, 125 ff). In arbeitsteiligen Systemen besteht eine abgestufte Verantwortung, die proportional zum Einfluß des jeweiligen Individuums in dem betreffenden System und zu seinem Anteil am Zustandekommen des Resultats ist.

Das Argument, daß Wissenschaftler nur für gute Wissenschaft und Techniker nur für gute Technik verantwortlich seien, beruht auf einer Verwechselung von zwei unterschiedlichen Arten der Verantwortung. In arbeitsteiligen Gesellschaften spielt jedes Individuum eine Vielzahl von sozialen «Rollen», aus denen ihm zahlreiche rollenspezifische Verantwortungen erwachsen: eine Verantwortung als Staatsbürger, als Vater/Mutter, als Betriebsratsmitglied, als Verkehrsteilnehmer etc. Eine solche rollenspezifische Verantwortung haben wir auch in unserem Berufsleben: Als Lehrer sind wir für die Qualität unseres Unterrichts, als Bäcker für die Qualität unserer Brötchen verantwortlich. Diese professionelle Verantwortung besagt, daß wir unsere jeweilige berufliche Funktion gut auszufüllen haben; sie besagt aber nichts über die moralische Qualität dieser Funktion selbst. Wer für eine Terrororganisation «gute» Arbeit leistet, handelt nicht im moralischen Sinne «gut». Die professionelle (oder rollenspezifische) Verantwortung fällt daher mit der moralischen nicht notwendig zusammen. Die erstere ist an die Ausübung einer bestimmten Rolle gebunden; sie orientiert sich an den (partikularen) Normen und Werten dieser Rolle und betrifft nur die Inhaber dieser Rolle. Die moralische Verantwortung ist demgegenüber allgemeinverbindlich; sie orientiert sich an (universellen) moralischen Normen und Werten und betrifft jede kompetente menschliche Person.

Dies schließt nicht aus, daß die professionelle Verantwortung eine moralische Dimension haben kann. Ein Brückenbauingenieur, der durch schlampige Konstruktion das Leben von Menschen gefährdet, handelt nicht nur professionell, sondern auch moralisch unverantwortlich. Doch wie die professionelle Verantwortung mit der moralischen unter bestimmten Umständen zusammenfallen kann, so kann sie auch mit ihr in Konflikt treten. Die genannten Beispiele des Ingenieurs, der für ein Terrorregime tätig ist, und des Wissenschaftlers, der einer Diktatur zuarbeitet, illustrieren dies. Die undifferenzierte Rede von *der* Verantwortung kann daher «ideologisch mißbraucht werden, um spezifische Verantwortlichkeiten in den Vordergrund zu rücken und etwa die moralische Allgemeinverantwortlichkeit zu verdrängen oder zu unterdrücken» (Lenk 1987a, 116). In Konfliktfällen muß auf dem Primat der moralischen Verantwortung bestanden werden.

2.3 Präventionsverantwortung

Während die moralische Verantwortung durch die jeweilige rollen- oder berufsspezifische Verantwortung nicht eingeschränkt oder vermindert werden kann, kann sie umgekehrt durch sie durchaus erweitert und verschärft werden. Beispiele dafür bieten zahlreiche Rollen und Berufe. So geht die Verantwortung, die Eltern gegenüber ihren Kindern haben, über die hinaus, die sie anderen Menschen gegenüber haben. Auch an die Verantwortung eines Arztes für seine Patienten oder eines Politikers für die Bürger sind strengere Maßstäbe anzulegen. Von Polizisten oder Feuerwehrleuten erwarten wir sogar, daß sie in der Ausübung ihres Berufs hohe Risiken für ihr Leben und ihre Gesundheit eingehen. In allen diesen Fällen ist die über das «normale Maß» hinausgehende Verantwortung mit der spezifischen Rolle verbunden.

Eine ähnliche rollenspezifische Verantwortung besteht aus zwei Gründen auch für Wissenschaftler und Ingenieure. (1) Sie ergibt sich aus der spezifischen Funktion, die Wissenschaft und Technik in modernen Gesellschaften haben, und hängt mit der Tatsache zusammen, daß der Einfluß von Wissenschaftlern und Technikern auf das Leben der Gesellschaft größer ist als der von Angehörigen vieler anderer Berufe. Von den (guten wie auch schlechten) Folgen wissenschaftlicher und technischer Tätigkeit sind mehr Menschen «betroffen» als von den Folgen der Tätigkeit eines Juweliers oder einer Friseuse. Solange die Wissenschaft noch als privates Hobby mit nur gelegentlichen, eher zufälligen Folgen für die Gesellschaft betrieben werden konnte, mag der zerstreute Professor im Elfenbeinturm eine liebenswerte Figur gewesen sein, der aus ihrer Weltfremdheit kein moralischer Vorwurf zu machen war. Im Zuge der Entwicklung der modernen Großforschung und ihrer Vergesellschaftung haben sich der Charakter der wissenschaftlichen Tätigkeit und ihre möglichen (und wahrscheinlichen) Konsequenzen grundlegend geändert: und damit auch die mit ihr verbundene moralische Verantwortung. (2) Hinzu kommt, daß Wissenschaftler und Ingenieure Informationen besitzen, die der übrigen Bevölkerung nicht ohne weiteres zugänglich sind, und sie verfügen über die Kenntnisse und Fertigkeiten, sich weitere Informationen zu verschaffen. Es liegt auf der Hand, daß solches Wissen und Wissen-Können im Hinblick auf mögliche Risiken, die aus wissenschaftlichen Experimenten (etwa in der Gentechnologie) oder großtechnischen Anlagen (etwa Kernkraftwerken) resultieren können, von großer Bedeutung ist; die Gesellschaft hat keine andere Möglichkeit, über solche Risiken informiert zu werden. Es hat daher nichts mit einer «Sonderethik» zu tun, wenn Wissenschaftlern und Ingenieuren hier eine besondere Verantwortung zugeschrieben wird; diese ist vielmehr aus dem generellen Grundsatz abgeleitet, «daß jeder eine *spezielle* Verantwortung auf dem Gebiet hat, auf dem er entweder *spezielle Macht* oder *spezielles Wissen* hat. Und im allgemeinen können nur Wissenschaftler die Implikationen ihrer Entdeckungen abschätzen» (Popper 1970, 335). Aus diesen beiden Gründen – aus der mit ihrer Berufsrolle verbundenen Macht über die Gesellschaft und dem mit ihr verbundenen Wissen – wächst ihnen eine spezifische moralische Verantwortung zu: eine Informations- und Präventionsverantwortung («whistle blowing»).

Betrachten wir folgendes Fallbeispiel (vgl. Lenk 1987 b, 198 f). In den 70er Jahren produzierte der amerikanische Automobilkonzern Ford einen Kleinwagen namens Pinto. Aufgrund seiner Konstruktion bestand bei diesem Fahrzeug die Gefahr, daß bei Auffahrunfällen von hinten der Benzintank aufgerissen wurde und ein Brand entstand. Obgleich dieser Fehler frühzeitig erkannt wurde und die mögliche Gefährdung der Insassen auf der Hand lag, entschied die Firmenleitung, keine Änderung der Konstruktion vorzunehmen. Man hatte berechnet, daß bei angenommenen 360 Brandopfern (davon 180 Toten) jährlich die zu erwartenden Schadenersatz- und Prozeßkosten geringer sein würden als die Kosten für eine Gummiausfütterung des Tanks. Dieser Fall gibt ein realistisches Bild der Problematik. Die Entscheidung, den erkannten Fehler nicht zu beheben und 180 Tote jährlich in Kauf zu nehmen (tatsächlich kam es in nur vier Jahren zu 9000 Todesopfern), war nicht von Ingenieuren getroffen worden, sondern von der Geschäftsleitung. Die Ingenieure hatten nicht die Macht, diese Entscheidung zu korrigieren oder sich über sie hinwegzusetzen. Dies ist keine Ausnahme. Die große Mehrzahl der Wissenschaftler und Techniker befindet sich in abhängigen Positionen und betreibt Auftragsarbeit; ihr Einfluß auf das Ziel der Forschungs- oder Entwicklungsarbeit und auf die dabei angewandten Mittel und Methoden ist gering. Kann ihnen dennoch eine Verantwortung für das Produkt und seine (Neben-)Folgen zugeschrieben werden?

Die Antwort ist positiv. Obgleich die Entscheidung, das gefährliche Modell weiter zu bauen und auszuliefern, nicht von den Ingenieuren getroffen wurde, waren diese doch in das Projekt involviert, und es war vorauszusehen, daß die Auslieferung des Wagens zu (vermeidbaren) Todesopfern führen würde. Ihre Pflicht wäre es daher gewesen, zunächst die Geschäftsleitung auf das Problem aufmerksam zu machen und bei Erfolglosigkeit dieser Intervention jede weitere Mitarbeit an dem Pinto-Projekt zu verweigern. Darüber hinaus hätten sie die Öffentlichkeit und die zuständigen Behörden informieren müssen, um auf diese Weise das Leben ahnungsloser Menschen zu schützen. Es genügt in einem solchen Fall der Bedrohung des Lebens Unschuldiger nicht, die eigenen Hände sauber zu halten; aufgrund ihrer Kenntnis der drohenden Gefahr wären die betreffenden Ingenieure zur Information und Prävention moralisch verpflichtet gewesen.

Gegen eine solche Auslegung des Verantwortungsbegriffs wird oft eingewendet, sie sei zu streng und daher unzumutbar. Zweifellos hätte im Fall Pinto eine Arbeitsverweigerung oder gar eine Unterrichtung der Öffentlichkeit zur Entlassung der betroffenen Ingenieure geführt. Ihnen (und ihren Familien) wären erhebliche Nachteile aus einem solchen Schritt erwachsen. Dies sollte jedoch nicht überraschen: Es ist ein wohlbekanntes Merkmal moralischer Verpflichtungen, daß ihre Wahrnehmung zu persönlichen Nachteilen führen kann. Der Unzumutbarkeitseinwand läuft daher darauf hinaus, daß Moral überhaupt unzumutbar sei. Daß es die Moral oft nicht zum Nulltarif gibt, ändert an der mit ihr verbundenen Verpflichtung nicht das geringste. «Wenn man seine Ingenieurlaufbahn nur dadurch verfolgen kann, daß man Brandbomben für die Zerstörung von Großstädten konstruiert, dann ist es an der Zeit, einen Auswanderungsversuch zu unternehmen oder den Beruf zu wechseln» (Alpern 1987, 191). Dies ist genau jene Zumutung, ohne die alle Moral zahnlos wird.

Die wirkliche, die «unzumutbare» Zumutung beginnt erst dort, wo den Individuen eine Universalverantwortung zugeschrieben wird, die über die Reichweite ihrer tatsächlichen Handlungs- und Einflußmöglichkeiten hinausreicht. Die These, «daß jeder einzelne für die ganze Welt verantwortlich ist» (Weizenbaum 1978, 357ff), ist gut gemeint, aber weder ethisch zu rechtfertigen noch pragmatisch realisierbar. Je strenger die Maßstäbe der Verantwortlichkeit formuliert werden, desto klarer sind ihre Grenzen (vgl. Abschnitt 4.2) abzustecken.

3 Wissenschaft und Technik als soziale Autorität

Daß wir in einem wissenschaftlich-technischen Zeitalter leben, kann zuallererst an der prägenden Rolle abgelesen werden, die technische Artefakte in unserem täglichen Leben spielen. Die gesellschaftliche Bedeutung von Wissenschaft und Technik reduziert sich allerdings nicht auf ihre materiellen Leistungen, sondern schließt ihren Einfluß auf das intellektuelle Leben ein. Wissenschaft und Technik verkörpern einen spezifischen Typus von Rationalität, der aufgrund ihrer theoretischen und praktischen Erfolge allgemeine Verbindlichkeit beansprucht. Als Repräsentanten dieses Rationalitätstypus haben sie den Status einer geistigen und sozialen Autorität errungen, die sich nicht auf Tatsachenfragen beschränkt, sondern das Weltbild und die Denkweise insgesamt betrifft.

3.1 Die Normativität von Wissenschaft und Technik

Schlägt sich die Technisierung der Gesellschaft in der Allgegenwart technischer Artefakte, Verfahren und Systeme nieder, so vollzieht sich parallel dazu ein Prozeß der Verwissenschaftlichung sämtlicher Lebensbereiche, der von Beginn an zum «Programm» der neuzeitlichen Wissenschaft gehörte. Wissenschaft sollte nicht nur Fakten und Theorien bereitstellen, sondern damit zugleich die Menschen von ihren Vorurteilen befreien und sie aufklären. In mancher Hinsicht ist dieses Programm heute Realität geworden; wissenschaftliche Erkenntnis spielt im öffentlichen wie im privaten Leben eine wachsende Rolle. Wurde früher vor wichtigen politischen Entscheidungen der Rat und Segen der Priester eingeholt, so werden heute Experten aus Wissenschaft und Technik um Stellungnahme gebeten, mit Gutachten beauftragt oder im Rahmen von Hearings befragt. Auch im privaten Bereich, bei Ehe- oder Erziehungsproblemen, ist ein Technologe – der Therapeut – an die Stelle des Beichtvaters getreten; und wer nach dem Sinn des Lebens fragt, konsultiert nicht mehr den Katechismus, sondern die einschlägige (pseudo-)wissenschaftliche Ratgeberliteratur. Mit einem Wort: Wissenschaft und Technik sind zu einer Quelle *politischer Legitimation* und zu einer Instanz *privater Handlungsorientierung* geworden. Sie haben damit eine Funktion übernommen, die der der Religion in anderen Gesellschaften gleichkommt: Man kann «den Glauben an die Wissenschaft als so etwas wie die Religion unserer Zeit» (v. Weizsäcker 1964, 3) bezeichnen. Als ein funktionales Äquivalent zur Religion beschränkt sich die Wissenschaft nicht darauf, empirische Aussagen über die Realität zu formulieren; sie gewinnt eine wachsende Autorität in Fragen der Politik und Ideologie, der Moral und Weltanschauung. Ihr wächst eine *normative* Kompetenz zu, und damit hört sie tendenziell auf, «neutral» zu sein. Soweit es um einzelne Tatsachenfeststellungen geht und solange einzelne Theorien für sich betrachtet werden, bleibt das Neutralitätsargument zweifellos im Recht; anders hingegen, wenn nicht isolierte wissenschaftliche Aussagen oder Aussagensysteme zur Debatte stehen, sondern «die Wissenschaft» als eine intellektuelle Institution, die dem Denken und Handeln in allen Bereichen der Gesellschaft Maßstäbe setzt.

Gemessen an den Rationalitäts- und Effektivitätskriterien von Wissenschaft und Technik erscheinen die realen Lebensbedingungen, Verhaltens- und Denkweisen der Menschen stets als «irrational» und «ineffektiv». Einem an wissenschaftlich-technisches Denken und Handeln gewöhnten Individuum drängt sich angesichts dessen leicht der Gedanke auf, daß die Resultate und Methoden von Wissenschaft und Technik für die Gestaltung des öffentlichen und privaten Lebens fruchtbar gemacht werden sollten. Vor dem Hintergrund der beeindruckenden theoretischen und praktischen Erfolge von Wissenschaft und Technik und der ihr dadurch zugewachsenen Autorität ist der Wunsch, die Menschen und die Gesellschaft nach dem Vorbild von Wissenschaft und Technik zu reformieren und zu gestalten, zu einem Denk- und Handlungsmuster geworden, das als «szientistisch» bzw. «technokratisch» zu charakterisieren ist.

3.2 Szientismus und Technokratie

Der *Szientismus* kann durch zwei Thesen charakterisiert werden. Die erste besagt, daß Wissenschaft mit Rationalität identisch ist oder zumindest das beste Beispiel, die reinste Ausprägung von Rationalität darstellt, über die wir verfügen; die Wissenschaft ist nicht nur eine spezifische, wenn auch besonders erfolgreiche Form menschlichen Denkens und Erkennens, sondern die universell verbindliche Denk- und Erkenntnisweise überhaupt. Daraus ergibt sich als zweite These, daß die Methoden und Ergebnisse der Wissenschaft als maßgeblich für alle Bereiche des menschlichen Denkens und Handelns angesehen werden müssen. Der Szientismus erhebt die Wissenschaft zur Norm: zumindest zur Norm von Rationalität, oft aber auch zu einer universellen, quasimoralischen Norm des Denkens und Handelns in allen Bereichen. Dieselbe Verabsolutierung, die der Szientismus in bezug auf die Wissenschaft vornimmt, vollzieht die *Technokratie* in bezug auf die Technik (vgl. Winner 1977, 135 ff). Man kann «Technokratie» als die Neigung definieren, alle Probleme, die im menschlichen Leben und in der Gesellschaft auftreten, als technische Probleme zu interpretieren, die dementsprechend auch mit technischen Mitteln gelöst werden können und müssen.

Szientismus und Technokratie können in unterschiedlichen Gestalten auftreten. Sie können zum einen als eine «spontane» *Denkweise* entstehen und wirksam werden, wie sie von Robert Musil (1978, 37) treffend geschildert wurde: «Die Welt ist einfach komisch, wenn man sie vom technischen Standpunkt ansieht; unpraktisch in allen Beziehungen der Menschen zueinander, im höchsten Grade unökonomisch und unexakt in ihren Methoden; und wer gewohnt ist, seine Angelegenheiten mit dem Rechenschieber zu erledigen, kann einfach die gute Hälfte aller menschlichen Behauptungen nicht ernst nehmen... der Rechenschieber, das ist ein kleines Symbol, das man in der Brusttasche trägt und als einen harten weißen Strich über dem Herzen fühlt: wenn man einen Rechenschieber besitzt, und jemand kommt mit großen Behauptungen oder großen Gefühlen, so sagt man: Bitte einen Augenblick, wir wollen vorerst die Fehlergrenzen und den wahrscheinlichsten Wert von alledem berechnen!» Natürlich würde das so niemand vertreten; aber unterscheidet sich die im Kontext der Diskussion über technische Risiken und ihre Tragbarkeit oft vertretene Ansicht, die Ängste der Bevölkerung hinsichtlich solcher Risiken seien «irrational», ernsthaft von der Musilschen Rechenschiebertheorie, wenn diese Ansicht mit Befunden der Risikoforschung begründet wird, nach denen die objektive Wahrscheinlichkeit für ein Individuum, durch einen Kernkraftwerksunfall Schaden zu erleiden, wesentlich geringer ist als die Wahrscheinlichkeit, durch einen Autounfall verletzt oder getötet zu werden (vgl. Perrow 1988, 369 ff)? Hier wird ein wissenschaftlicher Befund zum Maßstab dafür, welche Ängste und Bedürfnisse «rational» sind, und diese Rationalität zum Kriterium ihrer Legitimität.

Sie können auch als explizite Theorien über Wissenschaft und Technik und ihre gesellschaftliche Bedeutung formuliert werden. So verkörpert die Wissenschaft nach Auffassung des kritischen Rationalismus «eine Konzeption der Rationalität, die sich nicht auf einen bestimmten Bereich einschränken läßt, weil sie die Struktur eines adäquaten Problemlösungsverhaltens überhaupt betrifft» (Albert 1971, 67), und die in ihr erfolgreich praktizierten Methoden sollten daher für die Lösungen von Problemen in allen Bereichen der Gesellschaft maßgeblich sein. In einer extremeren Variante des philosophischen Szientismus wird die wissenschaftliche Erkenntnis «zum höchsten Wert, zum Maß und Garanten aller übrigen Werte» (Monod 1975, 156) stilisiert. Analog dazu und mit gleicher Emphase behaupten philosophische und sozialwissenschaftliche Theorien der Technokratie die Absorption aller Werte und Interessen in technischer Effektivität. «Die moderne Technik bedarf keiner Legitimität; mit ihr ‹herrscht› man, weil sie funktioniert und solange sie optimal funktioniert» (Schelsky 1961, 25). Die Diffusion von Wissenschaft und Technik in alle Poren der Gesellschaft und ihre soziale Autorität wird in diesen Theorien nicht nur zum Ausdruck gebracht, sondern normativ gerechtfertigt.

Schließlich können Szientismus und Technokratie auch die Gestalt *politischer Strategien* annehmen oder als deren Elemente und Triebkräfte fungieren. Ein moralisch und politisch recht aggressives Beispiel dafür bietet die Ende des 19. Jahrhunderts entstandene eugenische Bewegung, deren Ziel es war, eine «Degeneration» der Kulturvölker zu vermeiden und die biologische und intellektuelle «Qualität» der Bevölkerung zu verbessern; das menschliche Fortpflanzungsverhalten sollte zu diesem Zweck nach den Einsichten der Evolutionstheorie gesteuert werden (vgl. Weingart/Kroll/Bayertz 1988). Ein aktuelleres Beispiel bieten verschiedene Ansätze, das Problem des Hungers in den Ländern der dritten Welt zu lösen. In technokratischer Perspektive erscheint Hunger als ein technisches Problem, dessen Ursache in der unzureichenden landwirtschaftlichen Produktivität dieser Länder liegt. Dementsprechend kann auch die Problemlösung als eine rein technische Aufgabe in Angriff genommen werden: Es müssen moderne Landmaschinen exportiert, ertragreiche Hochleistungssorten angebaut und wirksame Pestizide und Herbizide eingesetzt werden. Oder besser noch: Es müssen mit Hilfe der Gentechnologie ertragreichere und herbizidresistente Kulturpflanzen hergestellt werden. Die außertechnischen Ursachen des Hungerproblems bleiben dabei außer Betracht: das Machtgefälle innerhalb des

Weltwirtschaftssystems, die ungerechten politischen und ökonomischen Strukturen (Großgrundbesitz, Korruption etc.) sowie die psychologischen, kulturellen und sozialen Hindernisse in den betreffenden Ländern. Alle diese Probleme sind nicht technischer Natur und daher nicht mit technischen Mitteln lösbar; sie entscheiden aber – wie das Scheitern der «Grünen Revolution» deutlich zeigt – über den Erfolg technischer Problemlösungsstrategien mit.

Dieses letzte Beispiel illustriert zugleich eine grundlegende Konsequenz der szientistisch-technokratischen Denkweise und Handlungsstrategie: die Transformation von Mitteln in Zwecke. Der Auffassung zufolge, die in Max Webers Wertfreiheitsthese ihren klassischen Ausdruck gefunden hat, kann wissenschaftliche Erkenntnis dem menschlichen Handeln keine Zwecke vorgeben, sondern nur angeben, welche Mittel es zur Erreichung vorgegebener Zwecke einsetzen muß; die Wissenschaft gibt die objektiven Randbedingungen des Handelns an, die Technik stellt die Mittel zur Verfügung. Ein zentrales Charakteristikum von Szientismus und Technokratie besteht in der Auflösung dieser strikten Trennung von Handlungsmitteln und Handlungszielen. Das szientistische Denken macht die Wissenschaft nicht nur zur obersten (oder gar einzigen) Instanz der Problem*lösung*, sondern schreibt ihr darüber hinaus auch die oberste Kompetenz zur Problem*definition* zu; sie dient nicht mehr nur als Mittel zur Realisierung gegebener Ziele, sondern setzt selbst die Ziele fest, die mit ihrer Hilfe realisiert werden sollen. Ähnliches gilt für technokratische Problemlösungsstrategien: Sie sind stets mit einer problemdefinitorischen Komponente verbunden, die sich daraus ergibt, daß mit den Strategien ihrer Lösung zugleich Kriterien für «echte» oder «relevante» Probleme festgelegt werden. Ein Problem, das nicht in wissenschaftlichen Kategorien beschreibbar und mit technischen Mitteln lösbar ist, kann dann nicht mehr als ein «echtes» oder «relevantes» Problem gelten.

3.3 Aufklärung über Wissenschaft und Technik

Der philosophische Grundfehler von Szientismus und Technokratie besteht in der Identifikation des spezifischen Rationalitätstypus von Wissenschaft und Technik mit der Rationalität schlechthin. Dabei wird übersehen, daß die wissenschaftlich-technische Denk- und Arbeitsweise durch spezifische Charakteristika geprägt ist, die zwar die Basis ihres einzigartigen theoretischen wie praktischen Erfolgs darstellen, zugleich aber ihre Grenzen definieren. Zu diesen Charakteristika gehört (1) die analytische Methode: komplexe Phänomene und Probleme werden in ihre Komponenten zerlegt, um diese dann getrennt voneinander bearbeiten zu können; (2) die Quantifizierung: qualitative Phänomene werden nach Möglichkeit in quantitative transformiert und mathematisch bearbeitet; (3) der operative Wahrheitsbegriff, der die Gültigkeit wissenschaftlicher Aussagen von der experimentellen Reproduzierbarkeit der von ihnen beschriebenen Effekte abhängig macht; und (4) die Beschränkung auf Wenn-dann-Beziehungen in der Wissenschaft und die Zweck-Mittel-Relation in der Technik, die unter dem Stichwort «instrumentelle Vernunft» zusammengefaßt werden können. Ob der damit umrissene Rationalitätstypus – zumindest in bestimmten Kontexten – als moralisch problematisch angesehen werden kann, muß an dieser Stelle offenbleiben (vgl. Bayertz 1991). In jedem Fall ist festzuhalten, daß er ungeachtet seiner Erfolge keinen Königsweg zur Lösung beliebiger Probleme eröffnet und daß der Versuch, ihn zu einem solchen Königsweg zu stilisieren, nicht nur faktisch inadäquat, sondern auch moralisch kritikwürdig ist.

Diese moralische Kritik kann in zwei Punkten zusammengefaßt werden. Erstens führen Szientismus und Technokratie zu einer Beschneidung der Autonomie des einzelnen und der Gesellschaft, indem sie entscheidbare Sachverhalte als «Sachzwänge» ausgeben. In demselben Maße, in dem Wissenschaft und Technik neue Handlungs- und Entscheidungsmöglichkeiten eröffnen, werden diese von der Wissenschafts- und Technik«religion» wieder zugeschüttet. Was als offene Entscheidung gefällt und verantwortet werden muß, erscheint auf diese Weise als ein Sachzwang, der jenseits aller Verantwortung steht. Wissenschaft und Technik werden zur unabhängigen Variablen, die der gesellschaftlichen Entwicklung ihren Maßstab vorgibt; die geistigen Werte, moralischen Normen, sozialen Strukturen etc. werden zu bloßen Funktionen des wissenschaftlich-technischen Fortschritts. Zum zweiten hat dieser Autonomieverlust eine direkte Entsprechung auf dem Feld der Politik. Indem Wissenschaft und Technik in wachsendem Maße zur Legitimation politischer Entscheidungen benutzt werden, stellt sich umgekehrt die Tendenz ein, genuin politische Entscheidungen als «rein» wissenschaftlich-technische auszugeben. Die solchen Entscheidungen inhärente normative Dimension wird auf bloße Tatsachenfragen reduziert. «Damit verliert auch die Idee der Demokratie sozusagen ihre klassische Substanz: an die Stelle eines politischen Volkswillens tritt die Sachgesetzlichkeit, die der

Mensch als Wissenschaft und Arbeit selbst produziert» (Schelsky 1961, 22). Die Festlegung von Grenzwerten und Urteile über die Tragbarkeit von Risiken sind typische Beispiele für diese Eskamotierung der normativen – und damit auch politisch zu verantwortenden – Problemdimension. In der Konsequenz ergibt sich ein elitäres Verständnis politischer Entscheidungen: Wenn solche Entscheidungen einen ausschließlich oder vorwiegend wissenschaftlich-technischen Charakter haben, dann müssen sie der Sachkompetenz einer wissenschaftlich-technischen Elite vorbehalten bleiben.

Die gewachsene Wissenschafts- und Technikfeindlichkeit und die postmoderne Rationalitätskritik sind eine Reaktion auf diese Tendenz. In spiegelbildlicher Entsprechung vertreten sie mit negativem Vorzeichen dieselbe Verabsolutierung von Wissenschaft und Technik, die von Szientismus und Technokratie im positiven Sinne vorgenommen werden. Dabei wird vergessen, daß die komplexen Problemlagen moderner Gesellschaften einen Verzicht auf die Möglichkeiten und Leistungen von Wissenschaft und Technik nicht zulassen; wir sind auf ihre Kompetenz und Problemlösungskapazität unwiderruflich angewiesen. Es mag paradox erscheinen: Gerade die bedrohlichsten Konsequenzen von Wissenschaft und Technik können nicht ohne Wissenschaft und Technik beseitigt bzw. überwunden werden, sondern nur mit ihnen. «Das 17. Jahrhundert war so weise, die Vernunft als ein notwendiges Mittel in der Behandlung der menschlichen Angelegenheiten zu betrachten. Die Aufklärung und das 19. Jahrhundert waren so töricht, in der Vernunft nicht nur ein notwendiges, sondern ein hinreichendes Mittel zur Lösung aller Probleme zu sehen. Noch törichter wäre es, würden wir heute, wie manche es möchten, beschließen, daß die Vernunft, weil sie nicht hinreichend ist, auch nicht mehr notwendig ist» (Jacob 1983, 94).

Der Fehler solcher Wissenschafts- und Technikkritik besteht darin, für weniger Rationalität zu plädieren, wo mehr Rationalität vonnöten ist. Die Wissenschaft hat in wenigen Jahrhunderten mehr Informationen über die uns umgebende Welt bereitgestellt, als es durch vorwissenschaftliche Erkenntnisarten über Jahrtausende gelungen ist; sie hat damit eine gewaltige Aufklärungsleistung vollbracht. Dieser Aufklärung über die äußere Welt steht jedoch keine vergleichbare Aufklärung der Wissenschaft über sich selbst gegenüber. Wir verhalten uns Wissenschaft und Technik gegenüber ähnlich naiv, wie die Menschen früherer Zeitalter sich gegenüber der Natur verhalten haben. Sie erscheint entweder als eine feindliche Macht, die dämonische Gewalt über uns ausübt, oder als Inkarnation einer Gottheit, die uns von allem Übel erlösen wird. Szientismus und Technokratie sind extreme Ausprägungen dieser Naivität. Ob sie ihre Basis in der «Betriebsblindheit» der Insider-Perspektive haben, in der Faszination durch die intellektuelle Herausforderung des Erkennens und Konstruierens oder in der Überwältigung durch den Erfolg und die Autorität von Wissenschaft und Technik, in jedem Fall beruhen sie auf einem naiven und undistanzierten Verhältnis zu Wissenschaft und Technik. Ein kritischer und reflektierter – mit einem Wort: rationaler – Umgang mit Wissenschaft und Technik ist gegenwärtig weder für die praktizierenden Forscher und Ingenieure noch für die Institutionen Wissenschaft und Technik, schon gar nicht für die Gesellschaft insgesamt charakteristisch.

Als notwendig erweist sich damit eine Aufklärung über Wissenschaft und Technik. Das Hauptziel einer solchen Aufklärung hätte darin zu bestehen, das naive und undistanzierte Verhältnis zu Wissenschaft und Technik zu überwinden und die überzogenen Erwartungen, die an sie geknüpft werden, zu relativieren. Sie hätte zu diesem Zweck deutlich zu machen, daß der wissenschaftlich-technische Rationalitätstypus nur eine spezifische Perspektive der Weltdeutung repräsentiert, neben der andere Perspektiven der Weltdeutung – und, wenn man will, Rationalitätstypen – einen legitimen Platz behaupten. Sie hätte ein angemessenes Bild der Reichweite der wissenschaftlich-technischen Denk- und Verfahrensweise zu zeichnen und vor allem plausibel zu machen, daß der von ihr konstituierte Rationalitätstypus kein Deutungsmonopol besitzt und keine Priorität gegenüber Moral und Politik beanspruchen darf. Ein solches Postulat der (Selbst-)Aufklärung über Wissenschaft und Technik zielt daher nicht auf eine Rücknahme bewährter Rationalitätskriterien, sondern auf eine reflexive Vergewisserung der Grenzen des wissenschaftlich-technischen Rationalitätstypus.

Wenn eine Verantwortung der Wissenschaftler und Ingenieure auch für die mittelbaren Folgen ihrer Tätigkeit besteht, dann kann diese nicht auf die materiellen Folgen eingegrenzt werden, sondern muß die ideellen Folgen (die wiederum materielle Folgen haben) einschließen. Die normative Autorität von Wissenschaft und Technik, ihre quasi-religiöse Funktion als Quelle politischer Legitimität und Maßstab privater Handlungsorientierung sind ideelle Folgen, wenn schon nicht von Wissenschaft und Technik «an sich», so doch eines bestimmten Bildes von und Umgangs mit ihnen. Aufgrund ihrer Kompetenz und ihrer sozialen Rolle kann Wissenschaftlern und Ingenieuren daher eine *Metaverant-*

wortung zugesprochen werden, die sich auf die (meta)theoretischen Konzepte bezieht, welche den gesellschaftlichen Umgang mit Wissenschaft und Technik steuern. Diese Metaverantwortung verlangt, dieselbe kritische Sorgfalt und dieselbe methodische Distanzierung, die den Umgang von Wissenschaft und Technik mit der äußeren Welt auszeichnet, auch auf den Umgang mit Wissenschaft und Technik selbst anzuwenden. Sie oktroyiert der Wissenschaft und Technik keine «sachfremden» Gesichtspunkte und fordert von den Forschern und Ingenieuren kein «Moralisieren». Sie ist eher als ein Programm der *Verwissenschaftlichung* von Wissenschaft und Technik zu interpretieren.

4　Verantwortung und Kontrolle

Als eine philosophische Disziplin hat es die Ethik mit der Explikation, Systematisierung und Begründung moralischer Normen und Prinzipien zu tun, nicht mit der Frage, wie die Handelnden zur Beachtung dieser Normen und Prinzipien veranlaßt werden können. Gleichwohl bleibt es für die angewandte Ethik unbefriedigend, wenn sie das Problem der Um- und Durchsetzung der von ihr diskutierten Kriterien und Maßstäbe der moralischen Handlungsbewertung von vornherein ausklammert. Die Wissenschafts- und Technikethik macht hier keine Ausnahme. Wenn sich Wissenschaft und Technik nicht in einer prästabilierten Harmonie mit der Moralität befinden, wenn ihre Moralität also nur «von außen» zu garantieren ist (Bayertz 1988), dann stellt sich das Problem ihrer Kontrolle. Darüber hinaus ist zu fragen, an wen sich die Wissenschafts- und Technikethik überhaupt wendet, wer also die Folgen von Wissenschaft und Technik verantworten kann und soll.

4.1　Die Legitimität von Kontrolle

Während die Notwendigkeit und Legitimität von Kontrolle im Hinblick auf die Technik unstrittig ist, stößt die Idee der Kontrolle auf dem Feld der Wissenschaft auf heftigen Widerstand. Sie wird als eine Bedrohung der intellektuellen Autonomie angesehen, die durch das Grundrecht auf Freiheit der Wissenschaft (Grundgesetz, Art. 3) garantiert ist. Die philosophische Voraussetzung dieses Rechts ist die Gleichsetzung von Wissenschaft mit Erkenntnis; seine historisch-politische Voraussetzung sind die Versuche zur Unterdrückung theoretischer Innovation. Von der Verfolgung des kopernikanischen Weltbildes durch die Katholische Kirche und der Verurteilung Galileis im 17. Jahrhundert, über den Kampf gegen die Darwinsche Evolutionstheorie im 19. Jahrhundert bis zur Unterdrückung der modernen Genetik während der 40er und 50er Jahre dieses Jahrhunderts in der Sowjetunion ist immer wieder versucht worden, der Wissenschaft ihre empirischen Befunde und theoretischen Einsichten von außen vorzuschreiben. Alle diese Versuche blieben letzten Endes wirkungslos; sie waren aber mit einer Vorherrschaft bestimmter Ideologien und mit Einschränkungen der geistigen Freiheit überhaupt verbunden, vor deren Hintergrund sich das Recht auf Freiheit der Wissenschaft als eine bedeutende Errungenschaft erweist.

Gleichwohl kann die Idee einer moralisch motivierten Kontrolle der Wissenschaft nicht von vornherein als unzulässig zurückgewiesen werden. Eine solche pauschale Ablehnung würde übersehen, daß sowohl der Begriff Kontrolle wie auch der Begriff Wissenschaft sehr unterschiedliche Inhalte haben kann. Wie Nicholas Rescher hervorgehoben hat, kann sich hinter «Kontrolle» ein weites Spektrum von Strategien zur gesellschaftlichen Steuerung der Wissenschaft verbergen, das vom Ideal des Laissez-faire bis zu dem einer Panregulation reicht. Während diese beiden Extrempositionen davon ausgehen, daß Erkenntnis in moralischer Hinsicht etwas Besonderes – entweder besonders gefährlich oder besonders wertvoll – ist, betrachtet eine mittlere Sichtweise die Wissenschaft als ein menschliches Unternehmen wie andere auch. «Wir regulieren im Interesse des Allgemeinwohls, wie die Leute ihre Autos benutzen, wie sie ihre Berufe ausüben, wie sie ihre Geschäftsunternehmen führen oder ihre Häuser bauen. Warum nicht auch wie sie ihre Forschungen betreiben? Der Erwerb von Information ist nur ein menschliches Vorhaben unter vielen anderen. Es ist daher angemessen, ihn moralischen Erwägungen des Allgemeinwohls unterzuordnen. Genau wie bei anderen Tätigkeiten ist das öffentliche Interesse eine potentielle Quelle angemessener Einschränkungen» (Rescher 1987, 2). Ebensowenig, wie die Idee einer Wissenschaftsethik auf die Konstruktion einer «Sondermoral» für Wissenschaftler zielt, impliziert die Idee der Kontrolle eine Sonderbehandlung der Wissenschaft. Im Gegenteil, wenn es eine «Freiheit der Technik» nie gegeben hat und die Notwendigkeit ihrer Kontrolle unbestritten ist, drängt sich die Frage auf, warum die Wissenschaft davon ausgenommen sein soll. Das Beispiel der Technik zeigt überdies, daß der

Haupteinwand gegen eine solche Kontrolle – sie be- oder verhindere den Fortschritt – gegenstandslos ist: Die (kontrollierte) Technik ist in diesem Jahrhundert nicht langsamer vorangeschritten als die (unkontrollierte) Wissenschaft.

Doch was ist gemeint, wenn von Kontrolle «der» Wissenschaft die Rede ist? Abgesehen von der Forderung eines extravaganten Wissenschaftstheoretikers wie Paul Feyerabend (1976, 400 ff), der die empirischen und theoretischen Befunde der Forschung öffentlichen Abstimmungen unterwerfen möchte, zielt die Idee einer Kontrolle der Wissenschaft nicht auf die Einschränkung ihrer intellektuellen Autonomie, sondern auf die Steuerung ihrer materiellen Konsequenzen. Im Hinblick auf die unmittelbaren Folgen wissenschaftlichen Handelns ist dies unstrittig. Die Wissenschaftsfreiheit kann nach einem Beschluß des Bundesverfassungsgerichts «nicht grenzenlos sein; ein Forscher darf sich z. B. bei seiner Tätigkeit, insbesondere bei etwaigen Versuchen, nicht über die Rechte seiner Mitbürger auf Leben, Gesundheit oder Eigentum hinwegsetzen» (BVerfG 47, 327 ff). In demselben Beschluß wird eine Pflicht zum Mitbedenken auch indirekter Folgen bekräftigt, soweit es sich um «schwerwiegende Folgen für verfassungsrechtlich geschützte Gemeinschaftsgüter» handelt. Wenn aber solche Pflichten existieren – nicht nur als moralische, sondern als Rechtspflichten –, dann kann die Kontrolle ihrer Einhaltung nicht von vornherein unzulässig sein. Es handelt sich eher um ein Problem der Güterabwägung zwischen dem Grundrecht auf Freiheit der Wissenschaft auf der einen, anderen Grundrechten wie Leben, Unversehrtheit, Eigentum etc. auf der anderen Seite.

4.2 Grenzen individueller Verantwortung

Moralische Verantwortung ist zunächst die Verantwortung von Individuen. Nun ist es eine Tatsache, daß die Wahrnehmung dieser Verantwortung durch individuelle Wissenschaftler und Ingenieure meist nur geringe Wirkung zeitigt. Im Fall des Serienmodells Ford Pinto hätten eine Weigerung und eine Information der Ingenieure an die Öffentlichkeit die zahlreichen Todesopfer möglicherweise verhindert; in anderen Fällen kann davon aber nicht ausgegangen werden. Als Beispiel sei auf jene Physiker verwiesen, die jede Beteiligung an militärischer Forschung, insbesondere an der Entwicklung von Kernwaffen, verweigerten. Ein Teil von ihnen, darunter die berühmten «Göttinger Achtzehn», hat sich nicht mit der bloßen Weigerung begnügt, sondern ist der oben entwickelten Pflicht zur Aufklärung der Öffentlichkeit nachgekommen. Verhindert haben sie die weitere Entwicklung von Kernwaffen dadurch indessen nicht. Es finden sich in solchen Fällen meist genügend andere, weniger skrupulöse Fachleute, die sich dem entsprechenden Projekt zur Verfügung stellen. In modernen arbeitsteiligen Systemen ist jedes Individuum prinzipiell ersetzbar. Oft genug dient dies als Vorwand, sich seiner moralischen Pflicht zu entziehen: «Wenn ich es nicht tue, dann tut es ein anderer; also kann ich es auch selbst tun!» Diese Ausrede kann nicht darüber hinwegtäuschen, daß eine individuelle moralische Verantwortung sehr wohl besteht; sie gibt aber einen Hinweis darauf, daß sie oftmals nicht ausreicht, um ein moralisch fragwürdiges Projekt zu verhindern.

Ein weiterer Grund für die Wirkungslosigkeit individueller Verantwortungswahrnehmung ist die Ambivalenz vieler Resultate wissenschaftlicher Forschung und technischer Entwicklung. So können die Ergebnisse ziviler Grundlagenforschung aufgrund ihrer multifunktionalen Nutzbarkeit hohe militärische Relevanz besitzen. Der Versuch eines Physikers, sich von jeder Mitwirkung an der Konstruktion neuer Massenvernichtungswaffen fernzuhalten, kann unter diesen Bedingungen höchstens zufällig gelingen: Er kann sich der direkten, nicht aber der indirekten Verflechtung in militärische Projekte entziehen. Die einzige Garantie, nicht zur militärischen Forschung und Entwicklung beizutragen, besteht für einen Physiker daher darin, entweder keine oder schlechte Physik zu betreiben (Woollett 1980, 106). Auch wer an einem Laserproblem oder an der Entwicklung einer Programmiersprache arbeitet, kann ohne sein Wissen und Wollen einen wichtigen Beitrag zu einem militärischen Projekt leisten. (Ein instruktives Beispiel dafür gibt Weizenbaum 1978, 357 ff). Die Perversion der Produktivkraft Wissenschaft und Technik in eine Destruktivkraft kann daher durch die Wahrnehmung individueller Verantwortung nicht verhindert werden. Ähnliches gilt für komplexe technologische Systeme. Nach Winner (1977, 304 f) geht von einem verantwortungsbewußten Ingenieur, wenn er in einem solchen System tätig ist, eine kaum geringere Gefahr aus als von einem unverantwortlichen: Die Gefahr liegt nicht in den Personen, sondern in den Systemen selbst. Wie immer dem sei, «moralisches Heldentum» (Alpern 1987) individueller Wissenschaftler und Ingenieure vermag oft nur wenig auszurichten.

4.3 Vergesellschaftung der Verantwortung

Wissenschaftsethik kann offenbar nicht auf Wissenschaftlerethik und
Technikethik nicht auf Ingenieurethik reduziert werden. Von verschiedenen Autoren ist daher eine Erweiterung des individualistischen Moral-
verständnisses durch die Idee einer institutionellen Verantwortung gefordert worden. Da die Entscheidungen und Handlungen des einzelnen
in arbeitsteiligen Systemen von vielfältigen institutionellen Randbedingungen abhängig sind, ist das traditionelle Konzept der Individualverant-
wortung unzureichend geworden; an die Stelle von Individuen als primären Subjekten der Verantwortung müssen daher Organisationen und
Institutionen treten (Ropohl 1987). Im Bereich von Wissenschaft und
Technik könnte man sich die Realisierung dieser Idee in Gestalt von
Ethikkommissionen vorstellen, wie sie bereits heute für die Kontrolle der
Forschung am Menschen existieren (v. d. Daele / Müller-Salomon 1990),
oder in Gestalt einer staatlich institutionalisierten Technikfolgenabschätzung (Dierkes / Petermann / v. Thienen 1986). Eine solche Institutionalisierung und Vergesellschaftung von Verantwortung kann als moralische
Entsprechung der Institutionalisierung und Vergesellschaftung von Forschung und Entwicklung selbst verstanden werden.

Allerdings ist auch die Reichweite einer solchen institutionellen Verantwortung begrenzt. Ein beträchtlicher Teil der negativen Folgen wissenschaftlich-technischer Innovationen wird von der Gesellschaft hingenommen und soll wegen des ihnen gegenüberstehenden Nutzens gar
nicht vermieden werden. In diese Kategorie gehören vor allem jene Veränderungen, die als wissenschafts- und technikinduzierter sozialer Wandel charakterisiert werden können: das Aussterben ganzer Berufe, die
moderne Massengesellschaft und der Untergang der Großfamilie. Solche
Folgen liegen außerhalb der Verantwortung der individuellen Wissenschaftler und Techniker wie der Institution Wissenschaft und Technik, da
die Gesellschaft sie grundsätzlich akzeptiert. Sie ergeben sich meist nicht
aus einzelnen wissenschaftlich-technischen Errungenschaften, sondern
aus dem Zusammenwirken vieler solcher Errungenschaften und letzten
Endes daraus, daß überhaupt Wissenschaft und Technik betrieben und
ihre Resultate implementiert werden. In modernen Gesellschaften sind
Innovationen wegen des mit ihnen verbundenen Nutzens grundsätzlich
erwünscht, und die sich aus ihnen ergebenden negativen Folgen werden
nicht als ein Problem wissenschaftlich-technischer Verantwortung aufgefaßt, sondern als Aufgabe für eine kompensatorische Politik.

Das gilt auch für die mit großtechnischen Anlagen verbundenen Risiken. Wenn die Gesellschaft (bzw. ihre politischen Repräsentanten) sich in Kenntnis des mit ihnen verbundenen Risikos für solche Anlagen entscheidet, dann können weder die ausführenden Wissenschaftler und Ingenieure dafür verantwortlich gemacht werden noch die Institutionen Wissenschaft und Technik. Sie handeln im Auftrag der Gesellschaft, und ihre Verantwortung beschränkt sich auf die sachgerechte Ausführung dieser Planung nach dem «Stand der Technik». So erfolgt die Planung, Entwicklung und Errichtung von Kernkraftwerken im Rahmen einer staatlichen Energiepolitik; ihr Bau unterliegt komplizierten Genehmigungsverfahren; ihr Betrieb steht unter Kontrolle staatlicher und privater Aufsichtsorgane. In seinem «Kalkar-Beschluß» hat das Bundesverfassungsgericht hervorgehoben, daß absolute Sicherheit nicht verlangt werden kann: «Vom Gesetzgeber im Hinblick auf seine Schutzpflicht eine Regelung zu fordern, die mit absoluter Sicherheit Grundrechtsgefährdungen ausschließt, die aus der Zulassung technischer Anlagen und ihrem Betrieb möglicherweise entstehen können, hieße die Grenzen menschlichen Erkenntnisvermögens verkennen und würde weithin jede staatliche Zulassung der Nutzung von Technik verbannen» (BVerfG 49, 89). Das mit großtechnischen Anlagen verbundene «Restrisiko» muß unter diesen Bedingungen als gesellschaftlich akzeptiert gelten, da seine Hinnahme auf eine politische und rechtliche Entscheidung zurückgeht. Die Frage, ob solche Anlagen gebaut werden sollen, ist daher eine Frage nicht primär der Wissenschafts- und Technikethik, sondern ein Problem der *Politik*. Einige der zentralen moralischen Probleme, die von Wissenschaft und Technik aufgeworfen werden, reichen daher in das Feld der politischen Ethik und der Sozialethik hinein.

Literatur

Albert, Hans: Plädoyer für kritischen Rationalismus. München 1971.

Alpern, Kenneth D.: «Ingenieure als moralische Helden». In: Hans Lenk/Günter Ropohl (Hrsg.), Technik und Ethik. Stuttgart 1987, 177–93.

Bayertz, Kurt: «Das Ethos der Wissenschaft und die Moral». In: Ludwig Siep (Hrsg.), Ethik als Anspruch an die Wissenschaft oder: Ethik in der Wissenschaft. München/Zürich 1988, 9–20.

Ders.: «Wissenschaft als moralisches Problem». In: Hans Lenk (Hrsg.), Wissenschaft und Ethik. Stuttgart 1991.

Daele, Wolfgang van den/Müller-Salomon, Heribert: Die Kontrolle der Forschung am Menschen durch Ethikkommissionen. Stuttgart 1990.

Dierkes, Meinolf/Petermann, Thomas/von Thienen, Volker (Hrsg.): Technik und Parlament. Technikfolgen-Abschätzung: Konzepte, Erfahrungen, Chancen. Berlin 1986.

Eser, Albin: «Der Forscher als ‹Täter› und ‹Opfer›. Rechtsvergleichende Beobachtungen zu Freiheit und Verantwortlichkeit von Wissenschaft und Technologie». In: Wilfried Küper (Hrsg.), Festschrift für Karl Lackner. Berlin/New York 1987, 925–49.

Faktenbericht 1990 zum Bundesbericht Forschung 1988. Hrsg. vom Bundesminister für Forschung und Technologie. Bonn 1990.

Feyerabend, Paul: Wider den Methodenzwang. Skizze einer anarchistischen Erkenntnistheorie. Frankfurt/M. 1976.

Höffe, Otfried: «Wann ist eine Forschungsethik kritisch? Plädoyer für eine judikative Kritik». In: Merkur (1989), 305–16.

Hofschneider, Peter Hans: «Eingriff in die Erbsubstanz. Aspekte, Fakten, Thesen». In: Peter Koslowski/Philipp Kreuzer/Reinhard Löw (Hrsg.), Die Verführung durch das Machbare. Ethische Konflikte in der modernen Medizin und Biologie. Stuttgart 1983, 13–19.

Jacob, François: Das Spiel der Möglichkeiten. Von der offenen Geschichte des Lebens. München 1983.

Jaspers, Karl: Vom Ursprung und Ziel der Geschichte. Frankfurt/Hamburg 1955.

Krohn, Wolfgang/Weyer, Johannes: «Gesellschaft als Labor. Die Erzeugung sozialer Risiken durch experimentelle Forschung». In: Soziale Welt 40 (1989), 249–73.

Lenk, Hans: «Über Verantwortungsbegriffe und das Verantwortungsproblem in der Technik». In: Hans Lenk/Günter Ropohl (Hrsg.), Technik und Ethik. Stuttgart 1987a, 112–48.

Ders.: «Ethikkodizes für Ingenieure. Beispiele der US-Ingenieurvereinigungen». In: Hans Lenk/Günter Ropohl (Hrsg.), Technik und Ethik. Stuttgart 1987b, 194–221.

Luhmann, Niklas: Ökologische Kommunikation. Kann die moderne Gesellschaft sich auf ökologische Gefährdungen einstellen? Opladen 1986.

Markl, Hubert: «Forschung als Notwendigkeit – über die Verantwortung der Wissenschaft». In: Pharmazeutische Zeitung 132 (1987), 163–70.

Marquard, Odo: «Neugier als Wissenschaftsantrieb oder die Entlastung von der Unfehlbarkeitspflicht». In: Elisabeth Ströker (Hrsg.), Ethik der Wissenschaften? Philosophische Fragen. München etc. 1984.

Maupertuis, Pierre-Louis Moreau de: Vénus physique. Lettre sur le progrès des sciences. Paris 1980.

Monod, Jacques: Zufall und Notwendigkeit. München 1975.

Musil, Robert: Der Mann ohne Eigenschaften. 2 Bde. Hrsg. von Adolf Frisé. Reinbek 1978.

Perrow, Charles: Normale Katastrophen. Die unvermeidbaren Risiken der Großtechnik. Frankfurt/New York 1988.

Popper, Karl: «The Moral Responsibility of the Scientist». In: P. Weingartner/G. Zecha (eds.), Induction, Physics, and Ethics. Dordrecht 1970, 329–36.

Radkau, Joachim: Aufstieg und Krise der deutschen Atomwirtschaft 1945–1975. Verdrängte Alternativen in der Kerntechnik und der Ursprung der nuklearen Kontroverse. Reinbek 1983.

Rescher, Nicholas: «Forbidden Knowledge. Moral Limits of Scientific Research». In: Forbidden Knowledge and Other Essays on the Philosophy of Cognition. Dordrecht etc. 1987, 1–16.

Ropohl, Günter: «Neue Wege, die Technik zu verantworten». In: Hans Lenk/Günter Ropohl (Hrsg.), Technik und Ethik. Stuttgart 1987, 149–76.

Schelsky, Helmut: Der Mensch in der wissenschaftlichen Zivilisation. Köln/Opladen 1961.

Weingart, Peter/Kroll, Jürgen/Bayertz, Kurt: Rasse, Blut und Gene. Geschichte der Eugenik und Rassenhygiene in Deutschland. Frankfurt/M. 1988.

Weizenbaum, Die Macht der Computer und die Ohnmacht der Vernunft. Frankfurt/M. 1978.

Weizsäcker, Carl Friedrich von: Die Tragweite der Wissenschaft. 1. Bd.: Schöpfung und Weltentstehung. Die Geschichte zweier Begriffe. Stuttgart 1964.

Winner, Langdon: Autonomous Technology. Technics-out-of-Control as a Theme in Political Thought. Cambridge (Mass.) 1977.

Woollett, E. L.: «Physics and modern warfare: The awkward silence». In: American Journal of Physics 48 (1980), 104–11.

Wynne, Bryan: «Technologie, Risiko und Partizipation: Zum gesellschaftlichen Umgang mit Unsicherheit». In: Jobst Conrad (Hrsg.), Gesellschaft, Technik und Risikopolitik. Berlin etc. 1983, 156–187.

Hans-Martin Sass

Medizin, Krankheit und Gesundheit

1 Moral und Medizin

Thomas Sydenham, der Vater der modernen Medizin und Medizintheorie im England des 17. Jahrhunderts, hatte in der Frühzeit der naturwissenschaftlichen Medizin gefordert, daß ein guter Arzt die Krankheiten ebenso differenziert beschreiben können müsse wie ein Botaniker die Pflanzen. Dieser Vergleich kann auf die ethische Entscheidungsfindung in der Medizin (aber auch in allen anderen hochleistungsfähigen Dienstleistungsberufen) übertragen werden. Klinik und Praxis müssen analysierbare und diskursfähige *ethische Differenzierungen* entwickeln, vergleichbar denen in der Botanik, der technischen Medizin, den Ingenieurwissenschaften und der Rechtssystematik.

Die klinische Umgangssprache, welche technisch so außerordentlich effizient und geläufig von Sachen, Zahlen, Daten und Formeln spricht, ist weit weniger leistungsfähig und routiniert, wenn es darum geht, von Menschen, ihren Werten, Leiden und Hoffnungen und ihren Krankheits- und Gesundheitsrisiken zu reden. Das ist der Grund für das in den letzten Jahren in der medizinischen Forschung, Prävention und Krankenversorgung zuerst – und später auch in der etablierten akademischen Philosophie – gewachsene Interesse an Ethik in der Medizin. Es ist das Bedürfnis nach einer präzisen Analyse der in den medizinisch-technischen Situationen vorkommenden medizinisch-ethischen Detailprobleme, ihrer Bewertung und ihrer optimalen Lösung in einer am Patienten und nicht an Labordaten orientierten medizinischen Intervention. Ethische Praxis ohne emotionales Engagement ist für viele nicht denkbar; aber Ethik darf nicht mit Emotion verwechselt werden. Sie verlangt die Klarheit der Analyse, die Schärfe des Arguments im urteilenden Abwägen und die Unerbittlichkeit der Selbstkritik in der Überprüfung der eigenen Entscheidung vor dem Übergang vom Werten und Abwägen zum Handeln und Behandeln, vor allem den Diskurs mit dem Klienten, dem Bürger als Patienten, als Fachkollegen, als Mitarbeiter.

So beginnt auch die akademische Philosophie die seit der Aufklärung verschmähte *Kasuistik*, d. h. die Anwendung allgemeiner und mittlerer ethischer Prinzipien auf konkrete Fälle oder Situationen, wiederzuentdecken (Jonson/Toulmin 1988). Der Handlungs- und Beratungsbedarf in der Medizin, aber auch die Forderungen, die mit einer ethisch verantwortlichen Abschätzung von Technologiefolgen in anderen Bereichen der modernen Welt auf uns zukommen, sind die äußeren Ursachen, die der Philosophie die Wiederentdeckung von Methoden der Analyse und Bewertung von Situationen und Einzelfällen abverlangen. Es geht um eine «Vertiefung» der Analyse komplexer ethischer Sachverhalte in real existierenden Fällen, nicht um «tiefes Denken». Henry David Aiken hatte schon 1962 vier Stufen des ethischen Diskurses beschrieben: die emotionale, moralische, ethische und die post-ethische Stufe. Er meinte damit eine fortschreitende rationale Durchdringung von zunächst emotional empfundenen Werten oder Zielen in einer bestimmten Situation (Aiken 1962). John C. Fletcher (1990) spricht von einer fallbezogenen *ethischen Morphologie*, die ähnlich wie die biologische Morphologie Formen, Strukturen, Verhältnisbeziehungen und Entwicklungen von Fällen oder Szenarien beschreibt. Wie auch immer die schulinternen Verhältnisbeziehungen der medizinischen Ethik zu den etablierten Fraktionen der theoretischen Ethik sein mögen, die Entwicklung, Anwendung und Überprüfung differenzierender ethischer Urteile im beruflichen Handeln ist unvermeidbar: Im Operationssaal, im Gerichtssaal, in der Anwaltspraxis und in der Verwaltungspraxis muß *entschieden* werden.

1.1 Ethik: Dienstleistung oder Bevormundung?

Droht der Medizin jetzt, nach den Versuchen von Politisierung, Jurifizierung und Ökonomisierung, eine neue Welle der fachfremden Bevormundung durch Theologen und Ethiker und solche, die sich dafür halten? Das könnte der Fall sein, wenn die Ethik in der Medizin sich mißverstehen würde als moralisierende Bevormundung, als ethische «Aufrüstung» auf einem Gebiet unseres modernen Lebens, dem dank der Ergebnisse naturwissenschaftlicher und biomedizinischer Forschung neue Handlungsmöglichkeiten zugewachsen sind, die eine nicht naturwissenschaftlich orientierte Medizin niemals erreicht hätte. Ethisch nicht akzeptable Wertindoktrination kann entweder im Gewande säkularer Ideologien erfolgen oder im Zuge einer direkten und unvermittelten Umsetzung «großer» ethischer Theorien, metaphysischer oder religiöser Konzepte auf einzelne Fälle. Beidemal handelt es sich um Kunstfehler im Übergang von der Welt der Theorien in die Welt der Praxis. Die klinische Entscheidung verlangt keine Bevormundung, sondern die Kooperation und Integration von medizinisch-ethischer und medizinisch-technischer Expertise. Damit entwickelt sich ein neues Verhältnis der technischen und biomedizinischen Wissenschaften zur Ethik, in dem diese eine *Servicefunktion* für die Anwendung und Weiterentwicklung der technischen und biomedizinischen Wissenschaften übernehmen. Ich wage die These, daß Ethos und Ansehen, Erfolg und Fortschritt der Medizin im nächsten Jahrhundert in eben dem Maße von einer gelungenen Integration ethischer Kriterien abhängen werden, wie es für die vergangenen 100 Jahre für die Integration naturwissenschaftlicher Kriterien galt.

1.2 Differentialethik

Wichtig und notwendig ist eine differenzierende und am Patientenwohl sich orientierende Spezialisierung der allgemeinen und theoretischen Ethik für das Gebiet der Medizin: eine Ethik, die man nach dem Vorbild der faktenorientierten, einzelfallorientierten und prognoseorientierten Differentialdiagnose Differentialethik nennen könnte. Wie die moderne Medizintechnik nicht durch das Nachbeten genereller newtonscher Regeln, sondern durch deren differenzierende Anwendung und Weiterentwicklung in komplexen Herausforderungen des medizinischen Alltags professionelle Erfolge erzielen konnte, so wird die Ethik in der Medizin nicht durch das Nachbeten genereller Regeln kantischer, thomistischer oder utilitaristischer Ethik, sondern nur durch differenzierende Analyse von mittleren ethischen Prinzipien wie «Wahrheit am Krankenbett», «Lebenswert- und Selbstbestimmung durch den Patienten» oder die Beachtung des Prinzips des «Nichtschadens» sowie von beruflichen Tugenden wie «Zuverlässigkeit» oder «Zuwendung» in der Güterabwägung des konkreten Einzelfalls oder Szenariums denjenigen Grad an ethischer Professionalität erreichen, den die Techniker auf dem Gebiet technischer Expertise erreicht haben. Viefhues beschreibt drei Szenarien, in denen Ärzte nicht nur komplexe Entscheidungen fällen, bei denen die technischen und ethischen Aspekte miteinander verklammert sind, sondern in denen die ethischen und technischen Aspekte ihrer Entscheidungen auch kommunikativ dargestellt und erarbeitet werden müssen: «beim Gespräch des Arztes mit seinen Patienten, insbesondere wenn Handlungsalternativen die informierte Zustimmung des Patienten erfordern; beim Gespräch mit ärztlichen Kollegen, wenn Vor- und Nachteile von Therapiemöglichkeiten oder von Forschungsprojekten unter ethischen Gesichtspunkten erwogen werden müssen; beim Gespräch mit Gesundheitspolitikern zur Kosten-Nutzen-Abwägung, also zu Allokationsproblemen oder bei der gesundheitsökonomischen Bewertung einzelner Therapieverfahren oder präventiver Maßnahmen, bei denen ethische Überlegungen nicht mehr ausgeschlossen werden können» (Viefhues 1989, 18). Die differenzierende Analyse der Mischungen technischer und ethischer Fakten und Möglichkeiten in einer konkreten Situation erfordert selten die Durchsetzung eines und nur eines generell formulierten ethischen Werts, sondern die Bewertung unterschiedlicher Prognosen bei unterschiedlichen Mischungen von speziellen ethischen Prinzipien und technischen Prinzipien. Unterschiedliche ethische Entscheidungen haben unterschiedliche ethische Kosten-Nutzen-Relationen, ähnlich wie unterschiedliche technische Entscheidungen technische Vor- und Nachteile mit sich bringen. Die Abwägungen der ethischen Argumente für oder gegen eine bestimmte Intervention oder Handlung, der ethischen Nebenfolgen und der Risikoabschätzung ethischer Unsicherheiten in Wertbegründung und Wertabwägung sind durch die enorm gewachsenen technischen Möglichkeiten nicht nur unverzichtbar, sondern entscheidend geworden für eine am Patienten orientierte Differentialethik am Krankenbett und in der medizinischen Forschung. In diese differentialethischen Abwägungen muß der Patient einbezogen werden, weil über Werte, über die Qualität von Leben und Gesundheit und über das Ziel der Intervention oder Beratung nicht fremdbestimmt geurteilt werden darf.

Beides, medizinischer Fortschritt und Pluralität der offenen Gesellschaft, sind die inneren und äußeren Faktoren der modernen Medizin, welche die partnerschaftliche Güterabwägung zwischen Patient und Arzt zum generellen Modell differentialethischer Entscheidung macht. Es wäre nicht angemessen, wenn die heutige Medizin die alte hippokratische Tradition unvermittelt und unreflektiert in die durch Technik und Wertpluralität, Fachmedizin, Arbeitsteilung, Kostenexplosion und Stationsbetrieb bestimmte neue Situation übertragen würde. Allerdings wirft die medizinische Differentialethik das hippokratische Ethos nicht über Bord; sie versucht vielmehr, eine Transformations- und Übersetzungsarbeit des klassischen hippokratischen Ethos in die Parameter der nachhippokratischen neuzeitlichen Biomedizin zu leisten. Hanns Peter Wolff spricht von der Notwendigkeit der «Redefinierung» der Ethik in der Medizin «jenseits von Hippokrates»: «Die kritische Auswertung des Corpus hippokraticum aus dem Blickwinkel der medizinischen Gegenwartsproblematik hat die zeitlose Gültigkeit der in der Eidesformel enthaltenen Verpflichtung zu Hilfeleistung, Verschwiegenheit und Achtung menschlichen Lebens nicht angetastet. Sie macht andererseits deutlich, daß tragende Elemente des heutigen Arzt-Patienten-Verhältnisses wie Wahrhaftigkeit und Verantwortlichkeit des Arztes und Selbstbestimmung des Patienten fehlen. Diese waren der antiken Mentalität fremd» (Wolff 1989, 191).

Schon die beiden Grundprinzipien der hippokratischen Medizin, das *primum nil nocere* und das *bonum facere*, lassen sich heute nicht mehr nur medizinisch und paternalistisch formulieren und verantworten. Was ist denn «das Gute», und was ist «das Schlechte» oder Schädliche für den Patienten, wenn in Endstadien von unheilbaren Krankheiten intensivmedizinische gegen schmerzmedizinische Behandlungen abgewogen werden, oder die intensivmedizinische «Behandlung» frühestgeborener oder schwerstbehinderter Neugeborener, wenn lebensstilbedingte Gesundheitsrisiken über längere Zeiten hinweg medizinisch «behandelt» werden? Wie soll der Arzt bestimmen, was «das beste Interesse des Patienten» ist, wenn er nicht über der Differentialdiagnostik vergleichbare differentialethische Methoden verfügt?

1.3 Ethische Qualitätskontrolle und medizinische Intervention

Die Integration von ethischer Expertise in die Entscheidungen der Klinik und des niedergelassenen Arztes darf die Selbstbestimmung des Bürgers als Patienten nicht ersetzen, sondern soll sie stärken. Insgesamt ist die Kompetenz des Bürgers als Patient und die ethische Expertise des Mediziners zu verbessern. Das gilt übrigens nicht nur für die Medizin, sondern auch für die Integration von ethischer Differenzierung in die technischen Entscheidungen in anderen Dienstleistungsberufen ebenso. Die angewandte Ethik ist kein neues Herrschaftsinstrument von gutmeinenden oder machthungrigen Besserwissern, sondern eine Dienstleistung, ein Instrument zur Verbesserung ethischer Expertise und zur Kontrolle ethischer Sicherheit beim Ausloten und Realisieren technischer Möglichkeiten und Prognosen.

Diese *Qualitätskontrolle* kann bei der patientenorientierten medizinischen Intervention auf dreierlei Weise erfolgen: (1) durch die beratende Einschaltung ethischer Kommissionen oder ethischer Experten als Gutachter; (2) durch die Integration von ethischen Experten in klinische Teams; (3) durch die Integration von ethischen Abwägungen und technischen Abwägungen über Therapie- und Prognosealternativen im Arzt-Patient-Gespräch. Unverzichtbar ist dabei immer die Kontrolle von Prognose und Therapieentscheidungen in der Arzt-Patient-Interaktion, in der über die nichttechnischen Aspekte technischer Intervention kommuniziert wird. Ethikkommissionen oder Experten als Gutachter finden ihre Aufgabe vor allem in der Begleitung klinischer Forschung, in der Unterstützung des Personals und in der Beratung bei streßintensiven Krankenhausstationen sowie in schwierigen Einzelfällen der Patientenbetreuung. Die Integration von ethischen Experten zur Qualitätskontrolle ist überall dort sinnvoll und wohl auch notwendig, wo die Kompetenz ethischer Abwägung zum Teil alltäglicher Routine wird, auf der Krebsstation, in der Intensivmedizin, in der Neonatalogie, bei der genetischen Beratung, in der Präventivmedizin und in der Geriatrie.

In der Tat hat die Ethik in der Medizin, wo sie Teil des medizinischen Studiums ist, genau diese Verbesserung der Qualität der medizinischen

Versorgung erreichen können. Eine Umfrage unter Medizinern, die in ihrem Studium Kurse in Medizinethik belegt hatten, ergab, daß nur drei Prozent von ihnen durch den Unterricht in ihrem Wertsystem entscheidend beeinflußt wurden, aber für unterschiedliche und komplexe ethische Herausforderungen des ärztlichen Alltags von dem Unterricht profitierten. 83 Prozent gaben an, ein besseres Verständnis für den Patienten gewonnen zu haben und Qualitätsverbesserungen ihrer Praxis in folgenden Bereichen erzielt zu haben: Aufklärung dem Patienten gegenüber 81 Prozent, Beteiligung des Patienten an ärztlichen Entscheidungen 68 Prozent, Schmerzbehandlung 52 Prozent, Schweigepflicht 56 Prozent, Umgang mit Angehörigen 45 Prozent. Bei weltanschaulich umstrittenen Sachverhalten ergab sich für die medizinische Praxis kein überwältigender Nutzen: bei der Behandlung schwerstbehinderter Neugeborener sieben Prozent, in Fragen der Organspende sechs Prozent und bei den ethischen Aspekten des Schwangerschaftsabbruchs zwölf Prozent. Interessant war, daß die Voraussetzungen für gelungene Güterabwägungen im Einzelfall zu 58 Prozent auf die Familientradition, zu 68 Prozent auf die eigene klinische Erfahrung, zu 63 Prozent auf Rollenvorbilder in der Klinik und zu 53 Prozent auf die kollegiale Kommunikation zurückgeführt wurden (Sass 1985, 800 f). Die Kunst der Güterabwägung ist also ebenso lehrbar und lernbar wie die der Logik; berufliche Ethik kann und muß Gegenstand von Forschung sein; und sie kann als Differentialethik vergleichbare Fortschritte erzielen wie die Differentialdiagnose.

2 Ethik und Expertise

Die differenzierende Analyse ethisch-technischer Szenarien in der Arzt-Patient-Interaktion und der in ihnen vorkommenden Anforderungen an Tugenden, konsensfähigen ethischen Prinzipien sowie den Modalitäten von Entscheidung, Risikobegrenzung und Prognosesicherheit hat die traditionellen Modelle hippokratischer Medizinethik, die weitgehend in einer paternalistischen Tugendlehre bestand, hinter sich gelassen und methodisch umgewandelt mit dem Ziel einer Optimierung der differentialethischen Qualität in der Interaktion zwischen Dienstleistungsanbieter und Dienstleistungsnachfrager, zwischen dem Experten und dem Klienten, zwischen dem Arzt und dem Patienten.

2.1 Ethische «Rohstoffe», «Halbfertigprodukte» und «Endprodukte»

Bei den meisten ethisch-technischen Abwägungen und Entscheidungen geht es nicht um die in der theoretischen Ethik zu behandelnde Problematik der *Begründung* allgemeiner ethischer Prinzipien, vielmehr um die differenzierende und präzise *Anwendung* spezieller ethischer Prinzipien oder Maximen. Das ist teils eine Frage der Auswahl und Prioritätensetzung, teils eine Frage der Präzisierung ethischer Instrumente. In der Ethik können wir, wie bei den Waren des Marktes, Rohstoffe, Halbfertigprodukte und Endprodukte unterscheiden. Zu den «Rohstoffen» ethischen Argumentierens gehören allgemeine oder absolute Werte wie Freiheit, Gleichheit, Gerechtigkeit, Sicherheit. Das sind die Rohstoffe ethischen Analysierens und Handelns, die nur selten in ihrer ungeschliffenen und undifferenzierten Form in konkreten Situationen angewendet werden können. Ihre direkte und undifferenzierte Anwendung ist oft Ausdruck eines ethischen Kunstfehlers oder eines Mißbrauchs – wie viele Verbrechen sind nicht begangen worden in der undifferenzierten Anwendung genereller Prinzipien wie Friede, Solidarität und Gerechtigkeit! Generelle Prinzipien bilden aber die Rohstoffe für mittlere ethische Prinzipien, «Halbfertigprodukte», die präziser sind und in eine konkretere Situation übersetzbar sind. Zu den Halbfertigprodukten gehören Prinzipien wie Rechtssicherheit, Schutz des Verbrauchers, Datenschutz, Transparenz von Verwaltungsentscheidungen, Sicherheit des Arbeitsplatzes, Schutz der Umwelt, Wohl des Patienten, Arzneimittelsicherheit. Die ethischen Regeln von Berufsständen gehören hierher, ebenso Grundsätze des staatlichen Verordnungswesens, einige Gesetze und juristische Generalklauseln, ungeschriebene oder geschriebene Regeln des Marktes. Diese mittleren ethischen Prinzipien können ebenfalls selten direkt in konkreten Konfliktsituationen angewendet werden. Sie geben aber Richtlinien oder Perspektiven an, die für die Konfliktlösung wichtig sind.

Die ethische Forschung hat sich noch nicht genügend mit dem schwierigen Problem der Entscheidungsfindung bei gemischten Kompetenzen und unterschiedlichen Expertisen befaßt; wir betreten hier also entscheidungstheoretisch Neuland, dessen Bearbeitung in der Medizinethik auf die ethische Forschung innerhalb der akademischen Philosophie rückwirken kann. Für die Einzelfallentscheidung oder die ethische Bewertung konkreter Szenarien werden erst die «Endprodukte» einer differentialethischen Präzisierung brauchbar: Die Einwilligung von Eltern zur medizinischen Behandlung eines Kindes oder die Zustimmung eines Krebspatienten zu einer intensiven Schmerzbehandlung sind Differenzierungen und Mischungen der allgemeinen Pflicht zur Wahrhaftigkeit und des allgemeinen Rechts auf Selbstbestimmung sowie der speziellen Pflicht zur Information des Klienten durch den Dienstleistungsanbieter; und des Rechtes des Patienten, zwischen Schmerzbehandlung oder Lebensverlängerung zu wählen, wenn eine solche Wahl notwendig sein sollte. Die allgemeinen Prinzipien von Solidarität und Menschenwürde konkretisieren sich als Halbfertigprodukt im mittleren ethischen Prinzip der Nächstenliebe; dieses wiederum erscheint als «Endprodukt» in der konkreten Hilfe des Verkehrsopfers auf der Autobahn, der persönlichen Verantwortung des einzelnen Arztes für einen individuellen Patienten, in der Familienberatung und in der Präventivmedizin ebenso wie in der akuten und intensiven Medizin, je in einem anderen Szenarium mit einer anderen Mischung und Differenzierung konkreter ethischer Prinzipien. Die Verantwortung des Arztes für den einzelnen Patienten oder Prinzipien der Präventivmedizin können aber auch als Konkretisierungen des allgemeinen Prinzips von Gerechtigkeit und des speziellen, daraus abgeleiteten Prinzips der sozialen Sicherheit verstanden werden. Von welchem Prinzip man sie ableitet, ist eine Weltanschauungsfrage; daß sie beachtet werden, ist eine Frage der beruflichen, der gesellschaftlichen und der individuellen differenzierenden Ethik.

Auch die uns allen vertraute Praxis der differenzierenden Ethik im persönlichen Leben und in der Berufspraxis zeigt, wie wenig in den meisten Fällen akademische Wertbegründung Voraussetzung für gemeinsames wertorientiertes Handeln ist. Die Pharisäer wollten Jesus in eine Diskussion über die Frage «Wer ist dein Nächster?» verwickeln (Lukas 17). Jesus weicht dieser theoretischen Fragestellung aus, setzt eine pluralistische Welt mit pluralen, nicht allgemein verbindlichen Wertbegründungen voraus und geht direkt zur Problematik differentialethischer Wertrealisierung in einem konkreten Einzelfall über. Dabei kann er voraussetzen, daß das Prinzip der akuten Nachbarschaftshilfe – «mutual aid» – in den meisten Weltanschauungen und Religionen akzeptierbar und begründbar ist, theologisch, humanistisch, sozialistisch, marxistisch, utilitaristisch, aristotelisch, kantianisch oder wie auch immer.

Differenzierende Argumentation in ethischen Diskursen ist aber nicht nur den jeweils besonderen ethischen und technischen Anforderungen unterschiedlicher Szenarien und einzelner Fälle angemessener, sie unterläuft auch unkonkrete und gefährliche Generalisierungen und trägt zu einer der pluralistischen Gesellschaft angemessenen Diskurs- und Konsensfindungskompetenz bei, die dem Bürger und Patienten mehr Selbstbestimmung erlauben, als Staat und Ärztestand das in paternalistischen Verantwortungsmodellen taten. Die weitere Entwicklung und Anwendung der Differentialethik ist also auch ein Beitrag zur Emanzipation des mündigen Bürgers und der Entwicklung gerechterer und freierer Gesellschafts- und Diskursformen.

Der in Schulzusammenhängen aufgewachsene akademische Philosoph stellt bei Güterabwägungen in konkreten Mischungen ethisch-technischer Szenarien fest, daß unterschiedliche Argumentationsmuster in unterschiedlichen Situationen benutzt werden, ohne daß es offensichtlich zu Rechtfertigungskonflikten oder Begründungsnotständen kommt. In Fragen des Tötungsverbots argumentieren wir kategorisch und rigoristisch mit Kant. In Fragen der Interventionsabwägung nach Kriterien der Lebensqualität kalkulieren wir mit Mill und anderen utilitaristisch. Bei Fragen der Allokation im Gesundheitswesen nach dem aristotelischen Prinzip der austeilenden Gerechtigkeit («Jedem das Gleiche!»); bei der direkten Interaktion zwischen dem individuellen Arzt und dem individuellen Patienten nach dem aristotelischen Prinzip der ausgleichenden Gerechtigkeit («Jedem das Seine!»). In der Unfallmedizin und bei akuten Krisensituationen gelten vorzugsweise die Regeln des Paternalismus und seines heteronomen Handlungskonzepts, in Triagesituationen folgen wir pragmatischen Regeln mit ausdrücklich ungleicher Bevorzugung einiger auf Kosten anderer.

2.2 Praxis und Ethos der Differentialethik

Im übrigen weiß jeder, der in konkreten Berufs- oder Lebenssituationen Verantwortung für die Realisierung ethischer Prinzipien getragen hat, daß es selten oder nie um die Durchsetzung eines und nur eines ethischen Prinzips geht, sondern um die richtige Präzisierung und Mischung unterschiedlicher Prinzipien. Die Praxis der Differentialethik kann also an altbewährte Klugheitsregeln anknüpfen, die «Halbfertigprodukte» oder «Endprodukte» differenzierender ethischer Analyse in die aktuelle Entscheidungssituation einführen und schließlich bewährte Regeln der Risikoanalyse und -reduktion anwenden. Die Kasuistik der pragmatischen Klugheitsregeln ist alt: Teilweise lösbare Wertprobleme werden erst einmal in leichter und schwieriger zu lösende Teilprobleme zerlegt; schwer

lösbare Probleme lassen sich eventuell durch eine langfristige Konflikt-
vermeidungsstrategie in ihrer Zahl oder Schwere verringern; die Lösung
eines Einzelfalls ist leichter als die Aufstellung von generellen Normen;
die verantwortliche Lösung des Einzelfalls hat Vorrecht vor der generellen Durchsetzung einer Norm; die Orientierung an vergleichbaren Fällen hilft bei der Güterabwägung; die Einsetzung einer Ethikkommission
oder die Beiziehung eines professionellen Ethikberaters können hilfreich
sein, sie sind fast immer unerläßlich, wenn es sich um die antizipatori-
sche Güterabwägung bei Entwicklung und Einsatz neuer Techniken handelt; standardisierte Fragebogenkataloge zur Erhebung der Informationen für eine notwendige Güterabwägung, auch berufsethische Kodizes
oder Rahmenrichtlinien sind wichtig für eine Optimierung und differenzierende Erarbeitung ethischer Konfliktlösungen. Konkrete Fälle sind
immer ein Test für die Gültigkeit hoher und hehrer genereller Theorien,
oft ein Test für ihre Unbrauchbarkeit in der besonderen Situation.

Mittlere ethische Prinzipien bedürfen in der konkreten Situation einer
Mikro- und Mischanwendung. Das Prinzip des «primum nil nocere», das
Gebot des Nichtschadens, differenziert sich in so unterschiedliche Kriterien wie: leichte oder schwere Formen von Unwohlsein, Schmerz, Streß,
Verletzung der Intimsphäre, auch vorübergehende oder andauernde, individuell erträgliche oder unerträgliche Beeinträchtigung, Körperverlet-
zung, Verletzung oder Verlust von Organen oder Beeinträchtigung ihrer
Funktion. Das «bonum facere», das Wohl des Patienten, kann in der Beseitigung von Ursachen oder von Schmerzen oder von Symptomen bestehen,
in der Verbesserung des Wohlbefindens oder des Wohlseins oder einer
Organfunktion, in der Prävention oder in der akuten Krisenintervention,
in der Verlängerung des Lebens oder in der Verbesserung der vom Patienten oder vom Arzt oder von beiden gemeinsam zu bestimmenden Lebensqualität. Das «bonum facere» und das «nil nocere» sind in jedem konkreten Fall zunächst zu präzisieren und dann gegeneinander abzuwägen. Auf
der Krebsstation, auf der Neugeborenenstation, in der Neonatalogie, in
der Präventivmedizin und in der Allgemeinpraxis werden diese Abwägungen schon wegen des unterschiedlichen Auftrags verschieden ausfallen.
Neben solchen objektivierbaren ethischen Grundregeln unterschiedlicher
medizinischer Schwerpunktsetzungen, die in der ethischen Szenarien-
analyse erarbeitet werden können, steht die subjektive Seite des Einzelfalls, die eine weitere Differenzierung erforderlich macht, wenn der Patient nicht zur Nummer und sein Fall nicht zur Routine werden soll.

Schließlich gibt es bewährte Regeln des *moral assessment*, die sich aus den Regeln des Technology assessment ebenso wie aus denen der Differentialdiagnose ableiten lassen. So bietet es sich an, daß die Differentialethik des konkreten Einzelfalls in vier Schritten vorgeht: (1) Analyse ethischer Risiken, (2) Bewertung ethischer Risiken, (3) Überprüfung der Bewertung und möglicher Einwände gegen die Entscheidung, (4) Durchführung der geplanten Entscheidung. Nicht nur der ethisch komplizierte Einzelfall und das einzelne Szenarium, sondern vor allem die möglichen neuen Szenarien, die durch wissenschaftliche und technische Fortschritte sich ergeben, sind einer nichtakuten und antizipierenden differentialethischen Bewertung zu unterziehen. Die technische Medizin und Forschung ist blind ohne die Integration ethischer Expertise; die philosophische Ethik ist stumpf ohne technische und ethische Differenzierung und Konkretisierung. Im Gegensatz zu dem Interesse, das die anwendungsorientierte Differentialethik in der Medizin findet, ist die Aufmerksamkeit der verschiedenen Schulen akademischer Ethik immer noch eher auf Selbstvergewisserung und Kontroverse denn auf Anwendbarkeit und Konsens gerichtet, mehr an Methoden der Wertbegründung interessiert denn an solchen der Wertanwendung.

Der steigende Bedarf an einer anwendungsorientierten Differentialethik läßt sich aber auch *ideengeschichtlich* erläutern (Sass 1988a, 57–59). Nach der aufklärerischen Destruktion des als heteronom kritisierten, entweder mit Hinweis auf Offenbarung oder auf Metaphysik begründeten Sittengesetzes hat die neuzeitliche Philosophie sich seit Descartes über Kant, Hegel und Scheler schwergetan, material verbindliche oder plausible Begriffe von Gerechtigkeit und anderen ethischen Prinzipien vorzulegen. Am meisten Zustimmung hat in unseren Tagen der Versuch von Rawls erhalten, auf der Ebene der von uns «mittlere ethische Prinzipien» genannten Spielarten von Gerechtigkeit, die er Fairneßprinzipien nennt, zu argumentieren. Auf die Diskussion dieser Prinzipien konnte sich einlassen, wer immer von seinen eigenen Letztbegründungen her Gerechtigkeit als einen ethischen Wert ansah, gleich ob von thomistischer, kantischer, marxistischer, utilitaristischer oder phänomenologischer Position her. Im großen und ganzen hat Rawls Zustimmung finden können in bezug auf zwei Thesen: (1) daß ein Konsens über die Prioritäten sozialer Güter möglich ist und (2) daß bei Konflikten in der Güterabwägung die gesellschaftlichen und gemeinsamen Güter den privaten und persönlichen vorzuziehen sind. Diese zweite These wurde von Nozick bestritten, der den Primat der gesellschaftlichen Güter vor den persönlichen nicht für plausibel hält und statt dessen fordert, daß der Staat sich aus den Güterabwägungen der Bürger über die optimale Anwendung von Prinzipien wie Gerechtigkeit und Gleichheit und Solidarität so weit wie möglich heraushalten solle; permanente staatliche Redistributionen von Gütern oder Gleichheitschancen seien zutiefst unfair und ungerecht in Ansehung der Ungleichheit der Wertewelten und Lebensziele der Bürger. Für die Ethik in der Medizin wird die Nozicksche Position nicht so sehr wegen ihrer freiheitlicheren Anthropologie wichtig, sondern wegen der Priorität, die sie der individuellen Verantwortung und der Einzelfallverantwortung gibt, auch gegenüber einer «socialized medicine» oder den möglichen Pressionen von Behörden oder Versicherungen. Die Betonung des konsensfähigen Inhalts auf der einen Seite durch Rawls, die Betonung der individuellen Freiheitsrechte auf der anderen Seite durch Nozick bezeichnen die Spannung, in der seit den Tagen der Aufklärung eine anwendungsorientierte und differenzierende Ethik gestellt ist. Nach einer Analyse von MacIntyre war das aufklärerische Unternehmen zunächst nur zum Teil erfolgreich. Erfolgreich war die Aufklärung zwar in der kritischen Destruktion der als heteronom verstandenen göttlichen Vernunft; erfolglos blieb sie aber in dem Bemühen, bei der Begründung von Werten die göttliche durch die menschliche Vernunft zu ersetzen und eine neue Wertordnung nach den Regeln menschlicher Vernunft zu begründen. Dieses «Scheitern» stellt sich aber im nachhinein als positiv heraus, weil es Reideologisierungen mit Anspruch auf Vernunfteinsicht endgültig ausschließt: Die Begründung von handlungsorientierenden Werten kann nicht mehr nach letzten inhaltlichen Einsichten erfolgen, wie noch zuletzt Scheler meinte, sondern nur durch Verfahren der Verabredung, des Vertrags, des Kompromisses und des Konsenses (Engelhard 1986). Diese Situation wird für die Entstehung differentialethischer Methoden und Modelle wichtig.

Wie auch immer der derzeitige Stand des philosophischen Schulstreits auf dem Gebiet der theoretischen Ethik sein mag, er tangiert die Ethik in der Medizin nicht direkt, weder das Ethos der unvermeidlichen und unaufschiebbaren Entscheidung am Krankenbett noch die Gesundheitsverantwortung des Bürgers / Patienten können auf das Ende dieser Debatten warten. Sie brauchen es auch nicht, weil es bei den meisten im beruflichen und persönlichen Alltag, auch im medizinischen Alltag, vorkommenden ethischen Fragestellungen selten oder nie um die Letztbegründung von absoluten ethischen Prinzipien geht, vielmehr um die möglichst präzise und situationsangemessene Anwendung ethischer Prinzipien und Maximen. Selten reflektieren zeitgenössische philosophische Positionen die komplexen Probleme der Verbindung von ethischer und technischer Expertise. Sie diskutieren im wesentlichen ein Konzept des Übergangs von der Theorie zur Praxis, das weder die Bedingungen der Möglichkeit guter Poiesis, d. h. technisch-handwerklicher Kunst und Wissenschaft, noch das Handeln und Entscheiden unter Risiko unter prognostischer, instrumenteller und ethischer Unsicherheit reflektiert. Die Unvermeidlichkeit der Verbindung von technischer und ethischer Expertise macht aber gerade das besondere Problem der ethischen Entscheidungsfindung in der Medizin und anderen Berufen aus, die hohe Grade von beruflicher Expertise und differenzierender Entscheidungsfindung verlangen. Ethische Prinzipien und Methoden bedürfen deshalb einer ebenso differenzierenden Anwendung wie technische Prinzipien.

Das *Ethos der Differentialethik* als Integration von technischer mit ethischer Expertise und die von ihr zu entwickelnden Differenzierungsmethoden der Mischallokation und Mikroallokation liegt (1) in ihrer weltanschaulichen Offenheit; (2) in ihrer Instrumentalität für eine Optimierung der partnerschaftlichen Entscheidungen in einer pluralistischen Gesellschaft, aber auch zwischen Anbieter und Klient, Arzt und Patient; (3) in ihrer Orientierung am Detail der patienten- und situationsbezogenen Fragestellung, ihrer Nähe zur technischen Erfahrung; schließlich (4) in ihrer Konzentration auf den medizinischen Einzelfall unter Vernachlässigung von eher generellen Prinzipien der allgemeinen Gesundheitsversorgung und -erziehung.

Die erfolgreiche Anwendung von differentialethischen Methoden setzt allerdings eine Vorannahme über das voraus, was in einer bestimmten Situation oder Rolle an Werten und Tugenden erwartet werden kann. Übereinstimmung in Letztüberzeugungen fordert sie nicht, wohl aber die Bereitschaft, differenzierende Endprodukte ethischen Diskurses konsensfähig zu machen. Insofern sich die ethischen Parameter der Interaktion zwischen Arzt und Patient auf einen solchen Konsens, zum Teil auch auf die Tugenden des hippokratischen Ethos stützen können, dürften die Voraussetzungen für eine weitere Differenzierung der beruflichen Ethik in der Medizin besser sein als die in anderen Dienstleistungsberufen mit schwächerem Konsens bezüglich der eigenen ethischen Traditionen und in Bereichen mit größerem gesellschaftlichen Dissens. Ein zusätzlicher Beitrag jeder Art von Differentialethik liegt in der Entspannung von überflüssigen Konflikten über generelle Normen durch die Betonung der Kasuistik des Einzelfalls und des konkreten ethischen Szenariums, das die Integration von Ethik und Expertise verlangt. Die wachsende Nachfrage nach Ethik in der Medizin demonstriert deutlicher als ihre theoretische Begründung den Bedarf an einer differentialethischen Qualitätssicherung der Leistungen einer technisch immer anspruchsvolleren Medizin durch die Steigerung der Leistungsfähigkeit ethischer Analyse, Bewertung und Konsensfindung und die Integration von Ethik und Expertise – im Interesse des Patienten.

2.3 Eide und Fragebögen

Zu den Hilfsmitteln einer berufsspezifischen Differentialethik gehören die in den verschiedenen Berufen vorkommenden teils schriftlich formulierten, teils gewohnheitsmäßig praktizierten und rollentypisch gewordenen standardisierten Güterabwägungen. Sie stellen sich dar in Form von Berufskodizes oder Eiden, in Form von Richtlinien oder Empfehlungen, Checklisten oder Arbeitsbögen, Gespräch mit dem Patienten und Standesrecht. Von diesen unterschiedlichen Instrumenten hat das *Gespräch* mit dem Patienten eine besonders herausragende Bedeutung; es steht auch methodisch im Vordergrund aller differentialethischen Erhebungen und Entscheidungen. Das gilt insbesondere bei Fragen, welche den Einsatz hochtechnisierter Medizin und die Aspekte von Lebensverlängerung, Lebensqualität und Schmerzbehandlung betreffen. Die anderen Instrumente haben also in gewisser Weise nur die Funktion, das partnerschaftliche Gespräch mit dem Patienten zu optimieren.

Es ist vorgeschlagen worden, zur Differenzierung der ethischen Aspekte von Gesundheitsmündigkeit des Patienten und zur Optimierung des Arzt-Patient-Verhältnisses schon in der Allgemeinpraxis neben der Anamnese technisch-medizinischer Fakten eine *Wertanamnese* medizinisch-ethischer Fakten und des Wertbildes und Gesundheitsverständnisses des Patienten anzubieten und gemeinsam mit dem Patienten partnerschaftlich fortzuschreiben (Sass 1988a, 124f). Neben der Krankengeschichte stände dann die Wertgeschichte, die der Patient, wenn das gewünscht wird, zum Facharzt, in den Operationssaal, auf die Intensivstation mitnehmen kann. Eine solche kontinuierlich fortzuschreibende Wertanamnese kann nicht nur dem Arzt stellvertretende Entscheidungen erleichtern, wenn sie unvermeidlich sein sollten. Insoweit individuelle Wertorientierung als Konzeptionen von Lebensqualität, Lebensfreude, Lebensinhalt und Lebensziel über einen längeren Zeitraum relativ stabil bleiben, kann man von einem relativ stabilen

Wertverhalten des Patienten ausgehen, das auch prognostisch von Nutzen ist, ebenso wie langfristig sich dokumentierende technische Indikationen – im Falle von Bluthochdruck oder Diabetes beispielsweise – ebenfalls relativ sichere Langzeitprognosen und Interventionsstrategien erlauben. Das würde der Einzeldiagnose nichts von ihrer Singularität und Temporalität nehmen, aber dennoch erlauben, sowohl ethisch wie technisch einen Prozeß zu sehen, der auch in seinem Verlauf interpretierbar ist.

Eine solche ethische Prognostik ermöglicht die Kommunikation mit dem Patienten über die nichttechnischen Aspekte von Gesundheitsrisiko und Krankheitsprognose. Diese Kommunikation macht den Patienten gesundheitsmündiger und erhöht seine Kompetenz für partnerschaftliche Interventionsentscheidungen oder für den selbstverantwortlichen Umgang mit dem Risiko oder der Krankheit.

Checklisten und *Fragebögen* werden bei der Wertanamnese sicher eine wichtige instrumentelle Funktion haben zur differenzierenden Analyse und Bewertung. Checklisten unterscheiden sich von Eiden, Richtlinien, Berufsordnungen oder staatlichen Verordnungen dadurch, daß sie inhaltlich keine Vorgaben machen, sondern nur die Punkte zusammenstellen, die einer solchen inhaltlichen Abwägung bedürfen. Checklisten enthalten daher keine weltanschaulichen Vorannahmen und sind besonders dort brauchbar, wo die Medizin unter den Bedingungen der pluralistischen Gesellschaft arbeitet. Checklisten können unterschiedlich strukturiert sein, repräsentieren aber je auf ihre Weise die Urteilsstruktur der klinischen Ethik oder der partnerschaftlichen Einbeziehung des Patienten in ethische und medizinische Entscheidungen. Ich stelle drei unterschiedliche Checklisten vor.

1. Ein von Pellegrino aufgestellter Fragebogen geht in vier Schritten vor: Im ersten Schritt werden die ethischen und technischen Fakten gemeinsam erhoben sowie Ethik und Technik integrierende Schadens-Nutzenkalkulationen angestellt. Der zweite Schritt setzt sich mit Fragen der Lebensqualität in der Perspektive des Patienten auseinander. Der dritte Schritt versucht angesichts der erhobenen Befunde, die ärztliche Pflicht zu definieren. Ein letzter vierter Schritt hat die Funktion einer Generalprobe zur Erhärtung der Pflichtbestimmung: Die ethischen Prinzipien werden bestimmt und bewertet. Pellegrinos technische und ethische Parameter setzen die klassische ärztliche Tugendlehre voraus, innerhalb deren der konkrete Einzelfall abgewogen wird.

2. Eine andere Checkliste von James Drane (1989) unterscheidet ebenfalls vier Phasen klinischer Urteilsfindung: die Expositionsphase, die

Aufarbeitungsphase, die Abwägungsphase und die Phase der Überprüfung der Entscheidung. In der Expositionsphase werden medizinische, ethische und sozioökonomische Informationen gesammelt. Die zweite Phase gilt der rationalen Aufarbeitung der medizinethischen und medizinischen Kategorien, der benutzten Prinzipien und Maximen sowie der vorkommenden rechtlichen Aspekte des Falls. Die Abwägungs- und Ermessensphase geht den Schritt von den Fakten und der Reflexion zur Entscheidung; in dieser Phase werden Optionen und Prinzipien gegeneinander abgewogen; hier macht Drane das Prinzip der ärztlichen Fürsorge für den Patienten zum entscheidungsleitenden Prinzip. Die vierte Phase wird die öffentliche genannt, weil in ihr die Entscheidungen in ihrer objektivierbaren und in ihrer nichtobjektivierbaren Form überprüft und nachvollziehbar gemacht werden. Drane wendet ein allgemein in der Risikoanalyse und der Technikfolgenabschätzung benutztes methodisches Modell auf die klinische Entscheidungsfindung im Einzelfall an.

3. Das tut auch der Bochumer Arbeitsbogen (1989) für die medizinische Praxis. Im Gegensatz zu den beiden amerikanischen Checklisten trennt dieser aber ausdrücklich zwischen der Erhebung der ethischen und der technischen Fakten und stellt die ethische Diagnose zunächst parallel und unverbunden neben die technische Diagnose. Für die ethische Diagnose wird vor allem die Beachtung der Kriterien Gesundheit und Wohlbefinden, Selbstbestimmung des Patienten und ärztliche Verantwortung gefordert. Von den amerikanischen Positionen unterscheidet sich der Bochumer Arbeitsbogen zusätzlich dadurch, daß er nicht generell die Autonomie des Bürgers auch in seiner Rolle als Patient voraussetzt, sondern zum Gegenstand medizinethischer Diagnose macht. Das hat dem Arbeitsbogen Kritik eingebracht mit dem Hinweis, daß er nicht «fortschrittlich» genug sei und das Prinzip der «Einwilligung nach Aufklärung» nicht unbedingt genug vertrete. Die Forderung nach einer kurzen schriftlichen Zusammenfassung zwingt zu sprachlicher und damit argumentativer Präzision und erfüllt zugleich die Funktion einer Überprüfung der Entscheidungsfindung. In einem dritten Schritt werden dann die Behandlungsoptionen unter technischen wie ethischen Aspekten diskutiert; dabei wird den ethischen Aspekten ein letztes Wort eingeräumt. Optimierung der Entscheidungsfindung durch die Beiziehung von Beratern, wie sie bei technischen Fragestellungen in der Medizin geläufig ist, wird ebenso diskutiert wie die Frage einer Überweisung des Patienten aus technischen oder ethischen Gründen. Ein letzter vierter Schritt gilt der Überprüfung und Erhärtung der Entscheidung sowie der Sicherstellung

ihrer periodischen Überprüfung. Da ethische wie technische Daten sich im Laufe einer Krankheitsgeschichte ändern, sind auch die ethischen Kriterien periodisch oder ad hoc bei Veränderungen von ethischer Relevanz neu zu überprüfen; das Verfahren der einmaligen Beratung von ethischen Problemen (in einer Ethikkommission beispielsweise) läßt sich auf die aktuelle Patientenbetreuung kaum anwenden, weil hier kein einmaliges Plazet gefordert ist, sondern eine ständige Integration der ethischen in die klinische Entscheidung. Auch die abschließende Entscheidung sollte aus den schon erwähnten Gründen schriftlich formulierbar und begründbar sein. Durchgehend verlangt der Arbeitsbogen die Bestätigung, daß die benutzten Begriffe detailliert, klar und präzise sind – eine Forderung, die in der medizinisch-technischen Differentialdiagnose selbstverständlich ist, in der medizinisch-ethischen Diagnose aber oft zu wünschen übrigläßt.

3 Krankheit und Lebensqualität

Krankheit und Gesundheit bezeichnen keine nur biologischen Tatbestände, die sich angemessen in ausschließlich naturwissenschaftlichen Begriffen und diagnostischen Daten ausdrücken lassen. Mitbürger mit hohen Blutfettwerten oder symptomlosen Krebsgeschwüren sind objektiv krank, fühlen sich aber «ganz gesund»; banale Virusinfektionen oder arthritische Erkrankungen verursachen Krankheitsgefühl und Schmerzen, mögen aber von geringerem «Gesundheitsrisiko» sein als Blutfettwerte und entartetes Gewebe.

3.1 Krankheitsbegriff und Gesundheitsverantwortung

Die Unterschiede zwischen Gesundsein und Gesundfühlen, Lebensqualität und Lebenserwartung, Lebenslust und Lebensqual sind nur das alltägliche Gegenstück einer wissenschaftstheoretischen Entwicklung der medizinischen Nosologie, die mit der Verringerung von Unsicherheiten durch das Begriffsraster der *species morbosae* begann, wohl definierter und substantiell verstandener Krankheitsbegriffe bei Sydenham und seinen Nachfolgern sich fortsetzte und die in der Gegenwart in der Auflösung von vermeintlich objektiven Krankheitsbefunden in isolierte Daten

und Zahlen und ihrer differenzierenden technischen Interpretation endet. Diagnosen sind «temporäre, singuläre Aussagen», stellt Wieland
(1975, 171) fest. Der klinische Wahrheitsbegriff entspricht nicht dem
cartesianischen, jedenfalls nicht, ohne daß letzterer eine Veränderung
erfährt. Hatte Descartes formuliert, *illud omne esse verum quod valde
clare et distincte percipio* (1641, Medit. III), so sind die technischen Informationen aus der biomedizinischen Diagnose weder bestimmt noch um-
fassend genug für diesen Wahrheitsbegriff. Die medizinisch-technische
Diagnose bedarf deshalb einer sie ergänzenden medizinisch-ethischen
Diagnose, die technische Daten lebensweltlich, existentiell, patienten-
orientiert umsetzt.

Die partnerschaftlich, vom Bürger in seiner Rolle als Patient teil- oder
vollverantwortlich übernommene Bewertungs- und Entscheidungskom-
petenz für Krankheit und Gesundheit reduziert nicht die theoretischen
und praktischen Risiken des Umgangs mit Krankheitsbegriffen und ihre
existentiellen Konsequenzen für den Bürger oder Patienten bzw. ihre
professionellen Risiken für den heilkundlich Tätigen; aber sie reduziert
Unsicherheiten und Risiken technischer und ethischer Art durch die differenzierende Integration von ethischen Prinzipien in die Transaktionen
und Kommunikationen zwischen dem Experten (Arzt) und dem Laien
(Bürger, Patient).

Gesundheitsrisiken haben entweder natürliche und vom einzelnen
nicht beeinflußbare Ursachen, oder sie sind kulturell bedingt und vom
einzelnen beeinflußbar. Die Fortschritte der naturwissenschaftlich orientierten Medizin in den letzten hundert Jahren haben, vor allem durch die
Verfügbarkeit von Anästhesie und Antibiotika, die Zahl der natürlichen,
vom Menschen nicht beeinflußbaren Krankheitsursachen verringert.
Die weit überwiegende Zahl unserer heutigen Gesundheitsrisiken werden als «Zivilisationskrankheiten» bezeichnet, so die vegetative Dysto-
nie, der Bluthochdruck und der Diabetes. Das stellt die Frage nach den
Ursachen von «Krankheit» in einem unterschiedlichen Licht dar. Individuelles Gesundheitsrisiko und individuelle Gesundheitsverantwortung
gehören zusammen. Bisher haben unsere technisch und zivilisatorisch
weit fortgeschrittenen Gesellschaften die Finanzierung akuter und präventiver Gesundheitsrisiken immer nur unter dem Gesichtspunkt der
solidarischen Versicherung in bezug auf Kosten diskutiert. Neben der
kollektiven Verantwortung für Krankheitskosten und Krankheitsvor-
beugung, zu der wir uns in den meisten Wohlfahrtsstaaten mit weithin
überzeugenden ethischen Argumenten entschlossen haben, wird aber –

nicht primär aus ökonomischen, sondern aus ethischen Gründen – das Prinzip der individuellen Verantwortung für die eigene Gesundheit treten müssen, die andere Seite des Fairneßprinzips, das kollektive Solidarität begründet, aber auch eingrenzt, wo die Nutzen von lebensstilbedingten Gesundheitsrisiken individuell konsumiert, die Kosten aber kollektiv finanziert werden.

Es bieten sich einige Instrumente differenzierender *Ordnungsethik* zur ordnungspolitischen Konfliktreduktion eines ethisch wie ökonomisch überlasteten Gesundheitssystems an, zu denen Gesundheitserziehung und -aufklärung (v. Ferber 1989, 113–134), eine Zweiteilung der Gesundheitsfinanzierung in eine solidarisch verantwortete Basisversicherung und eine individuell verantwortete Zusatzversicherung (Sass 1988b, 93–112), eine Bevorzugung der Prävention vor der Krisenintervention, eine starke Beteiligung des Bürgers / Patienten an individuellen und kollektiven Gesundheitsentscheidungen und schließlich mehr Patientenautonomie auch angesichts der Modalitäten des Sterbens gehören, das – tabuisiert, wie es ist – heute fast ausschließlich in der Klinik rein medizinisch-technisch begleitet wird. Diese Aspekte unterschiedlicher ethisch-technischer Szenarien in der Allokation von solidarisch aufgebrachten Finanzierungsmitteln sprengen aber den Rahmen dieses Beitrags; deshalb soll in diesem Zusammenhang nur auf einige Fragen eingegangen werden, die entscheidungstheoretisch wie existentiell mit der Frage nach dem Unterschied von Krankheit und Gesundheit zusammenhängen. Es geht um die Diskussion über die Lebensqualität.

3.2 Die Diskussion um die Lebensqualität

Medizingeschichtlich und medizinethisch kann man die neuere Diskussion über Kriterien von Lebensqualität als eine Reaktion auf die gewachsenen technischen Möglichkeiten der modernen Medizin verstehen, die Versorgung und Manipulation jenseits der Grenzen dessen erlauben, was der Begriff Lebensqualität zu umreißen sucht. Dabei wird der Ball der Entscheidung aus dem Medizinisch-Technischen zurückgespielt zum Medizinisch-Ethischen: zu den Kriterien des Patienten über Ziel und Inhalt seiner oder ihrer *Selbstbestimmung*, von Lebensstil und Lebensführung, die dann für Prognose und Therapie entscheidungsleitend werden sollen.

Allerdings ist die Diskussion um die Möglichkeit und Zulässigkeit der

Benutzung von Kriterien der Lebensqualität in der Medizin überschattet durch heteronome Bestimmungen für die Lebensqualität anderer, in Deutschland vor allem durch die menschen- und lebensverachtenden Taten und Theorien der nationalsozialistischen Vergangenheit. Deshalb ist die ethische Analyse und Bewertung des Redens von Lebensqualität nicht nur eine medizinische, sondern auch eine politische Herausforderung. Es geht um die vom Patienten, aus der Innensicht des Patienten, formulierten Kriterien der Lebensqualität, die in die Behandlung einfließen müssen. Niemals sollen, wie im Faschismus oder Rassismus oder in totalitären Gesellschaften, Politiker, Ärzte, Bürokraten oder Philosophen über die Qualität des Lebens von Mitmenschen heteronom urteilen oder gar entscheiden dürfen. Wo die Fremdformulierung von Lebensqualität versucht wird, endet das Ethos der Medizin und die mitmenschliche Solidarität. Heteronome Definitionen von Lebensqualität sind demokratisch unakzeptabel; sie wären in der modernen Medizin verheerend.

Entscheidungen über Kriterien der Lebensqualität fallen deshalb auch nur sekundär und stellvertretend in den Bereich der ärztlichen und klinischen Ethik; sie gehören primär in den Bereich der *Patientenethik* und der Verantwortung des Bürgers für seinen Lebensstil und Lebensvollzug, inklusive seiner Verantwortung für die gesundheitlichen Aspekte seines Lebens. Patientenethik und allgemeine Gesundheitsmündigkeit werden jedoch langfristig gefördert durch eine vom Arzt initiierte Integration von Kriterien der Lebensqualität in die – möglichst partnerschaftlichen – Abwägungen über Interventionsoptionen. Leider wird Medizinethik immer noch weitgehend mit medizinischer Berufsethik oder gar Arztethik im engeren Sinn gleichgesetzt; die Diskussion und der Aufbau einer Patientenethik, welche Ausdruck unseres Konzepts vom mündigen, selbstbestimmungsfähigen und gesundheitskompetenten Bürger sein könnte, ist unterentwickelt und wird in Zukunft größere Bedeutung in medizinethischen Forschungen und gesellschaftlichen Diskursen finden müssen.

Die Diskussion von Kriterien der Lebensqualität in der medizinischen Behandlung ist methodisch zunächst eine *hermeneutische* Aufgabe. Es ist festzustellen, was «im besten Interesse» des Patienten ist, nicht nur angesichts der medizinisch-technischen Befunde, sondern in Umsetzung und Anwendung der Vorstellungen des Patienten von Lebensinhalt, Lebensziel, Freude, Leid und Tod. Es geht dabei vorzugsweise um eine partnerschaftlich zu fällende Entscheidung. Chancen und Risiken der Benutzung von Kriterien zur Feststellung von Lebensqualität sind deshalb auch nicht grundsätzlicher oder weltanschaulicher Art – im Gegensatz zur politisierten oder ideologisierten «Lebenswert»-Diskussion –, sondern beschäftigt mit der Entwicklung differenzierender Methoden der Integration von Prinzipien der Selbstbestimmung und der Lebensqualität in die Parameter des technisch Möglichen.

Die in den letzten Jahren sich verstärkende Diskussion um die Methode der Ermittlung von Lebensqualität und die Rolle von Fragebögen und Checklisten in der klinischen Praxis zeigt, in welche Richtung die Forschungen auf dem Gebiet der medizinischen Ethik sich entwickeln werden. Die Einzelprobleme liegen häufig in kommunikativen Schwierigkeiten der inhaltlichen Bestimmung von Werten in einer individualistisch geprägten Gesellschaft und Philosophie, aber auch in der Medikalisierung von Lebensfreude, Ärger und Streß. Das traditionell eher paternalistische Verhältnis des Arztes zum Patienten hat dieser unerwünschten Medikalisierung von lebensweltlichen persönlichen Befindlichkeiten und ihren Änderungen Vorschub geleistet. Ein neues partnerschaftlicheres Verhältnis zwischen Arzt und Patient wird sowohl die Medikalisierung vieler Lebensprobleme reduzieren wie auch den Bürger / Patienten mehr Gesundheitsmündigkeit und Risikokompetenz gewinnen lassen.

Wir können vier unterschiedliche Kriterien bei der auf das Verhältnis von Krankheit und Gesundheit bezogenen Diskussion um die Lebensqualität unterscheiden.

1. Ideologische, kulturell oder subkulturell definierte Qualitätskriterien, die heteronom *für andere* festgelegt werden. In einer sich an der Selbstbestimmung des einzelnen orientierenden Gesellschaft und angesichts der kulturellen und biologischen Unterschiedlichkeiten menschlichen Lebens dürfen keine Qualitätsmerkmale normiert werden, die sich an Rasse, Alter, Gesundheit, Leistungsvermögen, Geschlecht oder Weltanschauung des anderen festmachen; sie führen zum Genozid, zur Diskriminierung oder Ausmerzung von Mitbürgern. Die nationalsozialistische These vom «lebensunwerten Leben», aber auch zeitgenössische soziale, rassistische oder sexistische Vorurteile gehören in diese Kategorie von ethisch, aber auch demokratisch nicht zu rechtfertigenden Kriterien. Jede methodisch saubere und an humanen Werten sich orientierende Hineinnahme von Lebensqualitätskriterien in die medizinische Entscheidung muß sich von solchen Scheinkriterien und Vorurteilen absetzen. Hier liegt auch die argumentative Schwäche der in jüngster Zeit so vehement diskutierten Position von Peter Singer (1984), die mit einem heteronom an den ‹anderen› herangetragenen Begriff von Lebensqualität arbeitet.

2. Das Kriterium der *Unantastbarkeit des menschlichen Lebens* begründet sich auf eine dem Leben zugesprochene Würde oder Heiligkeit an sich, die theologisch oder auch säkular begründet werden kann. Diese These kann sich auf breite kulturelle und religiöse Traditionen stützen. Im Abendland stehen Namen wie Franz von Assisi oder Albert Schweitzer für eine solche, sich an dem Konzept der Mitgeschöpflichkeit orientierende Konzeption; neuere kulturelle Bewegungen im Zusammenhang mit einer Neubewertung der menschlichen Aufgabe der Hege und Pflege der nichtmenschlichen Natur gegenüber finden eine gemeinsame Kommunikationsbasis mit diesen Positionen. Medizinisches Handeln wird von daher mit dem Schutz und der Sicherstellung des Lebens als Ausnahmehandeln nicht nur akzeptiert, sondern generell gefordert. Für die Bearbeitung von speziellen Szenarien beim Behandlungsverzicht oder bei invasiven Therapien ist diese Position allerdings zu generell, um konkrete Direktiven geben zu können. Die Patientenselbstbestimmung, die Erstellung von Wertanamnesen, von Patiententestamenten usw. bieten sich für solche Fälle als bessere Instrumente an, den individuell verantworteten Lebensentwurf auch im klinischen Alltag zu würdigen.

3. Konkretere Hilfestellung für solche Fragen des medizinischen Alltags hat die These vom menschlichen Leben als *rationalem Leben* oder rational mitbestimmtem Leben bereitgestellt. Diese Position basiert auf dem aristotelisch-thomistischen Verständnis des Menschen als eines Animal rationale, eines Ebenbildes Gottes, das durch Sprache und Vernunft ausgezeichnet ist. Wo die Fähigkeit zu Rationalität unwiederbringlich verloren ist, sprechen wir vom «Hirntod»; wo ihre neurologischen Voraussetzungen nicht vorhanden sind wie beim Anenzephalen, unternehmen wir entweder keine heroischen oder überhaupt keine Maßnahmen zur Verlängerung des Lebens. Die Diskussionen über das Recht oder die Pflicht der Einstellung von lebenserhaltenden Maßnahmen bei Langzeitkomatösen machen deutlich, wie sehr wir andererseits ethisch damit ringen, die philosophische These vom *zoon logon echon* in die klinische Praxis umzusetzen. Insgesamt fußen aber die Grenzüberlegungen zur Lebensqualität des Patienten auf der von der humanistischen wie der christlichen Tradition abgedeckten These, daß Bewußtsein, Vernünftigkeit, Verantwortlichkeit die Bedingung der Möglichkeit menschlichen Lebens und seiner autonom bestimmten Qualität sind. Eingeschränkte rationale Möglichkeiten erlauben aber in keinem Fall den Ausschluß des geistig Behinderten aus der mitmenschlichen Gemeinschaft und Solidarität. Eingeschränkte Vernunftfähigkeit oder Unvernünftigkeit spielen

eine wichtige Rolle bei der Ausmessung des Verantwortungsraums für den Arzt oder das Team, wenn es um die Frage der Berechtigung stellvertretender Entscheidungen «im Interesse des Patienten» geht. Dies sind Szenarien, in denen die heteronome Entscheidung gefordert ist und ein Subjekt stellvertretender Entscheidung – Familienangehörige, Freunde, der Arzt, der Pfleger, das Gericht, der Anwalt – gefunden werden muß; die Bestellung und Akzeptanz des Subjekts stellvertretender Entscheidung ist selbst nicht nur generell, sondern in jedem Einzelfall ein nicht zu unterschätzendes ethisches Problem.

4. Von dem sich an der rationalen Fähigkeit orientierenden Kriterium der Lebensqualität unterscheidet sich das von dem katholischen Moraltheologen Richard McCormick (1978) formulierte Kriterium der *Kommunikationsfähigkeit* als Bedingung der Möglichkeit menschlichen, das heißt mitmenschlichen Lebens. Es orientiert sich an der Dialogizität des Menschen, seiner Kommunikation mit dem Schöpfergott, von der die Dialogizität mit dem anderen menschlichen Individuum in der Rolle des Mitmenschen abgeleitet wird, ist aber auch außerchristlich durch Positionen der Ich-Du-Anthropologie von Ludwig Feuerbach oder Martin Buber oder von zeitgenössischen phänomenologischen Positionen her begründbar. Diese Position schließt das ethische Risiko, eingeschränkte rationale Fähigkeiten mit einem Verlust von Lebensqualität gleichzusetzen, von vornherein aus. Sensuale und mitmenschliche Kommunikation ist auch möglich ohne die den meisten von uns normalerweise zur Verfügung stehenden rationalen Fähigkeiten.

3.3 Methoden der Lebensqualitätsbestimmung

Wenn wir von den ideologischen Einschränkungen der Verweigerung von Lebensrechten, begründet auf kulturelle oder rassistische oder andere Fremdbestimmungen von Lebensqualität, absehen, dann ist die Integration von Überlegungen zur Qualität des Lebens in klinische Entscheidungen nicht nur akzeptabel, sondern ethisch und medizinisch indiziert. In der klinischen Praxis können wir drei *Methoden* der Feststellung von Lebensqualitätskriterien unterscheiden: durch den Arzt, durch den Patienten, durch Arzt und Patient gemeinsam. Dabei ist die letztgenannte Methode die ethisch und medizinisch optimale. Leider hat sich bisher zumeist die Diskussion um Kriterien der Meßbarkeit von Lebensqualität vorwiegend auf Methoden konzentriert, die vom Arzt oder Team am Patienten durchgeführt werden. Alle Ergebnisse solcher Messungen sind prospektiv und bedürfen einer methodisch verantwortlich reflektierten Kommunikation und Interpretation. Die heute angewandten Methoden reichen von der Karnofsky Performance Scala (Karnofsky 1949) bis zu vom Arzt zu interpretierenden Patientenfragebögen (Priestman 1976; Spitzer 1981) und repräsentieren das Modell der klassischen hippokratischen paternalistischen Medizin. Für die anderen skizzierten Modelle sind nicht nur Kriterientafeln, sondern vor allem Methoden der rationalen und präzisen Erhebung von Kriterien erst noch zu entwickeln.

Die *Karnofsky-Leistungstafeln* stellen einen Versuch dar, qualitative Aspekte des Lebens objektiv in die Überlegungen von Therapiealternativen oder Behandlungsverzicht einfließen zu lassen (1949, 10). Leider werden sie aber oft als direkter Maßstab für Lebensqualität mißverstanden. Die notwendige Übersetzungsleistung einer patientenorientierten Differentialethik bleibt aus. Der Wert, den die Beweglichkeit ohne Rollstuhl für einen älteren Patienten mit Herzschwäche und Lungenemphysem hat, ist bei Entscheidungen für oder gegen eine Hüftgelenkoperation nicht objektivierbar; ebenso nicht die emotionale Wirkung von Totalresektion beim Mammakarzinom oder die individuell unterschiedliche Beeinträchtigung von Lebensqualität bei nebenwirkungsreichen Behandlungen wie der Chemotherapie.

Die von Priestman und anderen entwickelten *LASA-Fragebögen* (Linear analogue self-assessment) zur Erhebung von Lebensqualitätsaspekten durch den Patienten geben diesem die Chance, selbst die Grade der Beeinträchtigung der vorgegebenen Kriterien von Lebensqualität zu beschreiben; die Interpretation dieser Selbstbewertung liegt jedoch wie bei Karnofsky wieder beim Arzt oder beim behandelnden Team. Die methodische Problematik dieser Kriterienkataloge liegt darin, daß sie objektive Kriterien für den Einzelfall ausmessen, ohne auf die besonderen Prioritäten des Einzelfalls eingehen zu können. Methoden zur Erhebung von Kriterien der Lebensqualität sind differentialethisch nur akzeptabel, wenn sie dem Patienten einen aktiven Input in die Behandlungsentscheidungen erlauben. Bei der stellvertretenden Entscheidung dürfen deshalb Kriterien der Lebensqualität nicht ohne zusätzliche autorisierende Hilfsmittel benutzt werden. Insgesamt ist aber ihre Anwendung trotz der methodischen Probleme, die sie aufwerfen, ethisch jeder nur technisch vorgehenden Medizin vorzuziehen, die sich an substantiellen Krankheitsbegriffen und bloßen Daten orientiert.

Neben diesen vom Arzt entworfenen und vom Arzt zu bewertenden

Tafeln und Fragebögen stehen die verschiedenen, teils mehr oder weniger formalisierten Kriterienlisten, die Teile von sogenannten *Patiententestamenten* sind. Sie sind hilfreich, insofern sie Richtungen angeben, in die der Patient bei schwerwiegenden Güterabwägungen vermutlich tendieren würde. Sie sind aber problematisch, weil sie ebenso inflexibel wie die schon erwähnten Kriterientafeln sind. Sie bringen sogar zusätzliche Risiken mit sich, weil sie nicht in der konkreten Situation, sondern antizipativ entworfen und daher nur mit großen prognostischen Unsicherheiten in die aktuelle Situation übersetzbar sind. Deshalb werden sie auch nur dort hilfsweise herangezogen, wo der Patient in der aktuellen Situation nicht befragt werden kann. Ebenso begrenzt sind stellvertretende Entscheidungen von Ethikkommissionen oder Entscheidungshilfen von Familienmitgliedern. Die ausdrückliche Bestellung eines Beauftragten für stellvertretende Entscheidung hat gegenüber Patiententestamenten ethische Vorteile, bringt aber wieder andere ethische Risiken in das Szenarium.

Für Interventionsentscheidungen bei ungeborenem, unmündigem, komatösem oder schwer dementem menschlichem Leben können Kriterien der Lebensqualität nicht angewendet werden, weil sie nicht an der Zustimmungs- und Diskursfähigkeit des Betroffenen abgesichert werden können; Versuche, es dennoch zu tun (Singer 1984), sind wenig überzeugend.

Kriterien der Lebensqualität spielen auch eine Rolle bei der *Allokation* von Mitteln im Gesundheitssystem. Die für die Bewertung von Lebensqualität bei Schwerstbehinderten vorgeschlagene Formel (Shaw 1988) lautet $QL = NEx(H + S)$: Lebensqualität wird definiert als ein Mehrfaches der natürlichen Veranlagung multipliziert mit der Summe aus häuslicher und gesellschaftlicher Zuwendung. Geringe biologische Voraussetzungen können durch familiäre oder gesellschaftliche Zuwendung in höhere Formen von Lebensqualität transformiert werden; bei geringen familiären oder / und gesellschaftlichen Optimierungs- und Zuwendungsressourcen dagegen kann die Lebensqualität auf Null zurückgeführt werden. Die für die Allokationsentscheidungen im öffentlichen Gesundheitssystem vorgeschlagene und in England angewandte Formel QALY (lebensqualitätadjustierte Lebensjahre) beschreibt, wie mit einer fixen Summe bei unterschiedlicher Allokation unterschiedliche quantitative Resultate bei der Lebenserwartungsstatistik sich ergeben, bereinigt durch das Kriterium der Lebensqualität, das zum Beispiel die Nierendialyse bei über 56 Jahre alten Patienten mit einem relativ niedrigen QALY-Wert belegen würde.

Positiv zu unterstreichen ist der Versuch solcher Formeln, bei unangenehmen gesellschaftlichen und gesundheitspolitischen Entscheidungen nicht nur technisch, sondern auch qualitativ zu argumentieren. Unzulänglich bleibt aber medizinisch wie auch ethisch der Versuch, in einer pluralistischen Gesellschaft obrigkeitlich Qualitätskriterien von Leben für die Allokation knapper Ressourcen einzusetzen. Deshalb ist auch ordnungspolitisch die Benutzung von QALY-Werten zur Selektion von Patientengruppen bedenklich, weil die Gerechtigkeitsprinzipien, die als Instrumente in der Anwendung austeilender Gerechtigkeit dienen, heteronom festgelegt worden sind. Ordnungsethisch und ordnungspolitisch akzeptabler wäre die Wahlmöglichkeit des Bürgers / Patienten zwischen verschiedenen Schemata der Versorgung, auch eine Zweiteilung des Systems der Krankenversicherung in eine obligatorische Basisversicherung und eine freiwillige, lebensstil- und lebensqualitätsbezogene Zusatzversicherung (Sass 1988 b). Krankheits- oder symptomspezifische Prioritätensetzung sind gegenüber einer alters-, rassen- oder schichtenspezifischen Prioritätensetzung bei der Zuteilung knapper Ressourcen nicht nur von höherem ethischen Wert, weil sie verbreitete alters-, schichten- oder rassenspezifische Diskriminierungen vermeiden, sondern auch, weil sie in offenen Gesellschaften diskurs- und konsensfähig gemacht werden können.

4 Arzt und Patient

Der Arzt steht im Spannungsfeld «zwischen Technik und Humanität» (Rössler 1977), und dieses Spannungsverhältnis, das nach einer differenzierenden Integration verlangt, bestimmt auch die *Interaktion* zwischen Arzt und Patient. Das Verhältnis zwischen Arzt und Patient ist eben nicht nur eines zwischen Anbieter und Nachfrager technischer Dienste. Mehr als in anderen Dienstleistungsberufen spielen nichttechnische Aspekte – die Tugenden des Arztes und des Patienten, die Prinzipien der medizinischen Ethik, die Kriterien der Qualität des Lebens – eine entscheidende Rolle für Experten und Klienten.

4.1 Die Grundsituation

Pellegrino und Thomasma (Pellegrino 1981, 207–220) beschreiben die Grundsituation des Arzt-Patient-Verhältnisses im Spannungsverhältnis zwischen Krankheit, ärztlicher Berufung und medizinischer Intervention. Der Bürger wird zum Patienten, wenn die Krankheit sich zwischen ihn und seinen Körper stellt, wenn «dieser Angriff auf die ontologische Einheit von Körper und Selbst das Bild zerstört, das wir über die Jahre von uns aufgebaut haben... Wenn ein Mensch krank wird, wird er sehr verletzlich; er verliert seine gewohnten Freiheiten, den Körper für Zwecke jenseits seines Körpers zu benutzen, eigene Entscheidungen zu fällen, für sich selbst zu handeln, Handlungen anderer anzunehmen oder abzuweisen. Wer krank ist, fühlt eine Wunde in seinem Menschsein, eine Wunde, die ihn daran hindert, mit seiner menschlichen Verletzlichkeit umzugehen» (208). Der Kranke kann sich nicht selbst helfen und ist auf die Hilfe des Experten angewiesen; der Angriff der Krankheit auf die Einheit von Körper und Selbst macht aber diese Beziehung zwischen Laie und Experte unterscheidbar von der in anderen Dienstleistungen. Die ärztliche Berufung «ist ein Versprechen einer anderen Person gegenüber, die in Not und daher existentiell verwundbar ist. Dieses Verhältnis zwischen dem Experten und dem, dem er dient, ist durch ein Ungleichgewicht charakterisiert, in dem der Experte das Übergewicht hält».

Aus diesem Ungleichgewicht ergibt sich das besondere Szenarium zwischenArzt und Patient in der *medizinischen Intervention*. Das Ungleichgewicht muß durch Information und durch die Etablierung eines Vertrauensverhältnisses zwischen Arzt und Patient so weit wie möglich abgebaut werden. Das Ethos des klinischen Urteils geht weit über die technischen und wissenschaftlichen Fertigkeiten des Experten hinaus (216). Für den Arzt gibt es deshalb drei Tugendforderungen: (1) technische Kompetenz; (2) Respekt vor dem Patienten als einem ethischen Gegenüber; (3) Beachtung der individualisierten Natur der Interaktion zwischen Patient und Arzt. Diesen Tugenden des Arztes (Arztethik) stehen aber Forderungen an die Tugenden des Patienten (Patientenethik) gegenüber: Vertrauen in den Fachmann; Respekt vor dem Arzt als einem ethisch handelnden Wesen; Offenheit über die Krankheit; Einsicht in die Grenzen der Medizin; teilweise Verpflichtung zur Teilnahme auch an der medizinischen Forschung (220). Die Interpretation dieser Grundsituation zwischen Arzt und Patient wird von Pellegrino und Thomasma dazu benutzt, eine *Tugendlehre* für die Beteiligten zu entwickeln. Dieses Verfahren entspricht alter hippokratischer Tradition; formal setzt es sich um in Tugendkataloge oder in Regelwerke, für die der Hippokratische Eid, die verschiedenen Eidesformeln nationaler Ärzteverbände oder des Weltärztebundes oder auch der von Pellegrino entworfene Nachhippokratische Eid (Sass 1989, 356–358) Beispiele sind. Man hat aber eingewandt, daß die Grundsituation der medizinischen Interaktion in einer pluralistischen Gesellschaft nicht mehr selbstverständlich auf einer Tugendlehre aufgebaut werden kann.

Zwei andere Modelle sind als methodische Alternative zur fachspezifischen Tugendlehre vorgeschlagen worden, das des Vertrags, der die besonderen Bedingungen der Verletzlichkeit und Hilfsbedürftigkeit berücksichtigt (Veatch 1981, 327–330, abgedruckt in Sass 1989, 358–362), und das einer auch in einer pluralistischen Gesellschaft konsensfähigen *Prinzipienlehre* spezieller ethischer Prinzipien für die medizinische Interaktion (Beauchamp/Childress 1989). Die vier tragenden Prinzipien, die im «Vertrag» vorkommen und die utilitaristisch begründet werden können, die sich aber auch aus der Tradition des medizinischen Ethos und der lebensweltlichen Erwartungshaltung des Bürgers/Patienten ergeben, sind: (1) das Prinzip der Autonomie des Patienten; (2) das Prinzip des Nichtschadens (*nil nocere*); (3) das Prinzip der Benefizienz (*bonum facere*); (4) das Prinzip der Gerechtigkeit. Als ein fünftes Prinzip ließe sich das der Verhältnismäßigkeit (Proportionalität) hinzufügen. Die Vertreter der Ethik als Prinzipienlehre erkennen an, daß Ideale und Tugenden die Anwendung und Durchsetzung der von ihnen aufgestellten vier bioethischen Prinzipien stabilisieren können, wollen aber ethisches Handeln eher auf diese diskurs- und konsensfähigen Prinzipien denn auf Charakterhaltungen, Tugendlehren und individuelle Wertbilder stützen. Für Beauchamp und Childress sind die mittleren berufsspezifischen «Prinzipien der Bioethik», so der Titel ihres Buches, auch in multikulturellen Gesellschaften eine konsensfähige Basis für die Interaktion zwischen Patient und heilberuflich Tätigem.

Im klinischen Alltag dürfte beides, Prinzipien und Tugenden, unverzichtbar sein. Wolff beschreibt in einem klassisch gewordenen Beitrag zu dieser Kontroverse, aus dem Schatz jahrzehntelanger klinischer Erfahrung schöpfend, sowohl Tugenden wie auch Entscheidungsprinzipien. Zu den Tugendpflichten rechnet er Verantwortungsbereitschaft, Verschwiegenheit und Wahrhaftigkeit (Wolff 1989, 193–197). Die Umsetzung dieser Tugenden in den klinischen Alltag wird durch «Prinzipien ärztlicher Entscheidung» geleistet, als welche Wolff Fürsorge,

Selbstbestimmung sowie Gerechtigkeit und soziale Verträglichkeit benennt (197–204). Das Prinzip der Fürsorge, das bei Beauchamp und Childress von dem Autonomieprinzip in den Hintergrund gedrängt wird, bei Pellegrino aber als Tugend eine zentrale Rolle spielt, wird von Wolff vor dem Prinzip der Autonomie des Patienten als entscheidungsleitend bestimmt – ein wichtiger Unterschied, der unterschiedliche Positionen der europäischen und der nordamerikanischen Ethik in der Medizin markiert. Das von mir erwähnte Prinzip der *Proportionalität* läßt sich benutzen, die einzelnen medizinethischen Prinzipien gegeneinander abzuwägen, aber auch die unterschiedliche Gewichtung der technischen und der nichttechnischen (ethischen) Aspekte eines Falls; schließlich ebenfalls die Gewichtung der Anwendung entweder der Prinzipien oder der Tugenden, entsprechend der Akzeptanz von Tugenden und historisch gewachsenem Ethos innerhalb eines Dienstleistungsberufs und im gesellschaftlichen Umfeld, bei den Klienten / Patienten im besonderen.

4.2 Ärztliche Rollen

Zu den Differenzierungen, die bei ethischen Entscheidungen in der Medizin zu berücksichtigen sind, gehört die unterschiedliche Rolle von heilberuflich Tätigen, die organisatorische Verfaßtheit neuzeitlicher Medizin, die verschiedenen Formen ihrer Finanzierung, die fachärztliche Schwerpunktsetzung und schließlich die Individualität jedes einzelnen Falls. Die Analyse unterschiedlicher Rollen des Arztes sowie typischer Szenarien im Arzt-Patient-Verhältnis erlaubt eine gute und differenzierende Allokation sowohl technischer wie ethischer Prinzipien und schließt die Diskussion von Tugenden und traditionellem Ethos nicht aus. Empirisch lassen sich fünf unterschiedliche Rollen des Arztes beschreiben: der Arzt als Partner, der Arzt in der klassischen Rolle des hippokratischen Helfers, der Arzt als Vertragspartei, der Arzt als Forscher, der Arzt als Funktionsträger der organisierten Medizin. Die Rollen können sich mischen, sind aber unterschiedlich.

1. Das Modell der *Partnerschaft* in der Entscheidungsfindung und dem Management der Behandlung ist das der modernen Medizin am angemessenste. Für lebensstilrelevante oder chronische Gesundheitsrisiken ist es das allein zweckmäßige, weil es dem Patienten die notwendige Teilverantwortung für Gesundheit und Lebensqualität auferlegt; der Arzt ist mehr als bloß Berater, er ist Partner und Experte zugleich

und hilft dem Patienten, die Therapieentscheidungen mitzutragen und mitzuverantworten.

2. Das *hippokratische Modell* bezieht sich auf die «anthropologische Situation von Not und Hilfe» (Wolff 1989, 206). Es ist für den Arzt durch Autorität und die Tugend voller Verantwortung und für den Patienten durch Abhängigkeit und die Tugend der Kompliance beschreibbar; wir finden es vor, wenn beim Patienten eine zeitweise oder grundsätzlich eingeschränkte Fähigkeit zur partnerschaftlichen oder selbständigen Entscheidung besteht. Alle klassischen Prinzipien der hippokratischen Tugendlehre behalten in diesem Modell ihre Funktion.

3. Das *Vertragsmodell* kommt überall dort zum Tragen, wo ausschließlich die technische Expertise des Arztes gefragt ist, in der Labormedizin und gewissen Formen der Diagnostik und Chirurgie. Gesundheitsberatung und -information gehören neben der Präzision der zu erbringenden Leistung zu den ethischen Pflichten des Arztes als Vertragspartner; das weite Feld der Prävention und Gesundheitserziehung ist mit reicherem ethischen und medizinischen Gewinn aber wohl eher im Partnermodell als im Vertragsmodell anzusiedeln.

4. In der *medizinischen Forschung* steht der forschende Arzt in der besonderen Situation, zwischen dem besten Interesse des Patienten und den Interessen des medizinischen Fortschritts abwägen und unter hohen Graden von Unsicherheit und Risiko arbeiten zu müssen; das verlangt eine besondere Mischung partnerschaftlicher und paternalistischer Verantwortung und Risikoabwägungskompetenz.

5. Im *staatlich organisierten Gesundheitswesen* steht der Arzt als Funktionsträger innerhalb eines Systems organisierter Medizin in Verantwortungsverhältnissen dem Team, der Institution, dem Fachverband, der Versicherung und den staatlichen Verordnungen und Gesetzen gegenüber. Er kann seine Arbeit ohne dieses Netz von Unterstützungen nicht so tun, wie er es tut. Andererseits tendieren Institutionen medizinischer Versorgung wie alle Institutionen dahin, Handlungsrollen und Entscheidungsmodelle zu standardisieren und persönliche Verantwortung und Zuwendung durch institutionell vorgegebene Rollen oder Krankheitsbegriffe oder Behandlungsmuster zu ersetzen.

4.3 Szenarien der Interaktion

Die Unterschiedlichkeit der Behandlungssituation mischt sich mit den unterschiedlichen Rollen des Patienten und des Arztes. Ich unterscheide fünf unterschiedliche Szenarien der Interaktion zwischen Patient und Arzt.

Die *akute* Situation ist gekennzeichnet durch den unerwarteten Handlungs- und Entscheidungszwang, die Bedrohlichkeit der Gefahr und die Unsicherheit der Heilungsaussichten. Die *präventive* Situation erlaubt ausführlichere Güterabwägungen in bezug auf Lebensstil, Gesundheitsrisiken oder spezielle Probleme wie Konzeption, Kontrazeption oder geriatrische Prävention. Die *chronische* Situation ererbter oder erworbener, auch degenerierender körperlicher oder geistiger Behinderungen stößt oft an technische oder ökonomische Grenzen der Behandlung. Das ist noch radikaler der Fall bei akuten unheilbaren oder weit fortgeschrittenen unumkehrbaren degenerativen *Erkrankungen mit infauster Prognose*; Fragen des Behandlungsverzichts oder des Verzichts auf bestimmte Formen der Intervention sowie Entscheidungen aggressiver Palliativmedizin werden hier akut. Schließlich gibt es das besondere Szenarium der Behandlungsunwilligkeit des Patienten oder des *Konflikts* zwischen ärztlicher Verantwortung und Selbstbestimmung des Patienten. Beispiele würden deutlich machen, wie verschieden ethische Entscheidungen bei gleichen Krankheitsbildern und unterschiedlichen Szenarien ausfallen. Die Analyse und Feststellung des Subjekts der Handlung und Entscheidung gehört zentral zu den differenzierenden Entscheidungen einer guten Ethik in der Medizin.

Literatur

Aiken, Henry D.: Reason and Conduct. New York 1962.
Beauchamp, Tom L./Childress, James F.: Principles of Biomedical Ethics. 3. Aufl. New York 1989.
Bochumer Arbeitsbogen zur medizinethischen Praxis. In: Hans-Martin Sass (Hrsg.), Medizin und Ethik. Stuttgart 1989, 371–375.
Drane, James F.: Methoden klinischer Ethik. Zentrum für Medizinische Ethik. Bochum 1989 (Medizinethische Materialien Nr. 51).

Engelhardt, H. Tristram: The foundations of bioethics. Oxford/New York 1986.

Ferber, Christian v.: Gesundheitsverantwortung und Gesundheitsfinanzierung. In: Hans-Martin Sass (Hrsg.), Ethik und öffentliches Gesundheitssystem. Heidelberg 1989, 113–134.

Fletcher, John C.: Basic clinical ethics. An ethical workup. Univ. of Virginia Health Science Center (Ethics Consultation Service). Charlottsville 1990.

Jonson, Albert R. / Toulmin, Stephen: The abuse of casuistry. Berkeley 1988.

Karnofsky, D. / Burchenal, J. H.: Clinical Evaluation of chemotherapeutic agents in cancer. In: Evaluation of Chemotherapy. Ed. C. M. McLeod. New York 1949, 190–205.

Pellegrino, Edmund D. / Thomasma, D. C.: A philosophical basis of medical practice. New York 1981.

Priestman, T. J. / Baum, M.: Evaluation of quality of life in patients receiving treatment for advanced breast cancer. In: Lancet I (1976), 899–901.

Rössler, Dietrich: Der Arzt zwischen Technik und Humanität. München 1977.

Sass, Hans-Martin: Medizinethik in den USA. In: Münchener Medizinische Wochenschrift 127 (1985), 799–801.

Ders.: Bioethik in den USA. Heidelberg 1988a.

Ders. (Hrsg.): Ethik und öffentliches Gesundheitswesen. Heidelberg 1988b, 94–112.

Ders. (Hrsg.): Medizin und Ethik. Stuttgart 1989.

Ders. (Hrsg.): Genomanalyse und Gentherapie. Ethische Herausforderungen in der Humanmedizin. Heidelberg 1991.

Ders. / Viefhues, Herbert (Hrsg.): Güterabwägung und Medizin: Ethische und technische Probleme. Heidelberg 1991.

Shaw, Anthony: «QL revisited». In: The Hastings Center Report Vol. 18/2 (1988), 10–122.

Singer, Peter: Praktische Ethik. Stuttgart 1984.

Spitzer, W. D. et al.: Measuring the quality of life of cancer patients. In: Journal of Chronic Disease Vol. 34 (1981), 585–597.

Veatch, Robert M.: A theory of medical ethics. New York 1981.

Viefhues, Herbert: «Medizinische Ethik in einer offenen Gesellschaft». In: Hans-Martin Sass (Hrsg.), Medizin und Ethik. Stuttgart 1989, 17–39.

Wieland, Wolfgang: Strukturtypen ärztlichen Handelns. In: Hans-Martin Sass (Hrsg.), Medizin und Ethik. Stuttgart 1989, 69–95.

Wolff, Hanns Peter: Arzt und Patient. In: Hans-Martin Sass (Hrsg.), Medizin und Ethik. Stuttgart 1989, 184–211.

Jean-Claude Wolf

Sterben, Tod und Tötung

0 Gründe gegen das Töten

Selbst wenn wir bezweifeln, ob ethisches Wissen im strikten Sinne möglich ist – bereits Aristoteles hat die Wissensansprüche im Bereich der Praxis eingeschränkt –, können wir doch versuchen, jene Gründe zu explizieren, welche *prima facie* gegen die Tötung einer Person (und für die Zuschreibung eines Lebensrechts) sprechen. Unter diesen Gründen dürften die vier folgenden am wichtigsten sein:

1. Der Wert menschlichen Lebens spricht gegen die Vernichtung von Personen. Wenn das Am-Leben-Sein ein Wert ist, dann besteht ein Grund gegen die Vernichtung von Personen und Protopersonen. Obwohl wir intuitiv davon ausgehen, daß der Vitalwert Leben an sich gut ist (auch wenn wir das vielleicht nicht angemessen begründen können), müssen wir zugeben, daß dieser Wert nicht der einzige Wert, nicht einmal der einzige Vitalwert ist. Andere Vitalwerte wie Gesundheit und Lebensfreude sind zwar nicht so fundamental – Am-Leben-Sein ist die *conditio sine qua non* der anderen (Vital-)Werte –, doch sie sind auch wichtig, vielleicht sogar wichtiger für die Ermöglichung eines sinnvollen personalen Lebens. Die Präferenz für ein kurzes, aber intensives Leben oder die Präferenz für ein vergleichsweise kürzeres, aber schmerzfreies Leben sind nicht *per se* irrational. Es besteht mit anderen Worten die Möglichkeit des Konflikts zwischen diesen Werten, und es scheint keine vorgegebene oder begründbare Prioritätsordnung dieser Werte zu geben. Eine Person kann intensive Lebensfreude viel höher bewerten als Lebensdauer oder Gesundheit. Am-Leben-Sein ist weder der einzige noch der höchste Wert. Damit rückt zum Beispiel die Tötung eines schwerstbehinderten neugeborenen Kindes zumindest in den Bereich des Diskutablen. Ein solcher Abwägungsvorgang ist insofern keineswegs die Frucht einer lebensverneinenden Haltung, sondern Ausdruck des Konkurrenzverhältnisses verschiedener, allgemein akzeptierter (Vital-)Werte.

2. Die Fähigkeit zur Lebensfreude spricht gegen die Vernichtung von (Proto-)Personen. Wer glücksfähige Wesen tötet, beraubt sie um ihr *praemium vitae.* Der hedonistische Utilitarismus geht davon aus, daß die Maximierung von Lust bzw. Lebensfreude das oberste Ziel ist. Aus dieser Sicht könnten einige Fälle von Abtreibung und Kindstötung legitimiert werden, wenn die Ankunft eines Kindes die Mutter unglücklich macht, vor allem wenn das Kind selbst (aufgrund einer sehr schweren Behinderung) von jeglicher Lebensfreude ausgeschlossen ist.

3. Das Interesse, selber zu entscheiden, verdient moralische Beachtung. In einer Kantianischen Tradition der Moralphilosophie sprechen wir auch vom Prinzip des Respekts vor der Autonomie. Wenn eine Person – und nur Personen können per definitionem selber entscheiden – am Leben sein will, dann hat sie auch ein Recht dazu. Diese Art von Begründung des Tötungsverbots läßt sich auf Föten und Neugeborene nicht anwenden, während sie die freiwillige Selbsttötung legitimiert und den Ausnahmecharakter der Selbsttötung (sowie aller anderen Selbst-

schädigungen) hervorhebt. Die Tötung eines neugeborenen Kindes mag zwar moralisch falsch sein, doch sie stellt keine Verletzung eines bewußten Lebenswunsches des Säuglings dar. Die Mißachtung des Wunsches von Eltern eines mißgebildeten Neugeborenen, ihr Kind nicht am Leben zu erhalten, stellt dagegen eine krasse Verletzung der Interessen dieser Eltern dar. Ein Suizid führt zwar zur Verletzung des Vitalwerts des Am-Leben-Seins und überdies vielleicht zur Schädigung anderer; doch er verstößt nicht gegen ein Recht auf Selbstbestimmung – sofern man annehmen darf, daß niemand seine eigenen Rechte verletzen kann.

4. Ein weiterer Grund soll an dieser Stelle erwähnt werden: Tötung ist deshalb moralisch verwerflich, weil der Tod ein Übel besonderer Art ist. Der Tod ist insofern ein Übel, als er dem Leben ein Ende setzt. Sollte nach dem Tod ein anderes und besseres Leben beginnen, so wäre der Tod entweder gar kein Übel oder jedenfalls kein unersetzbarer Verlust. (Wäre der Tod das Tor zur Hölle, dann wäre er natürlich auf ganz andere Weise schrecklich.) Wenn wir aber annehmen, daß das individuelle Leben mit dem Tod unwiderruflich zu Ende ist, so ist der Tod ein nicht-kompensierbares Übel. Dieser Grund wirft somit auch einen Schatten auf die Legitimation der Todesstrafe.

Vitalwert des Lebens (praemium vitae), Recht auf Selbstbestimmung und Unwiderruflichkeit des Todes sind also die wichtigsten Gründe, die gegen die Tötung von Personen sprechen. Während sich der Standardfall des Tötungsverbots – das Verbot der Fremdtötung nichtaggressiver Personen – problemlos normieren läßt, verwickeln uns zahlreiche Grenzfälle in eine komplexe Kasuistik. Das Töten aus Notwehr und das Töten von Tieren gehören zu den Fällen, die bereits in der frühen christlichen Tradition als qualifizierte Ausnahmen vom generellen Tötungsverbot verbucht wurden. Neuere Diskussionen haben gezeigt, daß es weder selbstverständlich noch trivial ist, selbst diese Ausnahmen rational zu begründen. Das gilt insbesondere für das Töten von Wesen, die nicht zu unserer Spezies gehören. Hinter dem Appell an den Wert des Lebens steckt nämlich zumeist eine stillschweigende Privilegierung unserer eigenen Spezies. Die traditionelle Begründung dieser Sonderstellung ist alles andere als durchsichtig; sie beruht u. a. auf der Annahme, der Mensch sei innerhalb der Schöpfung in eminenter Weise Ebenbild Gottes. Seit dem Geltungsschwund religiöser Weltbilder und religiöser Begründungen der Moral wurde das Bewußtsein für die sog. menschlichen Grenzfälle (Föten, behinderte Säuglinge, Komapatienten etc.), aber auch für die uns in mancher Hinsicht verwandten Wirbeltiere und höher entwickelten Säugetiere geschärft. Das Vertrauen in überlieferte Intuitionen hat nachgelassen. Der exklusive Lebensschutz für die *menschliche* Leibesfrucht und der minimale Lebensschutz für Tiere bilden eine erklärungsbedürftige Asymmetrie. Eine unvoreingenommene und konsistente Anwendung der bisher genannten Gründe vermag diese Asymmetrie nicht zu rechtfertigen. Die einzige aufrichtige Strategie besteht darin, daß wir explizit ein Speziesprinzip postulieren, das menschlichem gegenüber nicht-menschlichem Leben unter allen Umständen Priorität zubilligt (Devine 1978, 51–57). Ob diese Strategie auch vernünftig ist, ob sie nämlich das Odium des ‹Spezieschauvinismus› vermeiden kann, bleibt zweifelhaft.

Die bisher genannten Gründe gegen die Tötung waren *direkte* – sie beziehen sich auf den Wert, die Erlebnisse oder den Willen des potentiellen Opfers bzw. die Unersetzbarkeit seines Verlustes. Neben diesen Gründen gibt es jedoch zahlreiche *indirekte* Gründe für die generelle Beachtung eines Tötungsverbots. Sie tragen den Wirkungen der Tötung auf Drittpersonen oder den Nebenwirkungen für das Opfer Rechnung. Eine Tötung, die Drittpersonen in Angst und Schrecken versetzt oder das Gefühl der Sicherheit in einer Gesellschaft vermindert, ist aus indirekten Gründen schlimmer als die heimliche Tötung einer Person ohne Angehörige, die ihren Tod betrauern könnten. Die qualvolle Tötung eines Menschen (oder eines Tiers) ist schlimmer als die rasche und schmerzlose Tötung, welche dem Opfer weder Angst und Schrecken noch körperliche Leiden verursacht. Indirekte Gründe sind nicht etwa unwichtige Gründe. Ganz im Gegenteil: In manchen Fällen sind sie die stärkeren, in anderen sogar die einzig relevanten Gründe.

Der wichtigste indirekte Grund ist die Garantie elementarer Sicherheit. Daß die gesellschaftliche Moral und die Gesetze u. a. die Funktion haben, das menschliche Zusammenleben zu erleichtern und den ‹Naturzustand› einer permanenten Bedrohung aller durch alle in einen ‹bürgerlichen Zustand› zu transformieren, wird weitgehend anerkannt. So wichtig dieser Grund ist, sowenig vermag er angemessen das Unrecht zu begründen, das darin besteht, zum Beispiel eine verhaßte, aber machtlose Minderheit heimlich zu beseitigen, Neugeborene grundlos oder Leute auf Verlangen zu töten. Deshalb sind direkte Gründe zwar nicht immer die einzigen oder wichtigsten, aber meist die einzig adäquaten Gründe gegen das Töten von Personen (Devine 1978; Glover 1977; Leist 1989; Singer 1984).

1 Suizid

1.1 Religiöse Argumente

David Hume (1711–1776) beschließt seinen Essay über den Suizid mit
der Anmerkung, daß weder im Alten noch im Neuen Testament eine
Stellungnahme gegen den Selbstmord zu finden sei. Zu diesem negativen
Befund paßt die Tatsache, daß die ersten vier Jahrhunderte des Christentums von Todessehnsucht und Märtyrertum geprägt sind. Die selbstzer-
störerischen und lebensfeindlichen Exzesse, die etwa von den Anhängern
der Donatistensekte begangen wurden, führten im 4. und 5. Jahrhundert
zu einer Gegenbewegung. Der Kirchenvater Augustinus (354–430) be-
merkte zu den Donatisten, «sich zu Ehren des Märtyrertums zu töten ist
ihr täglicher Zeitvertreib» (zitiert nach Alvarez 1980, 73). Bei Augustinus finden sich in manchen kasuistischen Fragen die wichtigen Bilder
und Gründe, welche lange maßgebend blieben. Das trifft auch auf die von
Augustin bis in die Neuzeit vorherrschende einhellige Verurteilung des
Selbstmords zu (1977, Bd. 1, 31–48). Augustin versuchte nämlich,
einerseits eine Beziehung herzustellen zwischen dem biblischen Tötungsverbot und der Ächtung der Selbsttötung. Denn Selbsttötung ist
eine Unterart der Tötung, und – so lautet das Argument – das biblische
Tötungsverbot wird ja nicht explizit auf Fremdtötung eingeschränkt.

Andererseits wird den Geschöpfen Gottes jedes Verfügungsrecht über
ihr eigenes Leben abgesprochen. Nicht der Mensch, sondern Gott ist
Herr über Leben und Tod. Diese Begründung wird mit verschiedenen
Analogien ausgeschmückt: Das menschliche Leben ist Eigentum Gottes;
wir sind von Gott als Wachtposten aufgestellt und dürfen den Ort nicht
verlassen; das Leben wird uns geschenkt – ein so kostbares Geschenk darf
nicht verschmäht oder verschwendet werden.

Diese Bilder – so suggestiv sie sein mögen – liefern nicht einmal den
Ansatz zu einem gültigen Argument. Überdies stammen sie alle aus
‹heidnischen› Quellen. Augustin lehnt sich an Laktanz an, der seinerseits
direkt gegen die Selbstmorde von Cato und Cleombrotus argumentiert.
Das Bild vom Wächter, der auf seinem Posten verharren soll, findet sich
zum Beispiel in Platons «Phaidon» (62 B-C). Daß sich die Metaphorik des
ständischen Staates mutatis mutandis auf das Verhältnis von Schöpfer
und Geschöpf übertragen lasse und daß daraus moralische Direktiven
abzuleiten seien, ist für Leser des 20. Jahrhunderts alles andere als selbstverständlich (Pabst Battin 1982).

Untersucht man die schwachen Gründe, die zur Tabuisierung des Suizids führten und bis in die Neuzeit nicht an Durchschlagskraft verloren haben, so könnte man vermuten, die religiösen Vorbehalte seien typische Rationalisierungen. Sie verdecken den Begründungsnotstand. Ihre Funktion bestand ursprünglich darin, den selbstmörderischen Tendenzen innerhalb und außerhalb des Christentums Einhalt zu gebieten.

Schwierig zu beurteilen sind die naturrechtlichen Argumente, die Selbsttötung als ‹contra naturam› brandmarken. Die Schlußfigur ‹unerlaubt, weil naturwidrig› hat unter den Bedingungen der wertneutralen und mechanistischen Naturerklärung an Überzeugungskraft verloren, und es ist zweifelhaft, ob sich eine Naturphilosophie, welche Werte und Zwecke in der Natur anzutreffen vermeint, wieder durchzusetzen vermag. Doch abgesehen von diesen metaphysischen Streitfragen, wie das Universum zu interpretieren sei, gibt es elementare Einwände gegen die Verwendung von Natur als Norm. Der Begriff ‹Natur› ist nämlich vieldeutig und dient als Schibboleth für unterschiedliche Visionen und Traditionen – etwa für die Deutung von Natur als Schöpfungs- und Vorsehungsordnung, für die romantische oder ‹empfindsame› Qualifizierung der Natur als Gegenpol zur Rationalität, Zivilisation und Entzauberung oder für die evolutionstheoretische Perspektive von Selektion und genetischer Steuerung. Es gibt in unserer Kultur keinen verbindlichen und eindeutigen Begriff von Natur.

David Hume hat sich in seinem eingangs erwähnten Essay ausführlich mit dem religiösen Argument beschäftigt, demgemäß der Suizid ein unstatthafter Einbruch in Gottes Schöpfung und Vorsehung sei. Für Hume stellt sich vor allem das Problem der Begrenzung eines solchen Verbots. Er geht davon aus, daß die Gesetze der materiellen Welt und die Fähigkeiten der empfindsamen Lebewesen permanent und unvermeidbar ineinandergreifen. Eingriffe der Menschen in die Natur – Hume nennt etwa das Kanalisieren von Flüssen oder die Pockenimpfung – sind Grundlagen jeder Kultur und lassen sich nicht als Verstoß oder Auflehnung gegen Gottes Vorsehung einstufen. Ebensowenig kann es ein erheblicher Grund gegen Selbsttötung sein, daß ein Blutkreislauf aus seinen natürlichen Bahnen umgeleitet wird. «Einige Unzen Blut aus ihren natürlichen Bahnen abzuleiten – worin sollte denn da das Verbrechen bestehen!» (Beauchamp 1976). Damit will Hume nicht etwa sagen, alle denkbaren Natureingriffe seien moralisch indifferent, sondern nur, daß sie nicht als Natureingriffe verdammenswert sind. Selbsttötung kann nicht deshalb Verbrechen oder Sünde sein, weil ein Mensch über Leben und Tod entscheidet oder die Natur verändert. Andernfalls wären auch Medizin und Lebensverlängerung unstatthafte ‹Einbrüche› in die Natur. Überdies dürfen wir (z. B. um Leben zu retten) unser Leben ja gefährden, was ebenfalls dafür spricht, daß wir über unser Leben disponieren dürfen.

1.2 Moralische Argumente

Während die religiösen Argumente für oder gegen den Suizid abhängig sind von einem religiösen Weltbild, erwarten wir von moralischen Argumenten, daß sie sich, losgelöst von religiösen Fixierungen, an die Vernunft aller richten.

Grundsätzlich werden zwei Typen von moralischen Argumenten unterschieden: *Deontologische* Argumente, welche auf allgemeinen Prinzipien wie der Achtung vor allem Leben, vor der Freiheit oder vor spezifischen Fähigkeiten fußen, lassen sich unterscheiden von *teleologischen* Argumenten, welche Ziel oder Zweck einer Handlung oder Entscheidung bewerten. Solche Argumente werden daher auch konsequentialistisch genannt. Die bekannteste Version einer konsequentialistischen Ethik ist der Utilitarismus, während Kants Ethik den Typus einer deontologischen Ethik verkörpert, die nicht folgenorientiert ist, sondern Pflichterfüllung ohne Rücksicht auf Folgen verlangt.

Konsequentialistische Argumente haben also immer die gleiche Struktur: Sie bewerten die Folgen von Entscheidungen. Für die Folgenbewertung ist es unerläßlich, die näheren Umstände einer Situation zu kennen. Die Entscheidung für den Selbstmord – sofern es eine freiwillige Entscheidung ist – kann moralisch schuldhaft sein, wenn sie die Absicht verfolgt, andere Menschen zu ‹strafen›, ihnen ‹heimzuzahlen› oder sich wichtigen sozialen Aufgaben bzw. Verpflichtungen zu entziehen. Allerdings gelten diese moralischen Einwände auch für andere Formen der Rache oder für eine Abreise; sie richten sich nicht gegen den Akt der Selbsttötung als solchen, nicht gegen das Mittel, sondern gegen die Zwecke. Der eskapistische Selbstmord ist mit der Flucht der Bankräuber nach Acapulco vergleichbar. Man könnte einwenden, es sei unfair, den Selbstmord eines Einsiedlers, der niemandem etwas schulde, zu billigen und den Selbstmord eines verschuldeten Familienvaters zu tadeln; denn dies führe zur Diskriminierung jener Menschen, welche zahlreiche soziale Verpflichtungen haben und an ihnen besonders schwer tragen.

Etwas anders gelagert ist der Vorwurf, wer sich umbringe, entziehe der Gesellschaft Vorteile, insbesondere dann, wenn jemand spezielle Fähigkeiten oder Talente hat. Wiederum gilt der Hinweis, daß auch Einsiedler und Emigranten der Gesellschaft keinen ‹Nutzen› bringen, obwohl die Entscheidungen für solche Verhaltensweisen normalerweise nicht moralisch verurteilt werden. Das Argument des verweigerten Tributs an die Gesellschaft hat vermutlich nur dann Überzeugungskraft, wenn die Mitglieder einer Gesellschaft völlig voneinander abhängig und unersetzbar sind. Dieses Argument ließe sich demnach nur auf rare und unersetzbare Arbeitskräfte anwenden. Und wiederum richtet sich diese Überlegung nicht gegen Selbstmord per se, sondern eher gegen Faulheit und andere Motive zur Leistungsverweigerung.

Suizid als Rache ist offenbar recht häufig. Das Motiv, andere zu verletzen oder zu ‹strafen›, braucht freilich nicht bewußt zu sein und kann sich somit der moralischen Beurteilung entziehen. Im Unterschied zum eskapistischen Selbstmord ist aggressive Selbstschädigung dann erfolgreich, wenn sie bei anderen Kummer oder Schuldgefühle verursacht. Der Suizident kann diesen Triumph allerdings nur in Gedanken auskosten; de facto hindert er sich mit der erfolgreichen Selbsttötung daran, sich am Kummer der Hinterbliebenen zu weiden. Wirksam ist diese Strategie trotzdem, insbesondere dann, wenn bei anderen die Verbindung von Kummer und Schuldgefühlen auftritt. Diese Kombination ist in unserer Gesellschaft besonders verbreitet. Wären wir dagegen bereit, einen ehrenhaften oder tapferen Suizid anzuerkennen, und würden Menschen dazu ermuntert, ihre Gedanken und Beweggründe mitzuteilen und offen darzulegen, so wäre das weniger tückisch und vielleicht auch weniger wirksam als Vertuschen oder Andeutungen.

Gegen Menschen, die unheilbar krank sind und entweder an physischen Schmerzen oder an ihrer völligen Abhängigkeit leiden, vermag das Folgenargument wenig auszurichten. Niemand ist dazu verpflichtet, sich für andere total aufzuopfern und alle möglichen Leiden zu akzeptieren. Besonders fragwürdig ist das asketische Ideal, daß (alle?) Leiden die Menschen läutern und Gott näher bringen. Noch problematischer ist der Gedanke, schwer leidende und unheilbar Kranke müßten alles erdulden, um anderen ein Vorbild zu sein oder Gelegenheit zur aufopfernden Pflege zu geben. Wie schon Nietzsche anmerkte, verbirgt sich hinter solchen Idealen primitive Grausamkeit.

Konsequentialistische Argumente können aber auch in eine andere Richtung führen, wenn es nämlich um die Frage geht, ob der Suizid für andere oder für die Gesellschaft eine Erleichterung, ja eine Wohltat sein kann. Sowohl die emotionalen als auch die finanziellen Lasten, welche durch die lebensverlängernden Technologien der Intensivmedizin geschaffen werden, sind schwerwiegend. Ein anderes Problem bieten die sog. Soziopathen wie zwanghafte Pyromanen oder Kindermörder. Platon hat in den «Gesetzen» (Nomoi IX, 854 B-C) vorgeschlagen, zwanghafte Tempelräuber sollten sich das Leben nehmen. Die Todesstrafe ist in seinen Augen nur eine Ersatzmaßnahme gegen jene, welche nicht ihrer primären Pflicht nachkommen, sich das Leben zu nehmen. Eine solche Argumentation vermag voraussichtlich nur Befürworter der Todesstrafe zu überzeugen.

Verschiedene Möglichkeiten des Mißbrauchs, die darin bestehen, jemanden zum Selbstmord zu drängen, müßten allerdings verhindert werden. Wenn minimale Anforderungen an Freiwilligkeit nicht mehr erfüllt sind und Menschen – aus rassistischen oder anderen diskriminierenden Motiven heraus – zum ‹Lebensopfer› gezwungen werden, sind die Grenzen des moralisch Zulässigen längst überschritten. Deshalb ist die Option Todesstrafe oder Suizid ein problematischer Grenzfall. Freiwilligkeit des Suizids ist eher bei Menschen gewährleistet, die um anderer willen ihr Leben aufs Spiel setzen oder den Suizid in einer Gesellschaft ohne demokratische Institutionen als Ausdruck des sozialen Protestes benutzen.

Wenden wir uns kurz *deontologischen* Argumenten zu. Das Wort ‹Selbstmord› suggeriert den Tatbestand des Mordes. In der Tradition seit Augustin wird das Suizidverbot unter das biblische Tötungsverbot subsumiert. Wer sich das Leben nimmt, vergeht sich an der ‹Heiligkeit des Lebens›. Die Vorstellung entsteht, Selbsttötung sei absolut verboten und eine Todsünde. Was an dieser Begründung stört, ist nicht nur die Vermischung von theologischem und ethischem Vokabular, sondern auch die Tatsache, daß das Tötungsverbot vielfachen Einschränkungen oder Qualifikationen unterliegt – man denke nur etwa an die erlaubte Tötung aus Notwehr. Insofern lassen sich auch vom Suizidverbot qualifizierte Ausnahmen nicht von vornherein fernhalten.

Deontologische Argumente legen großes Gewicht auf die Absicht der Akteure. Beim Mordverbot ist es vor allem die Gesinnung mangelnden Respekts vor menschlichem Leben, die schwer wiegt. Selbsttötung ist jedoch nicht notwendig Ausdruck mangelnder Ehrfurcht vor dem Leben. Der Anschlag gegen das eigene Leben gilt weit eher den Bedingungen und Besonderheiten, unter denen jemand leidet, als dem Leben im allgemeinen. Nicht generelle Lebensverachtung, sondern individueller Lebensüberdruß bildet gewöhnlich die Triebfeder zum Selbstmord. Anders liegt der Fall dort, wo sich Menschen aus generellem Pessimismus das Leben nehmen (Mainländer 1876 und 1886). Es ist jedoch bemerkenswert, daß der bedeutendste philosophische Pessimist, Arthur Schopenhauer, den Selbstmord nicht für ein geeignetes Mittel der Selbsterlösung hielt (1819 und 1844; Birnbacher 1985; Zentner 1988).

In Kants Ethik nimmt das Suizidverbot eine zentrale Stellung ein (1785, 395 f; 1797, 422 ff; Römpp 1988). Kant geht es aber nicht primär um Ehrfurcht vor dem Leben, sondern um Respekt vor den Lebensgrundlagen moralischer Akteure. Er meint, die Maxime, welche besagt, der Selbstmord sei erlaubt, würde sich selber aufheben. Wer sich nämlich mit Selbstmord zu helfen meint, erliegt einer Selbsttäuschung, weil die Person, der geholfen werden soll, eliminiert wird. Kurz gesagt: Wer sich tötet, vernichtet die Person, welche Sittlichkeit überhaupt erst möglich macht.

In dieser Darstellung werden nicht alle Argumente Kants erörtert. Kant beruft sich nämlich nicht nur auf die Naturwidrigkeit des Selbstmords, sondern auch auf das Fehlen eines reinen bzw. völlig freien Willens. Er übersieht (wie übrigens auch die meisten klinischen Forschungen zum Suizid) die Tatsache, daß es verschiedene Grade von Freiwilligkeit gibt. Die Forderung vollständiger Freiwilligkeit (oder Rationalität) ist unrealistisch.

Kants Argumente sind zwar scharfsinnig, aber wenig stichhaltig. Er umgeht zum Beispiel jene Fälle, in denen sich jemand durch Suizid der Entwürdigung durch andere oder durch äußere Umstände entzieht. Selbst Kant ist den gültigen Nachweis eines absoluten Verbots schuldig geblieben.

1.3 Gibt es den rationalen Suizid?

Psychiater und Ärzte verweisen darauf, daß die meisten Suizide die Folge schwerer seelischer Störungen sind (Holderegger 1979). Die erdrückende Mehrzahl der klinisch untersuchten Fälle von Suizid sind alles andere als Ausdruck vernünftiger und freier Entscheidung. Doch die Häufigkeit des irrationalen Suizids ist kein Argument gegen die Möglichkeit des rationalen Suizids. Vieles spricht dafür, daß der (bis zu einem bestimmten Grad) rationale Suizid beispielsweise in Japan, wo er rituell oder institutionell geregelt ist, auch häufiger vorkommt.

Nun ist zwar selten eine menschliche Handlung völlig rational. ‹Rational› ist ein graduierbares Prädikat: Jemand ist mehr oder weniger rational. ‹Rational› ist ein Suizid dann, wenn er überlegt geplant und ausgeführt wird. Das ist jedoch nur eine mögliche Bedeutung des Prädikats ‹rational›. Es ist zum Beispiel durchaus denkbar, daß jemand seinen Tod sorgfältig plant, aber letztlich doch aus Langeweile oder Frivolität aus dem Leben scheidet. Trotz der rationalen Planung und Durchführung ist Selbstmord als Sport oder Schrulle irrational – nämlich unverhältnismäßig und töricht.

Eine zweite Bedeutung von ‹rational› ist dann im Spiel, wenn anzunehmen ist, es sei für eine Person das beste, nicht mehr am Leben zu sein. Diese Bedingung ist mit großer Gewißheit nur dann erfüllt, wenn jemand schwer leidet und keine berechtigten Hoffnungen auf Heilung mehr haben kann. Dann ist es im Interesse einer Person, sich selber zu töten. Die Entscheidung für den Suizid ist eine rationale, selbst wenn sie impulsiv, unüberlegt oder im Zustand der Verwirrung ausgeführt wird. Sie ist auch für Außenstehende leichter nachzuvollziehen.

Es gibt im wesentlichen drei Kriterien für rationalen Suizid: die Fähigkeit zu vernünftigem Denken, das frei ist von logischen Fehlern und die voraussehbaren Konsequenzen einkalkuliert, eine realistische Sicht der Wirklichkeit (z. B. keine irrationale Hoffnung auf Wunder) sowie angemessene Informiertheit.

Diese Kriterien werfen äußerst schwierige Fragen auf, insbesondere was die Einschätzung der Vernünftigkeit religiöser Weltbilder angeht. Allgemein läßt sich sagen, daß jemand nur dann rational handelt, wenn er in Übereinstimmung mit seinen Grundinteressen oder Grundwerten handelt. Diese erste Orientierung ist so lange hilfreich, wie diese Grundinteressen und Grundwerte miteinander harmonieren und sich nicht ändern. Menschen, deren Grundinteressen permanent Disharmonie erzeugen und deren Wünsche durch und durch ambivalent oder instabil sind, kommen für den rational geplanten und kaltblütig durchgeführten Selbstmord nicht in Frage. Daß es sich dabei nicht um die einzig mögliche Bedeutung von ‹rational› handelt, wurde bereits dargelegt. Denn gerade die genannten Menschen sind vielleicht Anwärter für rationalen Suizid in der zweiten Bedeutung dieses Wortes: Sie sind nämlich so unglücklich und elend, daß für sie der Tod das beste wäre. Für sie wäre allenfalls sogar Ermutigung oder Beihilfe zur Selbsttötung (aber auf keinen Fall Nötigung) moralisch geboten, denn ein Faktor ihres Unglücks ist ihre Unentschlossenheit.

Solche Gedanken mögen diejenigen schockieren, die davon ausgehen, daß es eine übermächtige Präsumtion für das Leben und die Lebensbejahung gibt. Entsprechend sollten wir alles tun, um den Lebenswillen anderer zu stärken und ihnen zu helfen. Der bloße Gedanke, man könnte zum Beispiel Drogensüchtige dazu ermuntern, sich das Leben zu nehmen, wird gar nicht erst zugelassen. Die kulturelle Tabuisierung des Suizids führt nicht nur zu dessen Verheimlichung, sondern auch zur Ausklammerung dieses Themas aus der Lebensberatung. Daß Empfehlung zur Selbsttötung Ausdruck von Lebensverachtung und Zynismus sei, wird einfach vorausgesetzt, aber nicht begründet. Sollte es jedoch den rationalen Suizid in der zweiten Bedeutung geben, dann wäre Ermunterung und Beihilfe zur Selbsttötung in dieser Situation moralisch geboten oder zumindest erlaubt.

1.4 Paternalismus

Suizid ist in den meisten Fällen in der ersten oder zweiten oder in beiden Bedeutungen des Wortes ‹irrational›. Unter normalen Bedingungen begnügen sich Menschen mit vorübergehenden Suizidphantasien. Wer sich tötet, handelt – ceteris paribus – noch irrationaler, als wer sich gefährdet oder verstümmelt; denn er bringt sich um das *praemium vitae*, d. h. um die Freuden und Bereicherungen des Lebens. Nur romantische Überspanntheit oder philosophischer Pessimismus unterstellen ein generelles *taedium vitae* (Mainländer 1876 und 1886).

Aus der allgemeinen Annahme, daß für die Menschen ihr Leben normalerweise ein Gut ist und daß sie weiterleben wollen, glauben wir schließen zu dürfen, daß es eine Pflicht zur Hilfeleistung gibt. Wer sich selber gefährdet, muß daran gehindert werden. Da überdies viele Suizidversuche versteckte Appelle an andere Menschen sind, ist Suizidprävention die angemessene Reaktion. Wer neben der leeren Schachtel Schlaftabletten aufgefunden wird, muß der Notfallstation überwiesen werden; wer von der Brücke springen will, muß von Passanten gepackt und zur Rede gestellt werden. Diese ‹erste Hilfe› ist ein Gebot der Menschlichkeit, auch wenn sie eine Freiheitsberaubung darstellt. Entscheidend ist die normale Präsumption für das Leben sowie die zeitliche Beschränktheit des Freiheitseingriffs.

Suizidprävention weist Züge von Paternalismus (Sobel 1982) auf. Gegenseitige Freiheitseinschränkungen bilden zwar einen unvermeidbaren

Aspekt des menschlichen Zusammenlebens; man denke etwa an die Erziehung von Kindern, die ja auch in ihren eigenen Interessen eingeschränkt werden. Trotzdem ist die Empfindlichkeit gegen Paternalisierung (bzw. Maternalisierung) in der Neuzeit angestiegen, insbesondere wenn sie vom Staat, den Gesetzen oder anderen Institutionen ausgeht. Die Vorstellung, Selbstverstümmelung oder Suizidversuch seien strafbar, und zwar aus dem Grund, daß es Aufgabe des Staates sei, Individuen vor sich selber zu schützen, gilt inzwischen als überholt. Handlungen, die andere nicht schädigen, die primär nur den Akteur selber affizieren, dürfen nicht strafrechtlich verfolgt werden (Sartorius 1983). Nach dieser Doktrin ist der Suizid ‹Privatsache› und gehört in dieselbe Kategorie wie andere Formen der Selbstgefährdung oder Selbstzerstörung, die als solche nicht strafbar sind. Die klassische Formulierung von John Stuart Mill lautet: «Niemand sollte einfach wegen Betrunkenheit bestraft werden, aber Soldaten oder Polizisten, welche im Dienst betrunken sind, sollten bestraft werden» (Mill 1974, 113). Der Staat hat seine Rolle als (moralische und paternalistische) Polizei eingebüßt. Der Schutz der Privatsphäre fördert allerdings auch eine Tendenz zur Gleichgültigkeit, Anonymität und Isolation und damit jene gesellschaftlichen Voraussetzungen, welche suizidales Verhalten bestärken.

In Spitälern und psychiatrischen Anstalten gibt es eine berufsbedingte paternalistische Routine. Das kann bedeuten, daß Personen mehrfach an der Ausübung des Suizids gehindert werden. Die wiederholte Verhinderung hat die Verlängerung unerträglicher Schmerzen zur Folge. Je öfter der Wunsch und Wille eines Patienten nach einem raschen Ende mißachtet wird, desto weniger wird seine (oder ihre) Autonomie respektiert.

Während die paternalistische Suizidverhütung offen diskutiert wird, gibt es kaum Ansätze zu einer sanften und paternalistisch motivierten Suizidbegünstigung. Wenn wir annehmen, daß es einige Formen von rationalem Suizid geben kann und in anderen Gesellschaften anerkanntermaßen gibt, dann müßten auch wir kulturelle Institutionen schaffen, die den Suizid erleichtern und in ‹geordnete Bahnen› lenken. Es müßte erlaubt sein, den Suizid unter Umständen zu empfehlen und unentschlossene Menschen zur Entscheidung für ein rasches Ende zu drängen. Die Option für eine erlaubte paternalistische Beihilfe zur Selbsttötung müßte zumindest offen sein.

An dieser Stelle sollte man deutlich unterscheiden zwischen einer Erleichterung der Durchführung eines Suizids (durch Beihilfe) und der Motivierung zum Suizid. Daß man zur Beihilfe berechtigt oder sogar verpflichtet sein kann, ist sicher unproblematischer als die angedeutete Pflicht, jemanden zum Suizid zu drängen oder zu ermuntern.

Die christlich-abendländische Tabuisierung des Suizids fördert eine simple Logik, die besagt: «Lieber bringe ich mich und andere in Gefahr, als daß ich mir selber das Leben nehme.» Hinter der Abwehr des Selbstmords mochte einst die begründete Angst vor einem kollektiven Wahn stecken. Doch das große Problem unserer Gesellschaft ist nicht die Gefahr eines epidemischen Suizids, sondern das unüberblickbare Kontinuum von selbst- und fremdgefährdenden Verhaltensweisen, Einrichtungen und Technologien, das Ulrich Beck unter dem Stichwort «Risikogesellschaft» zusammengefaßt hat (Beck 1986). Daß wir dagegen Turniere und Duelle, die nichts anderes darstellen als verhohlene Selbstmordspiele, abgeschafft haben, ist ein vergleichsweise geringer Fortschritt.

Zusammenfassend läßt sich sagen, daß paternalistische Suizidprävention, wenn sie auf zeitlich begrenzter Freiheitseinschränkung beruht und nicht mehrfach wiederholt wird, moralisch erlaubt, ja vielleicht geboten ist. Sofern uns dabei der Gedanke an die Zukunft einer Person leitet, d. h. die Aussicht darauf, daß sie froh und dankbar sein wird, daß wir sie vor der Selbstzerstörung bewahrt haben, müßten wir auch offen sein für die Erleichterung des Suizids oder die Beihilfe zur Selbsttötung bei Menschen, denen keine oder nur eine schreckliche Zukunft bevorsteht. Diese schreckliche Zukunft kann auch im Zwangsaufenthalt in einer geschlossenen psychiatrischen Anstalt bestehen, also in den Folgen aufgezwungener ‹Hilfe›. Neuere Entwicklungen der Medizinethik haben die Aufmerksamkeit auf einige Formen der Grausamkeit und unerwünschte Nebenwirkungen gelenkt, welche aus der Doktrin der «Heiligkeit des Lebens» (Kuhse 1990) folgen. Ein absolutes moralisches Verbot des Suizids läßt sich wohl kaum vernünftig begründen, und die Möglichkeit des rationalen Suizids läßt sich nicht widerlegen.

2 Abtreibung

2.1 Die konservative Position

Eine konsequente Ablehnung der Abtreibung aus moralischen Gründen nennen wir die konservative Position. Charakteristisch für diese Stellungnahme ist allerdings nicht etwa die politische Einstellung, sondern der Typus von Gründen, der für sie geltend gemacht wird. Es wird nämlich angenommen, Paradigma eines sittlichen Verbrechens sei die absichtliche Vernichtung unschuldigen Lebens. Paradigma einer qualifizierten Ausnahme vom Tötungsverbot ist dagegen die Notwehrtötung. Wir sprechen nur dann von ‹Mord› im moralischen Sinne, wenn ein Wesen getötet wird, das entweder kein Aggressor ist oder keiner sein kann. Gemeint sind also Wesen, die anderen nicht nach dem Leben trachten und keinen Anlaß zur Verteidigung geben.

Ungeborenes Leben erfüllt die Bedingung der ‹Unschuld›: weder greift es jemanden an, noch ist es fähig, sich zu wehren. Die Wehrlosigkeit und Abhängigkeit des Fötus und des Kleinkindes verpflichten zu besonderen Schutzpflichten und zu stellvertretender Verantwortung.

Eine Ausnahme bildet allerdings die Leibesfrucht, welche das Leben der Mutter gefährdet. Der Fötus wird zum ‹unschuldigen Aggressor›; das Leben der Mutter läßt sich nur retten, wenn dieser beseitigt wird. Doch warum sollte das Leben der Mutter wichtiger sein als das des Fötus? Vielleicht müssen wir uns mit der Antwort begnügen, daß eben nur die Mutter entscheiden kann und daß sie keine Pflicht hat, ihr eigenes Leben zu opfern. Oder können wir sagen, das Leben der Mutter sei mehr wert als das Leben eines Fötus? Ist die Fähigkeit zu überlegen und zu entscheiden, welche nur der Mutter zukommt, eine Eigenschaft, welche ihrem Leben mehr Wert verleiht im Vergleich zum Leben eines Wesens, das nicht überlegen und entscheiden kann?

Die skizzierte konservative Position stößt an zwei Grenzen, die für die weitere Diskussion von Bedeutung sind: Die erste Grenze ist durch den Appell an Unschuld und Wehrlosigkeit des Fötus gegeben. Unschuldig und wehrlos in diesem Sinne sind auch Tiere. Was die Gegner der Abtreibung aber meinen, wenn sie nicht konsequente Vegetarier sind und zusätzlich für die Vermeidung der Tötung aller tierischen Organismen eintreten, ist die Unantastbarkeit unschuldigen *menschlichen* Lebens. Die erste Grenze, an welche die konservative Position stößt, ist die Kluft, die zwischen einem empfindungsfähigen Wesen (ob Mensch oder Tier) und einer menschlichen Zygote besteht. Dieser Kluft sowie den graduellen Unterschieden in den Entwicklungsstufen der drei Schwangerschaftstrimester wird mit einem pauschalen Lebensschutz nicht Rechnung getragen.

Die zweite Grenze, an die der Versuch stößt, ein striktes Verbot des Mordes zu begründen, sind die Konfliktfälle, in denen das Leben der Mutter nur durch die Vernichtung des Fötus erhalten werden kann. Wenn aber zugestanden wird, daß die Mutter keine Pflicht hat, das Lebensopfer für ihr künftiges Kind auf sich zu nehmen, dann stellt sich die Frage, ob sie überhaupt zu größeren Opfern verpflichtet ist. Jede Schwangerschaft ist eine gewisse Belastung, nicht zu reden von den Pflichten, welche die Mutter nach der Geburt ihres Kindes erwarten.

Der Vertreter einer konservativen Position wird jedoch einwenden, im Falle der Abtreibung gehe es nicht einfach um ein beliebiges Opfer, sondern um Opfer zugunsten einer künftigen Person. Damit sind wir beim stärksten Argument der Abtreibungsgegner angelangt: Der Fötus ist eine potentielle Person. Die Entwicklung von der Zygote bis zur bewußten Person ist ein kontinuierlicher Prozeß. Jeder Versuch, in dieser Entwicklung eine moralisch relevante Zäsur zu ermitteln, ist zum Scheitern verurteilt. Daher gibt es zwischen Kindstötung (die wir gefühlsmäßig verabscheuen) und Abtreibung keinen bedeutsamen Unterschied.

2.2 Die liberale Position

Wer zugibt, daß Abtreibung moralisch fragwürdig ist, braucht nicht der Meinung zu sein, Abtreibung sollte strafbar sein. Unter der liberalen Position verstehen wir hier wiederum nicht eine politische Ideologie, sondern lediglich eine eng umschriebene Auffassung über die Rolle des Strafrechts in einem liberalen Verfassungsstaat. Strafbar sind demnach nicht unmoralische Handlungen als solche. Gerade für Menschen, welche die Abtreibung aus Gewissensgründen ablehnen, ist die Abtreibung ein Prüfstein für die liberale Position. Nicht alles, was wir moralisch mißbilligen, dürfen wir mit Zwangsmaßnahmen verhindern. Daß es in einer liberalen Gesellschaft – neben Homosexualität, Prostitution, Pornographie, Gewaltdarstellung und anderen Symptomen einer ‹Kulturverschmutzung› – eine hohe Abtreibungsziffer gibt, ist der Preis der Freiheit. Also selbst Liberale können der Meinung sein, daß eine Gesellschaft ohne oder mit weniger Abtreibungen eine bessere Gesellschaft wäre, daß aber liberale Abtreibungsgesetze mit allen Folgen und Nebenfolgen das geringere Übel sind als repressive Gesetze, die sich über die Interessen der Abtreibungswilligen hinwegsetzen.

Wenn aber die konservative Position im wesentlichen zutrifft und Abtreibung eine Form von Mord ist, dann ist die liberale Position nicht haltbar. Mord gehört nicht in die Kategorie jener Immoralitäten, die ein liberaler Staat zu dulden hat. Der bloße Hinweis auf die Interessen abtreibungswilliger Frauen ist kein stichhaltiges Argument, solange diese Interessen nicht echte und dramatische Interessen am eigenen Überleben sind. Eine liberale Position in bezug auf die Abtreibung läßt sich nicht vertreten, ohne daß die konservative Position destruiert wird. Erst der begründete Nachweis, daß es sich bei Abtreibung nicht um Mord im moralischen Sinne handeln kann, macht eine großzügigere Beurteilung möglich. Die spezifische Großzügigkeit der liberalen Position besteht darin, daß etwas geduldet wird, auch wenn es als störend oder anstößig empfunden wird. Diese Haltung ist nicht zu verwechseln mit einer falschen Toleranz gegenüber Mord und Totschlag.

2.3 Gesetzgebung und Privatheitsschutz

Eine zunehmende Bedeutung von Autonomie und Privatsphäre hat dazu geführt, daß wir Belange der eigenen Lebensgestaltung und der Familienplanung weitgehend dezentralisiert haben. Nicht mehr die Obrigkeit hat darüber zu befinden, wie wir uns kleiden und benehmen, und der Staat und private Organisationen haben kein Recht, Mann oder Frau zu einer Heirat zu drängen. Zwar mögen aus übergeordneten (eventuell bevölkerungspolitischen) Gründen gewisse Anreize für kinderreiche Familien oder für Geburtenkontrolle geschaffen werden, doch es besteht (so nimmt man an) keine erzwingbare Reproduktionspflicht. Niemand muß zeugen oder gebären. Selbst die katholische Kirche läßt Sexualität auch dann zu, wenn sie keinen *direkten* Bezug zur Fortpflanzungsfunktion hat. Sexualität ohne Reproduktionsabsicht braucht also keineswegs unmenschlich zu sein, weil sie ein Bestandteil unseres Ausdrucksverhaltens ist.

Aus diesen Überlegungen folgt jedoch, daß die Entscheidung gegen künftige Personen nicht erzwungen werden darf. Ich bin frei und kann mich dafür entscheiden, keine Kinder zu haben. Wenn der Verzicht auf Nachwuchs eine Entscheidung gegen potentielle Personen ist, dann ist die konservative Position gefährdet. Sie läßt sich dann nur noch aufrecht-erhalten, wenn dargelegt werden kann, daß die Potentialität der Zygote moralisch relevant ist, während die Potentialität isolierter Samen- oder Eizellen bedeutungslos ist. Dieser Nachweis ist nicht zu führen! Alles, was sich zeigen läßt, beschränkt sich auf die höhere Wahrscheinlichkeit, welche mit der ‹Omnipotentialität› der Zygote verbunden ist. Alle gene-tischen Merkmale der späteren Person sind im Verschmelzungsprodukt von Same und Eizelle angelegt. Diese Omnipotentialität mag man ästhe-tisch bewundern oder religiös verehren. Eine rationale und intersubjek-tiv nachvollziehbare Begründung für eine Angleichung des Wertes der Zygote an den Wert der späteren Person folgt daraus nicht.

Akzeptiert man die liberale Meinung, daß Entscheidungen für oder gegen Nachkommen Privatsache sein sollten, so verliert das Kontinui-tätsargument an Gewicht, es erhält sogar eine völlig entgegengesetzte Wirkung. Statt Abtreibung auf eine Stufe mit Kinds*mord* zu stellen, folgt nun die grundsätzliche Erlaubtheit der Kindstötung. Denn auch die Geburt ändert nichts daran, daß wir nicht von Anfang an Personen sind, sondern aus ‹Protopersonen› entstehen und auch nach der Geburt noch eine Zeitlang solche bleiben. Protopersonen sind Wesen, aus denen sich Personen entwickeln, die selber noch kein Selbstbewußtsein haben. Nur Personen können sich von anderen unterscheiden und sich auf Vergan-genheit und Zukunft beziehen (Locke 1690, Buch II, Kap. 9, § 29; Singer 1984, Kap. 4).

2.4 Lebensrecht und Kindstötung

Die Kürze der Darstellung zwingt dazu, an ‹moralische Intuitionen› zu appellieren. Doch solche Appelle sind methodisch fragwürdig. Eine noto-rische Frage der Ethik lautet, ob wir die Ebene der Konfrontation ver-schiedener Intuitionen überhaupt verlassen und moralische Dilemmata einer grundsätzlicheren Auflösung entgegenführen können. Die Kritik der konservativen Position, wie wir sie im letzten Abschnitt formulierten, macht Anleihen bei der ‹Intuition›, daß freiwilliger Verzicht auf Nach-kommen Privatsache sein sollte. In Anbetracht der Kontinuität der Ent-wicklung von der Zygote bis zur Person und angesichts der Tatsache, daß nicht die Geburt die Zäsur zwischen Protoperson und Person darstellt, ergibt sich die Schlußfolgerung, daß nicht nur Abtreibung, sondern auch die Tötung Neugeborener toleriert werden sollte. Doch diese Konklusion ist abstoßend und alarmierend. Die Intuition, daß neugeborene Kinder ein Lebensrecht haben, dürfte außer Frage stehen. Doch der Appell an Intuitionen bleibt, wie gesagt, unbefriedigend. Platonisch gesprochen verharren wir in der Welt der ‹Meinungen›, ohne je in den Bereich des ‹Wissens› vorzustoßen.

Die Tatsache der Schutzlosigkeit des Säuglings und sein Mangel an Vernunft ist ein Grund für eine geregelte Aufnahme von Neugeborenen in die Rechtsgemeinschaft. Allerdings ist die verbreitete Überzeugung unhaltbar, diese Aufnahme in die Rechtsgemeinschaft dürfe in keiner Weise selektiv sein, und es sei eine unmoralische Form der Diskriminierung von Kranken und Behinderten, wenn wir uns für präventive Abtreibung oder Kindstötung entscheiden. Jedenfalls müßten andere Gründe als die bereits genannten angeführt werden.

Die Abtreibungsproblematik gehört zu den echten Zweifelsfällen, doch unter dem Zwang öffentlicher Polemik wird das selten zugegeben. Auch die bisher angestellten Überlegungen waren nicht frei von unzulässiger Simplifikation. Eine historische Ursache für die neuen Schwierigkeiten mit dem Lebensschutz und der Begründbarkeit des Homizids ist das relativ junge Projekt einer rein säkularen Ethik. In der jüdisch-christlichen Tradition ist es letztlich Gott, welcher der Schöpfung und dem Menschen als seinem Ebenbild einen unverwechselbaren Wert verleiht. Neuerdings haben nur noch jene Gründe Überzeugungskraft, welche jene Werte berücksichtigen, die Wesen aufgrund ihrer eigenen Konstitution haben. «Als wichtigste Frage ist deshalb zu diskutieren, welche Eigenschaften ein Gegenstand besitzen muß, damit er ein ins Gewicht fallendes Lebensrecht hat» (Tooley 1989, 157). Der Wert, den uns andere (oder Gott) zubilligen, ist dagegen von sekundärer Bedeutung. Allerdings bleibt Aufnahme und Anerkennung von neuem Leben in der Gesellschaft die wichtigste sozialpsychologische Voraussetzung für ein *gutes* Leben. Abtreibung scheint jedenfalls dann moralisch erlaubt oder sogar obligatorisch, wenn sie ein voraussichtlich ganz und gar unerträgliches Leben verhindern kann. Obligatorisch (wenn auch nicht erzwingbar), nicht nur erlaubt ist Abtreibung dann, wenn sie das einzige Mittel zur Verhinderung einer vermeidbaren Schädigung der potentiellen zukünftigen Person ist.

Die Behauptung, daß es unter Umständen eine Abtreibungs*pflicht* gibt, ist geeignet, einen Sturm der Entrüstung zu entfachen. Wer sich mit dieser These nicht abfinden mag, sollte das Argument prüfen, aus dem sie folgt. Diese Schlußfolgerung ergibt sich nämlich aus der moralischen

Symmetrie zwischen Handlungen und Unterlassungen mit gleichen Folgen und der Verwerflichkeit von Handlungen (z. B. operativen Eingriffen), die aller Wahrscheinlichkeit nach zur Schädigung der späteren Person führen. Wer dagegen konsequent gegen jede Bewertung des Lebens ist, könnte auch einen fanatischen Arzt nicht kritisieren, der Föten absichtlich Schädigungen zufügt, damit das Engagement von Heilpädagogen nicht sinnlos werde und die Menschen lehrte, Behinderte zu akzeptieren. Warum erscheint uns ein solcher Arzt als bestialisch, während wir die Unterlassung einer Abtreibung, die mit hoher Wahrscheinlichkeit zu einem extrem behinderten Kind führt, hinnehmen oder sogar befürworten? In beiden Fällen können wir die schlimmen Folgen voraussehen. Da unsere Prognosefähigkeit beschränkt ist, läßt sich zwar das Risiko nicht völlig vermeiden, daß ein Wesen abgetrieben wird, das später froh gewesen wäre, nicht abgetrieben worden zu sein. Es ist gar keine Frage, daß es unter den lebenden Behinderten solche Personen gibt. Doch es gibt kein ärztliches Handeln ohne Risiko. Und was noch wichtiger ist und in der Polemik der organisierten Behindertenbewegungen untergeht: Das Argument legitimiert auf keinen Fall die Ermordung behinderter *Personen*. Bereits Bentham hat festgestellt, daß das Argument für Abtreibung keine Folgen hat, die jene befürchten müßten, welche geboren wurden und sich ihres Lebens freuen.

3 Euthanasie

3.1 Tötung auf Verlangen in strafrechtlicher Perspektive

Normalerweise ist ein Recht auch mit der Freiheit verbunden, auf dieses Recht zu verzichten. Das Recht auf Leben scheint jedoch eine Ausnahme zu bilden. Auch wenn wir annehmen, es sei moralisch erlaubt, sich selber zu töten, so können wir doch nicht einfach davon ausgehen, daß wir auch andere dazu ermächtigen und legitimieren können, uns zu töten. Wohl gemerkt: Bei anderen Rechten, insbesondere jenen auf Schutz der Privatsphäre, trifft das zu. Ich kann zum Beispiel meinen Nachbarn erlauben, in meiner Wohnung eine Videokamera zu installieren und meinen Alltag zu überwachen. Wenn ich exhibitionistisch veranlagt bin, habe ich sogar ein Motiv dazu. Meinen voyeuristischen Nachbarn, die fleißig Gebrauch machen von dem ihnen zugebilligten Recht, kann ich nicht nachträglich vorwerfen, sie hätten meine Intimsphäre verletzt und mein Recht auf Privatsphäre mit Füßen getreten.

Während ich Eigentums- und Privatheitsrechte veräußern kann, kann ich mein Recht auf Leben nicht veräußern. Der wichtigste Grund für diese Einschränkung ist die Möglichkeit des Mißbrauchs. Wenn sich jemand vor Gericht auf die Zustimmung seines Opfers berufen möchte, dann entstehen erhebliche praktische Schwierigkeiten der Überprüfbarkeit. Hat das Opfer tatsächlich seine Zustimmung gegeben? War es bei Sinnen? Hat es unter Druck gehandelt? Doch die Abklärung dürfte in vielen Fällen keine unüberwindbaren Schwierigkeiten bereiten. Warum sollten wir also die Tötung auf Verlangen nicht für straffrei erklären?

Ähnlich wie bei Abtreibung und Todesstrafe besteht eine gewisse Bruchstelle zwischen Moral und Recht. Eine Frau, die sich unter gewissen Umständen für Abtreibung entscheidet, mag moralisch richtig handeln, und trotzdem ist eine Legalisierung der Abtreibung vielleicht ungerechtfertigt; ein mehrfacher Mörder mag zwar den Tod verdienen, und dennoch ist kein Staat berechtigt, die Todesstrafe zu vollziehen. Ebenso kann jemand bestimmte singuläre Akte von Euthanasie billigen und die Legalisierung der (aktiven) Euthanasie dennoch ablehnen. Bei einer solchen Haltung sind in der Regel Befürchtungen vor Mißbrauch oder vor einer generellen Abwertung des Lebens alter und gebrechlicher Personen im Spiel (Foot 1990, 297 f.). Ob die Gründe (oder die Befürchtungen vor der Gefährdung des Respekts vor dem Leben oder der Rechtskultur) für eine solche Zurückhaltung hinreichen, ist allerdings zweifelhaft.

3.2 Aktive und passive Euthanasie

Während passive Sterbehilfe praktiziert und akzeptiert wird, gilt für aktive Euthanasie offenbar ein anderer Maßstab. Doch wenn der Grund für die Zulässigkeit passiver Sterbehilfe das *Resultat* ist – nämlich die Verkürzung unerträglicher Leiden –, dann ist nicht ersichtlich, warum aktive Euthanasie, wenn sie zum selben Resultat führt, und zwar schneller und sicherer, tabu sein sollte. Oder sollte die aktive Tötung eine an sich falsche Handlung sein, so daß sie auch als Mittel zu einem guten Zweck nicht in Frage kommt? Diese Auffassung, wonach absichtliche, direkte Tötung eines Menschen grundsätzlich anders zu bewerten sei als bloßes Sterbenlassen, mag letztlich irrational sein, doch sie ist verbreitet und in allen Rechtssystemen in Kraft.

Auch verwandte Unterscheidungen zwischen selektiver Nichtbehandlung und Tötung oder zwischen Verzicht auf außerordentliche (intensivmedizinische) Maßnahmen und Tötung werden in der medizinischen Praxis und auch im Recht anerkannt. Trotzdem: Es scheint aussichtslos, eine angebliche moralische Bedeutsamkeit der Unterscheidung zwischen Handlung und Unterlassung, Töten und Sterbenlassen nachzuweisen. Die Gegenüberstellung von Beispielspaaren, die jeweils in jeder Hinsicht gleich sind, außer daß im einen Fall eine Handlung, im anderen Fall eine Unterlassung zum Resultat führt, vermag eindrücklich zu illustrieren, daß die Differenz zwischen Handlung und Unterlassung als solche moralisch bedeutungslos ist (vgl. Rachels und Beauchamp, in Sass 1989, 254–286). Andere zusätzliche Merkmale – etwa das Motiv oder die besondere Mühe – sind dagegen moralisch relevant und können, wenn sie häufig mit Aktivitäten (im Unterschied zu bloßem Zulassen und Nicht-Verhindern) assoziiert sind, den Anschein erwecken, Tötung sei an sich schlimmer als Sterbenlassen.

Obwohl inzwischen ausführliche und bündige Widerlegungen der vermeintlichen Signifikanz der Unterscheidung zwischen passiver und aktiver Euthanasie vorliegen, sind diese Überlegungen noch kaum ins öffentliche Bewußtsein eingedrungen. Grob gesagt ergibt sich die Irrelevanz der Handlungs-Unterlassungs-Dichotomie und einer Reihe verwandter Unterscheidungen aus dem Konsequentialismus (Scheffler 1986). Und auch die sog. Kompromißthese, wonach die Handlungs-Unterlassungs-Unterscheidung zwar nicht immer, aber doch manchmal moralisch bedeutsam sei, hält einer philosophischen Kritik nicht stand (Kuhse 1987; Rachels 1986).

3.3 Gefährdung und Diskriminierung von alten und behinderten Menschen

Euthanasie wird auch Mitleidstötung genannt. Das ist zutreffend, denn ein wichtiges Motiv zur Euthanasie ist das Mitleid mit einem Wesen, das leidet. Nun könnte man allerdings sagen, daß viele alte und behinderte Menschen leiden. Euthanasie wäre dann die Politik, Menschen, ohne sie zu konsultieren, von ihren Leiden zu ‹befreien›. Wie aber, wenn leidende Menschen das gar nicht wollen und sich ans Leben klammern?

Unfreiwillige Euthanasie – d. h. die Mitleidstötung von Menschen, die nicht getötet werden wollen – verstößt klar gegen den Respekt vor dem

Willen anderer. Sie kommt unter moralischen Gesichtspunkten nicht in Frage. Die Anerkennung der Patientenautonomie unterscheidet das medizinethische Euthanasieproblem vom sog. ‹Euthanasie›-Programm der Nazis.

Ein Einwand gegen die Praktizierung und Legalisierung der (aktiven) Euthanasie lautet, alte und behinderte Menschen würden in einer Umgebung, in der Euthanasie praktiziert werde, verängstigt und sogar dahin gebracht, sich selber als überflüssig und lästig für andere zu betrachten. Das Bild einer Gesellschaft aus gesunden und lebensstrotzenden Individuen wird so zwingend und verbindlich, daß sich alle, die diesen Normalitätsanforderungen nicht entsprechen können, in die Defensive gedrängt fühlen.

Dieser Einwand ist sehr wichtig und sollte nicht bagatellisiert werden. Zwar trifft er nicht die Argumente für die Zulässigkeit der aktiven Euthanasie in einigen wohldefinierten Fällen; doch er appelliert an die Notwendigkeit einer umfassenden Theorie der Gesellschaft, in der die Lage der älteren und behinderten Menschen kritisch reflektiert wird. Sollte nämlich ein ethisches Programm bei der politischen Durchsetzung zu einer systematischen Diskriminierung der genannten Gruppen führen, so wäre dieses Programm zu verwerfen. Ethik ohne Gesellschaftstheorie ist blind (Callahan 1987; Daniels 1988).

3.4 Das Tabu der Lebensbewertung – unauslöschbare Erinnerungen

Wenn eine Gesellschaft zur Aussonderung von ‹lebensunwertem Leben› tendiert, dann sinkt sie auf das Niveau jenes Sozialdarwinismus, der im ‹Euthanasie›-Programm des Nationalsozialismus endete. Doch die wichtigste Barriere gegen eine solche Entwicklung liegt im Respekt der Absichten und Interessen von Individuen. Wer leben will und Sinn in seinem eigenen Leben zu sehen vermag, darf von anderen nicht aufgrund einer externen Lebensbewertung beseitigt werden. Die interne Lebensbewertung muß als autoritativ anerkannt werden. Damit wird jeder Versuch der Legitimation einer zentralisierten politischen Entscheidung über Leben und Tod im Sinne des rassistischen Völkermords der Nazis blockiert.

Die Respektierung des individuellen Willens hat aber auch zur Folge, daß entschlossene Suizidenten nicht daran gehindert werden dürfen, sich selber zu töten und – falls sie dazu nicht in der Lage sind – sich von anderen freiwillig töten zu lassen. Das Recht auf individuelle Euthanasie folgt also aus dem gleichen Prinzip – dem Prinzip des Respekts vor der Autonomie –, das eine kollektive ‹Euthanasie› verbietet. Deshalb grenzt es entweder an Dummheit oder an Verleumdung, wenn den Befürwortern einer (auch aktiven) Sterbehilfe eine Affinität zum Gedankengut der Nationalsozialisten unterstellt wird. Wenn ein Mensch sterben und von schweren Leiden befreit werden will, dann ist die Paternalisierung einer solchen Person unter der Berufung auf Arztpflicht und ‹Heiligkeit des Lebens› eine unerträgliche Demütigung. Es werden ihr nämlich Ideale aufgezwungen, die sie gar nicht teilt. Diese Demütigung wird zu den Leiden des Patienten noch hinzugefügt.

Bei Personen, die nicht mehr äußerungsfähig sind, könnte man auf vorherige Äußerungen und eventuell auf Patientenverfügungen zurückgreifen, um sich zumindest am ‹mutmaßlichen Willen› zu orientieren. Das wäre vielleicht immer noch eine ‹externe› Lebensbewertung, aber nicht im gleichen Maße extern wie bei der Früheuthanasie. Um Situationen, in denen Menschen wegen mangelnder Äußerungsfähigkeit nur noch Objekte fremder Entscheidungen sind, wirksam vorzubeugen, müßte die rechtliche Verbindlichkeit von Patientenverfügungen sichergestellt werden (Kehl 1989).

Eine gewisse Komplikation wurde bisher ausgeklammert. Während der Lebenswunsch einer Person immer autoritativ ist, kann der Todeswunsch auch auf vorübergehender Depression beruhen. Noch schwieriger zu beurteilen sind die Fälle, in denen jemand aufgrund bestimmter Ideale (z. B. dem Ideal, nie von anderen abhängig zu werden) oder Überzeugungen (z. B. der patriotischen Einstellung, nur das eigene Lebensopfer könne das Vaterland retten) den Tod wünscht. Solche Todeswünsche sind nicht notwendig Ausdruck einer internen Lebensbewertung. «Daß keine einfache Unvereinbarkeit zwischen Leben als einem Gut und dem Todeswunsch besteht, wird durch die Möglichkeit demonstriert, daß ein Mensch sich selbst tot wünschen kann, nicht zu seinen eigenen Gunsten, sondern zugunsten eines anderen» (Foot 1990, 293). Solche Todeswünsche sind, weil sie nicht Ausdruck negativer Selbstbewertung sind, kein Rechtfertigungsgrund für Tötung auf Verlangen. Freiwillige Euthanasie kommt nur dann in Betracht, wenn jemand sein Leben als unerträgliche Bürde empfindet, wenn also der subjektiv empfundene Lebensüberdruß alle anderen Interessen überwiegt.

Das Prinzip des Respekts vor eigenen Entscheidungen läßt sich sinngemäß nicht auf Neugeborene oder auf Menschen anwenden, die nicht (mehr) in der Lage sind, ihren Willen kundzutun. In solchen Fällen ist externe Lebensbewertung unumgänglich. Nur wenn wir annehmen können, daß jemand zumindest die Möglichkeit zu minimaler Lebensfreude und bescheidenen sozialen Kontakten hat, können wir uns mit dem Leben eines solchen Wesens identifizieren. Für die Verlängerung des Lebens von irreversiblen Komatösen oder von Neugeborenen mit *schwersten* Behinderungen können wir jedoch nur dann votieren, wenn wir potentielle Fanatiker (Hare 1981, 175) sind, die ein Ideal der «Heiligkeit des Lebens» auch dann noch vertreten, wenn es sich um nicht-bewußtes oder nur leidendes Leben handelt. Natürlich wird es immer Kontroversen darüber geben, was schwerste Behinderungen sind. Zu dieser Klasse scheinen mit Sicherheit Krankheiten wie die Rückenmarkspaltung *spina bifida* zu gehören, die dem Neugeborenen in den meisten Fällen nur ein kurzes, aber schmerzenreiches Leben gewähren.

4 Todesstrafe

4.1 Der Begriff der Strafe

Um das Thema von Entscheidungen über Leben und Tod im Bereich der Strafe zu erörtern, brauchen wir ein Vorverständnis von Strafe. Der Ausdruck ‹Strafe› ist alles andere als eindeutig. Eltern strafen ihre Kinder, Gott straft das Volk Israel, der Dichter straft den Philister mit Verachtung, der Schiedsrichter straft den brutalen Mittelstürmer, das Verhalten des Patienten ist Ausdruck einer unbewußten Selbstbestrafung, der Sturm auf hoher See wird als Strafe empfunden etc. Es ist nicht sicher, ob diese verschiedenen Verwendungen überhaupt einen gemeinsamen Bedeutungkern haben.

Im folgenden werden wir uns nur mit Strafen beschäftigen, die von bestrafenden Akteuren verhängt werden. Gegenstand einer ethischen Erörterung können überdies nur Strafen sein, die A einem B bewußt zufügt, wobei wir voraussetzen, daß A und B nicht identisch sind. Schließlich können wir vom theologischen Kontext absehen und uns auf den rechtlichen Begriff der Strafe konzentrieren. Was uns interessiert, sind die Rechtfertigungsgründe für staatliches Strafen. Doch zunächst brauchen wir eine Definition.

Einem Vorschlag von Primoratz folgend definieren wir gesetzliche

Strafen als Übel, welche ganz bewußt als Übel einem Gesetzesbrecher von einer menschlichen Instanz zugefügt werden, wobei diese Instanz von der Rechtsordnung autorisiert ist, deren Gesetze der Täter verletzt hat (Primoratz 1989, 1 ff). Der Ausdruck ‹Übel› steht für alles, was Menschen gewöhnlich nicht wünschen, daß es ihnen angetan wird – also nicht nur Schmerz oder Leiden, sondern auch Freiheitseinschränkungen verschiedener Art. Diese Definition schließt nicht aus, daß auch Strafen infolge von Justizirrtümern ‹Strafe› genannt werden können. Notwendig ist lediglich die Voraussetzung, daß die Bestraften von der strafenden Instanz für Gesetzesbrecher gehalten werden. Die Definition schließt mithin nicht die irrtümliche Bestrafung Unschuldiger aus, aber die bewußte (eventuell geheimgehaltene) Bestrafung Unschuldiger. Damit soll nicht behauptet werden, es sei nie moralisch erlaubt, Unschuldigen Übel zuzufügen, sondern nur, daß eine solche Praxis aus Gründen der Verständigung nicht Strafe genannt werden sollte (Rawls 1955; Schedler 1975/76). Dieser terminologische Vorschlag hat zwei Vorteile: Einerseits soll es niemandem gestattet sein, unter dem Vorwand der Strafe etwas zu tun, was mit Strafe nur noch entfernt verwandt ist. Die ‹Bestrafung› Unschuldiger ist etwas, was der Strafe gefährlich ähnlich scheint, aber besser mit einem völlig anderen Namen (z. B. ‹Sozialchirurgie›) zu bezeichnen wäre. Dieser andere Name erlaubt nun – und das ist der zweite Vorteil der terminologischen Klärung –, die moralische Seite einer sozialen Praxis, in der absichtlich Unschuldigen Übel zugefügt werden, zu erörtern, ohne eine sog. ‹Definitionssperre› (Hart 1961, 5 f) zu errichten. Die Definitionssperre besteht darin, daß man sich, wenn die Frage der ‹Bestrafung› Unschuldiger zur Debatte steht, darauf versteift, man wolle ja eine *Straf*theorie und nicht etwas völlig anderes entwickeln. Damit ist aber die unangenehme Frage, ob ‹Sozialchirurgie› unter Umständen sittlich erlaubt ist, nicht vom Tisch.

Die angenommene Autorisierung der strafenden Instanz, welche in die Definition von Strafe aufgenommen ist, darf nicht etwa so verstanden werden, als müsse es sich dabei um einen moralischen Grund handeln. Auch bei den Ausdrücken ‹Vergehen› oder ‹Verbrechen› handelt es sich nicht notwendig um moralische Kategorien. Die Definition läßt es offen, ob der Rechtsbruch moralisch verwerflich und das einem Täter zugefügte Übel moralisch legitim ist.

Schließlich nimmt die Definition nicht die Frage vorweg, ob die Strafe *wegen* des Gesetzesbruchs verhängt wird. Strafe wird also nicht definiert als ein *für* eine Gesetzesverletzung zugefügtes Übel. Eine solche Definition wäre nämlich nicht mehr neutral in bezug auf die wichtige Streitfrage, ob der Gesetzesbruch als solcher und isoliert betrachtet ein Strafgrund ist oder ob der tragende Rechtfertigungsgrund in den voraussichtlichen Folgen der Strafe besteht. Die Definition bewahrt also den semantischen Bezug der Strafe zum Gesetzesbrecher, aber sie bleibt neutral hinsichtlich der Alternative zwischen utilitaristischer und retributiver Rechtfertigung.

4.2 Straftheorien

Straftheorien sind Rechtfertigungstheorien. Das darf jedoch nicht so verstanden werden, als lieferten sie die Gründe für die bestehende Strafpraxis. Unter ‹Rechtfertigung› verstehen wir die kritische Bewertung und Normierung gesellschaftlicher Praktiken. Es läßt sich zum Beispiel nicht von vornherein ausschließen, daß eine Straftheorie zum Schluß führt, daß sich – unter den bestehenden gesellschaftlichen Verhältnissen oder ganz unabhängig von ihnen – staatliches Strafen nicht moralisch legitimieren lasse. Auch die Tatsache, daß sich Gesetzgeber und Richter auf Gründe berufen, ist keine Garantie dafür, daß diese Gründe stichhaltig und vor Mißbrauch geschützt sind.

Die schönsten Theorien können nicht verhehlen, daß das Bedürfnis zu strafen ein Instinkt ist, der sich der vernünftigen Kontrolle teilweise entzieht. Nirgends wird das deutlicher als beim nie verhallenden Ruf nach der Todesstrafe. Trotzdem sollten wir uns klarmachen, daß es auch in diesem Bereich bessere und schlechtere Gründe gibt. Vor allem zwei Gründe haben Anspruch auf Beachtung. Dies ist einerseits der legitime Anspruch der Menschen auf Schutz, die Verhütung der Schädigung anderer, positiv gesagt: das Gemeinwohl. Straftheorien, die um das Gemeinwohl zentriert sind, nennt man utilitaristisch. Ihr erklärtes Strafziel ist die Verhütung der Schädigung anderer mittels Generalprävention. Ein untergeordnetes Ziel ist die Resozialisierung oder ‹Besserung› des Straftäters, die Spezialprävention. Die utilitaristische Straftheorie beruht auf der Maxime «punitur ne peccetur»: Es wird gestraft, auf daß nicht gesündigt werde. Hervorstechendes Merkmal dieser Maxime ist ihre Zukunftsorientierung.

Jeremy Bentham, der erste Utilitarist, hat diese Straftheorie im Detail entwickelt. Er hat hervorgehoben, daß nur die Folgen von Strafen einen Rechtfertigungsgrund abgeben und nicht etwa die vagen Vorstellungen von Schuld und Verdienst. «Es ist das Prinzip der Antipathie, das uns zur Redeweise von Verbrechen, die Strafe *verdienen*, verführt. Es ist das korrespondierende Prinzip der Sympathie, das uns zur Rede von gewissen Handlungen verführt, die Belohnung verdienen. Dieses Wort *Verdienst* (merit) kann nur zu Leidenschaften und Irrtum führen. Wir sollten nur Wirkungen betrachten, gute oder schlechte» (Bentham 1871, 76).

Der wichtigste Aspekt der Strafe ist – neben ihren Folgen für den Bestraften – die Wirkung auf Dritte. Strafen müssen exemplarisch sein. Bentham versucht, den öffentlichen Aspekt der Inquisition für aufklärerische Strafrechtsreformen fruchtbar zu machen, wenn er schreibt: «... die wirkliche Strafe sollte so klein als möglich, die scheinbare Strafe so groß als möglich sein. Wenn die Erhängung eines Mannes *in effigie* im Geist der Leute den selben heilsamen Eindruck des Schreckens hervorbringen würde, so wäre es Torheit oder Grausamkeit, einen Menschen jemals *in persona* zu hängen» (Bentham 1962, Bd. I, 398). Bentham verlangt zudem, eine Strafe müsse reparabel oder kompensierbar sein; denn das Risiko eines Justizirrtums läßt sich nicht vermeiden. Dieser Gesichtspunkt spricht natürlich gegen die Todesstrafe. Der größte Makel der Todesstrafe ist ihre Unwiderrufbarkeit.

Der Retributivismus wird auch als *Vergeltungstheorie* bezeichnet. Das Wort Vergeltung erinnert jedoch an Rache und damit gerade an den Aspekt, der den aufklärerischen Intentionen des Utilitarismus am meisten widerspricht. Um diese Assoziationen an eine primitive Vorstellung von Rache fernzuhalten, empfiehlt sich das Wort ‹retributiv›. Zu den klassischen Vertretern des Retributivismus gehören Kant und Hegel. Weit entfernt von der Absicht, Strafe als blinde Reaktion und Ausdruck von Ressentiments zu rehabilitieren, geht es diesen Klassikern darum, vermeintliche Mängel des Utilitarismus zu beheben. Der Utilitarismus – so wird immer wieder gesagt – sei nämlich blind für Gerechtigkeit als eigenständige, nicht aus Nützlichkeitserwägungen ableitbare Norm. Die Maxime, die dem Strafrecht zugrunde liegt, ist für den Retributivisten vergangenheitsbezogen und lautet: «punitur quia peccatum est»: Es wird bestraft, weil gesündigt wurde.

Der Retributivismus inkorporiert gleich mehrere Prinzipien – u. a. das Prinzip, daß nur Schuldige bestraft werden müssen, daß das Strafmaß proportional zur Schwere des Verbrechens sein muß und daß es unfair wäre, wenn Gesetzesbrecher unbehelligt davon profitieren könnten, daß sich die Mehrheit der Bürger an die Gesetze hält. Eine klare Rekonstruktion dieser Straftheorie im Geiste Kants, aber auch gefiltert durch einen kritischen Marxismus, findet man bei Jeffrie G. Murphy (1979).

4.3 Argumente für und gegen die Todesstrafe

Die beiden wichtigsten Straftheorien sind also der Utilitarismus und der Retributivismus. Ihre Anwendung auf die Todesstrafe soll nun kritisch erörtert werden. Die utilitaristische Rechtfertigung lautet: Die Todesstrafe ist die schrecklichste Strafe, also ist sie auch die abschreckendste Strafe. Zwar ist ihr Preis hoch, aber gegen einen mehrfachen Mörder und gegen gefährliche Wiederholungstäter ist Ausmerzung das notwendige und geringere Übel.

Die retributive Rechtfertigung ist ebenfalls einfach und plausibel: Die schwersten Verbrechen verdienen die härtesten Strafen. Wenn mehrfacher Mord (und eventuell Landesverrat in Kriegszeiten) das schwerste Verbrechen ist, dann ist – sofern keine mildernden Umstände dagegensprechen – Todesstrafe angemessen. Diese Auffassung wird zum Beispiel von Tom Sorell (1987) vertreten. Er verdeutlicht nicht nur den Unterschied zwischen dem bloßen Wunsch nach Rache und der Überzeugung, daß jemand eine Strafe verdient, sondern auch den wenig beachteten Unterschied zwischen leichten, aber entwürdigenden und schweren, aber ‹ehrenvollen› Strafen.

Auf den ersten Blick scheinen also beide Theorien die Todesstrafe für einige wenige ganz schwere Verbrechen zu befürworten. Beide Theorien sprechen jedoch gegen die Todesstrafe im Falle von mittleren Verbrechen oder gar geringfügigen Vergehen. Utilitaristisch gesehen wären drakonische Strafen normalerweise unökonomisch – sie würden mehr Leiden produzieren als verhüten. Für den Retributivisten wären sie himmelschreiende Ungerechtigkeiten, die eine Gesellschaft den Individuen zufügt.

Bei genauerem Hinsehen ergeben sich jedoch zahlreiche Bedenken gegen beide Typen von Argumenten. Beginnen wir zunächst mit dem utilitaristischen Ansatz. Die angenommene besonders abschreckende Wirkung der Todesstrafe ist empirisch nicht nachgewiesen. Arthur Koestler berichtet, daß zur Zeit, als Taschendiebe in England noch hingerichtet wurden, andere Diebe ihre Fingerfertigkeit in der um den Galgen gedrängten Menge ausübten, während ihre Kollegen gehängt wurden. Albert Camus fügt dieser Beobachtung weitere Daten hinzu und schreibt:

«Die Angst vor dem Tod ist also eine unbestreitbare Tatsache, aber ebenso unbestreitbar ist, daß diese Angst, und mag sie noch so groß sein, noch nie stark genug war, um die Leidenschaften der Menschen einzudämmen» (Camus 1960, 105). Was hingegen vielfach belegt ist, sind die Qualen der zum Tode Verurteilten in ihren Todeszellen. Diese Feststellungen widersprechen aber der Devise Benthams, wonach der scheinbare Wert der Strafe (ihre abschreckende Wirkung auf Dritte) wichtiger ist als ihr tatsächlicher Wert (das vom Verurteilten erlittene Übel) (Wolf 1990). Eine mögliche abschreckende Wirkung der Todesstrafe wird zudem abgeschwächt durch den Ausschluß der Öffentlichkeit von der Exekution. Camus hat auch diese Ungereimtheit eindrücklich beschrieben. «Wenn die Strafe abschreckend wirken soll, muß man nämlich nicht nur mehr Fotos verbreiten, sondern die Maschine um zwei Uhr nachmittags auf einem Blutgerüst in der Mitte der Place de la Concorde aufstellen, die ganze Bevölkerung einladen und die Zeremonie für die Abwesenden im Fernsehen übertragen. Ist man dazu nicht bereit, soll man nicht von Exempel reden» (Camus 1960, 97 f). Nach Camus ist die Hinrichtung «ein brutaler chirurgischer Eingriff unter Bedingungen, die ihn jeglicher belehrender Wirkung berauben» (Camus 1960, 101). Von Richter Falco zitiert er den Ausdruck «Administrativmord»; dieser hat nichts mehr gemeinsam mit dem «Theater des Schreckens» (van Dülmen 1988), das der Strafvollzug einst geboten hat.

Was nach den Gesichtspunkten, die Bentham geltend macht, gegen die Todesstrafe spricht, ist ihre Unwiderruflichkeit. Dies ist allerdings auch ein schwerwiegender Grund im retributiven Schema. Wird Strafgerechtigkeit u. a. als eine Art von Kompensation verstanden, so ist der tödliche Justizirrtum das Ende aller möglichen Kompensation.

Die Vergeltungstheorie beansprucht gegenüber dem Utilitarismus den Respekt vor der Autonomie des Täters. Selbst der schlimmste Verbrecher darf nicht nur als Mittel zum Zweck der Abschreckung anderer behandelt werden, sondern er muß immer auch als Zweck respektiert werden. Ist es aber möglich, ein Individuum als Zweck zu respektieren und es gleichzeitig der Todesstrafe zu unterwerfen?

Ja, könnte man sagen. Denn selbst der schlimmste Verbrecher wird noch als zurechnungsfähiges Wesen ernst genommen und nicht etwa als ‹krankes Monstrum› pathologisiert. Wer sich aber frei zum schlimmsten Verbrechen entscheidet, muß auch die schwerste Strafe ertragen, nämlich Folter und Todesstrafe.

Diese Auffassung ist jedoch unhaltbar. Zwar ist die Formel, jede Person sei auch als Zweck zu respektieren, eine Leerformel, die nicht exakt angibt, wo die Grenze zwischen Respektierung und bloßer Instrumentalisierung von Menschen liegt. Abgesehen von dieser Unsicherheit können wir jedoch festhalten: Wenn die Formel zumindest einen vagen Sinn hat, dann sind, wenn überhaupt etwas, Folter und Todesstrafe eindeutige Instanzen der Verletzung der individuellen Menschenwürde. Die symbolische Bedeutung der Todesstrafe als totalem Verfügungsrecht der Obrigkeit über ihre Untertanen ist evident. Hugo Bedau, einer der führenden Analytiker und Kritiker der Todesstrafe in den USA, mißt dieser symbolischen Bedeutung der Todesstrafe, die darin besteht, daß die totale Aktivität der Staatsmacht die totale Passivität des zum Tode Verurteilten bewirkt, größte Bedeutung zu (Bedau 1987, 124). Die Todesstrafe ist ein Relikt der peinlichen Strafen und gehört somit einer vergangenen Epoche an, in der die Rechte des Individuums nicht oder nicht adäquat beachtet wurden. Nicht zufällig tritt die Todesstrafe zumeist in Verbindung mit der Folter auf.

Der Hinweis auf die Assoziation von Todesstrafe und Folter vermag jedoch nicht restlos zu überzeugen. Er richtet sich lediglich gegen die zufälligen historischen Umstände und die Art des Vollzugs der Todesstrafe als barbarische Körperstrafe. Doch unter der Voraussetzung, daß sich Folter und Todesstrafe völlig trennen lassen und Todesstrafen nur vollzogen werden 1. nach einem fairen Prozeß, 2. gegen schwerste Verbrechen, 3. schmerzlos und 4. mit einer möglichst kurzen Zeitspanne zwischen Verhaftung und Urteilsspruch sowie zwischen Urteilsspruch und Vollstreckung, ist Todesstrafe legitim und zumindest nicht offensichtlich erniedrigend.

Die letztgenannte Forderung nach einer raschen Urteilsfindung und Vollstreckung steht allerdings im Konflikt mit der Forderung einer Frist, die der Abklärung und Vermeidung von Justizirrtümern dient und überdies die Hintertür der Begnadigung offenhält. Was schwerer wiegt: Bei den genannten Postulaten handelt es sich um idealisierte Bedingungen, die noch ergänzt werden müßten um Forderungen der sozialen Gerechtigkeit bei der Fahndung und Ahndung von Verbrechen, der Gleichbehandlung vor dem Gericht sowie gleicher Haftbedingungen. Selbst wenn diese Bedingungen alle optimal wären (und z. B. nicht prozentual mehr Schwarze als Weiße, mehr Arme als Reiche etc. zum Tode verurteilt würden), bliebe immer noch die Frage offen, ob die gesetzlich geregelte und demnach mit institutioneller Übermacht vollzogene, hochrituelle Tötung von Gesetzesbrechern keine verdeckte Form des Menschenopfers bleibt, das sowohl der säkularen Staatsauffassung (wonach der Staat weder Moloch noch Leviathan, sondern eine menschliche Schutzvereinigung darstellt) als auch den Standards einer zivilisierten Humanität widerspricht. Zwar hat noch Locke die Staatsmacht als Recht auf Gesetzgebung mit Todesstrafe *definiert* (Locke 1980, 98). Doch diese Auffassung von Staatsmacht besiegelt eine unheilvolle und im 20. Jahrhundert vielfach mißbrauchte Doktrin, die dem Staat das Privileg des vorbedachten Mordes vorbehält. «Aber was ist die Hinrichtung denn anderes als der vorbedachteste aller Morde, mit dem keine noch so berechnete Untat eines Verbrechens beglichen werden kann?» (Camus 1960, 112). Der Atheist Camus ist der Auffassung, daß das Recht auf ein unwiderrufliches Urteil nur einem absolut unschuldigen Richter, nämlich Gott, wenn es ihn gäbe, zustehen würde, aber keine Gesellschaft völlig unschuldig sei. Dieses Argument hat so lange Überzeugungskraft, als nicht nachgewiesen werden kann, daß die Todesstrafe die einzige Verteidigungsmaßnahme der Gesellschaft gegen ihre ‹Feinde› ist. Denn das Recht auf Notwehr, wenn es sich begründen läßt, setzt nicht voraus, daß jene, die sich seiner bedienen, moralisch unschuldig sind.

Mit der irritierenden Ausnahme der USA ist die Todesstrafe in den meisten nicht-diktatorischen Ländern zumindest für Friedenszeiten abgeschafft. Damit sind genügend Vorbilder für den Friedensfall geschaffen. Denn zur Begründung einer Wiedereinführung der Todesstrafe sind stärkere Argumente erforderlich als für eine Beibehaltung. Folglich sollte das moralische Stadium, das erreicht wird, wenn die Todesstrafe abgeschafft ist, nicht mehr preisgegeben werden. Die Abschaffung der Todesstrafe ist wie die Abschaffung der Folter und anderer extremer Formen der staatlichen Repression ein Signum der Zivilisation. Doch die verfügbaren Argumente aus dem Repertoire des Utilitarismus und des Retributivismus reichen nicht zu für die Begründung eines absoluten Verbots der Todesstrafe. In Kriegen, auf hoher See und in anderen Ausnahmesituationen – man denke etwa an die Hinrichtung eines Diktators – mag es besondere Gründe zur Beibehaltung der Todesstrafe geben (Engisch 1967).

Literatur

Alvarez, A.: Der grausame Gott. Eine Studie über den Selbstmord. Frankfurt/M. 1980.

Augustinus, Aurelius: Über den Gottesstaat (De civitate Dei). 2 Bde. München 1977.

Beauchamp, Tom L.: «An Analysis of Hume's Essay ‹On Suicide›». In: The Review of Metaphysics 30 (1976), 73–95.

Beck, Ulrich: Risikogesellschaft. Auf dem Weg in eine andere Moderne. Frankfurt/M. 1986.

Bedau, Hugo: Death is Different. Studies in the Morality, Law, and Politics of Capital Punishment. Boston 1987.

Bentham, Jeremy: Theory of Legislation. Engl. Übersetzung von R. Hildreth aus dem Franz. von E. Dumont. 2. Aufl. London 1871.

Ders.: Principles of Penal Law. The Works of J. B. Hrsg. von J. Bowring. Bd. I. New York 1962.

Birnbacher, Dieter: «Schopenhauer und das ethische Problem des Selbstmords». In: Schopenhauer-Jahrbuch 66 (1985), 115–129.

Callahan, Daniel: Setting Limits. Medical Goals in an Aging Society. New York etc. 1987.

Camus, Albert: «Betrachtungen zur Todesstrafe». In: Ders.: Fragen der Zeit. Hamburg 1960.

Daniels, Norman: Am I My Parents' Keeper? An Essay On Justice Between The Young and The Old. Oxford 1988.

Devine, Philip E.: The Ethics of Homicide. Ithaca/London 1978.

Duff, R. A.: Trials and Punishments. Cambridge 1986.

Engisch, Karl: «Todesstrafe – ja oder nein?» In: Schopenhauer-Jahrbuch 38 (1967), 53–83.

Foot, Philippa: «Euthanasie». In: Um Leben und Tod. Hrsg. von Anton Leist. Frankfurt/M. 1990, 196–211.

Gibbs, Jack P.: Crime, Punishment, and Deterrence. New York etc. 1975.

Glover, Jonathan: Causing Death and Saving Lifes. London 1977.

Hare, Richard M.: Moral Thinking. Oxford 1981.

Hart, Herbert L. A.: Punishment and Responsibility. Oxford 1961.

Holderegger, Adrian: Suizid und Suizidgefährdung. Humanwissenschaftliche Ergebnisse, anthropologische Grundlagen. Freiburg/Wien 1979.

Honderich, Ted: «Punishment, the New Retributivism, and Political Philosophy». In: Philosophy and Practice. Hrsg. von A. Phillips Griffiths. Cambridge 1985, 117 bis 147.

Hume, David: «Über Selbstmord». In: David Hume: Die Naturgeschichte der Religion. Hamburg 1984, 89–99.

Kant, Immanuel: Grundlegung zur Metaphysik der Sitten 1785. Akademie-Ausgabe Bd. IV.

Ders.: Metaphysik der Sitten 1797. Akademie-Ausgabe Bd. VI.

Kehl, Robert: Sterbehilfe. Ethische und juristische Grundlagen. Bern 1989.

Kuhse, Helga: The Sanctity-of-Life-Doctrine in Medicine. A Critique. Oxford 1987.

Dies.: «Die Lehre von der ‹Heiligkeit des Lebens›». In: Um Leben und Tod. Hrsg. von Anton Leist. Frankfurt/M. 1990, 75–106.

Leist, Anton (Hrsg.): Um Leben und Tod. Moralische Probleme bei Abtreibung, künstlicher Befruchtung, Euthanasie und Selbstmord. Frankfurt/M. 1990.

Locke, John: Essay Concerning Human Understanding, 1690. .

Ders.: Two Treatises of Government 1690 (dt.: Bürgerliche Gesellschaft und Staatsgewalt. Leipzig 1980).

Mainländer, Philipp: Philosophie der Erlösung. Bd. 1. Berlin 1876; Bd. 2. Frankfurt 1886.

McMillan, Richard C./H. Tristram Engelhardt, Jr./Stuart Spicker (eds.): Euthanasia and the Newborn. Dordrecht 1987.

Mill, John Stuart: On Liberty, 1859 (dt. Stuttgart 1974).

Murphy, Jeffrie G.: Retribution, Justice, and Therapy. Dordrecht 1979.

Pabst Battin, Margaret: Ethical Issues in Suicide. New Jersey 1982.

Primoratz, Igor: Justifying Legal Punishment. New Jersey/London 1989.

Rachels, James: The End of Life. Euthanasia and Morality. Oxford 1986.

Rawls, John: «Two Concepts of Rules». In: Philosophical Review 64 (1955), 3–32.

Römpp, Georg: Der unfreie Tod. Kant und die ethische Dimension des Suizids. In: Freiburger Zeitschrift für Philosophie und Theologie 35 (1988), 415–431.

Sadurski, Wojciech: Giving Desert Its Due. Social Justice and Legal Theory. Dordrecht 1985.

Sartorius, Rolf (Hrsg.): Paternalism. Minneapolis 1983.

Sass, Hans Martin (Hrsg.): Medizin und Ethik. Stuttgart 1989.

Schedler, G.: «On Telishing the Guilty». In: Ethics 86 (1975/76), 256–260.

Scheffler, Samuel (Hrsg.): Consequentialism and Its Critics. Oxford 1986.

Schopenhauer, Arthur: Die Welt als Wille und Vorstellung, 1. Bd. Leipzig 1819, 2. Bd. Leipzig 1844.

Sher, George: Desert. Princeton 1987.

Singer, Peter: Praktische Ethik. Stuttgart 1984.

Sobel, Alan: Paternalism, Liberal Theory, and Suicide. In: Canadian Journal of Philosophy Bd. 12 (1982), 2, 335–352.

Sorell, Tom: Moral Theory and Capital Punishment. Oxford 1987.

Ten, C. L.: Crime, Guilt, and Punishment. Oxford 1987.

Tooley, Michael: «Abtreibung und Kindstötung». In: Um Leben und Tod. Hrsg. von Anton Leist. Frankfurt/M. 1989, 157–195.

van Dülmen, Richard: Theater des Schreckens. München 1988.

Wolf, Jean-Claude: John Stuart Mill über die Todesstrafe. In: Freiburger Zeitschrift für Philosophie und Theologie 37 (1990), 105–118.

Zentner, Marcel R.: «Der Selbstmord als Antwort auf das Leid bei Schopenhauer». In: Freiburger Zeitschrift für Philosophie und Theologie 35 (1988), 3, 415–431.

Dieter Birnbacher

Mensch und Natur
Grundzüge der ökologischen Ethik

1 Was ist ökologische Ethik?

Die ökologische Ethik braucht sich nicht mehr hinter Anführungszeichen
zu verstecken. Sie ist – wie die ‹ökologische Krise› ein Teil des öffentlichen – ein verläßlicher Teil des philosophischen Bewußtseins geworden. Trotz einer seit zwei Jahrzehnten anhaltenden Diskussion ist ihre
Abgrenzung und Aufgabenstellung allerdings auch heute noch unsicher.
Viele verknüpfen das Projekt einer ‹ökologischen Ethik› von vornherein
mit einer innovativen, dezidiert ‹neuen› Ethik, die auf die Herausforde-

rungen der ökologischen Krise mit einer Abkehr von den tradierten anthropozentrischen Sichtweisen des Mensch-Natur-Verhältnisses antwortet und nicht-menschlichen Lebewesen, Biotopen, Ökosystemen, Landschaften, biologischen Arten oder der Natur als ganzer Selbstzweckcharakter, Eigenwert oder den Status von Rechtssubjekten zuspricht. Eine derartige inhaltliche Präjudizierung der ökologischen Ethik scheint allerdings verfrüht. Es kann nicht als von vornherein ausgemacht gelten, ob sich plausible Verpflichtungen zur Schonung und Erhaltung der natürlichen Umwelt nicht auch mit Bezug auf Bedürfnisse und Interessen des Menschen – einschließlich derjenigen zukünftiger Generationen – begründen lassen. Mit einem von vornherein nicht-anthropozentrischen Verständnis von ‹ökologischer Ethik› würde man sich überdies in die Zwangslage bringen, ethische Probleme im Zusammenhang mit Umweltproblemen (z. B. Gesundheitsgefährdungen durch Schadstoffe in Luft, Boden und Wasser), die sich auf die spezifischen Anforderungen des *Menschen* an die Natur beziehen, aus der Fragestellung der ‹ökologischen Ethik› ausklammern zu müssen. Das wäre aber nachgerade paradox, waren es doch die Umweltprobleme – und nicht die Probleme des Naturschutzes –, die den Anstoß zur ökologischen Ethik gegeben haben.

Zur ökologischen Ethik möchte ich im folgenden alle Bemühungen um eine Klärung und Begründung von Wertvorstellungen und Verhaltensnormen zählen, die sich auf den menschlichen Umgang mit der außermenschlichen Natur beziehen. Ökologische Ethik ist danach eigentlich Natur-Ethik. Ihr Gegenstandsbereich beschränkt sich weder auf die Gegenstände der wissenschaftlichen Ökologie, noch fällt er mit den sogenannten Umweltproblemen zusammen. Neben den von der Ökologie untersuchten natürlichen *Systemen* und *Populationen* interessieren sie auch Fragen, die sich im Zusammenhang mit individuellen Naturwesen ergeben, etwa im Bereich des Tierschutzes. Umweltprobleme auf der anderen Seite gehören nur insoweit zu ihren Gegenständen, als es sich um Probleme mit der natürlichen Umwelt handelt.

Wie der Ethik insgesamt geht es der ökologischen Ethik (auch wenn sie es sich gelegentlich nicht nehmen läßt, Moral zu predigen) primär darum, Moral zu *begründen*. Zwischen ökologischen Handlungsanweisungen, Zielbestimmungen und Idealen (der ökologischen Moral oder dem ökologischen Ethos, engl. «ethic») und ökologisch-ethischer Theorie (engl. «ethics») besteht dabei kein eindeutiges Zuordnungsverhältnis. Ein und dieselbe ökologische Norm läßt sich vielfach im Rahmen unterschiedlicher ökologisch-ethischer Ansätze begründen, eine Norm des Naturerhalts etwa sowohl im Rahmen eines anthropozentrischen wie im Rahmen eines nicht-anthropozentrischen Begründungsansatzes: Einmal wird die Intaktheit von Landschaften, die genotypische und phänotypische Vielfalt, die ästhetische Qualität der Natur usw. im weitesten Sinne als *Ressource* für die gegenwärtige und zukünftige Menschheit aufgefaßt, ein andermal als Wesen mit *Selbstzweckcharakter*, das von sich aus und unabhängig von aller menschlichen Betroffenheit einen Anspruch auf Erhaltung hat. Ein anthropozentrisches ökologisches *Ethos* ist schwer vorstellbar: In jedem ökologischen Ethos steht notwendig die Natur im Mittelpunkt. Dagegen ist eine anthropozentrische ökologische *Ethik* eine offene, nicht von vornherein auszuschließende Option.

2 Ansätze der ökologischen Ethik

Nicht von ungefähr verläuft die Debatte um die Prinzipien der ökologischen Ethik ein gutes Stück kontroverser als die um die Prinzipien der Sozialethik. Auf der einen Seite sind viele herkömmliche Orientierungen durch die ‹ökologische Krise› fragwürdig geworden. Auf der anderen Seite haben sich angesichts der Neuartigkeit der Fragestellung noch keine stabilen Alternativen herausbilden können. Nicht nur intersubjektiv gehen die Auffassungen weit auseinander, auch intrasubjektiv erweisen sich spontane wie reflektierte Beurteilungen als schwankend und ohne Evidenz. Hinzu kommt, daß sich in der ökologischen Ethik stärker als in der Sozialethik argumentativ schwer auflösbare metaphysisch-weltanschauliche Differenzen geltend machen. Wer innerhalb eines theistischen Weltbilds die Natur als ‹Schöpfung› und damit als Objekt und Medium göttlicher Zwecke sieht, wird weniger bereit sein, die Natur zur Gänze der autonomen Zwecksetzung des Menschen zu überantworten als der zum Atheismus neigende Naturalist. Aus allen diesen Gründen kann ein rein rekonstruktives Vorgehen, das bestehende Einverständnisse lediglich auf den Punkt zu bringen bzw. vorherrschende Prinzipienüberzeugungen und Einzelfallintuitionen im Sinne eines ‹Überlegungsgleichgewichts› zu vermitteln sucht, in der ökologischen Ethik kaum zum Ziel führen. Lösungen sind eher von Überlegungen zu erwarten, die sich von den ‹intuitiven› Wert- und Normüberzeugungen weitgehend unabhängig machen.

Strittig zwischen den verschiedenen Ansätzen der ökologischen Ethik sind vor allem die der Normsetzung zugrunde liegenden axiologischen Annahmen, die Annahmen darüber, welchen Arten von Naturwesen über ihren Wert für andere hinaus ein eigenständiger, ‹intrinsischer› Wert zukommt. In Anlehnung an ein von William K. Frankena (1979) vorgeschlagenes Begriffsraster kann man dabei zwischen einem anthropozentrischen, einem pathozentrischen, einem biozentrischen und einem holistischen Ansatz unterscheiden.

2.1 Der anthropozentrische Ansatz

Der anthropozentrische Ansatz erkennt ausschließlich dem Menschen, bzw. bestimmten menschlichen Eigenschaften intrinsischen Wert zu. Maßstab für die menschliche Inanspruchnahme der Natur ist danach der Mensch selbst, wobei ‹der Mensch› neben der gegenwärtig lebenden Menschheit die gesamte Reihe der in Zukunft existierenden Generationen umfaßt. Der außermenschlichen Natur kommt nach diesem Ansatz lediglich ein extrinsischer (abgeleiteter) Wert zu, und zwar insoweit, als sie mit dem Menschen in ein wie immer geartetes Verhältnis der Wechselwirkung tritt. Intrinsisch wertvoll sind letztlich nur die durch sie im Menschen hervorgerufenen oder bedingten Fähigkeiten, Zustände und Aktivitäten.

Dem anthropozentrischen Ansatz wird vielfach vorgeworfen, für ihn komme die Natur lediglich als Gegenstand technischer Manipulation, als Objekt ‹instrumenteller Vernunft› in den Blick. Das ist ein Mißverständnis. Der Wert der Natur für den Menschen erschöpft sich nicht im Aspekt der Nutzbarkeit, sondern umfaßt ästhetische, religiöse und ontologische Qualitäten wie Schönheit, Heiligkeit, kosmische Ordnung usw., die sich einer kontemplativen, nicht unmittelbar auf Verfügung zielenden Haltung erschließen. Auch der Anthropozentriker erkennt derartige «inhärente Werte» (Frankena) der Natur an – freilich ohne sie aus ihrer Subjektbezogenheit herauszulösen. Auch wenn es zum Wesen jeder positiv bewertenden Beziehung gehört, dem Geliebten, Bewunderten, als schön Empfundenen selbst – und nicht dem Akt des Liebens, Bewunderns usw. – Wert zuzuschreiben, sieht der Anthropozentriker diesen Wert doch als durch die spezifischen Erlebnis- und Wahrnehmungsweisen des Subjekts bedingt. Der scheinbar am Objekt haftende Wert ist für ihn ein Wert-für-den-Menschen und kein ‹Wert an sich›.

Die anthropozentrische Orientierung ist für die gesamte ethische Tradition des Abendlands charakteristisch. Auf die Spitze getrieben wird sie in den Systemen des Idealismus, etwa bei Kant. Für Kant, der die Natur lediglich als «Inbegriff der Erscheinungen» auffaßt – als etwas, das nicht da wäre, gäbe es das Subjekt nicht, dem sie erscheinen –, ist es nur konsequent, wenn er den Natur-Vandalismus und die Tierquälerei ausschließlich um der Folgen für den Menschen selbst und nicht um ihrer Folgen für die Natur willen verurteilt (Kant 1797, 443). Da allein das menschliche Subjekt, metaphysisch gesehen, substantiell und nicht nur Erscheinung für etwas anderes ist, kommen andere Wesen als Träger intrinsischen Werts schlechterdings nicht in Frage.

2.2 Der pathozentrische Ansatz

Der pathozentrische Ansatz sieht alle *empfindungsfähigen* Naturwesen als moralisch berücksichtigungswürdig. Neben den Menschen sind danach auch die empfindungsfähigen Tiere Träger intrinsischen Werts. Zugleich erhöht sich die indirekte Bedeutung der nicht empfindungsfähigen Natur. Ihr instrumenteller und inhärenter Wert erweitert sich um die Funktionen, die sie für das Leben und Erleben der höheren Tierwelt übernimmt.

Die am häufigsten vertretene Form des Pathozentrismus ist eine Ethik der Leidensbegrenzung, die von der Annahme eines intrinsischen Unwerts tierischen Leidens ausgeht und daraus das Prima-facie-Verbot ableitet, empfindungsfähigen Tieren Schmerzen, Angst, Streß und andere Leidenszustände zuzumuten. Historisch wirksam für die Verbreitung und Durchsetzung der Idee des Tierschutzes waren vor allem Konzeptionen, die auch ontologisch der Gattungsgrenze zwischen Mensch und Tier weniger Bedeutung beimessen als das herkömmliche humanistisch-christliche Weltbild: der englische Utilitarismus, die Philosophie Schopenhauers und Albert Schweitzers Lehre von der «Ehrfurcht vor dem Leben». Seit dem vielzitierten Satz Benthams (1789, 311): «The question is not, Can they *reason*? nor, Can they *talk*? but, Can they *suffer*?» gehört die Leidensfreiheit empfindungsfähiger Tiere zu den Anliegen des ethischen Utilitarismus. (Eine ähnliche Position vertraten vor 1789 Rousseau und Voltaire.) In Deutschland hat zur Verbreitung des Tierschutzes insbesondere die Mitleidsethik Schopenhauers mit ihrer vehementen Kritik an der Ethik Kants beigetragen (vgl. Schopenhauer 1841).

2.3 Der biozentrische Ansatz

Biozentriker sprechen allen Lebewesen – ungeachtet ihrer Empfindungs-
fähigkeit – moralische Berücksichtigungswürdigkeit und dem Lebendigen als solchem einen eigenständigen Wert zu. Nur wenige Biozentriker
sehen im Leben allerdings den einzigen intrinsischen Wert. Eine Ausnahme macht in dieser Hinsicht Albert Schweitzers «Ethik der Ehrfurcht
vor dem Leben in allen seinen Erscheinungsformen», die jede Wertabstu-
fung zwischen den Arten des Lebendigen – zwischen Tieren und Pflanzen
wie zwischen Mensch und Tier – ausdrücklich ablehnt. Implizit erkennt
Schweitzer jedoch nicht nur in der Praxis, sondern auch in vielen seiner
Schriften pathozentrische und anthropozentrische Werte an, etwa Leidensfreiheit und den Eigenwert menschlicher Existenz. So hält er es nicht
nur für gerechtfertigt, Tieren den Gnadentod zu geben (Schweitzer
1919a, 60), sondern meint sogar, daß eine zahlenmäßige Zunahme der
Menschheit grundsätzlich besser sei als eine Abnahme – daß «es einen
Weltzweck gibt, der will, daß möglichst viele Menschen das Dasein erleben» –, ohne die Frage zu stellen, wieviel tierisches und pflanzliches Leben durch jedes zusätzliche Menschenleben etwa zerstört oder verhindert
wird.

Leider erklären sich die Biozentriker nur selten darüber, welchen Stellenwert sie tierischem und pflanzlichem Leben im Verhältnis zum
menschlichen zugestehen wollen. Werden alle Lebensformen gleichge-
wichtet, wäre die ersatzlose Vernichtung einer individuellen Pflanze nur
dann moralisch erlaubt, wenn damit einem anderen pflanzlichen, tierischen oder menschlichen Individuum Leben oder Weiterleben ermöglicht würde. Sie wäre moralisch verboten, wenn sie der Preis dafür ist, das
Leben für diese lediglich angenehmer oder kultivierter zu gestalten.
Wird der intrinsische Wert des individuellen Lebens dagegen nach der
biologischen Organisationshöhe abgestuft – wie es Attfield (1983, 154)
tut, der Menschen, Tieren und Pflanzen eine abgestufte moralische «Signifikanz» zuschreibt –, ergeben sich weniger radikale, aber dennoch
nicht ganz leicht zu akzeptierende Konsequenzen. Beträgt der Wert des
Lebens eines Baumes etwa den n-ten Teil des Werts eines Menschen-
lebens, wäre es immer noch eher gerechtfertigt, *ceteris paribus* einen
Menschen zu töten als einen Wald mit mehr als n Bäumen zu vernichten.

2.4 Der holistische Ansatz

Neben dem eigenständigen Wert des Lebens erkennen die biozentrischen ökologischen Ethiker explizit oder implizit zumeist noch weitere intrinsische Werte an: Schönheit, Ordnung, teleonome Organisation, Vielfalt, ehrwürdiges Alter. Während Biozentriker diese Werte jedoch immer nur für die lebendige Natur postulieren, gehen Holisten einen Schritt weiter und postulieren diese Werte auch für die unbelebte Natur. Nach ihnen verdienen auch unbelebte Bestandteile der Natur – zumindest soweit sie Träger bestimmter Werteigenschaften sind –, um ihrer selbst willen im menschlichen Handeln berücksichtigt zu werden.

Der holistische Ansatz wird oft mit der Extremposition identifiziert, nach der das in der Natur Vorgefundene bereits um seiner bloßen *Existenz* willen intrinsischen Wert und einen Prima-facie-Anspruch auf Erhaltung hat. Damit wäre jedoch die Position, die viele Öko-Ethiker unter den Etiketten ‹Holismus›, ‹Physiozentrismus› oder ‹Ökozentrismus› vertreten, nicht getroffen. Dem Holisten steht es durchaus frei, intrinsischen Wert an den Besitz bestimmter ästhetischer, struktureller oder historischer Merkmale zu binden, wobei diese Merkmale entweder natürlichen Individuen oder auch natürlichen Kollektiven wie Biotopen, Ökosystemen, Landschaften oder Arten zukommen. Im ersten Fall kann man (in Anlehnung an Wenz 1988, 292) von einem ‹physiozentrischen›, im zweiten von einem ‹ökozentrischen› Holismus sprechen. Wenn dabei ‹ökozentrisch-holistischen› Ansätzen wie der ‹land ethic› des amerikanischen Ökologen Aldo Leopold um ihrer ‹kollektivistischen› Orientierung gelegentlich der Vorwurf des Umwelt-‹Faschismus› gemacht wird (Regan 1983, 396), ist das zumindest einseitig. Ökozentrisch-holistische Ansätze sprechen in der Regel nicht nur den natürlichen Ganzheiten, sondern auch den individuellen Naturwesen Wert zu: «A land ethic... implies respect for his fellow-members, and also respect for the community as such» (Leopold 1949, 204).

Unter den Ansätzen der ökologischen Ethik weist der holistische Ansatz die größte Nähe zur unbefangenen Naturerfahrung auf. Wertzuschreibungen, wie sie für die ästhetische und naturreligiöse Naturerfahrung konstitutiv sind, beschränken sich nicht auf den Kreis des Lebendigen. Es ist nicht abwegig, das Matterhorn für eine eindrucksvollere Gestaltung der Natur zu halten als irgendeinen Schleimpilz. Selbst Albert Schweitzer, der Extremist unter den Biozentrikern, kommt der physiozentrischen Position nahe, wenn er Respekt auch vor dem «Kristall» fordert und nicht nur das im biologischen Sinne Lebendige, sondern «alles Sein» von dem «unendlichen, unergründlichen, vorwärtsstrebenden Willen» durchdrungen sieht, von dem sich die Ehrfurcht vor dem Leben ergreifen lassen soll (Schweitzer 1923, 302 f).

Kritiker des holistischen (wie auch des biozentrischen) Ansatzes machen es sich gelegentlich zu leicht, indem sie diesen Positionen unterstellen, auf die diese ihren Prämissen nach nicht verpflichtet sind. So ist, wer Naturwesen und Naturobjekten einen intrinsischen Wert zuschreibt, nicht darauf festgelegt, ihnen darüber hinaus moralische *Rechte* zuzuschreiben. Der Biozentriker und der Holist sind nicht zwangsläufig mit den semantischen Schwierigkeiten konfrontiert, die jeder Versuch mit sich bringt, moralische Rechte (die primär für Personen definiert sind) auf bewußtseinslose natürliche Individuen oder sogar Kollektive wie biologische Arten auszudehnen. Der Biozentriker und der Holist können diesen Schwierigkeiten leicht entgehen, indem sie sich darauf beschränken, dem Menschen eine (Prima-facie-)*Pflicht* aufzuerlegen, das jeweils intrinsisch Wertvolle in der Natur zu schützen.

Darüber hinaus wird oft nicht beachtet, daß das Prinzip, dem Frankenas Klassifikation der ökologisch-ethischen Ansätze folgt, ausschließlich normativ-ethischer und nicht zugleich metaethischer Art ist. Die in normativer Hinsicht anspruchsvollere Ethik ist nicht ohne weiteres auch die metaethisch anspruchsvollere. Jeder der dargestellten Ansätze läßt sich vielmehr in metaethischer Hinsicht sowohl objektivistisch als auch subjektivistisch verstehen, d. h. entweder so, daß die jeweils postulierten Werte vorgängig zu jeder menschlichen Wertsetzung bestehen (durch die sie dann lediglich anerkannt werden), oder so, daß diese Werte Produkt menschlicher Setzung sind. Als objektiv bestehend postulierte Werte, Pflichtprinzipien oder Rechte sind nicht eo ipso holistisch, als subjektiv gesetzt verstandene Werte nicht eo ipso anthropozentrisch (vgl. McCloskey 1983, 59 f). Viele Ausprägungen des (objektivistischen) Naturrechts sind anthropozentrisch, einige biozentrische und holistische ökologische Ethiken (etwa die «wilderness ethic» von Holmes Rolston, 1986) erklärtermaßen subjektivistisch.

3 Die Frage nach der Begründung

Von der ökologischen Ethik kann man dasselbe sagen, was seit langem von der Metaphysik gesagt werden kann: daß es keinen Standpunkt gibt, der nicht schon einmal von einem respektablen Philosophen vertreten worden ist. Entsprechend ratlos macht die Aufgabe, zwischen den verschiedenen Optionen eine begründete Wahl zu treffen. An welchen Prinzipien sollte sich eine solche Wahl orientieren? Welche Begründungswege – die nicht bereits von der Wahl eines der Ansätze abhängen – bieten sich überhaupt an?

Vielleicht empfiehlt es sich, diese Frage zunächst umzudrehen und danach zu suchen, welche Begründungswege nicht in Frage kommen. Geht man so vor, wird man in der Tat fündig. Denn zwei Begründungswege haben im Zuge der ökologischen Krise eine bemerkenswerte Renaissance erlebt, die sich in anderen Anwendungsbereichen der Ethik seit längerem als problematisch erwiesen haben: eine antirationalistische Ethik der Unmittelbarkeit sowie Varianten des ethischen Naturalismus. Der eine Weg besteht darin, sich statt auf Argumente auf spontane Gefühlsreaktionen zu verlassen und ‹wieder mehr mit dem Herzen zu denken›; der andere – polar entgegengesetzte – Weg darin, die Antwort auf die Frage nach dem moralisch angemessenen Umgang mit der Natur in der Natur selbst zu suchen.

3.1 Ethik der Unmittelbarkeit?

Ohne eine intensive gefühlsmäßige Betroffenheit durch die in den letzten Jahren drastisch zunehmenden zivilisatorischen Naturzerstörungen gäbe es die ökologische Ethik wohl nicht. Nur wenige Ethiker betreiben ihr Geschäft als reines L'art pour l'art. Das heißt aber nicht, daß die ökologische Ethik Normen, Ziele und Werte, ohne nach Gründen und Gegengründen zu fragen, aus der jeweiligen gefühlsmäßigen Betroffenheit und den sich daraus ergebenden Einstellungen schlicht ablesen darf. Subjektivität ist der Ausgangspunkt, nicht der Zielpunkt der Ethik. Die schlichte Berufung auf die je eigenen Gefühle führt aus der Vielfalt der subjektiven Bekenntnisse nicht hinaus. Die Erwartung, daß andere, die sich über die zu beurteilende Sachlage informiert haben und keine Denkfehler begehen, zu demselben moralischen Urteil gelangen, wird in der Erfahrung immer wieder enttäuscht.

Wenn die Vielfalt und Gegensätzlichkeit der ökologischen Ethik etwas zeigt, dann, daß es nicht genügt, sich auf Gefühle und spontane Intuitionen zu berufen, um eine Verständigung über die ethischen Grundlagen unseres Verhaltens gegenüber der Natur herbeizuführen.

3.2 Der neue Naturalismus

Ebensowenig wie im schlichten Gefühl wird man die Normen des richtigen Umgangs mit der Natur in der Natur selbst finden können. Das Bild von der Natur als ‹Mutter› und ‹Lehrmeisterin›, so berechtigt es in bezug auf unser wissenschaftliches und technisches Wissen sein mag, führt in ethischer Hinsicht in die Irre.

Der ethische Naturalismus tritt innerhalb der ökologischen Ethik in zwei Varianten auf: 1. in einer von einigen wissenschaftlichen Ökologen vertretenen Variante, nach der die Ökologie von sich aus in der Lage sei, Normen des menschlichen Naturverhältnisses zu begründen; 2. in einer von einigen Naturphilosophen vertretenen Variante, nach der sich ökologisch-ethische Normen aus bestimmten metaphysischen Naturdeutungen ergeben sollen.

Weder die Natur selbst noch die Beschreibung ihrer Strukturen und Prozesse durch die Naturwissenschaften kann uns sagen, wie wir uns ihr gegenüber verhalten sollen. Zwar wird der Begriff Ökologie gelegentlich so gebraucht, als habe ökologisches Denken von sich aus einen moralischen Gehalt (etwa im Sinne von Weizsäckers [1989, XV]: «Ökologie ist vernünftige Verantwortung für unsere Heimat, die Natur»). Aber nach wie vor ist Ökologie zuallererst eine rein deskriptive Naturwissenschaft, eine Teildisziplin der Biologie, die in Anknüpfung an Ernst Haeckels ursprüngliche Definition von 1866 die Beziehungen des einzelnen Lebewesens zu seiner Umgebung einschließlich anderer Lebewesen untersucht. Solange der Ökologe innerhalb der Grenzen seiner Wissenschaft bleibt, kann er uns nur sagen, wie es mit der Natur steht, wie es dahin gekommen ist und wohin es mit ihr (wahrscheinlich, möglicherweise) kommen wird, falls wir so oder so mit ihr umgehen. Wissenschaftliche Ökologen fühlen sich deshalb zu Recht durch die Rolle des Entscheidungshelfers, die ihnen von politischer Seite aufgedrängt wird, überfordert (vgl. Remmert 1980, 1): Aus rein deskriptiven Aussagen lassen sich evaluative oder normative Aussagen nicht logisch zwingend herleiten. G. E. Moores Kritik am «naturalistischen Fehlschluß» (1903, 41 ff) gilt und ist auch durch die nachfolgende Diskussion im Kern nicht relativiert worden. Daraus, wie die Natur (nach den Aussagen der wissenschaftlichen Ökologie) beschaffen ist, läßt sich nicht ableiten, wie sie beschaffen sein sollte oder wie ihre Beschaffenheit zu bewerten ist. Um zu normativen oder evaluativen Aussagen zu gelangen, ist mindestens eine weitere evaluative oder normative Prämisse erforderlich.

Das heißt nicht, die Ethik könne aus der Ökologie nichts lernen. Die Ökologie kann schwerlich die Rolle einer umfassenden «Leitwissenschaft» übernehmen (vgl. Trepl 1988); aber sie kann den Ethiker auf die Unzulänglichkeit von Verantwortungskonzepten hinweisen, die Verantwortung zeitlich und lokal einschränken oder von Vorstellungen einer rein linearen Kausalität ausgehen. Indem sie die Vernetztheit der natürlichen Systeme, die Bedeutung von verzögerten Wirkungsverläufen und die explosiven Konsequenzen von Selbstverstärkungen herausstellt, schärft sie den Blick des Ethikers für die Bedeutung von nicht-intendierten Neben-, Fern- und Wechselwirkungen und läßt die Grenzen sichtbar werden, die der gedanklichen Antizipation und der praktischen Beherrschung der langfristigen Folgen von Natureingriffen gesetzt sind.

Die zentrale Aussage des ökologisch-ethischen Naturalismus lautet, daß das Ökosystem «bereits an sich etwas Normatives» und die menschlichen Werte in bezug auf die Natur «in objektiv bestimmbaren ökologischen Zusammenhängen begründet» seien (Colwell 1969, 50f). Diese Aussage läßt sich in zweifacher Weise verstehen: 1. als die Auffassung, das menschliche Handeln gegenüber der Natur solle sich an den Verfahrensweisen der Natur orientieren; 2. als die Auffassung, Ziel des Umgangs mit der Natur sei die Wiederherstellung des ökologischen ‹Naturzustands›, die Zurücknahme der zivilisatorischen Eingriffe. Beide Auffassungen begegnen schwerwiegenden Einwänden.

In keiner der zahlreichen Bedeutungen des Ausdrucks ‹Natur› kommt die Natur als Maßstab des menschlichen Umgangs in Frage (vgl. Mill 1874). Versteht man ‹Natur› im Sinne des Ganzen des innerweltlich Seienden, sind noch die zerstörerischsten Natureingriffe Teil der Natur. Rechnet man den Menschen mit seinen Motiven und Handlungen zur Natur, ist auch der Frevel an der Natur etwas ‹Natürliches›. Die gelegentlich erhobene Forderung, der Mensch sollte den Gesetzen der Natur gehorchen, statt ihnen zuwiderzuhandeln, geht ins Leere: Soweit der Mensch Teil der Natur ist, kann er nicht anders, als ihnen zu gehorchen.

Versteht man unter ‹Natur› andererseits die Naturseite des *Menschen* – etwa seine von Erziehungs- und Kultivierungsprozessen unabhängigen

Motivationen –, ist eine Orientierung an der Natur ebenso unannehmbar. Das Aufzehren begrenzter Ressourcen zur eigenen Triebbefriedigung und die Ausrottung konkurrierender Arten ist in diesem Sinn ‹natürlicher› als ihre Erhaltung für genetisch nur geringfügig verwandte Nachkommen. Die rudimentäre Instinktausstattung des Menschen stammt aus der Zeit der Jäger und Sammler, in der die Bevölkerung spärlich, die natürlichen Lebensgrundlagen noch nicht übernutzt, die Lebensmittel aber knapp waren. Sie findet sich im ungezügelten Expansionsdrang des ‹Soviel wie möglich› eher wieder als in der Selbstbeschränkung ökologisch sinnvollen Wirtschaftens. Achtung vor der Natur, Zurückhaltung, Schonung und Vorsorge sind allemal Produkte kulturell vermittelter Triebsublimierung.

Versteht man drittens unter ‹Natur› die Gesamtheit der *außermenschlichen* Natur, erscheint es noch problematischer, ihre Verfahrensweisen zum Modell menschlichen Handelns zu machen. Das vielzitierte Gleichgewicht der Natur ist ein Gleichgewicht des Schreckens. Fünfmal in der Geschichte der Erde hat es aufgrund kosmischer Einwirkungen ein massenhaftes Aussterben biologischer Arten gegeben. In der Folge der ‹Erfindung› des Chlorophylls kam es zum Zusammenbruch nahezu der gesamten Erdvegetation. Mehr als 99 Prozent aller biologischen Arten, die jemals gelebt haben, sind ausgestorben. Überdies befinden sich nur wenige natürliche Systeme in einem stabilen Gleichgewicht. Die Mehrzahl der natürlichen Systeme geht von einem lokalen Gleichgewicht zu einem anderen über, wobei es gerade die Ungleichgewichtszustände sind, die ihre Entwicklung vorantreiben. Vor allem aber: Die außermenschliche Natur prämiert ausschließlich das Überleben. Überleben ist aber eine allzu schmale Wertbasis für die Ethik. Es kommt auch auf die Qualität, die Wertigkeit des überlebenden Lebens an: «Die Natur ist schön und großartig, von außen betrachtet, aber in ihrem Buch zu lesen, ist schaurig. Und ihre Grausamkeit ist so sinnlos! Das kostbarste Leben wird dem niedersten geopfert. Einmal atmet ein Kind Tuberkelbazillen ein. Es wächst heran, gedeiht, aber Leiden und früher Tod sitzen in ihm, weil diese niedersten Wesen sich in seinen edelsten Organen vermehren» (Schweitzer 1919b, 33). Die Gesetze der Natur sind weder – im sozialen Kontext – die Gesetze der Menschlichkeit noch – im ökologischen Kontext – die eines schonenden und umsichtigen Umgangs mit der Natur.

Dagegen läßt sich aus Teilbereichen der Natur durchaus etwas für die Ethik lernen – etwa aus der bei vielen Tierarten biologisch programmierten Unfruchtbarkeit bei Überfüllung des Lebensraums für eine Bevölkerungsethik. Aber dabei werden die als Modell dienenden Teilaspekte der Natur nicht nur bestimmten kulturell geprägten Deutungsmustern unterworfen (vgl. Oechsle 1988, 68), sondern die Auswahl der Teilaspekte ist von vornherein durch Wertvorstellungen bestimmt. Welche Aspekte der Natur als Modell dienen sollen, gibt die Ethik vor, nicht andersherum. Um es mit Garrett Hardin (1976, 16) zu sagen: «Natur ist eine Fiktion, die sich die menschliche Psyche erschafft, um zu vermeiden, die Verantwortung für Herzensentscheidungen zu übernehmen. Die Stimme der Natur ist eine menschliche Stimme.»

Viele Ausprägungen dieser Form des ökologisch-ethischen Naturalismus haben die Tendenz, die Natur zu idealisieren. Noch deutlicher tritt diese Tendenz in der zweiten Variante in Erscheinung, die den Menschen dazu auffordert, sich den natürlichen Kreisläufen einzupassen und ‹Störungen› der natürlichen Abläufe zu minimieren. Bezeichnend für diese Denkweise ist das von dem Ökologen Barry Commoner formulierte «Dritte Gesetz der Ökologie»: «Nature knows best» (Commoner 1971, 41).

Hier stellt sich sofort die Frage: «Am besten wofür?» (Vgl. McCloskey 1983, 38 f) Für die (außermenschliche) Natur oder für den Menschen? Falls die Natur auch für den Menschen am besten sorgt, hätte es zu den Umweltproblemen wohl gar nicht kommen dürfen. Eine mit göttlicher Allmacht und Allgüte ausgestattete Natur hätte den Menschen längst zu ökologisch angepaßterem Verhalten anhalten bzw. die ihr zugefügten Schäden kompensieren sollen. Oder sorgt die Natur am besten nur für sich selbst, wäre sie ohne den Menschen vollkommener? Bevor man auf diese Frage antwortet, sollte man zur Kenntnis nehmen, daß der Mensch die Natur nicht nur ärmer, sondern auch reicher gemacht hat – nicht nur durch Kultivierung, Züchtung und die Verpflanzung von biologischen Arten in neue Lebensräume, sondern auch durch das Bemühen, im Interesse fortgesetzter Naturnutzung dem naturwüchsigen Aussterben entgegenzuwirken. Die größte Vielfalt an Arten, Ökosystemen und Landschaften bestand in unseren Breiten nicht in urgeschichtlichen Zeiten, sondern um das Jahr 1700, als die kleinräumige Landwirtschaft eine Vielzahl von Biotopen anbot und bereits eine große Zahl von ‹Exoten› zum Artenbestand gehörte (vgl. Buderath/Makowski 1986, 83 f). Auch die Vielfalt der Nutzpflanzenarten, die gegenwärtig durch die Reduzierung auf die leistungsfähigsten Arten bedroht ist, ist ein Werk menschlicher Züchtungsbemühungen. Sollte es aber tatsächlich so sein, daß die Natur am besten für sich selbst sorgt, folgt daraus nicht, daß wir sie gewähren lassen sollten; denn es würde bedeuten, auf einen Großteil der menschlichen Naturnutzungen zu verzichten. Oder sollte uns das Schicksal der Natur auch unabhängig von unseren eigenen Interessen nicht gleichgültig sein? Wenn ja, dann liefert diese Form des ethischen Naturalismus jedenfalls keinen Grund dafür, warum dies so sein sollte.

Eine begründete Auswahl zwischen den Ansätzen der ökologischen Ethik wird auch durch die Anknüpfung an traditionelle metaphysische Naturdeutungen nicht leichter gemacht. Im Gegenteil, durch den Rekurs auf Metaphysik entstehen zusätzliche Beweislasten und zusätzliche Einfallstore für subjektive Willkür. Ein Beispiel sind die jüngsten Versuche der Erneuerung eines teleologischen Naturbilds, etwa bei Hans Jonas. Wer fordert, daß der Mensch den Zwecken der Natur nicht zuwiderhandeln, sondern sich diesen unterordnen solle, muß nicht nur begründen, wie es möglich ist, von ‹Zwecken› (statt von teleonomen Organisationsformen) in der Natur zu reden, ohne die Natur animistisch zu personalisieren, sondern auch, daß aus der Annahme von Zwecken in der Natur irgend etwas für das menschliche Verhalten folgt. Könnte die Tatsache, daß die Natur bestimmte Zwecke verfolgt, den Menschen zu irgend etwas verpflichten? Die Zwecke der Natur – so haben Schopenhauerianer wie Mainländer (1876, 50ff) das Entropiegesetz interpretiert – könnten ja auch darauf zielen, die Biosphäre – u. a. mit Hilfe des Menschen – zugrunde zu richten. Würde daraus folgen, daß wir die Natur darin nach Kräften unterstützen sollten? Hier wie dort offenbart sich die Willkür jeden Versuchs, menschliche Normen aus metaphysischen Prämissen abzuleiten.

4 Versuch einer ‹schwachen› Begründung

Der normativen Ethik bleibt auch dann noch etwas zu tun, wenn sie sich zu einer ‹Letztbegründung› moralischer Normen außerstande sieht. Sie kann versuchen, den Anteil subjektiver Faktoren an der Normsetzung zu reduzieren, ohne ihn völlig zu eliminieren; sie kann auf intersubjektiv akzeptierte Argumente und Argumentationsformen hinweisen, ohne für sie einen apodiktischen Geltungsanspruch zu erheben; und sie kann Plausibilitätsargumente entwickeln, die dazu geneigt machen, einem Prinzip zuzustimmen, ohne zur Zustimmung schlechthin zu zwingen. Ich meine, daß es Plausibilitätsargumente gibt, die die Präferenz für einen bestimmten ökologisch-ethischen Ansatz in einem solchen ‹schwachen› Sinn begründen können. Diese Argumente werden im folgenden angegeben. Zunächst werden Gründe gegen die Akzeptabilität sowohl eines rein anthropozentrischen wie eines rein biozentrischen Ansatzes genannt, danach Gründe dafür, unter den verbleibenden Optionen eine bestimmte Form des pathozentrischen Ansatzes zu bevorzugen.

4.1 Kritik am Anthropozentrismus

Gegen den Anthropozentrismus spricht ein ebenso einfaches wie naheliegendes Argument: Viele anthropozentrische Ethiken enthalten die Verpflichtung, menschliches Leiden zu verhindern, zu lindern oder zu beheben. Alle anthropozentrischen Ethiken enthalten zumindest eine Prima-facie-Verpflichtung, anderen Menschen keine Leiden zuzufügen. Es ist aber nicht zu sehen, warum diese Pflichten nur in bezug auf Menschen gelten sollen und nicht auch in bezug auf empfindungsfähige Tiere. Die neurophysiologischen Strukturen und auch das Ausdrucksverhalten höherer Tiere lassen keinen Zweifel daran, daß diese unter physischen Schmerzen ebenso wie unter Angst, Streß und dem Entzug elementarer Bedürfnisbefriedigungen leiden können. Eine Beschränkung der Pflicht zur Vermeidung bzw. Verhinderung und Linderung von Leiden auf Menschen wäre schlicht inkonsequent.

Ein Anthropozentriker würde dieser Überlegung vielleicht entgegensetzen, daß höhere Tiere, mögen sie auch leidensfähig sein, weder moralische Subjekte sind, die moralische Normen verstehen, akzeptieren und befolgen können, noch mögliche Vertragssubjekte, die in der Lage sind, sich mit dem Menschen über wechselseitig bestehende Rechte und Pflichten zu verständigen. Aber daß beides für eine Norm der Leidensvermeidung nicht gefordert ist, wird schon daran deutlich, daß dieselben Pflichten auch in bezug auf dauerhaft unmündige Menschen bestehen, die ebenfalls als moralische und vertragschließende Subjekte nicht in Frage kommen.

Hat der Anthropozentriker überhaupt eine Chance, Schutzpflichten gegenüber Tieren zu begründen? Die traditionellen anthropozentrischen Begründungen für den Schutz von Tieren vor Tierquälerei wirken künstlich, wenn nicht sogar paradox. Thomas von Aquin (Summa theologica, I-II, qu. 102, Art. 6) deutet die Verpflichtung zur Tierschonung aus den Sprüchen Salomons (12, 10): «Der Gerechte erbarmt sich seines Viehs, aber das Herz der Gottlosen ist unbarmherzig» als lediglich pädagogische Vorschrift, die die Menschen dazu bringen soll, menschlicher mit Menschen umzugehen. Die Aufforderung, junge Vögel nicht mutwillig zu quälen, diene dazu, den Menschen von der Grausamkeit gegenüber Menschen abzubringen (Summa contra Gentiles, Buch 3, Teil 2, Kap. 112). Im Hintergrund dieser indirekten Begründung des Tierschutzes steht die Lehre, daß nur die geistige Natur um ihrer selbst willen existiert, während die Tiere von der göttlichen Vorsehung zum menschlichen Gebrauch bestimmt sind. Aber offensichtlich kann man diese Hintergrundannahme teilen und dennoch Tieren einen eigenständigen Anspruch auf Leidensfreiheit zubilligen. Daß die Tiere zum Gebrauch durch den Menschen bestimmt sind, schließt nicht aus, daß der Mensch in der Art seines Gebrauchs bestimmte in der besonderen Beschaffenheit der höheren Tiere liegende Grenzen respektieren muß.

Ähnlichen Schwierigkeiten ist Kants Versuch ausgesetzt, Pflichten zur Unterlassung von Tierquälerei rein anthropozentrisch zu begründen (Kant 1797, 443). Wie Thomas von Aquin liegt es auch Kant fern, das Mitgefühl mit dem leidenden Tier als bloße Sentimentalität abzuwerten. Kant bezeichnet die Tiere sogar als «Analogon» der Menschheit (1974, 459). Aber was ist das *tertium comparationis* dieser Analogie? Bestünde sie lediglich im äußeren Verhalten, gäbe es nichts, was mitzufühlen wäre. Bestünde sie in mehr als dem äußeren Verhalten, bliebe unerklärt, warum sie nicht auch analoge Pflichten nach sich zieht.

4.2 Kritik am Biozentrismus

Problematisch am Biozentrismus ist seine axiologische Privilegierung des Lebens. Ungeachtet aller weiterer Qualitäten, deren Bedingung oder Träger es ist, soll das biologische Leben einen intrinsischen Wert haben. So meint Robin Attfield, daß in dem Fall, daß die gesamte bewußtseinsbegabte Welt vernichtet würde, es immer noch besser wäre, wenn eine lebendige als eine tote Welt zurückbliebe – selbst dann, wenn keine Hoffnung bestünde, daß sich aus dem verbleibenden Leben irgendwann höhere Lebensformen entwickelten (Attfield 1983, 155). Was aber verleiht dem Lebendigen – allem Lebendigen, von den Viren angefangen – diesen Sonderstatus?

Eine denkbare Antwort ist die Albert Schweitzers: daß das Leben ein «Geheimnis» sei, das sich dem wissenschaftlichen Zugriff entzieht und dem allein eine Haltung mystischer Verehrung angemessen ist. Aber die vitalistische Annahme eines eigenständigen Lebensprinzips, die Schweitzers «ethischer Mystik» zugrunde liegt, hält näherer Prüfung nicht stand. Es gibt keinen Grund, weshalb eine befriedigende Erklärung der Struktur und Genese von Leben nicht eines Tages gelingen sollte. An der Bewunderungswürdigkeit der Lebensstrukturen würde das nur wenig ändern, abgesehen davon, daß sich mit jedem Geheimnis, das die Wissenschaft lüftet, neue auftun. Aber auch wenn das Leben ein «Geheimnis» bliebe, wäre es in dieser Hinsicht nicht einzigartig. Die Struktur der Materie, die Gestalt und Geschichte des physischen Kosmos, vor allem die Existenz und Herkunft des Bewußtseins – das sich einer wissenschaftlichen Erklärung nach wie vor entzieht (vgl. Sachsse 1980, 98) – geben zu erstaunten Fragen nicht weniger Anlaß.

Eine andere Antwort wäre, das Lebendige sei deshalb ethisch privilegiert, weil es auch in seinen ‹niederen› Ausprägungen empfindungsfähig und insofern schutzwürdig ist. Mit der Behauptung eines ‹Seelenlebens der Pflanzen› bürdet sich diese Antwort freilich eine gewaltige Begründungslast auf. Überzeugende physiologische oder ethologische Hinweise auf ein pflanzliches Bewußtseinsleben haben sich bisher nicht gezeigt. Alle beobachteten pflanzlichen Reaktionen auf menschliche Einwirkungen lassen sich auch weniger anthropomorphistisch deuten. Viele Argumente für pflanzliches Bewußtsein, etwa der Hinweis auf die «Suchdrehungen» der Drehwinde, die Eduard von Hartmann (1904, 80f) als Beleg für eine pflanzliche Intentionalität anführt, unterschätzen die ‹Weisheit› der Evolution, die scheinbar ‹intelligentes› Verhalten auch im Pflanzenreich mit verbesserten Selektionschancen honoriert.

Einige Biozentriker, die sich auf die These eines pflanzlichen Bewußtseins nicht einlassen wollen, schreiben Pflanzen dennoch ‹Interessen› zu. Nach Gotthard M. Teutsch etwa haben auch bewußtseinsunfähige Lebewesen ein Interesse «an der Erhaltung und vollen Entfaltung ihres Lebens» (1985, 17). Nach Robin Attfield haben auch Bäume und Sträucher ein Interesse daran, das Ziel der in ihnen entelechial angelegten Entwicklung, ihr Reifestadium, zu erreichen, statt vorzeitig geschlagen, ausgerissen oder zertreten zu werden (1983, 145). Aber gegen die Rede von pflanzlichen «Interessen» sträubt sich nicht nur das Sprachgefühl. Interesse ist in der Ethik ein verfänglicher Begriff, der nicht ohne semantische Differenzierungen gebraucht werden sollte. Daß x ein Interesse daran *hat*, daß mit ihm y getan wird, ist zu unterscheiden davon, daß es im Interesse von x *ist*, y mit ihm zu tun. Es mag im Interesse eines Kindes sein, das Klavierspielen zu lernen; aber das heißt nicht, daß es auch ein Interesse daran hat. Daß x ein Interesse an y hat, setzt voraus, daß x fähig ist, Bedürfnisse, Präferenzen oder Wünsche zu haben. Daß y im Interesse von x ist, setzt voraus, daß man von einem zukünftigen Wohlergehen oder Wohlbefinden von x sprechen kann, das durch y befördert wird. In beiden Bedeutungen setzt die Redeweise von einem Interesse voraus, daß x (wenn nicht jetzt, so doch später) bewußtseinsfähig ist. Bei bewußtseinsunfähigen Naturwesen muß die Rede von ‹Interessen› in beiden Bedeutungen als verfehlt gelten.

Die Anwendung des Interessenbegriffs auf Pflanzen ist eines der Symptome einer Tendenz zur Anthropomorphisierung bzw. ‹Zoomorphisierung› der bewußtseinslosen Natur, die mittlerweile große Teile der ökologischen Ethik biozentrischer und holistischer Prägung beherrscht. Zunehmend werden pflanzliche Individuen, Pflanzengemeinschaften, Ökosysteme oder die Natur als ganze in Begriffen beschrieben, die ihren primären Sinn in der Anwendung auf bewußtseinsbegabte Tiere haben. Kann man etwa, wie der Biozentriker Taylor (1986, 67) meint, auch Pflanzen gegenüber «wohlwollend» oder «mißgünstig» eingestellt sein? Bei einer Katze macht das Sinn, aber auch bei einem Alpenveilchen? Auch in der verbreiteten Redeweise von «Partnerschaft» (z. B. Liedke 1972; Sachsse 1976), «Solidarität» (Altner 1974, 164), «Frieden» (Meyer-Abich 1979, 1984) oder «Versöhnung» (Altner u. a. 1984) mit der Natur als Zielen eines ökologischen Bewußtseinswandels steckt ein problematisches Naturbild. Partnerschaft, Frieden, Solidarität bezeichnen strukturell symmetrische Beziehungen, während die Beziehung zwischen Mensch und Natur strukturell asymmetrisch ist. Nur der Mensch ist Subjekt von Handlungen und Verantwortlichkeiten in bezug auf die Natur. Nur der Mensch ist Erkenntnissubjekt, das seinen ‹Partner› methodisch erforscht.

Das ethische Gegenstück zum sprachlichen Anthropomorphismus ist die biozentrische Tendenz zur Nivellierung der herkömmlich geltenden Wertunterschiede zwischen den Arten. Zwar ist die These von der Gleichwertigkeit der biologischen Arten kein notwendiger Bestandteil der biozentrischen ökologischen Ethik. Aber sie ergibt sich doch implizit aus denjenigen Ansätzen, die ausschließlich das Leben selbst – bzw. eine mit dem Leben koextensive Eigenschaft – als moralisch relevantes Merkmal anerkennen. Ein charakteristisches Beispiel ist die biozentrische Ethik von Taylor. Diese kennt nur ein einzig ethisch signifikantes Merkmal: das auf alle Lebewesen gleichermaßen zutreffende Merkmal der teleonomen Organisation, die Tatsache, daß jeder Organismus ein immanentes Telos, ein für ihn spezifisches Gut hat, das erreicht und verfehlt, begünstigt und behindert werden kann (Taylor 1986, 60ff). In seinen Konsequenzen bestätigt dieser Gattungsegalitarismus die Feststellung Callicotts (1989, 27), daß eine ökologische Ethik in demselben Maße, in dem sie biozentrisch ist, misanthropisch sein muß. Was bei Nietzsche als Zynismus gemeint ist: «Es sind schon viele Tierarten verschwunden; gesetzt, daß auch der Mensch verschwände, so würde nichts in der Welt fehlen» (1980, 50), wird bei Taylor zum Theorem. Weit entfernt, als moralische Katastrophe zu gelten, wäre ein Aussterben der Gattung Mensch sogar positiv zu bewerten, da das Wohl der verbleibenden irdischen Lebensgemeinschaft vermutlich eher gesteigert würde (vgl. Taylor 1986, 115). In letzter Konsequenz ist für diese Ethik aber nicht nur die irreversible Vernichtung der Gattung Mensch axiologisch gleichgültig, sondern auch das irreversible Aussterben aller anderen bewußtseinsfähigen Naturwesen. Falls das Aussterben der höheren Tiere mit ihren relativ hohen Ansprüchen an pflanzliche Nahrungsressourcen die Lebensmöglichkeiten der (weniger anspruchsvollen) niederen Tiere und Pflanzen überproportional verbessern würde, müßte ein Holozid, der das gesamte bewußtseinsfähige Leben auf der Erde auslöscht, sogar als positiver Entwicklungsschritt begrüßt werden.

Man kann in dieser Tendenz zum Gattungsegalitarismus ein Bindeglied sehen zwischen den im engeren Sinne ökologischen und den feministischen und gegen die kulturelle Dominanz des Westens (den ‹Eurozentrismus›) gerichteten Bestrebungen der ‹ökologischen Bewegung›. Gegen den Gattungsegalitarismus läßt sich freilich einwenden, daß es die Natur selbst ist, die die biologischen und ontologischen Hierarchisierungen vorgibt. Daß der Mensch ein Teil der Natur ist und nicht anders als Tier und Pflanze in ein System ökologischer Abhängigkeiten eingelassen ist, hebt die ontologische Differenz nicht auf, die zwischen Naturwesen mit der Fähigkeit zu Selbstbewußtsein und Reflexion, Naturwesen mit der Fähigkeit zum Bewußtsein und solchen ohne diese Fähigkeiten besteht. Auch wenn Bewußtsein und Selbstbewußtsein eine naturale Basis haben (das Integrationsniveau neuraler Systeme), kommt mit dem Bewußtsein, der Repräsentation äußerer Sachverhalte im Medium der Vorstellung, und dem Selbstbewußtsein, dem Bewußtsein von diesem Bewußtsein, eine jeweils neue Qualität in die Welt. Diesen Qualitäten wird ein egalitärer Biozentrismus nicht gerecht, der alle Merkmale außer den organismisch-biologischen ausblendet. Darüber hinaus stellt sich die

Frage: Wenn alle natürlichen Hierarchien ethisch irrelevant sein sollen, warum dann nicht auch die zwischen Lebendigem und Unlebendigem? Wenn man – wie es die Biozentriker in der Regel tun – eine ‹natürliche›, keines transzendenten Eingriffs bedürftige Entstehung des Lebens aus lebloser Materie annimmt, warum soll der evolutive Phasenübergang vom Unlebendigen zum Lebendigen den ganzen, die späteren Übergänge zum bewußten und zum selbstbewußten Leben jedoch nicht den geringsten ethischen Unterschied machen?

4.3 Die Priorität der Bedürfnisorientierung

Akzeptiert man die soeben genannten Plausibilitätsargumente, reduziert sich das Spektrum der verbleibenden Optionen auf den Pathozentrismus und den Holismus. Gibt es Argumente, die die Wahlmöglichkeiten weiter reduzieren? Geeignet dazu scheint mir das folgende Argument (vgl. Birnbacher 1982):

Moralische Normen erheben – im Gegensatz zu anderen sozialen Normen – einen Anspruch auf allgemeine Gültigkeit, d. h., sie beanspruchen, nicht nur die kontingenten Vorlieben eines Individuums oder einer Gruppe auszudrücken, sondern von allen urteilsfähigen Wesen nachvollzogen, eingesehen und akzeptiert zu werden. Um diesen Anspruch glaubhaft vertreten zu können, muß sich der moralisch Urteilende auf einen überpersönlichen Standpunkt (den ‹Standpunkt der Moral›) begeben und von seiner individuellen Betroffenheit sowie von seinen höchstpersönlichen Vorlieben und Idealen so weit absehen, daß auch die Betroffenheit und die Vorlieben und Ideale anderer in den Blick kommen.

Normativ-ethische Argumentationen genügen dieser Bedingung um so eher, je größer ihre Chance ist, für alle Verständigen und Urteilsfähigen unter denen, die der moralischen Norm unterworfen und nach ihr beurteilt werden, nachvollziehbar und akzeptabel zu sein. Von Wertannahmen, die das subjektive Wohlbefinden bzw. Leiden von Wesen betreffen, die eines Wohlbefindens und eines Leidens fähig sind, läßt sich jedoch bedeutend problemloser annehmen, daß sie für jedermann nachvollziehbar und akzeptierbar sind als von Wertannahmen, die objektive Strukturen und Zustände betreffen. Über die moralische Relevanz des Wohlbefindens, der Bedürfnisbefriedigung, der Angst- und Leidensfreiheit bewußtseinsfähiger Wesen läßt sich wesentlich leichter ein Konsens herbeiführen als über die moralische Relevanz anderweitiger Natur-

Werte, etwa einer betrachterunabhängigen ‹Schönheit an sich›, einer bestimmten Form kosmischer Ordnung oder der Angemessenheit tierischer Lebensbedingungen unabhängig vom tierischen Erleben. Während Vorstellungen von objektiver Schönheit, kosmischem Wert oder tierischer Würde von historisch und kulturell stark variierenden kognitiven Voraussetzungen abhängen, sind Begründungen, die auf die subjektive Betroffenheit bewußtseinsfähiger Wesen verweisen, unmittelbar nachvollziehbar. Sie vermögen den Allgemeingültigkeitsanspruch, den moralische Normen erheben, in erster Näherung auch einzulösen.

Ich meine, daß dieses Argument Grund genug ist, nicht nur dem pathozentrischen Ansatz in der ökologischen Ethik den Primat zu geben, sondern speziell denjenigen Varianten des Pathozentrismus, die primär oder ausschließlich die subjektiven Zustände bewußtseinsfähiger Naturwesen (Menschen und empfindungsfähige Tiere) als Träger intrinsischen Werts und Unwerts anzuerkennen. Nicht der Pathozentrismus als solcher wird durch dieses Argument ausgezeichnet, sondern diejenige Variante, die den Hauptakzent auf das *pathos*, die subjektive Betroffenheit, legt und alle anderen Wertigkeiten von Tier und Mensch auf eine nachgeordnete Position verweist.

Gegen eine subjektivistische Axiologie dieser Art wird von Biozentrikern und Holisten gewöhnlich eingewendet, daß gerade sie am wenigsten imstande sei, der menschlichen Ausbeutung der Natur Einhalt zu gebieten, da sie ja den Wert der Natur und ihrer Teilsysteme von den wechselnden gesellschaftlichen Präferenzen abhängig mache und nicht abzusehen sei, ob diese der Natur und ihren Wertgehalten künftig noch in derselben Weise wie heute zugetan sein werden. Was kann der Subjektivist, fragt Sagoff (1974, 224), dem Ansinnen entgegensetzen, ganze Landschaften, statt sie unter Naturschutz zu stellen, in Vergnügungsparks und Kulissen für Son-et-Lumière-Spektakel umzugestalten, wenn dies genau das ist, was die Leute wollen?

Diesem und ähnlichen Einwänden kann der subjektivistische Pathozentriker allerdings mit dem Einwand des «terrible simplificateur» entgegnen: Die sich im Verhalten der Menschen manifestierenden Präferenzen sind zwar Indizien, aber keine schlechthin schlüssigen Indizien für das, was gut für den Menschen ist. Nicht immer ist es zum Besten einer Person, wenn ihre Präferenzen, so wie sie sind, befriedigt werden. Neben den «demand values», die sich in der Nachfrage nach einem Gut manifestieren, muß der Subjektivist auch die «transformative values» berücksichtigen, die keinen vorgängigen Präferenzen entsprechen, sondern Prä-

ferenzstrukturen qualitativ verändern und quantitativ bereichern (vgl.
Norton 1987, 185 ff). Gerade die Erfahrung der nicht gänzlich kulturell
überformten, ‹natürlichen› Natur kann für den Menschen zu einem
‹Schlüsselerlebnis› werden, durch die seine Erlebnisfähigkeit insgesamt
gesteigert und in neue (tiefere, intensivere) Bahnen gelenkt wird. Darüber hinaus darf nicht vergessen werden, daß der Subjektivist neben den
Bedürfnissen der Gegenwärtigen auch die Bedürfnisse der Zukünftigen
(und obendrein die der empfindungsfähigen Tiere) berücksichtigen muß.
Bedürfnistheoretische Befunde legen jedoch nahe, daß mit unveränder-
tem oder zunehmendem materiellen Wohlstand die nicht-materiellen,
insbesondere die ästhetischen Werte der Natur keine geringere, sondern
eine noch wesentlich höhere Bedeutung haben werden. Insofern hat auch
der Subjektivist gute Gründe für ein moralisches Prima-facie-Verdikt
über alle zivilisatorischen Nutzungsformen, die direkt oder indirekt zur
Naturzerstörung beitragen, insbesondere wenn diese (wie der Arten-
schwund) streng irreversibel oder (wie beim Bau von Verkehrswegen)
nur mit großem Aufwand rückgängig zu machen sind.

5 Ethische Probleme des Umweltschutzes

Mit dem Begriff Umweltschutz kann man alle Zielsetzungen in bezug auf
die Natur bezeichnen, die eindeutig anthropozentrisch begründet werden
können: die Vermeidung oder Linderung direkter oder indirekter, gegenwärtiger oder zukünftiger Schädigungen und Belästigungen von Menschen sowie die langfristige Sicherung ihrer natürlichen Lebensgrundlagen. Ein Umweltproblem ist danach eine besondere Art von sozialem
Problem (Passmore 1980, 43). In ethischer Hinsicht unterscheiden sich
denn auch Umweltschäden wenig von anderen Schädigungen, die nicht
in derselben Weise durch natürliche Medien vermittelt sind. Insofern
bedarf auch die Notwendigkeit staatlicher Umweltpolitik keiner besonderen Rechtfertigung. Rechtliche Schranken für Umweltschädigungen und
-gefährdungen sind um so vordringlicher, als im Zuge der Zunahme des
wirtschaftlichen Wohlstands die subjektive Lebensqualität zunehmend
durch die Umweltqualität – am Wohnort, am Arbeitsplatz und in der
Freizeit – bestimmt wird.

Umweltpolitische Entscheidungen müssen eine Vielzahl von Wirkungsdimensionen berücksichtigen und Nutzen und Kosten hinsichtlich

aller Dimensionen realistisch abwägen. Vorrangiges Ziel muß der Schutz von Leben und Gesundheit sein, wobei sich ‹Gesundheit› nicht in der Vermeidung spektakulärer Krankheiten wie Krebs erschöpfen darf, sondern auch die Beeinträchtigungen des allgemeinen physischen Wohlbefindens und der Vitalität berücksichtigen muß, die sich in den Ballungszentren häufen und eine Vielzahl kompensatorischer Freizeitaktivitäten auslösen, die ihrerseits zu den Umweltschäden beitragen.

Rechtliche Regelungen im Umweltbereich müssen unter Gesichtspunkten der Gerechtigkeit, der Zweckmäßigkeit und der Rechtssicherheit akzeptabel sein, wobei keines dieser Ziele absolut gesetzt werden darf. Im Sinne der Rechtssicherheit wäre es zu wünschen, wenn Belastungsgrenzwerte, Emissions- und Sicherheitsnormen mittelfristig konstant blieben. Auf der anderen Seite erzwingen die Fortschritte in der Diagnose wie in der Vermeidung von Umweltbelastungen die Verwendung von Generalklauseln, die es erlauben, die rechtliche Durchsetzung am jeweiligen Stand von Wissenschaft und Technik zu orientieren. Auch ein Gerechtigkeitsprinzip wie das Verursacherprinzip darf nicht dogmatisch gehandhabt werden. Rechtliche Verbote und Gebote sowie steuerliche oder andere Anreize setzen am zweckmäßigsten da an, wo der Ertrag an Umweltverbesserung – unter Berücksichtigung anderer legitimer politischer Ziele – maximal ist. Oft liegt dieser Punkt nicht beim unmittelbaren (Autofahrer), sondern beim mittelbaren Verursacher (Autohersteller).

Die Notwendigkeit rechtlicher Regelungen ergibt sich auch daraus, daß Umweltgüter in der Regel den Charakter von öffentlichen Gütern haben, an denen keine privaten Eigentumsrechte bestehen, deren gesellschaftliche Bewertung sich deshalb auch in Marktwirtschaften nicht in Gestalt eines Marktpreises niederschlägt. Gute Luft kann man nicht kaufen, allenfalls Grundstücke und Wohnungen in guter Luft. Will man die Umweltpräferenzen unabhängig von den immer nur indirekten Marktindikatoren erfassen (etwa zur Legitimation umweltpolitischer Entscheidungen), hat sich die Methode der Zahlungsbereitschaftsanalyse bewährt, bei der real oder potentiell Betroffene danach gefragt werden, was sie im Austausch für bestimmte Umweltverbesserungen zu zahlen, d. h. zu ‹opfern› bereit wären (vgl. Schulz 1985 und Wicke 1986). Eine häufige Kritik an diesen Verfahren lautet, daß die geäußerten Zahlungsbereitschaften gegenüber den ‹wahren› Präferenzen übertrieben sind, vor allem dann, wenn die Präferenzäußerung mit keinerlei Verpflichtung verbunden ist, sich an der Finanzierung des öffentlichen Guts zu beteiligen.

Die bisherigen Erfahrungen sprechen allerdings gegen die Annahme eines verbreiteten Trittbrettfahrerverhaltens bei Befragungen (vgl. Pommerehne 1987, 146 ff). Außerdem lassen sich methodische Vorkehrungen gegen ein strategisches Verhalten treffen, etwa dadurch, daß die Befragten über den Zahlungsmodus der umweltverbessernden Maßnahmen im unklaren gelassen werden.

Verfahren zur Bewertung von Umweltschäden und -gefährdungen, die ausschließlich von den Präferenzen der unmittelbar Betroffenen ausgehen, werden allerdings den besonderen Problemdimensionen der meisten Umweltprobleme nicht gerecht. Zu diesen gehören sowohl ihre räumlichen und zeitlichen *Fernwirkungseigenschaften* als auch ihre teils sichere, teils mögliche *Irreversibilität*. Die in der Bundesrepublik emittierten Luftschadstoffe werden zur Hälfte über die Landesgrenzen transportiert. Andererseits stammt die Hälfte der Immissionen aus ausländischen Quellen. In zeitlicher Hinsicht läßt sich die Reichweite vieler heute eingebrachter Schäden und Gefährdungen nur in Generationen veranschlagen. Die Folgelasten der Emission von Kohlendioxid, Fluorchlorkohlenwasserstoffen und anderen ‹Treibhausgasen› in die Atmosphäre werden – in Gestalt von Veränderungen in der Vegetation und der Bodenfruchtbarkeit – erst die nächste und übernächste Generation treffen, ebenso die gegenwärtige rasche Erschöpfung der Reserven an Erdgas und Erdöl. Die Gefährdungen durch Konzentrationen toxischer Substanzen in endgelagertem Chemiemüll bestehen wortwörtlich bis in alle Ewigkeit. Beide Fernwirkungsdimensionen erfordern nicht nur neue politische Orientierungen – globale Kooperation sowie ein möglichst von allen geteiltes Ethos globaler Umwelt- und Zukunftsverantwortung –, sondern auch neue Bewertungsgrundlagen. Bewertungen weitreichender und langfristiger Umweltschäden können sich weder ausschließlich an den Präferenzen der hier und jetzt Betroffenen orientieren noch an den hier und jetzt geäußerten Präferenzen dafür, daß andere und Spätere vor diesen Schäden verschont bleiben, sondern müssen von den (wahrscheinlichen) Präferenzen derer ausgehen, die woanders oder später von diesen Schäden betroffen sind.

An Grenzen stoßen Verfahren, die sich auf die Erhebung von aktuellen Einstellungen und Bewertungen stützen, auch bei der Bewertung von Umweltrisiken. Zahlreiche psychologische Studien haben gezeigt, daß die vergleichende Bewertung von Risiken und Gefährdungen die menschliche Urteilskraft stärker überfordert als die Bewertung mit Sicherheit eintretender Schäden. Risikobewertungen sollten sich deshalb möglichst formaler Verfahren bedienen, wie sie die Entscheidungstheorie bereitstellt, wobei freilich die ethischen Vorentscheidungen, die in die Wahl des Verfahrens, der berücksichtigten Risikoparameter und der Beurteilungsregel eingehen, explizit gemacht und einer offenen ethischen Diskussion ausgesetzt werden müssen. Andernfalls würde die verbreitete Illusion genährt, es könne so etwas wie eine ethisch neutrale Risikobewertung geben, für die wissenschaftlicher Sachverstand allein hinreichend sei.

Eine der ethisch relevanten Fragen in diesem Zusammenhang betrifft Risiken mit großem Schadenspotential und kleiner Eintrittswahrscheinlichkeit, wie sie sich beim Betrieb von Kernreaktoren ergeben: Sollen die kleinen Eintrittswahrscheinlichkeiten auf Null nivelliert oder nach dem Erwartungswertprinzip mit dem Schadensausmaß verrechnet werden? Zweifellos darf bei katastrophenartiger Schadenshöhe auch eine kleine Wahrscheinlichkeit nicht einfach unter den Tisch fallen. Aber auch der ‹klassische› Ansatz der Bewertung von Risiken durch den Erwartungswert, von dem in fachwissenschaftlichen Risikoanalysen vielfach quasi axiomatisch ausgegangen wird, würde – eindimensional auf Schadenshöhe und Wahrscheinlichkeit fixiert – den psychologischen Wirkungsdimensionen von Katastrophenrisiken nicht gerecht, die bereits durch ihr Bestehen und unabhängig von einem eventuellen Schadenseintritt Angst und Schrecken verbreiten können. Zu den Folgen einer risikobehafteten Aktivität gehören nicht nur die Primär- und Sekundärfolgen aus einem möglichen Schadenseintritt, sondern auch die Folgen davon, daß diese Möglichkeit überhaupt besteht. So wird ja auch eine Versicherung nicht nur nach den zu erwartenden Ersatzleistungen im Versicherungsfall bewertet, sondern auch nach dem Nutzen der Sicherheit, bei Eintritt eines Schadens Versicherungsleistungen in Anspruch nehmen zu können. Vor diesem Hintergrund erscheint die wiederholt erhobene Forderung, das Schadensausmaß (das Katastrophenpotential) als eigenständigen Beurteilungsfaktor in Risikobewertungen eingehen zu lassen oder eine Schadensobergrenze normativ festzulegen, durchaus legitim.

Ein risikoscheues Vorgehen empfiehlt sich ebenfalls in Situationen *hypothetischer* Umweltrisiken (vgl. Häfele 1974), etwa wenn Risikokomponenten (Art des möglichen Schadens, Schadensausmaß, Wahrscheinlichkeit) unbekannt sind, entweder weil die risikobehafteten Aktivitäten in wissenschaftliches und technologisches Neuland vorstoßen oder weil eine experimentelle Überprüfung der Gefährlichkeit ihrerseits zu gefährlich wäre. Bei neuartigen und nur begrenzt im Laborversuch auf ihre

Wirkungsdimensionen zu untersuchenden Techniken wie der Energie-
erzeugung mit dem Schnellen Brüter oder der Freisetzung gentechnisch
erzeugter Mikroorganismen sind solche Risiken nicht auszuschließen.
Hinzu kommt die begrenzte Abschätzbarkeit des menschlichen Faktors.
Der vielfach erhobene Einwand, ein risikoscheues Vorgehen auf dem Gebiet neuer Technologien würde jede nennenswerte technische Innovation
unmöglich machen, erweist sich bei näherem Hinsehen als nicht schlag-
kräftig. Ausgeschlossen wären lediglich technologische Innovationen,
die schlechter übersehbare Risiken an die Stelle von besser übersehbaren
setzen, nicht aber solche, die bestehende risikobehaftete Technologien
durch risikoärmere ersetzen.

Die grenzüberschreitende Qualität vieler Umweltbelastungen, ihr
zeitlicher Wirkungshorizont, ihre häufige Irreversibilität und ihre zum
Teil uneindeutige Verursacherstruktur sind eine Herausforderung für
die nationale wie internationale Politik. Die Grenzen, die respektiert
werden müssen, wenn die globalen und langfristigen Gefahren abge-
wehrt werden sollen, lassen sich nur staatlich setzen, durchsetzen und
auf Einhaltung kontrollieren. Die Folge sind eine (weitere) beträchtliche
Ausdehnung der Staatstätigkeit (seit langem sichtbar in einer wachsenden Umweltbürokratie) und zum Teil erhebliche Einschränkungen der
Entscheidungsspielräume von Produzenten und Konsumenten. Um so
wichtiger ist die Aufrechterhaltung und womöglich Stärkung demokrati-
scher Kontrollmöglichkeiten. Bedroht sind diese vor allem durch zwei
Tendenzen: die Tendenz zur Expertokratie und die zur Öko-Diktatur.
Die eine zeigt sich darin, daß Entscheidungen über die Zumutbarkeit von
Risiken und die Angemessenheit von Vorsorgemaßnahmen immer noch
weitgehend Fachleuten zugewiesen werden. Expertise hinsichtlich der zu
berücksichtigenden Schadensmöglichkeiten und ihrer Eintrittswahrscheinlichkeit ist jedoch nur eine notwendige, keine hinreichende Voraussetzung einer politisch und ethisch akzeptablen Entscheidungsfindung. Die andere Tendenz äußert sich in Gedankenspielen zu einer
Aufhebung demokratisch-parlamentarischer Entscheidungsverfahren
zugunsten einer ökologisch aufgeklärten Autokratie, wie sie von Hans
Jonas (1979, 263) und Robert Spaemann (1980, 203) angedeutet wird.
Beide Autoren gehen dabei von einer skeptischen Einschätzung der
Chancen aus, daß das parlamentarische System dauerhaft in der Lage ist,
eine zukunftsorientierte Umweltpolitik zu verfolgen, die irreversible Naturzerstörungen vermeidet und auch dann auf Nutzungsmöglichkeiten
verzichtet, wenn dies für die Gegenwart spürbare Wachstumseinbußen

bedeutet. Bedenklich an den Gedankenspielen mit einer Öko-Diktatur ist nicht, daß sie die Demokratie unterschätzt, sondern daß sie die Autokratie überschätzt. Die historische Erfahrung spricht dagegen, daß Diktaturen besser gegen die Verschwendung von Ressourcen gefeit sind.

6 Ethische Probleme des Naturschutzes

Im Unterschied zum Umweltschutz lassen sich die Ziele des Naturschutzes im Prinzip anthropozentrisch wie auch pathozentrisch, biozentrisch oder holistisch begründen. Im Einzelfall sind allerdings nicht alle Begründungsansätze gleichermaßen plausibel: Die Erhaltung des deutschen Wattenmeers läßt sich leichter mit anthropozentrischen Prinzipien begründen als die – zeitweilig auch bei den Gerichten erfolgreiche – Verhinderung des Tellico-Staudamms in Tennessee zugunsten des Überlebens einer weithin unbekannten und nur dort vorkommenden Art kleiner Fische.

Die ethischen Grundlagen des Naturschutzes sind in besonderer Weise aufhellungsbedürftig: Hinter der Zweckbestimmung des Naturschutzes, die Natur vor dem Zugriff menschlicher Nutzung zu schützen und bestimmte als wertvoll geltende Naturbestandteile zu erhalten, zu pflegen oder wiederherzustellen, stehen verschiedenartige Zielsetzungen und Erhaltungsprinzipien. Zu ihrer differenzierten Beschreibung empfiehlt es sich, einerseits zwischen globalen und spezifischen, andererseits zwischen konservativen und progressiven Prinzipien zu unterscheiden. *Globale* Prinzipien postulieren die Erhaltungswürdigkeit der biologischen Arten, Landschaften und Biotope aufgrund ihrer bloßen Existenz bzw. deshalb, weil sie (naturalistisch) Teil des Lebensprozesses, (theistisch) Teil der Schöpfung bzw. (prozeßtheologisch) Teil des fortdauernden Schöpfungsprozesses sind. *Spezifische* Prinzipien dagegen postulieren die Erhaltungswürdigkeit von Naturbestandteilen aufgrund besonderer (etwa ästhetischer oder symbolischer) Qualitäten. *Konservative* Prinzipien verbinden die Forderung nach Erhaltung und Pflege bestehender und nach Wiederherstellung früherer natürlicher Systeme mit dem Verbot, die vorgefundenen Systeme in entscheidenden Hinsichten zu verändern, weiterzuentwickeln oder neu zu gestalten, während *progressive* Prinzipien dies erlauben oder sogar fordern.

Paradebeispiel einer ausgeprägt konservativen Naturschutzethik ist die «land ethic» von Aldo Leopold: «A thing is right when it tends to preserve the integrity, stability, and beauty of a biotic community. It is wrong when it tends otherwise» (1949, 224 f). Eine progressive Tendenz vertritt dagegen das Bundesnaturschutzgesetz von 1976, wenn es in § 1 die Entwicklung von Natur und Landschaft dem Schutz und der Pflege von Natur und Landschaft gleichberechtigt an die Seite stellt. Die konservative Naturschutzethik verbietet jedoch weder alle Eingriffe in die Natur, noch ist sie ohne weiteres mit einem Prinzip ökologischer ‹Gewaltlosigkeit› gleichzusetzen. Die Erhaltung und Pflege von Arten, Biotopen und Landschaften ist vielfach nicht ohne Eingriffe in den Naturhaushalt möglich. Dazu gehört die Abwehr von Freßfeinden oder Konkurrenten einer bedrohten Art durch das Errichten von Zäunen oder durch Abschuß oder auch das künstliche Anlegen von Waldbränden, um Biotopen eine Chance zu geben, die nur unter Brandbedingungen gedeihen. Gelegentlich ist es zum Schutz einer bedrohten Population sogar notwendig, diese selbst zu reduzieren, etwa wenn diese einen begrenzten Lebensraum zu übernutzen und dadurch ihre Existenz zu gefährden droht (vgl. Norton 1987, 161).

Wer ausschließlich globale Naturschutzprinzipien vertritt, muß eine Reihe kontraintuitiver Konsequenzen in Kauf nehmen. Der Vertreter eines uneingeschränkten Existenzrechts für biologische Arten muß dies auch für die Virenart Variola, den Erreger der Pockenkrankheit, gelten lassen und verlangen, daß die Welt das Risiko seiner Konservierung angesichts des nicht mehr vorhandenen Immunschutzes in Kauf nimmt (vgl. Dixon 1976). Biozentrische globale Prinzipien, wie sie von vielen Öko-Ethikern im Gefolge Albert Schweitzers vertreten werden, können überdies nicht begründen, warum viele Naturdenkmäler rein materieller Art, etwa eine landschaftsbestimmende Felsformation, ein imposanter Wasserfall oder Gebiete wie die Antarktis schützenswert sein sollen.

Plausibler als eine puristische globale Naturschutzethik – und für ökologische Ethiker jedweder Observanz akzeptabel – ist eine Konzeption, nach der die Hege und Pflege der bestehenden natürlichen Systeme eine Prima-facie-Verpflichtung darstellt, die eine widerlegliche Vermutung dafür begründet, daß es besser ist, das Vorgefundene zu erhalten und zu pflegen als zu zerstören, und die es verbietet, die Natur (nicht nur die lebendige) willkürlich zu schädigen oder zu zerstören. Danach würde die Beweislast für die Schädigung und Zerstörung dem potentiellen Schädiger zufallen und nicht dem, der sich um die Erhaltung des Bestehenden bemüht. Eine solche Konzeption wäre allerdings schwach: Sie würde zwar Vandalismus, sinnlose Zerstörung und Gedankenlosigkeit verbieten, nicht aber eine intensive Naturnutzung um menschlicher Luxusbedürfnisse willen.

Bei den spezifischen Naturschutzprinzipien setzen Biozentriker und Holisten deutlich andere Prioritäten als Anthropozentriker und Pathozentriker. Die ersteren sehen Schutzpflichten gegenüber Biotopen, Landschaften und Arten typischerweise in intrinsischen Naturwerten wie Ursprünglichkeit und Alter begründet, die letzteren typischerweise in extrinsischen (indirekten) Naturwerten wie Vielfalt, Ästhetik und symbolischen Gehalten.

Ursprünglichkeit ist ein zentraler Wert vor allem in der nordamerikanischen Naturschutzethik, die an Motive der Wilderness-Bewegung anknüpft (vgl. Nash 1973). Diese Ethik hat einen ausgeprägt konservativen Einschlag. Nach Taylor (1986, 173 ff) sollten wir wildlebende Tiere und Pflanzen konsequent sich selbst überlassen. Tiere sollten auch nicht dann eingefangen werden, wenn sicher ist, daß sie es bei uns besser hätten. Sie sollten auch nicht aus Gefahrenlagen gerettet oder medizinisch versorgt werden. Wildpflanzen sollten nicht auf Kulturland verpflanzt werden, wohl auch dann nicht (Taylor erwähnt diesen Fall nicht), wenn nur dies sie vor dem Aussterben bewahren würde. Nach Rolston haben wir eine Prima-facie-Verpflichtung, biologische Arten nicht auszurotten bzw. ein anthropogenes Aussterben zu verhindern, aber keine entsprechende Verpflichtung, ein natürliches Aussterben zu verhindern: Eine Art hat kein «Recht auf Leben» (Rolston 1988, 154 f).

Ist Ursprünglichkeit ein Wert, den auch Anthropozentriker und Pathozentriker akzeptieren können? Zahlreiche der Wilderness-Bewegung nahestehende Autoren betonen die Bedeutung der Erfahrung einer in ihrer ursprünglichen Gestalt belassenen Natur für den Menschen: Ohne Kontakt mit ursprünglicher Natur sei unsere geistige Gesundheit bedroht (Dubos 1974, 129). Aber dagegen hat McCloskey (1983, 36) mit Recht eingewandt, daß die geistige Gesundheit der Europäer wenn überhaupt, dann nicht deswegen bedroht ist, weil sie keine Chance haben, mit unberührter Natur in Kontakt zu kommen. Selbst die in Europa als ‹Urwälder› geltenden Gebiete dürften in früheren Zeiten vom Menschen verändert worden sein (Barthelmeß 1972, 186). Ein stärkeres Argument für die Erhaltung der vom Menschen unberührten Natur als die Ursprünglichkeit ist die eventuelle Irreversibilität der mit der Kultivierung meist verbundenen Verluste an biologischer Vielfalt. Aber auch dieses Argument scheint nicht in allen Fällen schwerwiegend genug, um jede

Nutzung auszuschließen, etwa wenn die Nutzbarmachung das einzige Mittel ist, um Menschen vor dem Hungertod zu bewahren, während die Erhaltung ausschließlich den Bedürfnissen einer Elite dient (vgl. McCloskey 1983, 36).

Ebensowenig wie der Ursprünglichkeit wird der Anthropozentriker und Pathozentriker dem Wert des *Alters* von Landschaften, Ökosystemen, Biotopen und Arten viel abgewinnen können. Zahlreiche Biozentriker berufen sich auf das hohe Alter gerade der ‹niederen› Pflanzen- und Tierarten, um diese gegen das ausgeprägte Desinteresse der meisten Menschen in Schutz zu nehmen. So verteidigte Albert Schweitzer eine große afrikanische Spinne gegen einen verängstigten Gast mit den Worten: «Laß die Spinne zufrieden, sie war vor dir da!» (Steffahn 1979, 15). Ehrenfeld erkennt aus demselben Grund dem Pockenerreger ein unbedingtes Recht auf Weiterexistenz zu (1978, 208). Als in das Evolutionsgeschehen erst spät Eintretender habe der Mensch kein Recht, sich selbst zum Maßstab aller Dinge zu machen und ältere Arten nur deshalb zu beseitigen oder aussterben zu lassen, weil sie für ihn uninteressant, lästig oder schädlich sind. Ein solches Recht zu beanspruchen, sei nicht nur anmaßend, sondern grenze an Größenwahnsinn (Rescher 1980, 81). Als Glieder des Evolutionsprozesses hätten diese Arten vielmehr teil an der – säkular verstandenen – ‹Heiligkeit› des kreativen Prozesses, in den wir selbst eingelassen sind (vgl. Ashby 1980, 28).

Hier muß man freilich fragen: Wenn tatsächlich das Alter eine tragfähige Grundlage der Schutzwürdigkeit von Naturbestandteilen sein soll, warum ist dann nicht die unbelebte Materie in ihrer Eigenart noch sehr viel schutzwürdiger als die erst viel später auftretenden Arten des Lebendigen? Nicht nur die Biozentriker, auch die Holisten zeigen sich jedoch am Lebendigen durchweg stärker interessiert als am Unlebendigen und darüber hinaus zumeist proportional zur Organisationshöhe der Lebensformen, also im umgekehrten Verhältnis zum Alter.

Ein Prinzip, auf das sich ökologische Ethiker unterschiedlicher theoretischer Auffassungen problemloser einigen können, ist das der Erhaltung von *Vielfalt*. Die natürliche Vielfalt ist weltweit so drastisch bedroht, daß an der akuten Notwendigkeit eines konsequenten Artenschutzes kein Zweifel besteht. Bedroht sind in unseren Breiten vor allem Pflanzenarten, die auf nährstoffarme Lebensbedingungen angewiesen sind. Selbst außerhalb der landwirtschaftlichen Gebiete mit ihrer intensiven Stickstoffdüngung ist der Boden für diese Pflanzen bereits durch die Immissionen aus der Luft (Stickoxide vor allem aus dem Autoverkehr) «überdüngt» (Mohr 1987, 173). Ein Massenaussterben wird nur dadurch verhindert, daß die modernen landwirtschaftlichen Produktionsmethoden nicht überall mit derselben Konsequenz eingesetzt werden.

Warum ist Vielfalt wichtig? – Die frühere Auffassung der Ökologie, daß Vielfalt in Ökosystemen eine Bedingung von Stabilität und Lebensfähigkeit ist, hat sich nicht bestätigen lassen. Ökosysteme mit großer Vielfalt und Artenreichtum sind zumindest nicht in dem Sinn stabil, daß sie dagegen gefeit sind, unter äußerem Druck zusammenzubrechen. Der extrem artenreiche tropische Regenwald reagiert anfälliger auf Störungen als der artenarme deutsche Buchenhochwald. Nicht die Vielfalt scheint eine Bedingung von Stabilität zu sein, sondern Stabilität eine Bedingung für die Entwicklung von Vielfalt (vgl. Ehrenfeld 1978, 195 f).

Ist eine vielfältige Natur eo ipso besser als eine eintönige? Nicholas Rescher hält (mit Leibniz) Vielfalt für einen intrinsischen und von jedem möglichen Betrachter unabhängigen «metaphysischen» Wert, zu dessen Erhaltung bzw. Realisierung wir nicht im strengen Sinn moralisch, wohl aber «ethisch» verpflichtet sind (1980, 84). Aber tragfähiger scheinen mir auch hier wieder Argumente, die sich auf menschliche (und tierische) Bedürfnisse beziehen. Wenn die Vielfalt der Natur gegen die zunehmend nivellierenden Effekte der intensiven menschlichen Nutzungsweisen verteidigt werden muß, dann wegen (1) der infolge der ökologischen Vernetzungen weitgehend unübersehbaren Folgen des gegenwärtigen Artensterbens für die Lebensgrundlagen von Tier und Mensch; (2) der möglichen zukünftigen wirtschaftlichen und wissenschaftlichen Bedeutung der Arten aufgrund neuer Kenntnisse und Bedürfnisse; (3) der möglichen Bedeutung biologischer Arten als Schadstoffindikatoren; (4) der Bedeutung von Vielfalt als Element ästhetischer Naturerfahrung und der mit ihr einhergehenden leiblichen und seelischen Regeneration; (5) der Vielfalt menschlicher Naturideale und Naturbilder und der Unvorhersagbarkeit künftiger Naturpräferenzen.

Vielfalt zu erhalten, bedeutet nicht notwendig, jede einzelne biologische Art zu erhalten. Erstens muß man sich davor hüten, Arten zu hypostasieren. Was eine Art ist, bestimmt zum Teil die biologische Taxonomie. Haben wir etwa eine Schutzpflicht mehr, seitdem die nur an zwei Stellen bekannte Birkenart *betula lenta uber* von dem Botaniker M. L. Fernald zu einer eigenen Art erklärt worden ist, während sie vorher jahrzehntelang als lokale Mutante galt? (Vgl. Rolston 1988, 134.) Die Erhaltung von Vielfalt muß nicht bedeuten, jede Art zu erhalten; aber sie kann auch bedeuten, Unterarten und Allele zu erhalten, sofern sie sich von der

Standardform signifikant unterscheiden. Das Ziel ist in jedem Fall die Erhaltung genetischer Vielfalt.

Zweitens kann die Erhaltung einer Art prohibitiv kostenaufwendig sein oder mit elementaren menschlichen Interessen oder anderen Erhaltungszielen konfligieren. Hier müssen – wie beim Pockenerreger – Abwägungen im Einzelfall auch gegen die Erhaltung erlaubt sein. Wichtige Abwägungsgesichtspunkte sind dabei Seltenheit und Interessantheit für den Menschen in ästhetischer, symbolischer und pädagogischer Hinsicht. Angesichts der Irreversibilität eines drohenden totalen Artverlusts muß allerdings im einzelnen sehr genau geprüft werden, ob die materiellen und immateriellen Kosten des Schutzes nicht doch in Kauf genommen werden können. Daß eine solche Entscheidung durchaus ‹tragische› Dimensionen annehmen kann, zeigt der Fall der Berggorillas in Ruanda, deren einzig verbliebener Lebensraum nur dann geschützt werden kann, wenn auf die geplante landwirtschaftliche Nutzung der Region verzichtet wird (vgl. Bishop 1980, 216).

Ästhetischer und symbolischer Wert ist kein Privileg von Ur- oder (der Urlandschaft nachgebildeten) Naturlandschaften, sondern kommt in gleicher Weise Kulturlandschaften zu. Die Lüneburger Heide ist nicht deshalb ästhetisch weniger reizvoll (an ihrer Unterschutzstellung haben u. a. Maler und Dichter mitgewirkt), weil sie ursprünglich ein Produkt von Raubbau (zugunsten der Salzgewinnung in Lüneburg) war und zu ihrer Erhaltung auf fortwährende menschliche Eingriffe (Beweidung durch Heidschnucken) angewiesen ist. Die charakteristische Schönheit der Natur, die in sich ruhende, ihren Zweck und ihre Vollendung in sich selbst findende Schönheit, die dennoch quasi physiognomisch zum Menschen ‹spricht›, läßt sich nicht nur in der naturnahen Landschaft entdecken, sondern ebenso in der bewußt kultivierten Landschaft und im gestalteten Park.

Unter den symbolischen Werten der Natur schließlich nehmen für den Zivilisationsmenschen vor allem diejenigen einen wichtigen Platz ein, die ihn die Natur als ‹Gegenwelt› erleben lassen: Wildheit, Freiheit, Spontaneität, Gelassenheit, Frieden. Nicht weniger wichtig ist der symbolische Wert der Heimatlichkeit: Die Erhaltung der uns vertraut gewordenen Natur verhindert, daß wir die Ursprünge unserer eigenen persönlichen Existenz verlieren. Welche Aspekte der Natur dabei als ‹heimatlich› erlebt werden, hängt von vielerlei kulturellen und biographischen Faktoren ab und läßt sich nicht ein für allemal angeben (vgl. Nohl 1988, 47).

Insgesamt sprechen die Gründe für den konservativen Naturschutz nicht nur für den konservativen, sondern auch für einen umsichtigen progressiven Naturschutz. Abgesehen von den biozentrischen Kriterien des Alters und des anthropozentrischen Kriteriums des pädagogisch-dokumentarischen Interesses läßt sich mit denselben Gründen auch die Gestaltung und Umgestaltung, Bereicherung und Weiterentwicklung der Natur rechtfertigen. Die Natur ist nicht sakrosankt. Sie darf und soll über sich selbst hinausgeführt, mit einem alten Motiv der Aufklärung: vervollkommnet werden.

7 Ethische Probleme des Tierschutzes

Alle Ansätze der ökologischen Ethik (abgesehen von den streng anthropozentrischen) stimmen darin überein, daß der Mensch nicht das einzige Objekt moralischer Pflichten ist, sondern daß wir auch eine direkte, unabgeleitete Pflicht haben, Tieren nicht unnötig Schmerzen, Leiden und Angst zuzufügen. Damit ist die Übereinstimmung freilich auch schon erschöpft. Alle weiteren ethischen Fragen in bezug auf Tiere sind kontrovers: 1. Unter welchen Bedingungen ist Leidenszufügung gerechtfertigt? 2. Sind wir verpflichtet, Tiere vor Leiden zu bewahren, die wir ihnen nicht zugefügt haben? 3. Für welche Zwecke dürfen wir Tiere, ohne ihnen Leiden zuzufügen, instrumentalisieren? 4. Dürfen wir sie zu anderen Zwecken als unserer eigenen Lebenserhaltung töten?

1. Darf tierisches gegen menschliches Leiden abgewogen werden, so daß sich eine Leidenszufügung in Tierexperimenten durch das dadurch verhinderte menschliche Leiden rechtfertigen läßt? Während der ethische Utilitarismus diese Frage im Grundsatz bejaht, hat Otfried Höffe (1984, 136ff) Fairneßgesichtspunkte geltend gemacht, die eine solche Aufrechnung einschränken. Danach wären auch Tiere davor zu schützen, ‹bloß als Mittel› zu fremden Zwecken gebraucht zu werden. Die Folgen für die Praxis wären einschneidend. Selbst geringfügige Minderungen tierischen Wohlbefindens, die zur Steigerung menschlicher Gesundheit und Sicherheit in Kauf genommen werden müßten, wären abzulehnen, auch dann, wenn sie ein um ein Vielfaches größeres menschliches Leiden verhindern könnten.

Ein anderer Einwand gegen die für den Utilitarismus kennzeichnende ‹Aufrechnung› von tierischem und menschlichem Leiden lautet: Das Leiden, das Tiere in manchen Tierexperimenten über sich ergehen lassen müssen, wird ihnen zugefügt, während das dadurch verhinderte oder gelinderte menschliche Leiden in der Regel kein zugefügtes, sondern natürliches Leiden ist (Wolf 1988, 241). Aber kann dies einen wesentlichen Unterschied machen? Der Übelcharakter des Leidens ändert sich nicht dadurch, daß dies dem Leidenden einmal von Menschen, ein andermal von der Natur angetan wird. Allerdings könnten sich Tiere vor einer Leidenszufügung durch Menschen mehr ängstigen als vor natürlichen Leiden. Dies wäre dann ein zusätzlicher und legitimer moralischer Gesichtspunkt.

Ein drittes Argument zielt in dieselbe Richtung: daß eine entsprechende Instrumentalisierung bei menschlichen Individuen offenkundig unzulässig wäre (Wolf 1988, 241). Aber der Schluß, daß das, was bei Menschen nicht erlaubt ist, auch bei Tieren nicht erlaubt sein kann, übersieht die zwischen Mensch und Tier normalerweise bestehenden Unterschiede, vor allem die unterschiedlich ausgeprägte Fähigkeit, sich vor einer Leidenszufügung zu fremden Zwecken zu ängstigen. Das für den Menschen unerträgliche Wissen, jederzeit – in wie immer wohlmeinender Absicht – zum Mittel für das Wohl anderer gemacht werden zu können, läßt sich lediglich den mit Selbst- und Zukunftsbewußtsein begabten, also den wenigen höchstentwickelten Tieren zuschreiben.

Im Unterschied zu Ursula Wolf (1988, 244) scheint mir insofern ein generelles moralisches Verbot aller Experimente, die Tieren Leiden zufügen, nicht rechtfertigbar. Das heißt aber nicht, daß menschliche Interessen tierischen Interessen in derselben pauschalen Weise vorgeordnet werden dürfen, wie es gelegentlich in Stellungnahmen der Pharmaindustrie geschieht. Eine pauschale Selbstprivilegierung des Menschen wäre ‹speziesistisch›, eine nicht entschuldbare Form von Gattungsegoismus. Menschliche Luxusbedürfnisse können eine Leidenszufügung bei Tieren nicht rechtfertigen, auch nicht das menschliche Kulturinteresse an Wissenszuwachs. Auch das von Patzig (1985, 376) favorisierte Prinzip, eine Leidenszufügung bei Tieren in der wissenschaftlichen Grundlagenforschung zumindest insoweit für erlaubt zu halten, als von dieser ein wie immer indirekter Beitrag zur Minderung menschlichen Leidens erwartet werden kann, ist unter pragmatischen Gesichtspunkten nicht unbedenklich. Die Möglichkeit, sich auf eine derart vage Chance zu berufen, wäre in praxi ein Freibrief zur Rechtfertigung jeder Art von Leidenszufügung zu bloßen Forschungszwecken.

Physiologische und ethologische Indizien sprechen dafür, daß Tiere ebenso unter Schmerzen leiden wie Menschen. Aber Schmerzen und Leiden sind nicht dasselbe. An Schmerzen derselben Intensität können Menschen unterschiedlich stark leiden (vgl. Hare 1964). Vielfach wird behauptet, das Tier leide unter Schmerzen weniger als der Mensch, da dieser den Schmerz nicht nur dumpf als Zuständlichkeit erlebt, sondern zugleich als Zumutung empfindet, die ihm (und gerade ihm) angetan wird. Erinnerung, Zukunftsbewußtsein und Selbstbewußtsein lassen den Menschen auch zukünftige Schmerzen fürchten und geben empfundenen Schmerzen eine innere Resonanz, die dem im Hier und Jetzt lebenden Tier fehlt. Auf der anderen Seite sprechen gewichtige Gründe dafür, daß zumindest der erwachsene Mensch Schmerzen leichter erträgt als das Tier: Oft kennt er ihr Warum und Wofür und weiß, daß sie nach gewisser Zeit nachlassen. Außerdem kann er sie mit medizinischen und anderen Mitteln gezielt bekämpfen. Das Tier dagegen ist Schmerzen in ähnlich hilfloser Weise ausgeliefert wie das Kleinkind. Es reagiert – unabhängig davon, ob man ihm einen Begriff vom Tod zusprechen kann – mit Todesangst und Verzweiflung. Nicht zufällig muß bei Tieren (wie bei Kindern) oft auch dann Narkose angewendet werden, wenn sie bei einem erwachsenen Menschen überflüssig wäre (vgl. Grzimek 1961, 22).

Unter welchen Bedingungen Tiere leiden, läßt sich allerdings nur in engen Grenzen angeben. Auch die bisher aufschlußreichsten Wahlexperimente, bei denen ermittelt wird, wieviel ‹harte Arbeit› ein Tier im Tausch gegen Verbesserungen seiner Lebensbedingungen auf sich nimmt (vgl. Dawkins 1982, Kap. 7; Dawkins 1986, 64), können stets nur Hinweise auf die Präferenzen der Tiere geben, nicht aber auf die genaue Schwelle zwischen Leiden und Wohlbefinden. Aufgrund der Überlegung, daß ein Irrtum unsererseits für die Tiere schreckliche Folgen hätte, empfiehlt sich für die Praxis T. H. Huxleys (1874, 270) Prinzip, im Zweifelsfall eher zu ihren statt zu unseren Gunsten zu irren.

2. Bestehen gegenüber Tieren außer Unterlassenspflichten auch positive Hilfspflichten? Gegenüber Nutztieren und anderen mit dem Menschen zusammenlebenden Tieren wird eine solche Pflicht weithin anerkannt, nicht aber gegenüber wildlebenden Tieren. So befremdlich allerdings der Gedanke zunächst scheint, «daß menschliche Ansiedlungen sich um kranke Tiere in dem sie umgebenden natürlichen Bereich kümmern» (Wolf 1988, 240f; vgl. auch Hargrove 1989, 155), so wenig ist daran zu rütteln, daß er im Sinne einer Ethik der Leidensminderung wie dem (negativen) Utilitarismus (vgl. Mill 1861) oder Schopenhauers Mitleidsethik (vgl. Schopenhauer 1841) durchaus konsequent wäre. Eine erweiterte Hilfspflicht gegenüber Tieren würde freilich eine Reihe schwieriger

Fragen aufwerfen: Wieweit würde eine Praxis der Hilfeleistung die natürlichen Kreisläufe stören (man denke an den Zusammenhang zwischen Winterfütterung und Waldschäden durch Verbiß)? Wieweit würden die knappen moralischen Ressourcen des Menschen überfordert? Und wieweit würden sie auf Kosten von Hilfeleistungen im sozialen Bereich gehen?

3. Haben Tiere einen Anspruch darauf, vor Nutzungsformen verschont zu bleiben, die sie nicht leiden lassen, sie aber dennoch auf radikale Weise instrumentalisieren? Haben auch Tiere eine ‹Würde›? Viele Tierversuche, bei denen Tiere künstlich krank gemacht, verstümmelt oder anderweitig geschädigt werden, wirken auf den Betrachter empörend, ohne daß von einem tierischen Leiden die Rede sein kann (z. B. weil sie unter Narkose durchgeführt werden). Der Hund, dem in Moskau der Kopf eines zweiten Hundes anoperiert wurde (vgl. Allgeier 1980, 128 f), braucht nicht gelitten zu haben, aber es fällt schwer, Versuche dieser Art ohne Widerwillen zur Kenntnis zu nehmen. Dieter E. Zimmer (1983, 180) bringt diese Reaktion auf den Punkt, wenn er über die Käfighaltung von Hühnern urteilt: «Die Käfighaltung wie die ungünstigen Formen der intensiven Bodenhaltung sind ein Horror. Sie sind ein Horror unabhängig davon, ob die Tiere dabei Leid erleben und wie stark dieses Leid ist. Sie sind ein Horror, weil sie die Ordnung der Natur auf krasse Weise entstellen und stören.» Nach unseren spontanen Gefühlen zu urteilen, ist die «Ordnung der Natur» nicht nur ein Faktum, sondern etwas Normatives: An einem bestimmten Punkt scheint die Schwelle zum ‹Frevel›, zur ‹Hybris› überschritten.

Aber ist die instinktive Scheu vor der Überschreitung der durch die Natur scheinbar autoritativ vorgegebenen Grenzen hinreichend, sie moralisch zu verurteilen? (Vgl. Fetscher 1982, 769.) Pathozentriker subjektivistischer und objektivistischer Observanz werden diese Frage unterschiedlich beantworten. Der Subjektivist wird den Grund zur Ablehnung extremer Formen der Instrumentalisierung von Tieren im wesentlichen in den dadurch ausgelösten Gefühlen selbst sehen. Diese Position ist bewußt relativistisch: Sie kann die Praxis mit Berufung auf die durch sie ausgelösten Emotionen verurteilen, kann aber nichts zu der Frage sagen, ob diese Emotionen berechtigt sind. Den objektivistischen Pathozentriker dagegen hindert nichts daran, auch Tieren eine Würde zuzusprechen. Es fragt sich nur, wie er die Grenze zwischen angemessenen und entwürdigenden, ‹natürlichen› und ‹naturwidrigen› Nutzungsformen willkürfrei ziehen will, d. h., ohne sich lediglich auf seine eigenen emotionalen Reaktionen zu berufen.

Denn diese Reaktionen fallen bei verschiedenen Beobachtern sehr unterschiedlich aus. Viele werden Albert Lorz' Urteil zustimmen, daß es gegen die «geschöpfliche Würde» des Tiers ist, betrunken gemacht oder für Maskeraden herausstaffiert zu werden (1987, 87, 91). Es ist jedoch viel weniger offenkundig ‹widernatürlich›, wenn ein Haustier die Fähigkeit verliert, wieder zu verwildern (Teutsch 1983, 92 f), oder wenn Säugetiere – in wie immer humaner Weise – landwirtschaftlich genutzt werden (Regan 1983, 394). Wäre ein Huhn ‹widernatürlich›, das so gezüchtet ist, daß es den Bedingungen der Legebatterie optimal angepaßt ist und ein subjektives Leiden ausgeschlossen werden kann? (Vgl. Teutsch 1987, 271.) Müßten wir – falls auf die Legebatterien nicht ganz zu verzichten wäre – diese Neuzüchtungen den gegenwärtigen Formen nicht vielmehr vorziehen? Freilich hat man das Gefühl, diese Tiere würden irgendwie ‹betrogen› (vgl. Rodman 1977, 100). Aber wenn hier jemand ‹betrogen› wird, dann weniger die individuellen Tiere als die Natur als ganze, und die Frage stellt sich, in welchen ethisch relevanten Hinsichten sich diese Art der Züchtung von anderen, allgemein gebilligten unterscheidet, mit denen der Mensch die Natur ‹betrogen› hat. Ist der Pudel ‹widernatürlich›, weil er mit dem Wolf, von dem er abstammt, nicht viel gemein hat? Was ist hier das Kriterium für natürlich und unnatürlich? Auf diese Frage geben objektivistische Definitionen von tierischer Würde keine befriedigende Antwort.

4. Dürfen wir Tiere töten, um mit ihnen einen nicht strikt überlebensnotwendigen Bedarf zu befriedigen? Von ethischen Vegetariern und anderen Vertretern eines strikten Lebensrechts von Tieren werden gegen die moralische Zulässigkeit der Tiertötung u. a. folgende Einwände erhoben:

a) Viele Formen der Tiertötung ängstigen die Tiere oder lassen sie in anderer Weise leiden. Teutsch (1983, 83 f) weist darauf hin, daß selbst in Westeuropa von 200 Millionen jährlichen Schlachtungen 60 Millionen ohne Betäubung durchgeführt werden. Maschinen, mit denen Hühner am Fließband geschlachtet werden, funktionieren oft nicht besonders genau. Vor allem von den hochsensitiven Schweinen ist bekannt, daß sie vor der Schlachtung in panische Todesangst geraten. – Diese Argumente sprechen freilich eher gegen bestimmte Methoden der Tiertötung als gegen die Tötung von Tieren schlechthin. Andererseits darf sich eine Beurteilung der Tiertötung nicht auf den isolierten Akt der Schlachtung beschränken, sondern muß das Gesamtsystem von Züchtung, Aufzucht und Haltung in den Blick nehmen: Moralisch bedenklicher als die Umstände der Schlachtung sind die zum Teil martervollen Haltungsbedingungen der modernen Massentierhaltung. Die durch sie gewährten Preisvorteile fallen gegen das tierische Leiden, das sie verursachen, schwerlich ins Gewicht (vgl. Singer 1979/80, 333).

b) Leonard Nelson (1932, 168) hat die Pflicht zur Lebenserhaltung bei Tieren mit Hilfe der Goldenen Regel zu begründen versucht. Er fragt, ob *wir* denn getötet werden wollten, wenn wir das Tier wären. – Aber die Heranziehung der Goldenen Regel verführt in diesem Fall dazu, die spezifisch menschlichen Fähigkeiten zu Ich- und Zukunftsbewußtsein in die Tiere hineinzuprojizieren, statt von ihrer tatsächlichen Betroffenheit auszugehen. Wir sind ja immer dann berechtigt (und vielfach auch verpflichtet), andere anders zu behandeln, als wir selbst in ihrer Lage behandelt werden wollten, wenn wir wissen, daß sie von dieser Behandlung anders betroffen sind, als wir es an ihrer Stelle wären. Nelsons Argument begründet jedoch ein striktes Tötungsverbot bei denjenigen Tieren, die in allen relevanten Hinsichten dem Menschen gleichzustellen sind: die wie die Primaten, Wale und Delphine nicht nur über beträchtliche Intelligenz, sondern wahrscheinlich auch über Ich- und Zukunftsbewußtsein verfügen (vgl. Griffin 1984, 74ff). Sie dürfen nicht anders behandelt werden als Menschen. Bei intelligenten und möglicherweise selbstbewußten Tieren müssen darüber hinaus auch die sozialen Folgen der Tötung für die Tiergemeinschaften bedacht werden. Diese sind durch den Verlust einiger Exemplare nicht nur eventuell nicht mehr lebensfähig, es kommt auch vielfach, wie von Menschenaffen und Delphinen bekannt, zu ausgeprägten Trauerreaktionen bei Verwandten und Sippenangehörigen.

c) Ein weiteres Argument gegen die Tiertötung zu Zwecken menschlicher Bedürfnisbefriedigung besagt, daß das Töten von Tieren mit einer wohlwollenden Grundhaltung ihnen gegenüber unvereinbar sei. Wer als Nicht-Anthropozentriker das Wohlergehen eines Tiers will, muß (in einem eher psychologischen als logischen Sinn von ‹muß›) auch sein Weiterleben wollen (Wolf 1988, 245). – Aber gibt es nicht auch das wohlwollende Verhältnis des Bauern zu seinen Nutztieren, das Mitleid mit ihnen kennt, solange sie leben, sie aber dennoch zur gegebenen Zeit zum Schlachten weggibt? Auch ethnologische Belege sprechen eher für als gegen die psychologische Möglichkeit, Tiere sowohl als Fleischproduzenten zu nutzen als auch freundlich zu behandeln (vgl. Harris 1988, 188ff).

d) Ein in der Tierschutzethik der letzten Jahre häufig herangezogenes

Argument gegen die Tiertötung ist das der ‹Grenzfälle› (marginal cases):
Wir erkennen vielen Menschen ein Lebensrecht zu, die in ihren Fähigkeiten hinter den Tieren zurückbleiben, die wir unbedenklich verspeisen.
Wenn aber die Fähigkeiten eines Naturwesens die Grundlage für die Zuschreibung von Rechten sind, wie können wir die tierischen Naturwesen
soviel schlechter behandeln? Wer an dem Schutz menschlicher ‹Grenzfälle› festhält, sich jedoch weigert, den Schritt zum ethischen Vegetarismus zu vollziehen, hat nach den Vertretern dieses Arguments keine andere Wahl als einzugestehen, daß er die bloße Gattungszugehörigkeit
für ein moralisch relevantes Merkmal hält und sich damit dem Vorwurf
des ‹Speziesismus›, der unbegründeten Privilegierung der eigenen Gattung, aussetzt.

Der Speziesismus – so geläufig er uns ist – ist in der Tat schwer zu
rechtfertigen (vgl. Pluhar 1987, 33). Es ist nicht zu sehen, inwiefern die
bloße Zugehörigkeit zu einer biologischen Spezies ethisch einen Unterschied machen soll. Metaphysische Konzeptionen, die die Angehörigen
der Spezies Homo sapiens mit einer empirisch nicht nachweisbaren, nur
ihnen zukommenden Qualität (Seelensubstanz, intelligibler Charakter)
begabt denken, sind zu spekulativ, um die Selbstprivilegierung des
Menschen absichern zu können. Ist die natürliche Neigung, Angehörige
unserer Gattung besser zu behandeln, selbst schon ein Grund, sie besser
zu behandeln? Autoren, die so argumentieren (etwa Warren 1983, 121),
setzen sich dem bereits von Mill erhobenen Einwand aus, daß derartige
natürliche Regungen auch sonst keine Quellen moralischer Einsicht
sind: ‹Natürlicherweise› berücksichtigen wir das Leiden anderer nur in
dem Maße, in dem wir diese anderen als uns selbst ähnlich erleben.
Ginge es ausschließlich nach den natürlichen Regungen, wäre es moralisch richtig von den mittelalterlichen Feudalherren gewesen, die Leiden
noch so vieler Hintersassen für geringer zu erachten als das geringfügige Leiden eines einzigen Aristokraten (Mill 1852, 186).

Der Hinweis auf die menschliche Neigung, sich mit Angehörigen der
eigenen Gattung eher als mit Tieren gefühlsmäßig zu identifizieren,
könnte jedoch auf eine indirekte Weise geeignet sein, das Dilemma von
Speziesismus und Vegetarismus aufzulösen: Von einer möglichen Instrumentalisierung von Menschen – etwa zu medizinischen Experimenten – würden auf die übrigen Gattungsangehörigen sehr viel gravieren-
dere Nebenwirkungen ausgehen als von einer Instrumentalisierung von
Tieren auf andere Tiere. Von dem, was menschlichen ‹marginal cases›
geschieht, sind andere Menschen schon insofern mitbetroffen, als sie

befürchten müssen, möglicherweise selbst einmal zu ‹marginal cases› zu werden. Tiere dagegen wären von dem Schicksal ihrer Gattungsgenossen nur insoweit betroffen, als sie die Fähigkeit besitzen, sich selbst als Angehörige einer bestimmten Gattung zu denken.

Keines der betrachteten Argumente stützt ein prinzipielles moralisches Verbot der Tötung von Tieren zu Zwecken menschlicher Bedürfnisbefriedigung. Auf der anderen Seite spricht für eine humane Praxis der Aufzucht, Haltung und Nutzung von bewußtseinsfähigen Tieren, daß infolge der Tiernutzung eine bedeutend größere Zahl von bewußtseinsfähigen Tieren lebt, als ohne sie leben würde. Nur weil ein großer Teil von ihnen für den Menschen attraktiv ist, leben heute mehr Säugetiere auf der Erde als je zuvor. Unter Haltungsbedingungen, die ihren natürlichen Bedürfnissen entgegenkommen, haben diese Tiere ein behagliches Leben. Überwiegend dürfte der Tod im Schlachthof für sie leichter zu ertragen sein als der Tod ihrer wildlebenden Verwandten. Außer dem Menschen haben sie nur wenige Feinde, vor denen sie sich ängstigen müssen, sie leiden weniger Hunger und werden sogar medizinisch versorgt (vgl. VanDeVeer 1983, 159).

Gegen dieses – zunächst irritierend wirkende – Argument hat der Tierschutzpionier Henry S. Salt eingewendet, man könne von den Tieren weder sagen, daß es für sie ein Vorteil sei, auf der Welt zu sein, noch daß sie für ihr Leben dankbar sein müßten (vgl. Salt 1914, 185 ff). Tatsächlich kann man dies nicht sagen, weil die Vergleichsmöglichkeit fehlt. Da es kein Nachteil ist, nicht geboren zu sein, kann es auch kein Vorteil sein, geboren zu sein. Aber das ändert nichts daran, daß, wenn ein bewußtes und insgesamt als positiv empfundenes Leben einen intrinsischen Wert hat – eine Annahme, von der auch Henry Salt ausgeht –, es besser sein muß, wenn mehr als weniger davon existiert.

Die eigentlichen ethischen Gründe für einen weitgehenden Verzicht auf tierische Nahrungsmittel scheinen mir weniger in der moralischen Bedenklichkeit der Tiertötung zu liegen als in dem Ausmaß der Verfütterung pflanzlicher Nahrungsmittel an Tiere, die auch für die menschliche Ernährung geeignet wären. Man darf sich allerdings nicht darüber hinwegtäuschen, daß eine Umstellung der verschwenderischen Ernährungsgewohnheiten in den reichen Ländern an der prekären Welternährungslage von sich aus wenig ändert. Sie würde nicht von selbst zu der moralisch zu fordernden gleichmäßigeren Verteilung der Nahrungsmittel führen, sondern zunächst nur zu einer weiteren Reduzierung (bzw.

Extensivierung) der landwirtschaftlichen Bodennutzung. Diese wären allerdings aus Gründen des Umwelt- und Artenschutzes ebenfalls zu begrüßen.

Literatur

Allgeier, Kurt: Tierexperimente. Pro und contra. München 1980.

Altner, Günter: Schöpfung am Abgrund. Die Theologie vor der Umweltfrage. Neukirchen-Vluyn 1974.

Ders. u. a.: Manifest zur Versöhnung mit der Natur. Die Pflicht der Kirchen in der Umweltkrise. Neukirchen-Vluyn 1984.

Ashby, Eric: «The search for an environmental ethic». In: Sterling M. McMurrin (Hrsg.), The Tanner lectures on human values. Bd. 1. Salt Lake City/Cambridge 1980.

Attfield, Robin: The ethics of environmental concern. Oxford 1983.

Barthelmeß, Alfred: Wald – Umwelt des Menschen. Freiburg/München 1972.

Bentham, Jeremy: An introduction to the principles of morals and legislation (1789). New York 1948.

Birnbacher, Dieter: «A priority rule for environmental ethics». In: Environmental Ethics, Bd. 4 (1982), 3–16.

Ders.: «Epiphenomenalism as a solution to the ontological mind-body problem». In: Ratio (new series), Bd. 1 (1988), 17–32.

Ders.: «Ökologie, Ethik und neues Handeln». In: Herbert Stachowiak (Hrsg.), Pragmatik. Bd. 3. Hamburg 1989, 393–417.

Ders.: «Rechte des Menschen oder Rechte der Natur? Die Stellung der Freiheit in der ökologischen Ethik». In: Studia philosophica Bd. 49 (1990), 61–80.

Bishop, Richard C.: «Endangered species: an economic perspective». In: Transactions of the Forty-fifth American Wildlife Conference. Washington D. C. 1980.

Buderath, Bernhard/Henry, Makowski: Die Natur dem Menschen untertan. Ökologie im Spiegel der Landschaftsmalerei. München 1986.

Callicott, J. Baird: In defense of the land ethic. Essays in environmental philosophy. Albany (N. Y.) 1989.

Colwell, Thomas B.: «The balance of nature: a ground for human values». In: Main Currents in Modern Thought, Bd. 26 (1969), 46–52.

Commoner, Barry: The closing circle: Nature, man and technology. New York 1971 (dt. Wachstumswahn und Umweltkrise. München/Gütersloh/Wien 1971).

Dawkins, Mary Stamp: Leiden und Wohlbefinden bei Tieren. Stuttgart 1982.

Dies.: «Die wissenschaftlichen Grundlagen für die Einschätzung des Leidens bei Tieren». In: Peter Singer (Hrsg.), Verteidigt die Tiere. Überlegungen für eine neue Menschlichkeit. Wien 1986.

Dixon, Bernard: «Smallpox – imminent extinction, and an unresolved dilemma». In: New Scientist. 26. 2. 1976, 430–432.

Dubos, René: «Franciscan conservation versus benedictine stewardship». In: David Spring/Eileen Spring (Hrsg.), Ecology and religion in history. New York 1974.

Ehrenfeld, David: The arrogance of humanism. New York 1978.

Fetscher, Iring: «Ethik und Naturbeherrschung». In: Wolfgang Kuhlmann/Dietrich Böhler (Hrsg.), Kommunikation und Reflexion. Zur Diskussion der Transzendentalpragmatik. Antworten auf Karl-Otto Apel. Frankfurt/M. 1982.

Frankena, William K.: «Ethics and the environment». In: Kenneth E. Goodpaster/Kenneth M. Sayre (Hrsg.), Ethics and Problems of the 21st century. Notre Dame (Ind.) 1979.

Griffin, Donald R.: Animal thinking. Cambridge (Mass.) 1984 (dt. Wie Tiere denken. München 1985).

Grzimek, Bernhard: «Darf man Tiere töten?» In: Tier 8/1961, 20–22.

Häfele, Wolf: «Hypotheticality and the new challenges». In: Minerva, Bd. 12 (1974), 303–322.

Hardin, Garrett: «The rational foundation of conservation». In: North American Review, Bd. 259 (1976), 14–17.

Hare, Richard M.: «Pain and evil». In: Aristotelian Society Supplementary Volumes, Bd. 38 (1964), 91–106.

Hargrove, Eugene C.: Foundations of environmental ethics. Englewood Cliffs (N. J.) 1989.

Harris, Marvin: Wohlgeschmack und Widerwillen. Die Rätsel der Nahrungstabus. Stuttgart 1988.

Hartmann, Eduard von: Philosophie des Unbewußten. Bd. 1. 11. Aufl. Leipzig 1904.

Höffe, Otfried: «Der wissenschaftliche Tierversuch: eine bioethische Fallstudie». In: Elisabeth Ströker (Hrsg.), Ethik der Wissenschaften? Philosophische Fragen. München/Paderborn 1984.

Huxley, T. H.: «On the hypothesis that animals are conscious automata, and its history» (1874). Auszüge in: Joel Feinberg (Hrsg.), Reason and responsibility. Encino (Ca.)/Belmont (Ca.) 1965.

Jonas, Hans: Das Prinzip Verantwortung. Versuch einer Ethik für die technologische Zivilisation. Frankfurt/M. 1979.

Kant, Immanuel: Die Metaphysik der Sitten (1797). In: Gesammelte Schriften. Akademie-Ausgabe, Bd. 6. Berlin 1907.

Ders.: Vorlesungen über Moralphilosophie Collins. In: Gesammelte Schriften. Akademie-Ausgabe, Bd. 27, 1. Berlin 1974.

Leopold, Aldo: «The land ethic». In: A Sand County almanac and Sketches here and there. New York 1949.

Liedke, Gerhard: «Von der Ausbeutung zur Kooperation. Theologisch-philosophische Überlegungen zum Problem des Umweltschutzes». In: Ernst Ulrich von Weizsäcker (Hrsg.), Humanökologie und Umweltschutz. Stuttgart/München 1972.

Lorz, Albert: Tierschutzgesetz. Kommentar. 3. Aufl. München 1987.

Mainländer, Philipp: Philosophie der Erlösung (1876f). Ausgewählt von Ulrich Horstmann. Frankfurt/M. 1989.

McCloskey, H. J.: Ecological ethics and politics. Totowa (N. J.) 1983.

Meyer-Abich, Klaus Michael (Hrsg.): Frieden mit der Natur. Freiburg 1979.

Ders.: Wege zum Frieden mit der Natur. Praktische Naturphilosophie für die Umweltpolitik. München 1984.

Mill, John Stuart: «Whewell on moral philosophy» (1852). In: Collected Works. Bd. 10. Toronto/London 1969.

Ders.: Der Utilitarismus (1861). Stuttgart 1976.

Ders.: «Natur» (1874). In: Drei Essays über Religion. Stuttgart 1984.

Mohr, Hans: Natur und Moral. Ethik in der Biologie. Darmstadt 1987.

Moore, G. E.: Principia Ethica (1903). Stuttgart 1970.

Nash, Roderick: Wilderness and the American mind. 2. Aufl. New Haven/London 1973.

Nelson, Leonard: System der philosophischen Ethik und Pädagogik (1932). Hamburg 1970.

Nietzsche, Friedrich: Nachgelassene Fragmente November 1887 – März 1888. In: Sämtliche Werke. Kritische Studienausgabe, Bd. 13. München 1980.

Nohl, Werner: «Philosophische und empirische Kriterien der Landschaftsästhetik». In: Hans-Werner Ingensiep/Kurt Jax (Hrsg.), Mensch, Umwelt und Philosophie. Interdisziplinäre Beiträge. Bonn 1988.

Norton, Bryan G.: Why preserve natural variety? Princeton (N. J.) 1987.

Oechsle, Mechtild: Der ökologische Naturalismus. Zum Verhältnis von Natur und Gesellschaft im ökologischen Diskurs. Frankfurt/M. 1988.

Passmore, John: Man's responsibility for nature. Ecological problems and western traditions. 2. Aufl. London 1980.

Patzig, Günther: «Ethische Aspekte von Tierversuchen». In: Chimia, Bd. 39 (1985), 373–376.

Pluhar, Evelyn B.: «The personhood view and the argument from marginal cases». In: Philosophica, Bd. 39 (1987), 23–38.

Pommerehne, Werner W.: Präferenzen für öffentliche Güter. Tübingen 1987.

Regan, Tom: The case for animal rights. London 1983.

Remmert, Hermann: Ökologie. Ein Lehrbuch. 2. Aufl. Berlin/Heidelberg/New York 1980.

Rescher, Nicholas: «Why preserve endangered species?» In: Unpopular essays on technological progress. Pittsburgh 1980.

Rodman, John: «The liberation of nature?» In: Inquiry, Bd. 20 (1977), 83–145.

Rolston, Holmes: Philosophy gone wild. Essays in environmental ethics. Buffalo (N. Y.) 1986.

Ders.: Environmental ethics. Duties to and values in the natural world. Philadelphia 1988.

Sachsse, Hans: «Der Mensch als Partner der Natur». In: Gerd-Klaus Kaltenbrunner (Hrsg.), Überleben und Ethik. Die Notwendigkeit, bescheiden zu werden. Freiburg 1976.

Ders.: «Wie entsteht der Geist? Überlegungen zur Funktion des Bewußtseins». In: Wolfgang Böhme (Hrsg.), Wie entsteht der Geist? Karlsruhe 1980.

Sagoff, Mark: «On preserving the natural environment». In: Yale Law Journal, Bd. 84 (1974), 205–265.

Salt, Henry S.: Logic of the larder (1914). In: Tom Regan/Peter Singer (Hrsg.), Animal rights and human obligations. Englewood Cliffs (N. J.) 1976.

Schopenhauer, Arthur: Grundlage der Moral (1841). In: Sämtliche Werke, Bd. 4. 4. Aufl. Mannheim 1988.

Schulz, Werner: Der monetäre Wert besserer Luft. Frankfurt/M. 1985.

Schweitzer, Albert: Was sollen wir tun? 12 Predigten über ethische Probleme (1919a). 2. Aufl. Heidelberg 1986.

Ders.: «Die Ehrfurcht vor dem Leben» (1919b). In: Die Lehre von der Ehrfurcht vor dem Leben. Grundtexte aus fünf Jahrzehnten. München 1966.

Ders.: Kultur und Ethik (1923). München 1960.

Singer, Peter: Utilitarianism and vegetarianism. In: Philosophy and Public Affairs, Bd. 9 (1979/80), 325–337.

Spaemann, Robert: «Technische Eingriffe in die Natur als Problem der politischen Ethik». In: Dieter Birnbacher (Hrsg.), Ökologie und Ethik. Stuttgart 1980.

Steffahn, Harald: Albert Schweitzer. Reinbek 1979.

Taylor, Paul W.: Respect for nature. A theory of environmental ethics. Princeton (N. J.) 1986.

Teutsch, Gotthard M.: Tierversuche und Tierschutz. München 1983.

Ders.: Lexikon der Umweltethik. Göttingen/Düsseldorf 1985.

Ders.: Mensch und Tier. Lexikon der Tierschutzethik. Göttingen 1987.

Trepl, Ludwig: «Leitwissenschaft Ökologie». In: Hans-Werner Ingensiep/Kurt Jax (Hrsg.), Mensch, Umwelt und Philosophie. Interdisziplinäre Beiträge. Bonn 1988.

VanDeVeer, Donald: «Interspecific justice and animal slaughter». In: Harlan B. Miller/William H. Williams (Hrsg.), Ethics and animals. Clifton (N. J.) 1983.

Warren, Mary Anne: «The rights of the nonhuman world». In: Robert Elliot/Arran Gare (Hrsg.), Environmental philosophy. Milton Keynes 1983.

Weizsäcker, Carl Friedrich von: «Einführung». In: Georg Picht: Der Begriff der Natur und seine Geschichte. Stuttgart 1989.

Wenz, Peter S.: Environmental justice. Albany (N. Y.) 1988.

Wicke, Lutz: Die ökologischen Milliarden. München 1986.

Wolf, Ursula: Haben wir moralische Verpflichtungen gegen Tiere? In: Zeitschrift für philosophische Forschung, Bd. 42 (1988), 222–246.

Zimmer, Dieter E.: Hühner. Tiere oder Eiweißmaschinen? Reinbek 1983.

Anton Leist

Intergenerationelle Gerechtigkeit
Verantwortung für zukünftige Generationen,
hohes Lebensalter und Bevölkerungsexplosion

1 Thema

1.1 Verantwortung für Zukünftige?

Zu den bekanntesten Stichworten in der ‹angewandten Ethik› gehört das der ‹Verantwortung für die zukünftigen Generationen›. Und tatsächlich wird im ökologischen Krisenalltag in immer wieder neuen Details offenkundig, inwiefern die gegenwärtig Lebenden die Lebenschancen der Zukünftigen beeinflussen, vor allem sie beschränken. So gut wie alle direkten und indirekten Folgen gegenwärtiger Großtechnologien betreffen auch die zukünftigen Generationen. Zu denken ist dabei insbesondere an

- die Ausbeutung von Mineralien und fossilen Brennstoffen;
- Wasser-/Luftverschmutzung, Veränderung der Atmosphäre, Klimaveränderung, atomare Endlagerung;
- Baum-/Artensterben, Zerstörung von Landschaften, gentechnische Artenproduktion.

Freilich sind die gegenwärtigen technologischen Entwicklungen nicht durchweg, oder nicht nur, von destruktiver Art. Mittel der modernen Lebenserleichterung kommen ebenfalls den zukünftigen Generationen zugute. Das vor allem in der zweiten Hälfte des 20. Jahrhunderts weltweit gestiegene und weiter steigende Lebensalter wäre ohne die technischen Möglichkeiten der Medizin und Wissenschaft nicht denkbar. Für die Zukunft werden von der modernen Zivilisation also zweifellos auch Vorteile bereitgestellt. Hielten sich Vor- und Nachteile mindestens die Waage, so bestünde kein außergewöhnlicher Bedarf nach Verantwortung für die Zukünftigen. Jedoch ist der Verdacht nicht von der Hand zu weisen, daß ein solcher Ausgleich gerade nicht besteht, sondern Fortschritt und Lebensstandard in der gegenwärtigen westlichen Zivilisation nur auf Kosten der zukünftig Lebenden realisierbar sind.

Die Verantwortung für zukünftige Generationen ist somit ein relevanter Teil der Frage nach *intergenerationeller Gerechtigkeit*. Auf den ersten Blick klingt das nicht besonders überraschend, sind doch Vokabeln wie ‹Zukunftsverantwortung› inzwischen zur gängigen Münze von Journalistik und Parteiprogrammen geworden. Doch wie auch in anderen Fällen klafft eine weite Lücke zwischen der vagen Ahnung, eine Rücksichtnahme auf die Zukünftigen sei irgendwie angebracht, und dem tatsächlichen Handeln. Und solange keine gut ausgearbeiteten Rechtfertigungsmodelle einer solchen Verantwortung vorliegen, ist es tatsächlich leicht, die konkreten Vorsorgepflichten gegenüber den Zukünftigen zu ignorieren. Vor allem zwei Unsicherheiten legen Skepsis und Lethargie nahe. Einmal die Unsicherheit durch *fehlendes Wissen*. Können wir die Lebensweise der Zukünftigen und unsere Einflüsse auf sie überhaupt vorhersagen, sind die Folgen, auch wenn vorhanden, nicht viel zu unsicher, um kontrollierbar zu sein? Zum andern die *moralische Ungewißheit*: Gibt es überhaupt so etwas wie eine moralische Verpflichtung gegenüber den zukünftig Lebenden? In welchem Umfang gibt es sie, und gegenüber welchen Zukünftigen: bezogen auf die nächste, mehrere oder alle Generationen? Ohne Klarheit in beiden Fragen kann nicht ernsthaft von einer zu übernehmenden Zukunftsverantwortung gesprochen werden. Im folgenden werde ich pauschal unterstellen, daß die Wissensfrage mindestens in gewissem Umfang beantwortbar ist, und mich nur auf die moralische Frage konzentrieren. Das scheint deshalb berechtigt, weil die zukünftigen Generationen in ihren generellen menschlichen Bedürfnissen (etwa der Gesundheit) den heutigen gleichen werden und vor allem in diesen Bedürfnissen bedroht sind. An einem Beispiel wie der Lagerung atomaren Mülls ist das offenkundig (Routley/Routley 1978). Auch wenn für spezielle Fragen der Zukunftsverantwortung konkrete Prognosen nötig sein mögen, benötigt die Ethik intergenerationeller Gerechtigkeit doch vorrangig einen *Begründungsrahmen* für die moralische Rücksichtnahme gegenüber Zukünftigen. Um ihn soll es hier gehen.

1.2 Verantwortung für Alte?

Der Begriff der ‹Generationen› wird meist unscharf verwendet, und damit bleibt die genauere zeitliche Interpretation der intergenerationellen Beziehungen unklar. Welche Zeitspanne ist gemeint? In Übereinstimmung mit der sozialpolitischen Terminologie vom ‹Generationenvertrag› eignet sich am ehesten eine Festlegung auf 30 Jahre (Nell-Breuning 1979; Burkhardt 1985, 50; Birnbacher 1988, 23–27). Die ‹gegenwärtig Lebenden› umfassen dann drei Generationen: Kinder, Erwerbstätige und Alte. Moralische Forderungen richten sich, sofern sie bestehen, vorrangig an die mittlere Generation, die 30- bis 60jährigen. Sie sind am ehesten in der Lage, über ihre Berufstätigkeit Form und Aktivitäten des sozialen Systems zu beeinflussen. Kinder und Alte sind demgegenüber noch nicht oder nicht mehr erwerbs- und damit einflußfähig. Die ‹zukünftigen Generationen› beginnen nach dieser Definition bereits mit den gegenwärtig lebenden Kindern, erstrecken sich aber unbegrenzt in die Zukunft.

Die Orientierung an der Rede vom Generationenvertrag macht vor allem deutlich, daß sich intergenerationelle Gerechtigkeit nicht auf zukünftige Generationen beschränken läßt. Die mittlere Generation steht nicht nur in einer Austauschbeziehung zur heranwachsenden Generation, sondern auch zu der Generation der Alten. Anders als die etwas atemberaubende Vorstellung einer Verantwortung für zahllose zukünftige Generationen, deren Lebensbedingungen zu beeinträchtigen man sich plötzlich in der Lage sieht, ist die Vorsorge für die ‹alte› Generation ein vertrautes sozialpolitisches Thema. Hat es einen natürlichen Ausgleich zwischen den drei lebenden Generationen nicht schon immer gegeben, auch wenn sicher die Generationendauer weniger als 30 Jahre betrug? Besonders in der BRD ist ein soziales Vorsorgesystem installiert, dem die Drei-Generationen-Verantwortung als Systemprinzip zugrunde liegt.

Jedoch wird schon in naher Zukunft die Versorgung der Alten aus zwei Gründen heraus mit immer mehr Schwierigkeiten behaftet sein. In allen Ländern der westlichen Welt ist eine demographische Entwicklung in Gang, die das eingespielte soziale Versorgungssystem zu sprengen droht. Diese Entwicklung beruht einerseits auf der gestiegenen und weiter steigenden Lebenserwartung, andererseits dem gleichzeitigen Geburtenrückgang, der noch an keinem erkennbaren Tiefpunkt angelangt ist. In der Folge müssen immer weniger Erwerbstätige für immer mehr Ruheständler aufkommen. Die gestiegene und steigende Lebenserwartung ist vor allem ein Resultat der medizintechnologischen Entwicklung, die jedoch ihrerseits nicht nur das Lebensalter verlängert, sondern auch expansive Kosten verursacht. Neben den Gerechtigkeitsproblemen, die sich auf das Erstellen und den individuellen Zugang zum Sozialsystem (Altersrente, Krankenversicherung) beziehen, entspringen deshalb zunehmende Moralprobleme gerade aus der medizinischen Versorgung alter Menschen. Rationierungsmaßnahmen scheinen unausweichlich, auch wenn die Praxis bestimmter Rationierungen, wie etwa in Großbritannien, mit vielen unserer tief verankerten Überzeugungen schwer verträglich ist. In diesem wie in anderen Fällen wären die Probleme jedoch durch Diskussionsverweigerung nicht aus der Welt zu schaffen.

Der Terminus der ‹intergenerationellen Gerechtigkeit› ist also dem der ‹Verantwortung für zukünftige Generationen› als umfassender vorzuziehen. Unter ihn fällt nicht nur die Frage der Verantwortung für zukünftige Kinder- bzw. Kindes-Kinder- (usw.) Generationen, sondern auch die Verantwortung für die Eltern-Generation. Wie angedeutet, wird sich diese letztere Verantwortung ebenfalls in der Zukunft aktualisieren, wenn auch in einer vergleichsweise nahen Zukunft.

Die bisher geschilderten Sachprobleme einmal zugestanden, bleibt vielleicht ein Zweifel, inwiefern sie wirklich moralische sind; und sofern sie es sind, warum sie eigenständige Begründungsschwierigkeiten aufwerfen. Was letzteres betrifft: Folgt die Ethik *inter*generationeller Gerechtigkeit nicht derselben ‹Logik› wie die der *intra*generationellen?

Wenn auch ein selbständiges Gebiet der Gerechtigkeitsthematik existieren mag: eben die Gerechtigkeit zwischen den Generationen, warum ein selbständiges Begründungsproblem? Zu ersterem: Kann eine Ethik intergenerationeller Gerechtigkeit wirklich in Konkurrenz treten zu den Kriterien und Methoden ökonomischer Rationalität, ist das Klugheitsdenken nicht auch gegenüber der Zukunft möglicherweise effizienter? Sollten nicht ökonomisch-rationale Motive den Vorrang haben? Kann die Umweltethik erfolgreich sein, wo die Umweltökonomie versagt?

1.3 Warum ein moralisches Problem?

Inwiefern die Verantwortung gegenüber der Zukunft ein moralisches Problem ist, scheint am ehesten verständlich, was die wissensmäßige Ungewißheit betrifft. Wie werden die Zukünftigen leben, über welche Technik werden sie verfügen, usw.? Hingegen scheint nicht so leicht verständlich, daß sie von den moralischen Prinzipien nicht erfaßt werden. Akzeptieren wir doch in der Alltagsmoral meist ein Gleichheitsprinzip, nach dem die Interessen aller Menschen gleich zählen oder zumindest die elementaren Interessen. In der beliebten Terminologie von Rechten: Frauen, Behinderte, Asylanten, Angehörige der Dritten Welt sollten ‹gleiche Rechte› haben wie alle Menschen. ‹Angehörige der Zukunft› könnten diesem Katalog einfach zugeordnet werden als eine weitere Gruppe, deren Menschenrechte zu wahren eigentlich eine Selbstverständlichkeit ist. Wenn Menschen Rechte besitzen, so auch, sofern sie in der Zukunft leben. Wer es ablehnt, Menschen eines willkürlichen Faktors wie der Hautfarbe wegen zu diskriminieren, der sollte es konsequenterweise auch ablehnen, sie wegen eines mindestens ebenso willkürlichen Faktors wie ihrer Existenz in der Zukunft zu benachteiligen. Und sofern die Menschen der Zukunft dieselben Rechte hätten, wäre natürlich auch klar, daß sie sie den gegenwärtig Lebenden gegenüber haben, da die Gegenwärtigen in der Lage sind, diese Rechte zu verletzen (Baier 1980, 173). Beruht die Annahme, es gebe bei intergenerationeller Gerechtigkeit ein spezielles Begründungsproblem, nicht einfach auf einem Irrtum?

Eine solche Vermutung liegt dann nahe, wenn man sich, wie vor allem im Rahmen politischer Diskussionen üblich, auf die Annahme globaler Natur- oder Menschenrechte beruft: Rechte, die Menschen *als* Menschen zukommen. In diesem Fall dürfte *Zeit* analog den räumlichen Umständen keine Rolle spielen. Jedoch ist es zumindest in der Ethik, also bei einem radikalisierten Begründungsbedürfnis, nicht befriedigend, sich pauschal auf einen Katalog von Rechten zu berufen. Abgesehen davon, daß der Gedanke einer normativen Bedeutung der ‹menschlichen Natur› heute nicht mehr die Überzeugungskraft besitzt wie im 18. Jahrhundert, kann ein einfacher Katalog der Naturrechte auch in der Praxis nicht ausreichen. Freiheitsnormen, die für den Übergang von der feudalen zur bürgerlichen Gesellschaft effektiv gewesen sein mochten, können den Rechtfertigungsbedarf in einer gegenwärtigen Gesellschaft mit ihrer Fülle diffiziler Normenkonflikte nicht mehr decken. An die Stelle der bloßen Rechtsrhetorik muß deshalb eine argumentierende Rechts- und Gerechtigkeitstheorie treten.

Diese Kritik von Naturrechtstheorien trifft auch einen Teil der angewandten Ethik, wie sie gegenwärtig betrieben wird. Nicht selten verfährt die angewandte Ethik im ‹Rezeptbuch-Stil›. Danach werden bestimmte moralische Prinzipien einfach als grundsätzlich begründbar unterstellt, die Begründung selbst wird hingegen ausgeklammert. ‹Angewandte› Ethik besteht dann wortwörtlich in der Anwendung der Prinzipien, meist situativ auf konkrete Konfliktfälle. Erfolg und Berechtigung einer solchen Methode sind höchst zweifelhaft. Auf den ersten Blick scheint es so, daß sich annähernd gleiche Prinzipien von verschiedenen theoretischen Standpunkten her gewinnen lassen; aber bei genauerem Zusehen geben die Ansätze den Prinzipien eine jeweils sehr verschiedene Interpretation. Vor allem der Konflikt zwischen Utilitarismus und der kantianischen Tradition muß bei der Rezeptbuchmethode bagatellisiert werden. (Beispielsweise würden viele Utilitaristen die vorhin herangezogene Rechtsterminologie als unakzeptabel ansehen.)

Hinzu kommt, daß für ein so grundsätzliches Problem wie das der Zukunftsverantwortung die universelle Geltung moralischer Normen als Kernthese moderner Moraltheorien nicht einfach unterstellt werden darf. Vielmehr setzen die erweiterten Möglichkeiten, moralische Verantwortung zu übernehmen, die universellen Ansprüche der modernen Tradition ebenso wie unsere universalistischen Intuitionen einer ernsthaften Probe aus. Ob es dergleichen wie eine Verantwortung auch für zukünftigste Generationen gibt, kann deshalb nur geklärt werden, indem die konstruktiven Überzeugungen der verschiedenen Ethiktheorien einbezogen und so getestet werden. Gerade bei der vorliegenden Thematik sollte die ‹angewandte Ethik› deshalb nicht rezeptbuchhaft, sondern ‹theoretisch› betrieben werden.

1.4   Warum nicht ökonomische Rationalität?

Die meisten Fragen der Einflußnahme auf die Lebensbedingungen der Zukünftigen betreffen globale Veränderungen und damit individuelle und kollektiv-politische Handlungen. Vor allem im individuellen Bereich (Verbraucherverhalten) werden moralische Appelle meist als ineffektiv angesehen. Warum also nicht dem Eigeninteresse bzw. der ökonomischen Rationalität vertrauen? Ist eine Ethik zukünftiger Generationen überhaupt nötig? Könnte nicht die Umweltökonomie dieselben Fragen praktisch wirksamer verfolgen?

Aus verschiedenen Gründen können ungesteuerte Marktsysteme die ökologisch nachteiligen Folgen der technologischen Zivilisation nicht eindämmen. Die Marktstrukturen können deshalb politische Programme nicht ersetzen und damit indirekt auch nicht eine moralisch motivierte und begründete Umwelt- und Zukunftsverantwortung (Buchholz 1984, Kap. 3; Dryzek 1987, Kap. 7; Birnbacher 1988, 242–258). Die ökologische Ineffektivität des Markts kommt einmal dadurch zustande, daß ein großer Teil der natürlichen Güter wie saubere Luft, reines Wasser, intakte Atmosphäre etc., deren Verknappung wir täglich erfahren, überhaupt nicht in Form individuellen Eigentums Eingang in den Markt findet. Soweit natürliche Güter Eigentumsform haben, so nur als ‹öffentliche Güter›, und ihnen gegenüber herrscht die bekannte Rationalproblematik der ‹Tragödie des Gemeindeackers› (Hardin 1968). Für den einzelnen ist es ökonomisch irrational, sich in der möglichst extensiven Nutzung öffentlicher Güter (wie der Fischbestände in der Nordsee) zurückzuhalten, sofern andere sich nicht ebenso verhalten. Erst politisch-rechtliche Regelungen können ökologische Auszehrungen verhindern (Leist 1989).

Nicht unbedingt besser ist es mit Naturgütern bestellt, etwa Bodenschätzen und fossilen Brennstoffen, deren Ausbeutung marktorientiert verläuft. Die langfristig geplante, in der Gegenwart gedrosselte Ausbeutung ist in der Regel ökonomisch ineffizient, weil die gegenwärtigen Ausbeuter in der Zukunft nicht mehr leben und weil zukünftige Güterwerte in der Gegenwart abdiskontiert werden müssen, also in die ökonomischen Überlegungen nicht in der Höhe ihres zukünftigen Werts einbezogen werden. Die Marktpreise von nichterneuerbaren Rohstoffen geben deshalb den Ausbeutungsgrad eines Rohstoffs nicht wieder. Schwindende Vorräte werden nicht rechtzeitig durch steigende Preise geschützt, vielmehr stehen rapide schwindenden Ressourcen sogar sinkende

Preise gegenüber, beispielsweise beim Öl in den letzten Jahrzehnten. Marktsysteme stimulieren außerdem ökonomisches Wachstum und die ihnen entsprechenden Verhaltensmuster. Universalität des Profitmotivs, Privatunternehmertum, Konkurrenzverhalten, planerische Flexibilität haben sich als effektive Antriebe für die dezentrale Lösung von Koordinationsaufgaben erwiesen, effektiver als zentrale Planungsversuche. Andererseits blenden sie die ökologischen Krisenerscheinungen systematisch aus. Anpassungsmöglichkeiten mit selbst marktgemäßen Mitteln sind entsprechend beschränkt (Dryzek 1987, 79–87).

Auf die nahezu umgekehrte Situation trifft man im Hinblick auf die Krise der Sozialversorgungssysteme, die durch den gegenwärtigen demographischen Wandel zu erwarten ist. Hier entsteht die Krise nicht dadurch, daß ein marktmäßiges Versicherungssystem ungeeignet wäre, externe Probleme zu lösen, sondern ein (zumindest in der BRD) dem Markt weitgehend entzogenes System bereitet die Probleme. Viele sehen in der Aufnahme marktwirtschaftlicher Elemente die einzige Rettungsmöglichkeit. Auch im Fall der Alters- und Krankenversicherung wäre aber eine rein marktwirtschaftliche Steuerung moralisch schwer erträglich. Überwiegend auf Privatinitiative aufgebaute Systeme wie das amerikanische haben zunehmend moralisch motivierte Versorgungsleistungen den Nichtversicherten gegenüber aufgenommen (Brody 1988). Die Theorie der intergenerationellen Gerechtigkeit wird jedenfalls eine moralisch gerechtfertigte Vorsorge für die ältere Generation umfassen müssen.

1.5 Bevölkerungsexplosion

Ist es die sinkende Geburtenzahl in den westlichen Industrieländern, die schwerwiegende sozialpolitische Schwierigkeiten bereitet, so ist es die nach wie vor steigende Geburtenrate in den Dritte-Welt-Ländern, die ebenfalls diese Länder vor bevölkerungspolitische, die Industrieländer hingegen vor entwicklungspolitische Probleme stellt. Seit Ende der 60er Jahre werden von internationalen Organisationen (bes. Weltbank) bevölkerungspolitische Programme in Entwicklungsländern initiiert, seit Mitte der 70er Jahre unter Beteiligung der BRD. Nach anfänglichem, aufgrund der jüngeren deutschen Vergangenheit vorsichtigem Engagement bietet die Bundesrepublik seit der Weltbevölkerungskonferenz 1984 verstärkt Hilfe bei bevölkerungspolitischen Maßnahmen an (Wingen 1975; Baldeaux 1985; Die Grünen 1989).

Eine anspruchsvollere normativ-politische oder moralphilosophische Analyse der Handlungsgründe und Dilemmata in diesem Bereich internationaler Zusammenarbeit ist so gut wie unbekannt. Hingegen wäre sie dringend erforderlich. Warum gehört Bevölkerungspolitik überhaupt in den Kontext intergenerationeller Gerechtigkeit? Deshalb, weil mit der Zahl von Nachkommen auch über das Wohlstandsniveau der nächsten Generationen entschieden wird. Unmittelbare Folge der hohen Geburtenziffer sind Hungerkatastrophen, oder auch ‹nur› der durchschnittliche Zustand von Unterernährung, Krankheit und kurzem Lebensalter (O'Neill 1986, Kap. 1–2). Bevölkerungspolitische Maßnahmen sind dann geboten, wenn die schnelle Steigerung des Lebensstandards auf anderem Weg nicht erreichbar ist. Für zahlreiche, insbesondere afrikanische Länder ist das der Fall. Normativ-politische Probleme entstehen weiter dadurch, daß Bevölkerungspolitik Teil der Entwicklungspolitik ist und Bevölkerungstechniken allzu leicht ‹strukturelle›, aber teure Maßnahmen ersetzen. Moralische Dilemmata entstehen außerdem, weil ‹geburtenregulierende Maßnahmen› leicht, oder sogar unausweichlich, mit Autonomie und Selbstbestimmung der Frauen und Familien in Konflikt geraten. In der Praxis resultieren so eine Fülle von konkreten, durchweg schwierigen Entscheidungskonflikten, für die Argumentationshilfen nötig sind.

2 Zukunftsverantwortung begründen: vier Vorschläge

2.1 Verantwortung und Ontologie (H. Jonas)

Trotz der verbreiteten Neigung, in sonst verschiedensten Ethikansätzen die moralische Rücksichtnahme der Gegenwärtigen für die Zukünftigen mit dem Begriff der ‹Verantwortung› zu benennen, steht eigentlich nur für einen Philosophen das moralische Phänomen der Verantwortung im Zentrum seines Plädoyers für eine solche Rücksichtnahme. Hans Jonas hat mit seinem Buch «Das Prinzip Verantwortung» vor allem im deutschsprachigen Raum die Idee einer Zukunftsvorsorge vielen nahegebracht, auch wenn seine eigentlichen Begründungsargumente bisher so gut wie undiskutiert geblieben sind (Müller 1988; Kettner 1990; Steinvorth 1990, 136–139). Ohne ein kritisches Akzeptieren seiner Gründe bleiben aber auch Umfang und Verbindlichkeit der von Jonas angemahnten Verantwortung im unklaren; seine Philosophie gerät in Gefahr, zu bloßer Feiertagsrhetorik abzusinken.

Obwohl Jonas Verantwortung nicht auf solche von Menschen für Menschen beschränken will, dienen ihm zwei typisch menschliche Verantwortungssituationen als Ausgangspunkt (Jonas 1979, 184). Beispielhaft scheint ihm die natürliche Sorgeverantwortung der Eltern und die selbstgewählte Verantwortung des Staatsmannes. An den Beziehungen zwischen Eltern und Kindern, Politikern und Bürgern lassen sich seiner Meinung nach die typischen Merkmale von Verantwortung am besten studieren. Zu ihnen gehören machtmäßige Asymmetrie, umfassender Sorgecharakter («Totalität»), Fortdauer und Zukunftsausrichtung der Verantwortung (184–198). Nun werden die meisten Jonas in seiner Darstellung der elterlichen Verantwortung zwar generell folgen, sich dabei aber entweder einfach auf ein Verantwortungsgefühl oder auf andere moralische Quellen stützen wie Gerechtigkeitssinn oder Mitgefühl. Eltern bringen ihre Kinder in eine Lage der Bedürftigkeit, deshalb scheint nicht unbillig, daß sie Verantwortung für sie tragen. Analog ließe sich gegenüber zukünftigen Generationen jedoch nicht argumentieren, denn das entsprechende Verantwortungsgefühl ist nicht verbreitet vorhanden. Auch müßten Generationen, nicht Einzelpersonen Verantwortung übernehmen. Nicht alle Angehörigen einer Generation sind jedoch Eltern. Und selbst wenn man direkt das Vorbild der Elternverantwortung zugrunde legt, so müssen die kinderzeugenden Angehörigen einer Generation keine Verantwortung für zeitlich in der Ferne liegende Generationen tragen, es sei denn, sie sehen sich als ‹Eltern› der ganzen zukünftigen Menschheit an. Dies wäre eine etwas überzogene, metaphorische Vorstellung. Ungünstig ist schließlich, daß sich das Vorbild der Elternverantwortung nur auf Menschen bezieht, Jonas aber alles Lebende im Bereich der Verantwortung berücksichtigen will. Damit zeichnet sich ab, daß er dem «Urbild» der Verantwortung «von Menschen für Menschen» (184) eine überraschende und unübliche Interpretation geben muß, um sein anspruchsvolles Ziel einer Verantwortung für die ganze Menschheit und die Natur einzulösen. Und tatsächlich ist gerade das seine Absicht.

Jonas will zeigen, daß die Eigenschaft von Menschen, Verantwortung haben zu können, in wohlverstandenem Sinn auch bereits ausreichende Bedingung dafür ist, sie tatsächlich zu haben (185). Am bedürftigen Neugeborenen enthüllt sich ein genereller Sachverhalt nur am deutlichsten: daß Lebendes von sich aus verpflichtet, alles Handlungsmögliche zu tun, um es zu erhalten. Die zwei wichtigsten normativen Folgerungen aus dieser Evidenz sind für Jonas: daß Menschen leben und daß sie gut leben (186). Zu welchen weiteren konkret-praktischen Forderungen diese Normen führen, hinge von zusätzlichen Annahmen zur Entwicklungssituation der Menschheit sowie der politischen Steuerbarkeit in Krisen ab. Jonas' Andeutungen einer Elitendiktatur zur Abwendung der befürchteten Umweltkatastrophe (260, 262, 267, 323) müssen nicht für bare Münze genommen werden, unterstreichen aber immerhin, daß diese beiden allgemeinsten Normen in ihrem Gehalt keineswegs belanglos sind. Wie also sind sie genauer begründet?

Verantwortung, ob als Einsicht oder Gefühl, stellt nur die subjektive Seite eines In-die-Pflicht-genommen-Werdens dar, das nach Jonas mit der objektiven Zweckhaftigkeit der Natur beginnt. Verantwortung für die Natur (und damit auch für die gegenwärtige und zukünftige Menschheit) ergibt sich in drei Schritten: erstens anhand der These durchgängiger Zweckorientiertheit alles Lebendigen, zweitens anhand der These, daß Zweckhaftigkeit Werthaftigkeit umfaßt, und drittens über die These, daß die Werthaftigkeit für uns moralischen Verpflichtungscharakter besitzt. Die zunächst schwer verständliche Behauptung, daß alles Lebende *von sich aus* verpflichtet, es in gutem Zustand zu erhalten, ist so in drei plausibel miteinander verkoppelte Beweisziele zerlegt (107–171). Jedoch: wie erfolgversprechend ist die Gesamtstrategie?

Wenn auch nicht ohne Probleme, scheinen das erste und dritte Beweisziel in irgendeiner Form einlösbar. «Alles Lebende folgt Zwecken» ist die Grundüberzeugung der aristotelischen Natursicht und gilt nach verbreiteter Meinung als unvereinbar mit der modernen Naturwissenschaft. Doch Jonas schlägt eine sorgfältige Interpretation dieser These vor, die den üblichen Einwänden entgehen könnte, da sie nicht in Konkurrenz mit der kausalistischen Sicht der Natur gesehen werden muß. Unstrittig scheint die Zweckgerichtetheit sowieso für Menschen zu gelten, Menschen sind eindeutig zweckgerichtete Wesen. Auf dieser Basis ergäbe sich bereits ein wesentlicher Teil von Jonas' Gesamtziel. Die dritte These: daß Werte verpflichten, kann bei genauerer Betrachtung nur in einer selbst moralischen Bedeutung der jeweiligen Werte richtig sein (und wie ergibt sich das aus der Zweckhaftigkeit der Natur?). Aber unterstellen wir, gerade dies träfe zu. Von entscheidender Bedeutung wird dann der zweite Begründungsschritt, der zeigen soll, daß Zwecke an sich werthaft sind.

Jonas ist mit der strikten Unterscheidung zwischen ‹Sein und Sollen› vertraut, wie sie typisch ist für die moderne Auffassung der Natur (92 f). Dennoch meint er, von der ‹Tatsache› der durchgängigen Zweckhaftigkeit der Natur einen Weg zu entsprechenden Werten zu finden, von tatsächlichen Zwecken zu gebietenden Werten. Seine Idee ist: *Zweckhaftigkeit an sich* – im Unterschied zu Einzelzwecken – stellt ein Gut dar, dessen Gebotscharakter man nicht entgehen kann. «In der Fähigkeit, überhaupt Zwecke zu haben, können wir ein Gut-an-sich sehen, von dem intuitiv gewiß ist, daß es aller Zwecklosigkeit des Seins unendlich überlegen ist» (154). Mit dieser Überlegung wird man eigentlich zu einem Wertvergleich zwischen einer völlig zweckhaften und einer völlig zwecklosen Welt eingeladen. Doch wie sollte eine solche Alternative beurteilt werden? Wichtiger scheint für Jonas eine zweite Überlegung zu sein, die eine jede Wahl sowieso ausschließen würde. So sagt er, daß man eine zwecklose Welt gar nicht wählen könne, da die Wahl sie wiederum zu einem Zweck machen müßte (154f). Auch dieses Argument ist reichlich eigenartig. Zwar kann man akzeptieren, daß wir eine allgemeine Erkenntnisstruktur wie Zweckhaftigkeit an sich nicht einfach abwählen können, ebensowenig wie andere Strukturen dieses Allgemeinheitsgrades. Aber hieraus folgt weniger irgendeine Werthaftigkeit dieser Struktur als vielmehr die Wertneutralität.

Aber selbst wenn Jonas in diesem Punkt sein Ziel erreichen würde: selbst wenn also Zweckhaftigkeit an sich wertvoll wäre, so würde damit ja noch keine bestimmte Zweckordnung der Natur als verbindlich empfohlen. Zur gegenteiligen Annahme gelangt man nur, wenn man die Doppeldeutigkeit von «zweckhafter Ordnung» übersieht. Mit der Zweckhaftigkeit der Natur kann die zweckhafte *Struktur* der Natur gemeint sein, aber auch alle *inhaltlichen Zwecke*, die lebende Wesen anstreben. Wird die erste Bedeutung unterstellt, so folgt aus dem Bisherigen nicht, daß die Menschen gut leben müßten, ja nicht einmal, daß Menschen leben müßten. Ein Universum ohne Menschen würde nicht seine generelle Zweckhaftigkeit verlieren. Auch ist das eintönige Leben des Sisyphus klarerweise zweckhaft, aber doch sicher nicht angenehm (vgl. Steinvorth 1990, 138). Wird die zweite Bedeutung herangezogen, so stellt die Natur in ihrer konkreten Beschaffenheit keine unausweichliche Alternative dar. Eine Natur beispielsweise ohne Krankheit können wir uns nicht nur denken, sondern auch teilweise realisieren. Jonas wird nicht sagen wollen, daß jede konkrete natürliche Erscheinung auch gut sei.

Die Schwierigkeiten eines jeden ‹ontologischen› Ansatzes scheinen damit klar. Ontologische Begründungsversuche moralischer Urteile müssen Eigenschaften oder Strukturen an Handlungszielen ausweisen, die zu verneinen für den Akteur unmöglich ist. Sie müssen irgendwie zeigen, daß wir bestimmten Wertkategorien nicht ‹entkommen können›. Ob bereits dieser erste Schritt gelingt, ist zweifelhaft genug. Doch selbst wenn er gelingt, folgt sofort als zweite Schwierigkeit die Alternative von Beliebigkeit der bestimmten Zwecke oder Leere an konkreten Zwecken. Mit einem völligen Wertpluralismus wäre für die Ethik ebensowenig gewonnen wie mit einem formalen Wert, der keine einzige konkrete Handlung vor anderen auszuzeichnen vermag. (Steinvorth 1990, 140–173, sieht das in seinem eigenen Vorschlag, der die «Steigerbarkeit des Seins» fordert. Auch sein Vorschlag dürfte der Alternative nicht entgehen, bestenfalls nichtssagend, schlimmstenfalls eine Projektion der eigenen Werte zu sein.)

Da ontologische Wertansätze einen Beweis der Unausweichlichkeit führen müssen, konkurrieren sie notgedrungen mit der *subjektiven Wertauffassung*, die Werte aus dem Wollen und Wünschen einzelner Individuen herleitet. (Nur wenn wir eine Wertewelt ganz verlieren müßten, träfe die ontologische Interpretation nicht zu, wären wir gezwungen, uns in eine objektiv vorgegebene Wertordnung einzufügen.) Reicht nicht auch die subjektive Wertauffassung, um Zukunftsverantwortung zu begründen? Sind nicht tatsächlich die weitaus meisten Menschen der Meinung, daß eine reich bevölkerte Welt besser ist als eine verwüstete und daß für die Zukunft besser ist, wenn die Menschheit existiert als daß sie ausstirbt? Da sich subjektive Werte als Interessen umschreiben lassen, können wir diese Überlegung zu einem späteren Zeitpunkt, im Rahmen der Vertragstheorien, wieder aufnehmen. Die Hoffnungen, auf diesem Weg zu einer starken Grundlage für ökologische und zukunftsorientierte Handlungspflichten zu gelangen, sollten aber von vornherein bescheiden sein. Zwar wertschätzen die meisten Menschen eine reichhaltige und unberührte Natur unter anderem – aber eben nur unter anderem. Wenn die gegenwärtige Lebensweise nur auf Kosten andauernden Artensterbens möglich ist, so entscheiden sie sich offenkundig *gegen* die Natur. Daß gesteigerter Verfall die Kostbarkeit des Verlorenen zunehmend fühlbar machen könnte, ist bestenfalls eine schwache Hoffnung.

2.2 Übergenerationelle Gemeinschaft (A. Baier)

Wie unsere Alltagsmoral sind die meisten modernen Ansätze in der Ethik individualistisch, so insbesondere die Vertragstheorie und die kantianische Tradition. Verglichen mit der Existenz von Kollektiven und Gemeinschaften ist die Lebensspanne von Einzelindividuen kurz. Sind die Individuen nicht nur die Träger von Rechten und Pflichten, sondern auch die ausschließlichen Begründungssubjekte, so erscheint notgedrungen Zukunftsverantwortung als eine kaum ausweisbare, weil den einzelnen und ihrer Lebensspanne gegenüber *externe* Verpflichtung. Hingegen würde vom Standpunkt einer mehrere oder viele Generationen überspannenden Gemeinschaft die Vorsorge für spätere Generationen zu einer *internen* Thematik. Die Gemeinschaft kann dann für ‹ihre› einzelnen Generationen ‹sorgen›, ähnlich wie sich ein Individuum seine Lebensphasen angelegen sein läßt und, sofern es klug ist, die späteren über den aktuellen nicht völlig ignoriert. Doch wortwörtlich kann diese Analogie nicht gemeint sein: Gemeinschaften sind keine Einzelakteure. Anstelle einer spekulativen Analogiethese müßte gezeigt werden, daß die Begründungsbasis in der Ethik – im Gegensatz zur individualistischen Denkweise – tatsächlich auf der Ebene von Gemeinschaften liegt. ‹Gemeinschaftsethische› Ansätze – neuerdings ist auch, aus dem Englischen, von ‹Kommunitarismus› die Rede (vgl. Honneth 1991) – würden einer Zukunftsverantwortung naturgemäß stark entgegenkommen. Anette Baier (1980) hat so anzusetzen versucht (ähnlich Golding 1972).

Für Baier ist es ein wichtiger Umstand, daß wir als einzelne Personen Teil einer Gemeinschaft sind und dabei in zahlreichen Abhängigkeiten stehen. Ohne dies zu wählen, werden wir in kulturelle Bezüge hineingeboren, Rechte und Pflichten kommen uns vermittelt über soziale Rollen zu, etwa in der Rolle von Kindern oder Eltern. Ohne den Hintergrund von Sprache und Kultur wären unsere individuellen Lebensgeschichten unmöglich. Abhängigkeiten bestehen vor allem in bezug auf die Vergangenheit, die unmittelbar vorhergehenden Generationen. Da Abhängigkeitsbeziehungen transitiv sind, stehen Schotten des 17. Jahrhunderts über indirekte ökonomische Beziehungen mit den Maoris von Neuseeland in Verbindung, auch ohne sie je direkt zu treffen. Kulturelle Interdependenzen schaffen ein Geflecht wechselseitiger Abhängigkeiten und verknüpfen so auch die gegenwärtig Lebenden mit den Toten und den noch Ungeborenen. Aus dieser Schilderung folgert Baier eine Verpflichtung, die von früheren Generationen erworbenen Errungenschaften, wie wir sie beispielsweise in Form des Besuchs einer Universität in Anspruch nehmen, an die nächsten Generationen weiterzugeben. Ähnlich wie für Jonas haben wir also ihr zufolge die zweifache Verpflichtung, nicht nur überhaupt das Leben der Gemeinschaft weiterzuführen, sondern es mindestens in ebenso guten Bedingungen zu erhalten, wie wir es vorgefunden haben (1980, 180). Außerdem: Da wir heute besser in der Lage sind, die Folgen unserer Handlungen für die späteren Generationen einzuschätzen als je zuvor in der Geschichte, ist unsere Zukunftsverpflichtung auch unstrittiger, als es je zuvor eine war.

Diesem Bild der Menschheit als einer großen Familie ist sicher die Suggestivkraft nicht abzusprechen. Dennoch steht nach wie vor der Analogiecharakter im Vordergrund. Wie ist genauer die Rede von einem überzeitlichen Beziehungsgeflecht zu verstehen? In einer Form offensichtlich nicht: Typisch für gemeinschaftsethische Ansätze ist weniger der Versuch, die moralischen Pflichten aufgrund bestimmter Beziehungen der Individuen untereinander herzuleiten, etwa vertragliche, interessenorientierte oder gefühlsgeleitete Beziehungen (vgl. Golding 1972). Solche Vorstellungen sind ähnlich wie der Versuch, Pflichten gegenüber der Gemeinschaft (in gegenwärtiger wie zukünftiger Form) aus einer Einstellung der *Dankbarkeit* für die soziokulturellen Voraussetzungen der eigenen Lebensexistenz zu gewinnen, noch zu sehr an den Vorrang des Individuums gebunden. Wer an Interessen oder Dankbarkeitsgefühle appelliert, der unterstellt Individuen, die sich bereits aus ihren gemeinschaftlichen Kontexten herausgelöst haben und die Verpflichtungsfragen konsequent nur von ihren Einzelstandpunkten her aufnehmen, die eben nicht identisch sind mit dem überzeitlichen Standpunkt der Gemeinschaft. Diese Sicht der Einzelwesen (ob in individueller oder kollektiver Fassung) will die Gemeinschaftsethik gerade unterlaufen. Ihre Überlegung ist also nicht zu verwechseln mit einem Gerechtigkeitsprinzip zwischen Generationen oder einfach pflichterzeugendem Menschheitspathos.

In einer Hinsicht ist der gemeinschaftsethische Ansatz zur Zukunftsverantwortung durchaus plausibel. Große Gemeinschaften, und sicher die Menschheit insgesamt, sind übergenerationelle Gebilde. Wenn ihren Angehörigen Rechte nicht aufgrund ihrer Individualität als Personen, sondern ihrer Zugehörigkeit zur Gemeinschaft zukommen (Baier 1980, 173, 177), ihnen gewissermaßen ‹von oben› geliehen sind, dann gibt es tatsächlich keinen Grund, warum die zukünftigen Angehörigen nicht dieselben Rechte haben sollten wie die gegenwärtigen und die vergangenen. Der ‹rechtsverleihende› Organismus der Gemeinschaft bleibt sich gleich und kennt keine Unterschiede. Die entscheidende Beweislast der Gemeinschaftsethik liegt jedoch gerade darin, diese Sicht der rechtsverleihenden Kraft von überindividuellen sozialen Gebilden als unausweichlich zu erweisen.

Meines Erachtens scheitern gemeinschaftsethische Begründungen analog zu den Wertontologien daran, die Lücke zwischen Sein und Sollen nicht schließen zu können. Die ‹Seins-Behauptungen›, auf die sie sich berufen, könnte man vielleicht in einer ‹These der Sozialkonstitution von Individuen› zusammenfassen. Danach werden menschliche Individuen erst im Kontext soziokultureller Beziehungen möglich und sind auch noch in ihren, äußerlich gesehen, individuellen Eigenschaften auf die Gemeinschaft bezogen. Ohne diese These bestreiten zu wollen, bleibt jedoch unklar, wieso aus ihr ein Vorrang des kollektiven Begründungsstandpunkts vor individuellen Standpunkten folgen sollte. Insbesondere trifft nicht zu, daß individuelle Begründungsfragen, beispielsweise gerade gegenüber der Zukunftsverantwortung, überhaupt nicht sinnvoll gestellt werden können. Das Gegenteil ist der Fall, und daß sich viele individuelle Standpunkte zu einem kollektiven zusammenfassen lassen, ist nicht undenkbar (s. unten 3).

2.3 Utilitarismus

Der Utilitarismus ist ein weiterer nicht- oder überindividualistischer Ansatz in der Ethik. Daß ein Großteil der Diskussion über Zukunftsverantwortung in der angelsächsischen Philosophie bisher im Rahmen des Utilitarismus geführt wurde (Bayles 1976; Birnbacher 1986, 1988; McMahan 1981; Narveson 1967, 1973, 1978; Parfit 1984, Teil 4, 1986; Sikora/Barry 1978; Sprigge 1968), hat seine Ursache weniger in dem Umstand, daß sich der Utilitarismus für präzise Aussagen zu dieser Thematik besonders eignen würde, als vielmehr in einer impliziten Problematik des Nutzensummenprinzips, die Utilitaristen seit Sidgwick beunruhigt. In der neueren Diskussion war es zuerst Narveson, der diese Problematik in den Blick gerückt hat, und vor allem Parfit hat sie in ihrer paradoxalen Form dargestellt. Unser Ausgangsproblem ist die Begründung von Zukunftsverantwortung. Die Eigenart des Utilitarismus liegt darin, daß er dieser Verantwortung mit wenigen Worten eine klare Grundlage zu geben vermag, auf Kosten jedoch ungelöster und, wie es scheint, unlösbarer Paradoxien. Betrachten wir dazu die Grundüberlegung des Utilitarismus.

Moralisches Handeln, sagt Bentham, sollte sich an der Formel orientieren, ‹das größte Glück der größten Zahl› herbeizuführen. Damit ist die wichtigste Idee des Utilitarismus umschrieben. Genauer besteht sie aus zwei Elementen: einmal der Überzeugung, daß es besser ist, mehr an Glück zu haben als weniger; zum andern der Annahme, daß diese Werttatsache, obwohl eine ‹außermoralische›, dennoch moralische Verbindlichkeit hat. Wesentlich für die utilitaristische Denkweise ist das Ansetzen von Werten her, die für sich, nämlich unabhängig von bestimmten Personen, betrachtet werden (deshalb die Einstufung als ‹nichtindividualistisch›; vgl. auch Rawls 1975, 48). Aus ihm ergeben sich sowohl intuitiv plausible wie auch ausgesprochen kontraintuitive Konsequenzen, die den Utilitarismus zumindest in der klassischen Form unakzeptabel machen.

Zu den eher plausiblen Konsequenzen zählt der *Universalismus*. Einziges Handlungsziel ist die Glücksmaximierung; ob es sich dabei um das Glück des Königs oder des Bettlers, ja von Tieren oder von Menschen handelt, spielt keine Rolle, sofern man nicht annimmt, daß Könige oder Menschen bessere ‹Glücksausbeuter› sind als Bettler oder Tiere. Eine solche Annahme wäre im Bereich elementarer Interessen und Bedürfnisse höchst unplausibel. Ebensowenig wie sozialer Status (König/Bettler) und Spezieszugehörigkeit (Mensch/Tier) spielen Raum und Zeit von sich aus in der utilitaristischen Ethik eine einschränkende Rolle. Schnell zu sehen ist das für zeitliche Neutralität. Die Lebenschancen der nachfolgenden Generationen werden durch unseren gegenwärtigen Lebensstil stärker beeinträchtigt als umgekehrt unser Lebensstil bei zukunftsorientierter Rücksichtnahme, und deshalb ist Zukunftsverantwortung moralisch gefordert (Birnbacher 1988). Ob diese Forderungen den moralischen Intuitionen der meisten tatsächlich entsprechen, hängt genauer von Strenge und Umfang der Forderungen ab. Auf den ersten Blick scheint das Ergebnis mit unseren Intuitionen weitgehend in Übereinstimmung. Zu beachten ist aber, daß sowohl in Phasen notwendiger Aufbauleistungen als auch rapider Verfallserscheinungen innerhalb einer Gesellschaft nach demselben Prinzip von der aktuellen Generation starke Verzichte und Opfer erbracht werden müßten, sofern auf diese Weise das Wohlstandsniveau schneller anstiege bzw. nur so gehalten werden könnte (Rawls 1975, 321; Birnbacher 1988, 106–125). Eine Möglichkeit, auf so weitgehende Forderungen zu reagieren, besteht in der Antwort: «Das überrascht mich nicht, es handelt sich eben um Moral, und Moral hat hohe Ansprüche!» (so etwa Birnbacher 1988, 111). Jedoch entstehen für den Utilitarismus noch andere Schwierigkeiten.

Die Benthamsche Formel kann entweder so gelesen werden, daß es besser ist, das Glück von bereits existierenden Lebewesen zu vermehren, oder so, daß die Glücksmenge *durch die Zahl von Lebewesen*, also durch erst zu zeugende Lebewesen, vermehrt wird. Die Problematik der utilitaristischen Grundidee besteht darin, daß sie sich nicht auf die erste Alternative beschränken läßt. Betrachten wir zunächst den rein wertmäßigen Teil der Schwierigkeiten (erst danach die an einzelne gestellten Gebote). Die zunächst naheliegende Interpretation der Glücksformel ist die des *Nutzensummenprinzips* (NSP), wonach derjenige Zustand am besten ist, der das meiste Glück umfaßt. In einer konkreten Anwendung ergibt sich dann folgendes. Eine Familie besteht aus Eltern und zwei Kindern. Würden zusätzlich drei Kinder geboren, so bedeutete das eine Einbuße an Lebensqualität mindestens für die beiden bereits lebenden Kinder, vermutlich auch für die Mutter. Andererseits käme über die drei eigenständigen Leben ein Glücksquantum hinzu, das sicher höher wäre als die Wohlstandseinbuße auf seiten der bereits Lebenden. (Woher weiß man das? Jeder von uns würde sagen, daß für ihn wichtiger ist, überhaupt zu leben, auch in einer größeren Familie, als nicht zu leben. Deshalb ist der dreifache Lebenswunsch höher zu gewichten als die zweifache Qualitätseinbuße.) Das NSP würde also, wenn nicht zusätzlich schlechte Nebenfolgen zu erwarten sind, die siebenköpfige Familie fordern. Und das ist insofern kontraintuitiv, als wir die kleinere Familie für in ihrer Glücksbilanz ausgewogener ansehen würden als die größere.

Wem das bei sieben Personen noch nicht einleuchtet, der kann auch ein Beispiel größeren Stils wählen und stößt so auf die «anstößige Folgerung» (repugnant conclusion) aus dem NSP, wie Parfit sie genannt hat. Was für eine Familie gilt, sollte auch für die Weltbevölkerung gelten: Es wäre am besten, wenn sie bis zu dem Punkt erhöht würde, an dem eine große Menge Menschen leben, die ihr Leben immer noch als lebenswert ansehen (Parfit 1984, Kap. 17; 1986, 148–150). ‹Anstößig› ist diese Folgerung wiederum deshalb, weil wir intuitiv der Meinung sind, daß es für die Bevölkerung besser wäre, wenn weniger auf einem hohen Wohlstandsniveau existierten. Ausschlaggebend ist nur, von welchem Punkt an die weitere zahlenmäßige Zunahme an Einzelleben durch die Abnahme an Qualitätseinbuße der Leben aller neutralisiert würde. Die Vermutung ist nicht unplausibel, daß dieser Punkt erst bei einem Vielfachen der heutigen Weltbevölkerung erreicht werden würde. Das NSP könnte bestenfalls in Verbindung mit bestimmten Qualitätsurteilen über gutes Leben akzeptiert werden, die eine Zunahme von Quantität auf Kosten der Qualität blockieren (diesen Ausweg wählt Parfit 1986). Beispielsweise würde eine hohe Wertschätzung von Einsamkeit die Zunahme von Quantität wirksam bremsen. Jedoch wäre dann die empirisch-psychologische Basis des Utilitarismus verlassen; statt dessen würden normative Vorstellungen des guten Lebens eingeführt.

Eine alternative, bereits von Sidgwick ins Gespräch gebrachte Strategie, diesen Schwierigkeiten zu begegnen, ist das Ausweichen auf eine andere Interpretation der Glücksformel, das *Prinzip des Durchschnittsnutzens* (DNP). Nach dem DNP ist nicht die maximale Nutzenmenge, sondern der maximale Durchschnittsnutzen anzustreben (Quotient Nutzen/Population). ‹Nutzensummen-› und ‹Durchschnittsnutzenutilitarismus› liefern für fixe Populationen dieselben Ergebnisse, differieren jedoch erheblich, wenn Populationsänderungen zugelassen sind. Nach dem DNP würde bereits die Erweiterung der vier- auf die siebenköpfige Familie nicht als gut beurteilt, weil mit ihr eine durchschnittliche Verschlechterung verbunden ist. Und noch weniger die anstößige Folgerung im Weltmaßstab. Warum also nicht den DNP-Utilitarismus akzeptieren? Auch für das DNP sind eigenartige Konsequenzen sichtbar gemacht worden. Wiederum sind Parfits Beispiele, er nennt sie solche des «bloßen Hinzufügens» (mere addition), am scharfsichtigsten (1984, Kap. 19; 1986, 151–155). Angenommen, man entdeckt eine Gruppe von bislang völlig isoliert lebenden Menschen (Parfit findet sie im Amerika vor Kolumbus), die auf einem relativ niedrigeren Wohlstandsniveau leben als wir. Nennen wir sie kurz ‹die Indianer›. Der Durchschnittsnutzen unter Einbezug der Indianer würde also sinken, und folglich wäre ein solcher Zustand zu bedauern. Eine Welt ohne diese Gruppe wäre also besser. Das scheint vor allem deshalb kaum akzeptabel, weil das Wohlstandsniveau der besser lebenden Menschen nicht verändert würde und die Alternative für die schlechter gestellte Gruppe der Indianer Nichtexistenz wäre. Solange sie nicht unter extremen Bedingungen leben, scheint unakzeptabel, daß es insgesamt besser wäre, wenn sie nicht lebten.

Kontraintuitiv finden manche Utilitaristen auch, daß das DNP neutral ist gegenüber der zahlenmäßigen Menge einer Bevölkerung. Eine weitere eigenartige Konsequenz wäre die, daß die aussterbende Menschheit bei gleichbleibendem Wohlstandsniveau nicht als negativ beurteilt werden könnte (Birnbacher 1986, 38 f). Könnte das Wohlstandsniveau im Durchschnitt nur gehalten oder gesteigert werden, indem man die Bevölkerung verringert, so wäre ein Aussterben vielmehr sogar gefordert. Das NSP wirft hingegen diese Probleme nicht auf. Eine möglichst hohe Nutzensumme wird in der Geschichte der Menschheit nur dann erreicht, wenn ihr Verlauf möglichst lang ist. Aber natürlich wäre eine Ad-hoc-Kombination beider Prinzipien zur Vermeidung der jeweiligen Nachteile inkonsequent und deshalb kein Ausweg.

Das NSP wie das DNP sind Wertprinzipien, geben also von sich aus nur einen optimalen Wertzustand an. Beide sind Interpretationen der Grund-intuition, daß ‹ein Mehr besser ist›. Hinzu kommt als zweites Element, daß die Wertzunahme *moralisch* verbindlich sein soll. Fordert die Moral im gewöhnten Sinn meist nur, daß man das Wohl der lebenden Menschen (und Tiere) verbessert, so fordert der Utilitarismus, daß man zusätzlich Menschen zeugt, wenn sie ein einigermaßen gutes Leben haben werden. Die anstößige Folgerung ist also nicht nur als Werturteil in bezug auf eine fiktive Welt gemeint, sondern der Utilitarimus gebietet uns moralisch, alles zu tun, diese Welt herbeizuführen. Insbesondere gebietet er, Kinder zu zeugen. Manche Utilitaristen versuchen diese Forderung abzuwenden (z. B. Narveson 1967, 1976), manche akzeptieren sie als Erneuerung bi-blischer Gebote (z. B. Birnbacher 1988, 131–139). Umgekehrt entsteht vor allem beim DNP (prima facie) auch die Forderung, sich kranker oder armer Menschen zu entledigen, weil dadurch das Durchschnittsniveau ebenfalls erhöht werden kann. Meist kann man ethische Theorien durch Zusatzbedingungen auch ‹retten›, in diesem Fall durch indirekte Gründe, warum man das Tötungsverbot nicht einschränken sollte (Birnbacher 1990). Aber angesichts der berührten Probleme ist spätestens jetzt die Frage angebracht, ob die Grundidee des Utilitarismus tatsächlich so an-ziehend ist, daß man dies tun sollte.

Betrachten wir genauer die zwei Elemente der Benthamschen Formel. Was die Werttatsache des ‹Mehr ist besser› betrifft, so ist sie schlicht als überverallgemeinernd in Frage zu stellen. Mehr an einem Gut ist häufig besser, aber nicht notwendig immer, beispielsweise dann nicht, wenn man bereits genügend von diesem Gut hat. Auch ist fragwürdig, ob das quantifizierende Wort ‹mehr› auf alle Güter anwendbar, also alle Güter quantitativ erfaßbar sind. Schönheit ist ein Gut, aber in einer Hinsicht nicht quantifizierbar. Wenn etwas schön ist, so kann es an ihm kein ‹Mehr an Schönheit› geben; ist es weniger schön, so handelt es sich eben nicht um Schönheit. Kritischer ist aber sowieso das zweite Element, das den Übergang von der außermoralischen Wertebene zu moralischen Normen betrifft. Birnbacher etwa meint, daß «es keinen besseren Grund geben kann, eine auf einen bestimmten Zielzustand gerichtete Handlung als moralisch richtig auszuzeichnen, als die Tatsache, daß dieser Zielzu-stand... das größte erreichbare Maß an Wert in der Welt verwirklicht» (Birnbacher 1986, 40; auch ders. 1988, 102 f.).

Anerkennt man, daß eine Begründungslücke besteht, so wird man am ehesten derjenigen Wertkonzeption zustimmen, die den *eigenen Interessen* entgegenkommt, seien es altruistische, egoistische oder sonstwie beschaffene. Daß dies gerade die utilitaristische ist, scheint nach den geschilderten Folgerungen und Paradoxien schwer denkbar. Das «größte erreichbare Maß an Wert in der Welt» ist eben kein selbst unerschütterlicher Zielzustand, dem wir unsere Interessen uneingeschränkt unterordnen würden, also auch auf Kosten starker persönlicher Einschränkungen (man denke an die Opfer der Gründergeneration oder das Zeugungsgebot) oder sogar der Beeinträchtigung der Interessen anderer (man denke an die anstößige Folgerung). Was den Utilitarismus im tieferen Sinn unakzeptabel macht, ist sein *Mangel an Individualismus*. Ein natürlicher Auffangpunkt für moralische Rechtfertigungen sind die je eigenen Interessen. Von unseren eigenen Interessen her (die nicht nur egoistische sein müssen) werden wir am ehesten moralische Pflichten als verständlich und berechtigt ansehen und eben nicht vom Standpunkt der Menschheit insgesamt oder gar einem mengenmäßigen Wertmaximum, wie Utilitaristen es ansetzen.

2.4 Kantianische Tradition

Neben Utilitarismus und Vertragstheorie bildet in der Neuzeit die ‹kantianische Tradition› die einflußreichste dritte Alternative. Unter diesem Titel könnte man alle Ansätze zusammenfassen, die versuchen, Moral aus einer Idee der *Autonomie* heraus zu begründen. Für einen schnellen Überblick ist die Unterscheidung hilfreich zwischen *individuellen* und *kollektiven* Versionen kantianischer Theorien. Eine individuelle Version stammt von Kant selbst. Danach wird Autonomie verstanden als Selbstgesetzgebung, als Handeln in Übereinstimmung mit einem allgemeinen Gesetz. Prozeduraler Ausdruck der individuellen Autonomie ist der Versuch, die eigenen Handlungsmaximen daran zu überprüfen, ob man durch sie «wollen kann», daß sie «ein allgemeines Gesetz» werden. Obwohl auch im 20. Jahrhundert nach wie vor individuelle Versionen dieser und ähnlicher Art verteidigt werden (Hare 1981; Gewirth 1978; Taylor 1986), hat sich inzwischen doch der Haupttrend innerhalb der kantianischen Tradition auf die kollektiven Versionen hin verlagert. In einem anderen Terminus kann man sie auch als ‹Konsenstheorien› zusammenfassen. In ihnen wird nicht mehr versucht, inhaltliche moralische Regeln aus den Denkakten eines Einzelwesens herauszuentwickeln, sondern aus der Übereinstimmung aller (Apel 1988; Habermas 1983; O'Neill 1985a, 1985b, 1986). Der leitende Gesichtspunkt der Autonomie bleibt in Konsenstheorien erhalten. Jedoch ist an die Stelle einer individuell-prozeduralen Interpretation die einer kollektiv-prozeduralen getreten.

Das Hauptmotiv dieser Wendung liegt bekanntlich darin, daß sich Kants eigener individuell-prozeduraler Vorschlag, Verallgemeinerbarkeit von Handlungsmaximen mit bloßen ‹Vernunftgründen› (im Unterschied zu selbst bereits Moralgründen) zu verbinden, als untauglich erwiesen hat. Zur nicht bereits moralisch aufgeladenen Erläuterung von ‹Vernunftgründen› eignen sich innerhalb des von Kant angestrebten Verallgemeinerungsverfahrens nur ‹logische› oder ‹pragmatische Selbstwidersprüche›. Widersprüche dieser methodisch schwachen Form weisen aber nur ganz wenige verallgemeinerte Handlungsmaximen auf. Beispielsweise ist es weder logisch noch pragmatisch widersprüchlich, die Menschheit vernichten zu wollen. Kants Methode scheint deshalb nicht begründen zu können, was zu begründen spätestens Jonas als Desiderat herausgestellt hat: daß eine Menschheit überhaupt existiert. Eine Welt ohne Menschen zu wollen, beispielsweise nach weiteren hundert Jahren exzessiver Naturausbeutung, kann durchaus zu einem «allgemeinen Gesetz» werden, wird dieser Begriff im Kantischen Sinn als nur logischpragmatische Einschränkung verstanden (Steinvorth 1990, 70).

Wie sind die konsenstheoretischen Alternativen zu beurteilen? Die neue Idee besagt, daß moralische Regeln nicht von einem Prüfverfahren des Selbstwiderspruchs durch Verallgemeinerung im Gedankenexperiment, sondern von der Zustimmung aller Mitglieder einer Gemeinschaft abhängig zu machen sind. Doch wie ist diese Zustimmung genauer gemeint, wie damit der schillernde Begriff ‹Konsens›? Zwei Abgrenzungen sind nötig. Einmal könnte die Zustimmung im *realen* Sinn gemeint sein, eben als die tatsächliche Zustimmung. Eine tatsächliche Zustimmung aller kann in der Wirklichkeit aber nie zustande kommen, bestenfalls lassen sich bestimmte Verhaltensweisen als Zustimmungsindizien interpretieren. Sogar tatsächliche Zustimmungsakte wären aber von idealen Bedingungen wie Wohlinformiertheit abhängig, so daß immer eine Lücke zwischen vermuteter Moral und tatsächlicher Zustimmungsbasis klaffen muß. Außerdem würde die Moral der Ethik und den Philosophen völlig entzogen. Als Begründungskriterium kann der Konsens also nur in einem *idealen* Sinn gemeint sein: als die umfassende Zustimmung nicht nur unter idealen Bedingungen, sondern auch auf fiktive Weise. (Demographische Interpretationen dieses stark idealisierten Verfahrens sind damit nicht völlig ausgeschlossen.)

Zweitens könnte die ideale Zustimmung seitens aller als konvergierend (oder sogar identisch) verstanden werden mit einer *Interessenkorrespondenz*, wie sie für Vertragstheorien charakteristisch ist. Danach wären diejenigen moralischen Regeln begründet, die im Interesse aller sind. Demgegenüber beharrt die kantische Tradition auf dem Vorrang der Autonomie: Freiheit will Kant auch gegen die eigenen Wünsche und Begierden gerichtet wissen, weshalb ‹Zustimmung› im Kantischen Sinn nicht einfach mit manifesten Interessenlagen identifiziert werden dürfte. Nun hat zwar der Moralphilosoph J. Rawls eine Brücke von der Vertragstheorie hin zur kantischen Tradition zu bauen versucht (ein Ansatz, der gleich zur Sprache kommen wird; s. unten 3), so daß eine Verbindung von Interessen und Autonomie nicht undenkbar scheint. Aber schon aus Gründen der übersichtlichen Typologie empfiehlt es sich, den Konsensbegriff nicht mit der Forderung nach Interessenkorrespondenz zusammenzuwerfen (vgl. auch O'Neill 1985 b, 261).

Die moralischen Regeln wären nach der Konsensauffassung also durch eine Übereinstimmung aller festgelegt. Kantianisch ist diese Auffassung in einem erweiterten Sinn: Nicht nur kann sich in der Übereinstimmung in Regeln jeder der Beteiligten selbst als autonom verstehen, auch anerkennen alle einander als autonome Wesen bzw. werden voneinander als autonom anerkannt. Wechselseitige Anerkennung in moralischen Ansichten ist das ‹kantische Merkmal› dieser autonomen Gemeinschaft. Anders als die individuell kantianische Theorie würde die kollektive oder Konsenstheorie, wird sie ideal verstanden, zukünftige Menschen erfassen (nicht hingegen Tiere oder die Natur im weiteren Sinn). Ausbeutung der Natur zu Lasten der Zukünftigen würde dann, müßte man meinen, am Veto der Zukünftigen scheitern.

Doch ist das tatsächlich der Fall? Obwohl eindeutig kantianisch, ist das Problem dieser Variante, daß sie keineswegs inhaltlich gehaltvoller ist als die individuelle Version und es konsequenterweise auch nicht sein kann. Übereinstimmung in den Ansichten ist das hinreichende Kriterium für den autonomen Konsens: Ohne Vorgabe bestimmter Interessen wird es *beliebig,* worin diese Übereinstimmung besteht (Steinvorth 1990, 113 f). Konsensethiker lassen deshalb immer offen, wozu ein Konsens führen würde: was konkrete konsentierte moralische Normen wären. (Die Konsenstheorie hat bisher keine einzige konkrete moralische Norm begründet.) Verwunderlich ist dies nicht. Denn ein Konsensbegriff, bei dem die

Beziehungen zu Interessen systematisch ausgeblendet sind, geht auch an realen Konsensfindungen vorbei. In einer Konsensethik müßte unverständlich bleiben, warum es unmoralisch ist, Kernkraftwerke zu betreiben. Zwar wäre klar, daß die einbezogenen späteren Generationen der langfristigen Übernahme von atomaren Lagerproblemen nicht zustimmen würden; aber warum sie nicht zustimmen würden, bliebe ein Rätsel. Nicht zuletzt an einem solchen Beispiel wird deutlich, daß die kantianische Tradition nur in Verbindung mit der Vertragstheorie weiter verteidigt werden kann.

3 Zukunftsverantwortung in der Vertragstheorie

Ausgespart blieb bisher der in der Neuzeit wahrscheinlich prominenteste Ansatz zu sozialer Gerechtigkeit: die Tradition der Vertragstheorie. Obwohl ähnlich regelmäßig für widerlegt oder gescheitert erklärt wie der Utilitarismus, behauptet die Vertragstheorie gerade in den letzten Jahrzehnten, ausgehend von Rawls' epochaler «Theorie der Gerechtigkeit» (1975), das Terrain der politischen Ethik. Kaum eine andere normative Theorie wurde in ähnlichem Umfang auf staatspolitische, rechtliche und soziale Details des Zusammenlebens in großen Gesellschaften hin ausgearbeitet. In bezug auf das Zukunftsproblem hingegen verhält es sich eher umgekehrt: Rawls' Versuch, auch zukünftige Generationen zu berücksichtigen, ist vorwiegend auf Skepsis gestoßen (vgl. Rawls 1975, §§ 22, 24, 44, 45; Hubin 1976; Birnbacher 1977; Buchholz 1984; Barry 1978, 1989, Kap. 5). Meiner Meinung nach bietet die Vertragstheorie jedoch die vergleichsweise geeignetste Ausgangsbasis, um zukunftsgerichtete Pflichten in gewissem Ausmaß zu begründen – wenn auch schwächer, als es manche vielleicht erwarten.

3.1 Die ‹Humeschen Bedingungen› der Gerechtigkeit

Verantwortung und Nächstenliebe sind gefühlsbedingte Tugenden, die sich typischerweise auf Personen im sozialen Nahbereich richten: Freunde und Verwandte, Handlungspartner oder eben Bedürftige, denen man direkt begegnet. Aus ihnen ließe sich keine vielgenerationelle moralische Verpflichtung ableiten. Anders vielleicht bei der Tugend der Gerechtigkeit: Warum sollten Rechte der Ungeborenen und Pflichten der Lebenden nicht aus dem Anspruch einer ‹Gerechtigkeit zwischen den Generationen› heraus begründet werden? Um hierauf eine Antwort zu finden, ist es nötig, Begriff und Bedingungen der Gerechtigkeit genauer zu verstehen. Die berühmte Analyse Humes (1972, Abschn. 3) ist in der Vertragstradition bis heute aktuell und wird insbesondere von Rawls übernommen (1975, § 22; Barry 1989, Kap. 4).

Gerechtigkeit ist diejenige soziale Tugend, die soziale Interessenkonflikte schlichten will. Ohne Interessenkonflikte kein Anlaß für Gerechtigkeit. Nach Hume sind die Rahmenbedingungen für Gerechtigkeit jedoch genauer zu bestimmen. Einmal gelten ‹objektive Bedingungen›: Die materiellen Interessen können teilweise, aber nicht vollständig gedeckt werden, es herrscht *gemäßigte Knappheit* – im Unterschied zu extremer Knappheit oder zu Überfluß. Andererseits gelten ‹subjektive Bedingungen›: Die sozialen Beziehungen gegenüber der Mehrzahl der Mitakteure in einer großen Gesellschaft sind gekennzeichnet von *gemäßigtem Selbstinteresse* – im Unterschied zu extremem Egoismus oder zu reinem Altruismus. Beschränkte Knappheit ist deshalb eine notwendige Bedingung für Gerechtigkeit, weil extreme Knappheit zu aggressivem Konflikt und Kampf führen würde, Überfülle hingegen Verteilungskonflikte gar nicht erst entstehen ließe. Analog wäre Gerechtigkeit ebenfalls überflüssig, wenn die vorwiegende Handlungsmotivation uneingeschränkt selbstinteressiert oder uneingeschränkt altruistisch wäre. Humes Analyse leuchtet, trotz möglicher Einwände (Barry 1978, 211 bis 214), durchaus ein.

Wichtiger für die Frage nach intergenerationeller Gerechtigkeit ist jedoch eine dritte Bedingung, über die Humes Gerechtigkeitsanalyse mit seinem eigenen Rekonstruktions- und Lösungsvorschlag gekoppelt ist: die Bedingung der *annähernden Gleichheit* der sozialen Akteure. In dieser Bedingung kommen am stärksten die von Hobbes übernommenen anthropologischen Annahmen zum Vorschein. Nur wenn alle an sozialen Aktionen Beteiligten einander annähernd gleich schaden oder helfen können, ist es für die überwiegend selbstinteressierten Akteure vorteilhafter, Gerechtigkeitsregeln einzuhalten. Nur in diesem Fall kann Gerechtigkeit soziale Bedeutung haben. Gerechtigkeitsregeln ermöglichen und stabilisieren soziale Kooperationen. Jedoch nur bei real gleichem Droh- und Hilfspotential aller Beteiligten haben auch alle den entsprechend gleichen Gewinn durch Einhalten der Regeln. Gerechtigkeit als soziale Tugend herrscht nach Hume also nur zwischen tatsächlich sozial

Gleichen. In ihren Fähigkeiten Ungleiche, beispielsweise Tiere, fallen aus der Gerechtigkeitskonzeption heraus (vgl. auch Rawls 1975, 556).

Dasselbe gälte nach Hume auch, wie leicht zu sehen ist, für die Zukünftigen. Denn in ihrem Fall herrscht eine typische Asymmetrie: Zwar können wir Gegenwärtige die Lebenschancen der Zukünftigen verschlechtern oder verbessern, nicht aber umgekehrt. Zumindest gilt dies für die weiter in der Zukunft liegenden Generationen, etwa, wenn man jung ist, ab der viertnächsten Generation (in 90 Jahren), die man auch bei hohem Alter im Durchschnitt nicht mehr erlebt. Jedoch wären die Beziehungen zur nachwachsenden Generation mit einem bloßen Versorgungsinteresse der Alten einseitig dargestellt. Die meisten Eltern haben ein Interesse am Wohl ihrer Kinder und damit eben am Wohl der nächsten Generation sowie zusätzlich der übernächsten, da ihrerseits glückliche Kinder zu haben zum Wohl der Kinder hinzugehört. Jenseits dieser zweiten Generation schwächt sich das Fürsorgeinteresse jedoch merklich ab. Zwar sollte das Interesse am Wohl der Enkel seitens der Kinder logischerweise ebenfalls zu Buche schlagen; aber man nimmt realistischerweise an, daß das Wohl der Kinder nicht im selben Grad beeinträchtigt wird, wenn sie wissen, daß es ihren Enkeln nicht besonders gut geht, wie das Wohl der Enkel beeinträchtigt wird. Damit sind es eben *nicht mehr als zwei Generationen* (oder drei, falls Interesse an den Enkeln und deren Kindern unterstellt werden darf), die über die Interessen der gegenwärtig Lebenden einbezogen werden.

Wie intuitiv plausibel erscheint dieses Ergebnis? Vermutlich wenig: Beginnend mit der dritt(viert)nächsten können die zukünftigen Generationen kein Gegenstand von Gerechtigkeit sein. Darüber hinaus könnte sogar gezweifelt werden, daß die Bedingungen der Gerechtigkeit für die nächsten zwei Generationen erfüllt sind, ob also zwischen den lebenden drei Generationen Gerechtigkeit bestehen kann. Die Beziehungen Kinder/Erwerbstätige und Erwerbstätige/Alte sind nicht unbedingt solche von tatsächlich sozial Gleichen. Kinder haben nicht dasselbe Kooperationspotential wie Erwerbstätige, und ebensowenig Alte. Also bedarf es zumindest zusätzlicher Argumente, wieso sie als gleichberechtigte Kooperationspartner unter die Regeln der Gerechtigkeit fallen (s. unten 4). Kontraintuitiv ist die Grenze der zweitnächsten Generation vor allem deshalb, weil sich die ökologischen Folgen der jetzigen westlichen Lebensweise in spätestens ca. 50 Jahren verstärkt auswirken werden. Und gerade dann wäre die Rede von einer ‹ungerechten Schädigung› durch die Früheren nicht mehr möglich!

Wer an Humes Analyse zu zweifeln beginnt, der wird vor allem die dritte Bedingung in Frage stellen: Warum sollte man Gerechtigkeit an die annähernde tatsächliche soziale Gleichheit binden? Eine Alternative wäre, von der faktischen sozialen Ungleichheit zu abstrahieren. Im allgemeinen wird die nötige Abstraktion so ausgedrückt, daß ein normativer Gesichtspunkt der Gleichheit oder Unparteilichkeit heranzuziehen ist. Gerade diese Idee eines Urteilens der sozialen Beziehungen als gerecht vom Standpunkt der Unparteilichkeit aus hat Rawls in seiner Vertragstheorie ausgearbeitet.

3.2 Rawls' ‹Urzustand› und intergenerationelle Gerechtigkeit

Im Gegensatz zu Hume trifft Rawls eine klare Unterscheidung zwischen den tatsächlichen Gesellschaften und einer idealen Situation, in der die Gerechtigkeitsprinzipien entspringen sollen. Rawls schlägt ein Gedankenexperiment vor, nach dem die Beteiligten in einem auf bestimmte Weise definierten «Urzustand» Gerechtigkeitsregeln für die Gesellschaft wählen, in der sie tatsächlich leben. Der Urzustand und die mit ihm vorgelegten Randbedingungen für die Wahl von Gerechtigkeitsregeln verkörpern eine Form von Unparteilichkeit oder, wie Rawls sagt, von «Fairneß». Die Beteiligten im Urzustand wissen die Humeschen Bedingungen für ihre tatsächliche Gesellschaft in Geltung, ansonsten wäre die Suche nach Gerechtigkeit nach Humeschem Muster unsinnig (Rawls 1975, 150). Wie soll gewählt werden? Erstens unter der Bedingung, daß man egoistischer Nutzenmaximierer ist; zweitens, daß man seine Eigenschaften und soziale Position in der tatsächlichen Gesellschaft nicht kennt («Schleier des Nichtwissens»). Unter diesen Einschränkungen würde man, so Rawls, das sog. «Differenzprinzip» wählen. Mit ihm ist eine solidarische Version sozialer Gerechtigkeit ausgedrückt, die darauf zielt, das ‹Los des Schlechtestbestellten› zu verbessern. Rawls' Begründungsidee lautet: Wenn ich als egoistischer Nutzenmaximierer über mein Los in der tatsächlichen Gesellschaft entscheiden müßte, so wäre es für mich im Urzustand (Schleier des Nichtwissens) rational geboten, einer sozialen Ordnung zuzustimmen, nach der alle Güter gleich verteilt werden, es sei denn, die Ungleichverteilung verbessert das Los des «Schlechtestgestellten». Ich selbst könnte der Schlechtestgestellte sein. Aus den ‹schwachen› Bedingungen von Nutzenrationalität und Fairneß scheint so eine ‹starke› Version sozialer Gerechtigkeit zu folgen, in der dem Besserstellen sozial Schwacher in der Gesellschaft besondere Aufmerksamkeit gilt. Diese Rawlssche Argumentation ist in einer Menge von Punkten der Kritik unterzogen worden. Nehmen wir aber an, sie wäre akzeptabel. Wie ergibt sich von hier aus die Berücksichtigung zukünftiger Generationen?

Genauer lassen sich drei Ansatzversuche bei Rawls unterscheiden (Birnbacher 1977, 388). Rawls verwirft die ersten beiden und schlägt selbst den dritten vor.

A: Im Urzustand befinden sich Angehörige aller Generationen der Menschheitsgeschichte, aufgrund des wirksamen «Schleiers des Nichtwissens» ist ihnen aber unbekannt, welcher Generation sie angehören. Die Wahl der Grundsätze wird über egoistische Präferenzen getroffen.

B: Im Urzustand befinden sich nur Angehörige einer Generation, ohne daß sie wüßten, genau welcher Generation sie angehören. Dieselbe Motivation wie in *A.*

C: Im Urzustand befinden sich Eltern einer Generation, ohne daß sie wüßten, welcher Generation sie angehören. Anders als in *A* und *B* sind sie nicht einfach egoistisch motiviert, sondern sorgen sich als Eltern um die nächsten zwei Generationen.

Anders als nach der in diesem Artikel getroffenen Regelung (vgl. 1.2) spricht Rawls meist alle gegenwärtig Lebenden an. Außerdem engt er die Frage der Zukunftsvorsorge in den wichtigsten Passagen auf das Problem eines gerechten Spargrundsatzes ein (1975, §§ 44–46). Er unterstellt mit der Wohlfahrtsökonomie der 50er Jahre, daß es den späteren Generationen immer nur besser gehen kann und nur in Frage steht, wieviel wir ihnen in Form von Wachstum an Kapital, Technologie und Wissen bereitstellen sollen. Inzwischen, 40 Jahre später, ist sichtbar geworden, daß in einer an ihre Wachstumsgrenzen gestoßenen technologischen Zivilisation die angemessenere Frage ist, wieviel an Lebenschancen wir den Zukünftigen noch wegnehmen dürfen, indem wir Umwelt und Natur verknappen (Kritik in diesem Sinn äußern Birnbacher 1977, 386f; Buchholz 1984, 32; Barry 1989, 193). Rawls' allgemeine Konstruktion wird durch diese zeitbedingte Schwäche jedoch nicht beeinträchtigt.

Version *A* würde die *intra*generationelle Argumentation zu Gerechtigkeit, die Rawls sonst vorlegt, direkt in eine *inter*generationelle überführen, denn alle je lebenden Menschen wären danach im Urzustand repräsentiert. Da einzelne nicht wüßten, welcher Generation sie angehören, würde insgesamt starke Vorsorge für Zukünftige getroffen. Jeder könnte zu den Zukünftigen gehören. Rawls verwirft diese Version, weil sie «keine natürliche Anleitung für die Intuitionen» wäre und «keinen klaren Sinn» hätte (1975, 162). In *B* würden alle einer Generation angehören, ohne zu wissen, welcher. Dies könnte dazu führen, daß sich die Parteien einigten, nichts für die Nachwelt zu tun. Denn sie selbst können retrospektiv nichts an dem Umstand ändern, ob die ihnen Vorhergehenden gespart haben oder nicht, egal in welcher Generation der Zukunft sie sich vorfinden werden. Ihrerseits sind sie aber in der Lage, ihre Situation zu verbessern, wenn sie sich entschließen, nicht zu sparen (163). Rawls gelangt deshalb zu *C*, nämlich zu veränderten Motivationsprämissen. Er nimmt zusätzlich an, daß den Repräsentanten das Los von Kindern und Enkeln wichtig ist und daß sie darum einem gerechten Spargrundsatz zustimmen werden (323). Offensichtlich nähert sich diese Variante stark den Überlegungen im Humeschen Modell.

Im Anschluß an diese Dreiteilung läßt sich deshalb das Humesche Modell als *Variante D* hinzufügen. *D* ergibt sich aus *C*, wenn man erkennt, daß die in *C* noch vorhandenen idealen Bedingungen für die Zukunftsproblematik irrelevant sind. Genau das ist der Fall – weshalb sich die *ideale Version A* und die *realistische Version D* eigentlich als Alternativen gegenüberstehen. *C* unterscheidet sich von einer Wahl mit beliebig verfügbarer Information nur in dem Punkt, daß die Beteiligten nicht wissen, ob sie in der Gegenwart oder der Zukunft leben. Dieser Unterschied bleibt aber aufgrund der sonstigen Bedingungen irrelevant. Vor allem soll ja die Vergangenheit keinen Einfluß auf die Wahl haben. Am Schleier des Nichtwissens teilweise festzuhalten hat vielleicht auch den Grund, daß sich dann folgern läßt, jede Generation würde für zwei weitere Generationen vorsorgen, und so würde sich ein unbegrenzter ‹Sparplan› in die Zukunft hinein ergeben. Dasselbe ergibt sich auch bereits unter der Motivationsprämisse, daß Interesse am Wohl der nächsten zwei Generationen besteht, in Verbindung mit ausreichendem Wissen. Auch die Motivationsprämisse soll für jede Generation gelten, so daß sich ein Sparen immer als geboten erweise, wenn es nur einmal geboten ist.

Ohne es deutlich zu sagen, vertritt Rawls also eine *realistische* Version intergenerationeller Gerechtigkeit, die seine ideale Wahlprozedur gar nicht benötigt. Hat er besondere Gründe, Version *A* abzulehnen, die doch am ehesten mit seinem Ansatz übereinstimmte? Der Einwand, daß die Vorstellung eines Treffens aller je existierenden Menschen «keinen klaren Sinn» hätte (1975, 162), ist selbst nicht besonders klar. Ist die Vorstellung nicht leicht möglich oder jedenfalls nicht schwerer als die Vorstellung eines Treffens aller Gegenwärtigen? Barry weist darauf hin, daß die Wahl von Gerechtigkeitsprinzipien beeinflussen wird, welche Menschen in der Zukunft leben werden, so daß man sich in der Ursituation bloß mögliche Repräsentanten der Zukunft vorstellen muß (1989, 195). Auch das scheint aber kein Hinderungsgrund: Es dürfte reichen, daß man sich zukünftige Repräsentanten mit typisch menschlichen Interessen vorstellt, wer immer die individuellen Träger dieser Interessen sein werden. Sofern *A* abgelehnt wird, so doch am ehesten deshalb, weil ‹bloßes Vorstellen› einer Situation für uns außerhalb dieser Situation nicht wirksam genug ist, um die Situation für wichtig zu nehmen. Und die Berechtigung dieser Skepsis ist deshalb bedeutsam, weil ja nur eine Argumentation im Sinn von *A* das an *D* festgestellte Defizit beheben könnte: daß intergenerationelle Gerechtigkeit nicht über zwei Generationen hinausreicht.

Ließe sich für *A* – und gegen *D* – nicht einfach sagen, daß es am ehesten ‹unseren Intuitionen› entspricht, wenn alle Menschen gleich berücksichtigt werden, ob jetzt oder in der Zukunft? Ein an Hume gerichteter Vorwurf könnte lauten, daß er unnötigerweise die Anwendungsbedingungen der Rede von Gerechtigkeit mit den Befolgungs- oder Motivationsbedingungen zusammenwirft. Es trifft ja zu, könnte man einräumen, daß sich bei nüchterner Betrachtung für weiter in die Zukunft hineinverlaufende Gerechtigkeitsgebote, die von den jetzt Lebenden Sparmaßnahmen verlangen, keine moralischen Interessenmotive finden lassen. Aber deshalb sollte Hume doch nicht so weit gehen, auch die *Rede* von Gerechtigkeit für unmöglich zu halten. Seine beschränkte Theorie beruht einfach auf einer zu einfachen Konzeption der Gründe für Gerechtigkeit!

Gerechtigkeitsforderungen enthalten wie alle moralischen Sätze ein Gebot des *Sollens*. Nach jeder aus Interessen heraus argumentierenden Ethik resultiert dieses Sollen aus diesen Interessen (unter schwachen idealen Bedingungen, insbesondere Wohlinformiertheit). Falls ein Sollen nur den (überlegten) Interessen entnommen werden kann, so reicht offensichtlich nicht, einen zeitlosen, übergenerationellen Standpunkt einfach zu postulieren, um dann aus ihm Gebote abzuleiten. Natürlich ist niemand verwehrt, den Begriff der intergenerationellen Gerechtigkeit so zu wählen, daß zwischen allen möglichen Generationen die gleichen Regeln gelten sollen (vgl. z. B. Birnbacher 1988, 53 f). Wenn wir aber genauer (und eigentlich) wissen wollen, warum wir die mit dem Begriff verbundenen Gebote *befolgen sollen*, dann ist die bloße Möglichkeit der Begriffsverwendung keine Antwort. Ähnlich wäre der Rekurs auf ‹un-

sere Intuitionen› unbefriedigend, sind sie doch meist von Handlungs-
bereitschaft abgekoppelt und verschleiern deshalb die tatsächlichen
Interessen. Es wäre ein zweifelhafter, bloß rhetorischer Gewinn, die
Geltungsbedingungen intergenerationeller Gerechtigkeit von den motivationalen Grundlagen völlig abzuheben. Was wir suchen, ist ein Begriff, der einerseits nicht auf die tatsächlichen Interessen beschränkt ist,
andererseits nicht völlig ‹motivational leer› wird. Kann es diesen Begriff
geben?

Innerhalb der Vertragstheorie bleibt bestenfalls eine noch dazu etwas
spekulative Alternative. Offensichtlich ist ein starkes, von direkter Inter-
essenkalkulation unabhängiges Gerechtigkeitsbewußtsein vorteilhaft für
alle. Wären sich die meisten Menschen der Gründung von Gerechtigkeit
in den Interessen bewußt, dann würden sie viel eher geneigt sein, in
zahlreichen Situationen Ausnahmen zu machen und so das System zu
destabilisieren. Paradox formuliert ist ein Gerechtigkeitssinn, der Maßstab für unsere Interessen ist, selbst in unserem Interesse. Wenn dies
global zutrifft, so vielleicht auch für eine Haltung, die ohne Umstände die
Bewohner von 2050 miteinbezieht. Ich sage «vielleicht», weil ein empirischer Nachweis hierfür schwer denkbar ist.

Zum Abschluß dieses Durchgangs durch verschiedene ethische Positionen ist das Ergebnis alles andere als zufriedenstellend. Gegenüber der
Vertragstheorie bleibt der zwiespältige Eindruck bestehen, daß sie in
einem Punkt versagt, an dem die Rechtfertigung von Pflichten am dring-
lichsten wäre. Etwas abgemildert würde dieser Eindruck bestenfalls
durch die Beobachtung, daß die ‹moralische Belastung›, die uns allein
schon über die Rücksichtnahme auf die nächsten zwei Generationen auferlegt ist, angesichts der ökologischen Entwicklungen sowieso bereits an
eine Grenze anlangt, über die hinauszugehen heroisch wäre. (Der wichtigste Teil des Problems der Zukunftsverantwortung könnte von empi-
risch-wissenschaftlicher Art sein.) Aber sicher wäre dies eine ‹Rettung›
der moralischen Ansichten, die wir uns lieber nicht wünschen sollten.

4 Rentensystem und demographische Herausforderung

Warum überhaupt ein staatliches und nicht vielmehr ein völlig privates,
marktwirtschaftliches System? Der Unterschied liegt grob darin, daß im
staatlichen System die aktuell erwerbstätige Generation der 20- bis 60jäh-

rigen mit ihren Geldbeiträgen zur Rentenversicherung die Renten der vorausgehenden Erwerbstätigengeneration finanziert (‹Umlagensystem›), während nach dem ‹Kapitaldeckungssystem› der privaten Lebensversicherung ein aufgesparter Betrag ausgezahlt wird (Burkhardt 1985). Nach dem in der BRD seit 1957 gültigen ‹dynamischen Rentensystem› beziehen die Ruheständler ihre Rente nicht aus ihren eigenen eingezahlten Rentenbeiträgen, sondern aus den Beiträgen der nachgerückten erwerbstätigen Generation. Welche Vorteil für einzelne hat dieses System? Offensichtlich das einer größeren Absicherung. Selbst bei großer Risikofreudigkeit und guten Startbedingungen besteht über ein ganzes Leben hinweg die Gefahr, daß man eigenverantwortlich nicht in der Lage ist, seine Altersversorgung zu erwirtschaften. Deshalb dürften die meisten in ihrem wohlverstandenen Eigeninteresse dem öffentlichen System den Vorzug geben.

Wie aber funktioniert es genauer? Vor allem der Moraltheologe Nell-Breuning ist nicht müde geworden, in diesem Zusammenhang die Beziehung dreier Generationen untereinander hervorzuheben (1979, 1982). Die Grundidee ist: Dadurch, daß die erwerbstätige Generation die Renten der Alten bereitstellt, erwirbt sie sich einen Anspruch auf die entsprechende Altersversorgung, der von der nächsten aktiven Generation eingelöst werden muß. Tatsächlich besteht also eine Austauschbeziehung nicht nur zwischen aktuellen Beitragszahlern und -empfängern, sondern auch gegenüber den zukünftigen Einzahlern und Empfängern: der jetzigen Generation der Kinder. Ansonsten könnte das System nicht weitergeführt werden. Die mittlere Generation steht in einer zweiseitigen Austauschbeziehung. Durch die Finanzierung der Renten «trägt die erwerbstätige Generation ihre Schuld ab an die Generation, die die Last ihrer Aufzucht und Ausbildung getragen hat», durch Aufziehen der nachwachsenden Generation «trifft sie die einzig mögliche Vorsorge dafür, daß auch für sie, wenn sie alt und erwerbsunfähig geworden sein wird,... Unterhaltsmittel... abgezweigt werden können» (Nell-Breuning 1979, 77).

Offensichtlich werden nur dann alle drei Generationen einem Rentensystem zustimmen, wenn es für sie gleichermaßen von Vorteil ist. Maßstab hierfür kann nur sein, daß für jede Generation gilt, was auch im privaten System gelten würde: ein sich entsprechender Ausgleich von Aufwand und Ertrag. Der ‹Ertrag› besteht in der verläßlichen Alterssicherung, der ‹Aufwand› hingegen in der Beitragszahlung wie dem Heranziehen von Kindern. Gerade letzteres wird in der Regel unterbewertet.

Die Gleichbehandlung von Kinderlosen und Eltern wäre innerhalb des Drei-Generationen-Vertrags grob ungerecht, weil die nächste Altengeneration von der jetzigen Heranwachsendengeneration Vorteile hat: ohne sie keine zukünftige Rente. Kinder erziehen ist deshalb für das System konstitutiv und keine Privatangelegenheit. Kompensationen sind nötig, entweder durch Vergünstigungen von Familien (‹Familienlastenausgleich›) oder durch höhere Beiträge für Kinderlose (für Vorschläge vgl. Nell-Breuning 1979, 79; Burkhardt 1985, 18–46).

Aufgrund der demographischen Disproportionalität von sinkender Geburtenziffer und dem Anwachsen der Altengeneration gerät die Idealvorstellung gleichmäßiger Effektivität für die drei Generationen zunehmend unter Druck (Kaufmann/Leisering 1984; Ferber/Radebold/v. Schulenburg 1989; Recktenwald 1989). Die in der BRD besonders abnehmende Geburtenrate resultiert nur teilweise aus der sozioökonomischen Benachteiligung kinderreicher Familien und kann deshalb familienpolitisch nicht einfach aufgehalten werden. Ebensowenig ist wahrscheinlich, daß eine werbende Immigrantenpolitik (so Diessenbacher 1990, 261) den Schwund substituieren kann. Ausländische Familien passen sich in der BRD schnell dem Trend zur geringen Kinderzahl an (Wingen 1983, 4 f). Unausweichlich scheinen deshalb ‹demographische Korrekturen› des Systems nötig, die mindestens steigende Beiträge und sinkende Renten umfassen werden. Viele sind der Meinung, daß darüber hinaus das Rentensystem in eine staatlich organisierte ‹Basisrente› und eine private, eigenverantwortlich zu betreibende Zusatzrente aufgespalten werden muß. Dieselbe Reformtendenz zeichnet sich für die Krankenversicherung ab (vgl. die meisten Beiträge in Sass 1988; Sachße/Engelhardt 1990). Damit stellt sich unter verschärften Bedingungen erneut die Frage nach einem gerechten Versicherungssystem.

Die realistische Vertragstheorie bietet zur Beantwortung dieser Frage den Rahmen einer Klugheitsabwägung für ein ganzes Leben aus der Sicht aller Beteiligten, also aller drei Generationen an. Liegt aber nicht nahe, daß nur ein ‹Schleier des Nichtwissens› garantiert, daß auch die sozial günstig Positionierten dem sozialstaatlichen System zustimmen? Könnten sie nicht ein für sie effizienteres privates Teilsystem vorziehen (Daniels 1985, 103)? Im Unterschied zu anderen individuellen und politischen Entscheidungen ist in diesem Fall zu beachten, daß das öffentliche System langfristig stabil sein muß und deshalb von den Beteiligten nur unter Beachtung ihres ganzen Lebens (und sogar das der Kinder) gewählt werden kann. Die Risiken, die ein ganzes Leben enthält, scheinen hoch genug, um auch ohne den Rawlsschen ‹Schleier› das staatliche Rentensystem zu wählen, zumal sich in der Praxis überhaupt keine vergleichbar effiziente marktwirtschaftliche Alternative hat installieren lassen (vgl. Daniels 1985, 101 mit Bezug auf die US-amerikanische Situation). Das über die ganze Lebensspanne verteilte Risiko sowie der relative Gewinn durch Einbezug in ein großes Kollektiv sollten selbst unter realistischen Bedingungen das staatliche System als berechtigt erweisen.

Die Tendenz dieser Bemerkungen soll sagen: Auch wenn sich aufgrund der demographischen Entwicklung als nötig herausstellt, den Leistungsumfang des Versicherungssystems zu reduzieren, so sollte der Übergang zu einem freiwilligen System nur in dem tatsächlich unausweichbaren Ausmaß erwogen werden.

5 Moralische Probleme internationaler Bevölkerungspolitik

In den westlichen Ländern bestehen für eine eigentliche Bevölkerungspolitik als dem Versuch, die Bevölkerungszahl der nächsten Generation systematisch zu beeinflussen, weder größere Spielräume noch ausreichende ökonomische Interessen. Anders verhält es sich in Ländern der sog. Dritten Welt, in denen ökonomische Unterentwicklung nicht ohne die Reduktion des Bevölkerungswachstums behebbar ist. ‹Modernisierung› und Bevölkerungspolitik sind keine ausschließlichen Alternativen. So gut wie alle Länder der Dritten Welt verfolgen deshalb bevölkerungspolitische Programme (Baldeaux 1985). Aufgrund der Vielfalt kultureller und ökonomischer Voraussetzungen der jeweiligen Länder, der unterschiedlichen Beteiligung internationaler Vereinigungen und ihrer Ziele, verschiedenartiger kolonialer und Weltmarktverflechtungen ist es äußerst schwierig, von moralischen Problemen ‹der› Bevölkerungspolitik zu sprechen. Für das folgende will ich von Fragen internationaler Gerechtigkeit völlig absehen und Bevölkerungspolitik nur vom internen Standpunkt einer Gesellschaft aus betrachten. Hilfreich kann sein, ein einfaches Modell zur moralischen Beurteilung bestimmter bevölkerungspolitischer Maßnahmen zu gewinnen. Da viele Kritiken der internationalen Bevölkerungspolitik zwar tendenziell moralische Kriterien anlegen, sie aber selten explizit verteidigen oder auch nur deutlich formulieren (vgl. z. B. Heim 1986; Die Grünen 1989; Lambrecht/Mertens 1989), wiegt die relative Klarheit den Nachteil der Praxisferne vielleicht wieder auf.

Moralisch gesehen entsteht das wichtigste Problem der Geburtenregulierung aus dem Konflikt zwischen dem gesellschaftlichen Interesse an Wohlstandssteigerung und der persönlichen Freiheit des Kinderzeugens. Vor allem deshalb muß ein Konflikt entstehen, weil meist nur Maßnahmen effektiv sind, die als Bedrohung der persönlichen Freiheiten erscheinen. Wenn dies zutrifft und persönliche Freiheit als wichtiges Gut angesehen wird, ist dann nicht von vornherein eine moralisch akzeptable Rechtfertigung bevölkerungspolitischer Eingriffe ausgeschlossen?

Betrachten wir die Situation in solchen Ländern unter dem Aspekt der Interessen (vgl. auch Bayles 1976): auf der einen Seite das ökonomisch und kulturell bedingte Interesse bei den einzelnen Familien an einer hohen Kinderzahl, auf der anderen Seite das kollektive Interesse an Bevölkerungskontrolle. Kompliziert wird diese Gegenüberstellung dadurch, daß das letztere Interesse vor allem eines der nächsten Generation ist, die unter den Folgen der Überbevölkerung zu leiden haben wird. Außerdem gilt die Problematik öffentlicher Güter, denn vermindertes Wachstum ist ein öffentliches Gut. Für alle zusammen wäre eine geringere Geburtenrate vorteilhaft, aber für jeden einzelnen wäre es besser, mehr Kinder zu haben. Ohne politische Maßnahmen wird es deshalb nicht zu verringerten Geburtenzahlen kommen, obwohl bestimmte Maßnahmen durchaus im Interesse aller liegen können. Genauer muß geklärt werden, welche Art von Maßnahmen durchzusetzen im Interesse aller ist oder welchen sie unter Bedingungen der Informiertheit alle zustimmen würden.

Von Bedeutung sind einerseits die zu erwartenden Verbesserungen des Lebensniveaus, andererseits die Wertschätzung der Fortpflanzungsfreiheit. Zu beurteilen sind bevölkerungspolitische Strategien der Anreize und der Sanktionen, um den Geburtenreichtum einzuschränken. Offensichtlich scheint dabei, daß eine Politik der Anreize (etwa Prämien für freiwillige Sterilisation) im Interesse aller ist. Niemand muß die Prämien akzeptieren, ihre generelle Wirkung aber ist vorteilhaft. Die Gesamtsituation kann durch Anreize für alle nur verbessert werden. Andererseits wird eine Politik extremer Sanktionen (etwa zwangsweise Sterilisation) nicht im Interesse aller sein. Der Freiheitsentzug wird als so nachteilig empfunden werden, daß er durch den längerfristig verbesserten Wohlstand nicht aufzuheben ist. (Verbesserungen stellen sich meist erst in der nächsten Generation ein.)

Eigentlich moralisch klärungsbedürftig sind Maßnahmen zwischen diesen Extrempunkten. Wichtig scheinen dabei vor allem zwei Aspekte. Einmal die Frage, wo genau die Grenze zwischen Anreizen und Sanktionen liegt oder welche Mittel eine Einschränkung von Freiheit bedeuten. So beurteilen manche bereits materielle Anreize im Rahmen von Unterversorgung als Zwang (Die Grünen 1989, 14). Andere beurteilen die Rücknahme von Sozialleistungen bei erhöhter Kinderzahl, ein vor allem in China verfolgter Weg, nicht als Zwang (Bayles 1976, 50). Eine zweite wichtige Frage betrifft Ungerechtigkeit. Überbevölkerung ist meist die Kehrseite eines großen Gefälles von Arm und Reich innerhalb einer Gesellschaft. Bevölkerungspolitische Maßnahmen richten sich so gut wie immer nur auf die Armen. Die Rücknahme von Sozialleistungen bedeutet in einer kinderreichen Familie auch Sanktionen für die Kinder, die dann schlechter versorgt werden. Etwas globaler (national oder international) betrachtet werden Anreiz/Sanktions-Strategien auch deshalb verfolgt, weil sie billiger sind als andere familienpolitische Maßnahmen; großes Wohlstandsgefälle wird dann in Kauf genommen.

Die latente Nähe aller Bevölkerungsprogramme zum Ausüben von Zwang und zur Verwicklung in ungerechte Sozialverhältnisse könnte ein Grund sein, sie völlig abzulehnen. Manche Kritiker verurteilen sie durch Hinweis auf die eigentlich gebotene strukturelle Veränderung in den unterentwickelten Ländern. Mir scheint eine solche Kritik überidealisierend. Innerhalb global ungerechter Verhältnisse können bestimmte Verbesserungen vorteilhafter sein als keine. Den Unterschied zwischen Arm und Reich aufzuheben wäre besser für die vielen Armen. Aber solange der Unterschied besteht, ist es vorzuziehen, schwache Verbesserungen durchzusetzen als überhaupt keine. Viele an sich moralisch fragwürdige Methoden der Familienplanung sind deshalb jetzt und in der nahen Zukunft unverzichtbar.

Literatur

Apel, Karl-Otto: Diskurs und Verantwortung. Das Problem des Übergangs zur postkonventionellen Moral. Frankfurt/M. 1988.

Baier, Annette: The Rights of Past and Future Persons. In: Partridge (ed.) 1980, 171–183.

Baldeaux, Dieter: Bevölkerungspolitik der Entwicklungsländer. München/Köln/London 1985.

Barry, Brian: Circumstances of Justice and Future Generations. In: Sikora/Barry (eds.) 1978, 204–248.

Ders.: Theories of Justice. Vol. 1. Berkeley/Los Angeles 1989.

Bayles, Michael D. (ed.): Ethics and Population. Cambridge (Mass.) 1976.

Ders.: Limits to a Right to Procreate. In: Bayles (ed.) 1976, 41–55.

Birnbacher, Dieter: Rawls' «Theorie der Gerechtigkeit» und das Problem der Gerechtigkeit zwischen den Generationen. In: Zeitschrift für philosophische Forschung 31 (1977), 385–401.

Ders.: Prolegomena zu einer Ethik der Quantitäten. In: Ratio 28 (1986), 30–45.

Ders.: Verantwortung für zukünftige Generationen. Stuttgart 1988.

Ders.: Utilitaristische Ethik und Tötungsverbot. In: Analyse & Kritik 12 (1990), 205–218.

Brody, Baruch A.: Solidarität und Verteilungsgerechtigkeit. In: Sass 1988, 45–64.

Buchholz, Wolfgang: Intergenerationelle Gerechtigkeit und erschöpfbare Ressourcen. Berlin 1984.

Burkhardt, Winfried: Drei Generationen-Solidarität in der gesetzlichen Rentenversicherung als zwingende Notwendigkeit. Berlin 1985.

Daniels, Norman: Just Health Care. Cambridge 1985.

Die Grünen: Große Anfrage: Zu der Beteiligung der Bundesrepublik Deutschland an bevölkerungspolitischen Programmen in Entwicklungsländern. Deutscher Bundestag, Drucksache 11/4901, 1989.

Diessenbacher, Hartmut: Generationenvertrag, Ethik und Ökonomie: Ist das höhere Lebensalter noch finanzierbar? In: Sachße/Engelhardt 1990, 255–271.

Dryzek, John S.: Rational Ecology. Environment and Political Economy. New York 1987.

Ferber, Christian v./Heinz Radebold/J. Matthias v. Schulenburg (Hrsg.): Die demographische Herausforderung. Das Gesundheitssystem angesichts einer veränderten Bevölkerungsstruktur. Gerlingen a. R. 1989.

Gewirth, Alan: Reason and Morality. Chicago 1978.

Golding, Martin P.: Obligations to Future Generations. In: The Monist 56 (1972), 85–99.

Habermas, Jürgen: Moralbewußtsein und kommunikatives Handeln. Frankfurt/M. 1983.

Hardin, Garrett: The Tragedy of the Commons. In: Science 162 (1968), 1243–1248.

Hare, Richard M.: Moral Thinking. Oxford 1981.

Heim, Susanne: Human Betterment, Zwangssterilisation und Retortenbabies. In: Waltraud Kaupen-Haas, Der Griff nach der Bevölkerung. Nördlingen 1986.

Honneth, Axel: Grenzen des Liberalismus. Zur politisch-ethischen Diskussion um den Kommunitarismus. In: Philosophische Rundschau 23 (1991; im Erscheinen).

Hubin, D. Clayton: Justice and Future Generations. In: Philosophy & Public Affairs 6 (1976), 70–83.

Hume, David: Eine Untersuchung über die Prinzipien der Moral. Hamburg 1972 (Orig. Enquiry Concerning the Principles of Morals. London 1777).

Jonas, Hans: Das Prinzip Verantwortung. Versuch einer Ethik für die technologische Zivilisation. Frankfurt/M. 1979.

Kaufmann, Franz-Xaver/Lutz Leisering: Demographische Veränderungen als Problem für soziale Sicherungssysteme. In: International Social Security Review 37 (1984).

Kettner, Matthias: Verantwortung als Moralprinzip? Eine kritische Betrachtung zur Verantwortungsethik von Hans Jonas. In: Tijdschrift voor Filosofie en Theologie 51 (1990), 418–439.

Lambrecht, Petra/Heide Mertens: ‹Small Family – Happy Family›. Internationale Bevölkerungspolitik und Familienplanung in Indien. Münster 1989.

Leist, Anton: Kollektive Güter und individuelle Verantwortung. In: Analyse & Kritik 11 (1989), 179–196.

McMahan, Jefferson: Problems of Population Theory. In: Ethics 92 (1981), 96–127.

Müller, Wolfgang E.: Der Begriff der Verantwortung bei Hans Jonas. Frankfurt/M. 1988.

Narveson, Jan: Utilitarism and New Generations. In: Mind 76 (1967), 62–72.

Ders.: Moral Problems of Population. In: The Monist (1973), 62–86.

Ders.: Future People and Us. In: Sikora/Barry 1978, 38–60.

Nell-Breuning, Oswald v.: Soziale Sicherheit? Freiburg/Basel/Wien 1979.

Ders.: Drei Generationen in Solidarität – Rückbesinnung auf den echten Schreiber-Plan. In: Oswald v. Nell-Breuning/Cornelius G. Fetsch (Hrsg.), Drei Generationen in Solidarität. Köln 1982, 27–42.

O'Neill, Onora: Consistency in Action. In: Nelson T. Potter/Mark Timmons (eds.), Morality and Universality. Essays in Ethical Universalizability. Dordrecht 1985a, 159–186.

Dies.: Between Consenting Adults. In: Philosophy & Public Affairs 14 (1985b), 252–277.

Dies.: Faces of Hunger. An Essay on Poverty, Justice and Development. London 1986.

Parfit, Derek: Reasons and Persons. Oxford 1984.

Ders.: Overpopulation and the Quality of Life. In: Peter Singer (ed.), Applied Ethics. Oxford 1986, 145–164.

Partridge, Ernest (ed.): Responsibility for Future Generations. Buffalo (N. Y.) 1980.

Rawls, John: Eine Theorie der Gerechtigkeit. Frankfurt/M. 1975 (Orig. A Theory of Justice. Cambridge [Mass.] 1971).

Recktenwald, Horst C. (Hrsg.): Der Rückgang der Geburten – Folgen auf längere Sicht. Mainz 1989.

Routley, Richard/Val Routley: Nuclear Energy and Obligations to the Future. In: Inquiry 21 (1978), 133–179.

Sachße, Christoph/H. Tristram Engelhardt (Hrsg.): Sicherheit und Freiheit. Zur Ethik des Wohlfahrtsstaates. Frankfurt/M. 1990.

Sass, Hans-Martin (Hrsg.): Ethik und öffentliches Gesundheitswesen. Berlin/Heidelberg/New York 1988.

Sikora, Richard I. / Brian Barry (eds.): Obligations to Future Generations. Philadelphia 1978.

Sprigge, Timothy L. S.: Professor Narveson's Utilitarismus. In: Inquiry 11 (1968), 332–342.

Steinvorth, Ulrich: Klassische und moderne Ethik. Grundlinien einer materialen Moraltheologie. Reinbek 1990.

Taylor, Paul W.: Respect for Nature. Princeton (N. J.) 1986.

Wingen, Max: Grundfragen der Bevölkerungspolitik. Stuttgart 1975.

Ders.: Generative Entscheidungen im Spannungsfeld zwischen individueller und gesellschaftlicher Rationalität. Hrsg. vom Statistischen Landesamt Baden-Württemberg. Stuttgart 1983.

Über die Autoren

Kurt Bayertz (Jg. 1948). Studium der Philosophie, Sozialwissenschaft und Germanistik in Frankfurt und Düsseldorf. Magisterprüfung 1974, Promotion 1977, Habilitation 1987. Wissenschaftlicher Mitarbeiter an der Universitäten Bremen (1979–82) und Bielefeld (1983–90). Seit 1990 Leiter der Abteilung ‹Technikfolgenabschätzung› am ZT Biomed in Bad Oeynhausen. – Arbeitsgebiete: Ethik, Wissenschaftstheorie.

Wichtigste Veröffentlichungen: Wissenschaft als historischer Prozeß. Die antipositivistische Wende in der Wissenschaftstheorie. München 1980. Wissenschaftstheorie und Paradigmabegriff. Stuttgart 1981. GenEthik. Probleme der Technisierung menschlicher Fortpflanzung. Reinbek 1987. Als Herausgeber: Ökologische Ethik. München/Zürich 1988.

Dieter Birnbacher (Jg. 1946). Studium der Philosophie, Anglistik und Allgemeinen Sprachwissenschaft in Düsseldorf, Cambridge und Hamburg. Promotion 1973, Habilitation 1988. Privatdozent und Akademischer Rat im Fach Philosophie an der Universität Essen. – Arbeitsgebiete: Ethik, Angewandte Ethik, Philosophische Psychologie.

Wichtigste Veröffentlichungen: Die Logik der Kriterien. Analysen zur Spätphilosophie Wittgensteins. Hamburg 1974. Verantwortung für zukünftige Generationen. Stuttgart 1988. Als Herausgeber: Texte zur Ethik (mit N. Hoerster). München 1976. Ökologie und Ethik. Stuttgart 1980. Die Zukunft der Arbeit (mit W. Dostal). Hannover 1990.

Malte Lehming (Jg. 1960). Studium der Philosophie, Literatur und Geschichte in Hamburg. Magisterprüfung 1988. Arbeitet bei der Hamburger Wochenzeitung «Die Zeit». – Arbeitsgebiete: Angewandte Ethik, Probleme der Außen- und Sicherheitspolitik.

Anton Leist Studium der Philosophie, Soziologie und Germanistik in München und Frankfurt. Magister 1974, Promotion 1976, Habilitation 1988. Von 1979–84 wissenschaftlicher Mitarbeiter an der FU Berlin. Seit 1988 Privatdozent für Philosophie an der Universität Frankfurt/M. Mitherausgeber der Zeitschrift «Analyse & Kritik». – Arbeitsgebiete: Theoretische und angewandte Ethik, politische Philosophie.

Wichtigste Veröffentlichungen: Sprachen und Dinge. Stuttgart 1979. Eine Frage des Lebens. Frankfurt/M. 1990. Als Herausgeber: Um Leben und Tod. Moralische Probleme bei Abtreibung, künstlicher Befruchtung, Euthanasie und Selbstmord. Frankfurt/M. 1990.

Josef Meran (Jg. 1951). Studium der Philosophie, Geschichte und Soziologie in München, Frankfurt und Hamburg. Magisterprüfung 1978, Promotion 1982. Von 1979–81 wissenschaftlicher Mitarbeiter, 1983–89 Hochschulassistent an der Universität Hamburg; seit 1991 tätig im Personalwesen der Hoechst AG (Frankfurt), Dozent an der Akademie für Führungskräfte der Wirtschaft (Bad Harzburg). – Arbeitsgebiete: Geschichts- und Sozialphilosophie, Wirtschaftsethik.

Wichtigste Veröffentlichungen: Theorien in der Geschichtswissenschaft. Die Diskussion über die Wissenschaftlichkeit der Geschichte. Göttingen 1985. Wirtschaftsphilosophie. Bd. 1: Wirtschaftsethik; Bd. 2: Wissenschaftstheorie der Ökonomie. Hagen 1990.

Hans-Martin Sass (Jg. 1935). Studium der Philosophie, Theologie und Germanistik in Münster. Promotion 1962, Habilitation 1972. Professor für Philosophie an der Ruhr-Universität Bochum und an der Georgetown University, Washington D. C.. – Arbeitsgebiete: Medizinische Ethik, klassische und zeitgenössische Deutsche Philosophie, Marxismus-Leninismus, Religionsphilosophie.

Wichtigste Veröffentlichungen: Untersuchungen zur Religionsphilosophie in der Hegelschule. Münster 1963. Ludwig Feuerbach. Reinbek 1978. Als Herausgeber: Bioethik in den USA. Heidelberg 1988. Medizin und Ethik. Stuttgart 1989. Genomanalyse und Gentherapie. Heidelberg 1990.

Ulrich Steinvorth (Jg. 1941). Studium der Philosophie. Promotion 1967, Habilitation 1975. Seit 1982 Professor für Philosophie an der Universität Hamburg. – Arbeitsgebiete: Politische Philosophie, Ethik.

Wichtigste Veröffentlichungen: Eine analytische Interpretation der Marxschen Dialektik. Meisenheim/Glan 1977. Stationen der politischen Theorie. 2. Aufl. Stuttgart 1983. Freiheitstheorien in der Philosophie der Neuzeit. Darmstadt 1987. Klassische und moderne Ethik. Reinbek 1990.

Jean-Claude Wolf (Jg. 1953). Studium der Philosophie, Germanistik und Literaturkritik. Promotion 1984, Habilitation 1990. Seit 1979 Hochschulassistent am Philosophischen Institut der Universität Bern. – Arbeitsgebiete: Ethik, Rechts- und Sozialphilosophie, Philosophiegeschichte der Neuzeit, analytische Sprachphilosophie, Religionsphilosophie.

Wichtigste Veröffentlichungen: Sprachanalyse und Ethik. Eine Kritik der Methode und einiger Folgeprobleme sowie der Anwendung des universalen Präskriptivismus von Richard Mervyn Hare. Bern/Stuttgart 1983. Verhütung oder Vergeltung? Ethische Straftheorien. München/Freiburg 1991. Als Herausgeber: Verantwortung mit der Natur (mit D. Birnbacher). Hannover 1988.

Namenregister

Sachregister